M. Tullius Cicero's
Sämmtliche Briefe

übersetzt und erläutert

von

C. M. Wieland.

Erster Band.

Mit Königlich Bayerschen und Großherzoglich
Badischen Privilegien.

Zürich bey Heinrich Geßner. 1808.

Vorrede.

Ein Ueberſetzer der Briefe Cicero's hat vor vielen seinesgleichen den Vortheil, daß er der Sorge überhoben ſeyn kann, ſeinen Autor dem Publico erſt bekannt zu machen und anzupreiſen, oder die Wichtigkeit und Nützlichkeit ſeines Unternehmens ausführlich und mühſam darzuthun. Seit mehr als achtzehn Jahrhunderten iſt der Nahme Marcus Tullius Cicero in keine andern Grenzen eingeſchloſſen, als in die Linie, welche den civiliſierten Theil des menſchlichen Geſchlechts von den Barbaren und rohen Thiermenſchen ſcheidet. Der hohe Werth ſeiner auf uns gekommenen Schriften iſt allgemein anerkannt, und, ſelbſt nach dem gänzlichen Einſturz des alten Römerreichs in

Europa, gab einem beträchtlichen Theil derselben ihr großer Ruf sicheres Geleit durch eine Reihe finstrer und barbarischer Jahrhunderte. Seit Wiederauflebung derjenigen Künste und Studien, deren natürliche Tendenz die Reinigung und Veredlung der Menschheit ist, haben eine Menge gelehrter und scharfsinniger Männer einen großen Theil ihres Lebens darauf verwendet, jene Schriften von dem ätzenden Einfluß der Zeit und den Nachläßigkeiten unwissender Abschreiber möglichst zu befreyen, ihre dunkel gewordenen Stellen aufzuhellen, und sie mit Hülfe der Sprachkunde und aller der mannichfaltigen Kenntnisse, welche die von einem der ersten Philologen unsrer Zeit vor kurzem aufgestellte Alterthumswissenschaft umfaßt, für die Nachwelt immer brauchbarer zu machen. Unter allen Schriftstellern der Griechen und Römer ist keiner mehr bearbeitet und benützt worden als Cicero: unter Myriaden, welche seit mehr als 300 Jahren einige gelehrte Erziehung genossen haben, sind wohl nur wenige, die nicht die Grundlage ihrer Bildung Ihm zu danken hätten: und es giebt vielleicht kein untrüglicheres Zeichen einer glücklichen und liberalen Natur, eines gesunden und zu zärterem Gefühl des ächten Schönen und Guten gestimmten innern Sinnes, als der Grad des Geschmacks, welchen ein Jüngling an den Werken dieses großen Römers findet, der an üppiger Fülle so vieler von Mutter Natur an ihn verschwendeten Gaben, und an höchster Ausbildung derselben bis izt noch keinen seinesgleichen, geschweige einen über sich gesehen hat.

Wenn unter dem ganzen Nachlaß des gelehrten Römischen Alterthums den Schriften Cicero's, im Ganzen genommen, unstreitig die erste Stelle gebührt, so wird es dem Uebersetzer der Sammlung seiner sämtlichen auf uns gekommenen Briefe wenigstens zu verzeihen seyn, wenn er sich zu behaupten getraut, daß diese Briefe

An verschiedene mehr oder weniger bedeutende Männer seiner Zeit und einige vertrautern Freunde (gewöhnlich Epistolae ad familiares oder diversos genannt) in 16 Büchern,

die 16 Bücher an T. Pomponius Atticus,

die Briefe an seinen Bruder Quintus Cicero in 3 Büchern,

und der im letzten Jahre seines Lebens mit M. Brutus geführte Briefwechsel, für Leser aller Classen, zumahl in der Zeit worin wir leben, nicht nur der anziehendste und unterhaltendste, sondern in mehrern Rücksichten sogar der gemeinnützlichste Theil seiner Schriften sind. Die Gründe dieser Behauptung in ihr volles Licht zu setzen, erlauben die Grenzen dieser Vorrede nicht: es mag genug seyn die hauptsächlichsten nur mit wenigen Strichen anzudeuten.

Der Zeitraum von ungefähr fünf und zwanzig Jahren, welchen diese Briefe umfassen, nehmlich vom Jahr der Stadt 685 bis 710, in so fern er die Geschichte der letzten Lebensjahre der größten und ausserordentlichsten aller Republiken, und der nächsten Ursachen ihres Untergangs enthält, ist ohne Zweifel das wichtigste, und (wenn die Welt über ihr höchstes Interesse Belehrung annehmen wollte) das lehrreichste Stück der ganzen Römischen Geschichte. Der Schauplatz, auf welchem diese furchtbare Welttragödie gespielt wurde, erreichte gerade in dieser Zeit seine weiteste Ausdehnung und eine statistische Größe, die kein andrer Staat vor noch nach dem Römischen je zu erreichen vermögend war: eine Größe, die es der Republik, ihrer wesentlich fehlerhaften innern und äussern Organisation wegen, schlechterdings unmöglich machte, ein so ungeheures Ganzes noch länger zusammenzuhalten. Vier so große Männer — wie sie nur in Rom, und nur in dieser Zeit werden konnten — hatten sich noch niemahls beysammen gefunden als Pompejus und Cäsar, Cicero und Cato: nie hatte man so große Kräfte, in einem so hartnäckigen Kampf um Freyheit oder Sclaverey auf der einen, um Alleinbeherrschung der Welt oder Tod, auf der andern Seite, mit einander ringen sehen. Nie hatte sich noch so auffallend zu Tage gelegt, wie wenig die größten Talente, mit Rechtschaffenheit, Mäßigung und Humanität verbunden, gegen grenzenlose Herrschsucht, welcher alle Mittel zu ihrem Zweck zu gelangen gleichgültig sind, auszurichten vermögen. Nie hatte sich augenscheinlicher bewährt, daß die erstaunlichsten Weltveränderungen sich zwar aus dem vorhergehenden und gegenwärtigen Zustand der Dinge, aus dem Charakter der handelnden Personen, aus ihren Lagen, Verhältnissen und Leidenschaften, kurz, aus der immer individuellen Wirkung und Gegenwirkung aller dieser noch so sehr verwickelten Ursachen, so natürlich und begreiflich entwickeln, als ob die Götter und das Schicksal bloß müßige Zuschauer dabey abgäben: und gleichwohl der Verwegenste und Ruchloseste so offenbar von den unsichtbaren Mächten unterstützt zu werden scheint, daß man sich nothgedrungen fühlt, in allem diesem den verborgenen

Plan einer über die menschlichen Dinge waltenden höchsten Macht zu erkennen, von welcher der begünstigt scheinende Liebling des Glücks unwissender Weise das bloße Werkzeug ist.

Bedarf es eines weitern Beweises, wie interessant, schon aus diesem geschichtlichen und weltbürgerlichen Gesichtspunct, Briefe in einem solchen Zeitpunct und von einem solchen Manne geschrieben, der nicht nur beständiger Augenzeuge des großen Schauspiels, sondern selbst eine der bedeutendsten handelnden Personen war, für uns spätere Leser seyn müssen, welche, bey aller ihrer Unpartheylichkeit, soviele Ursachen haben, jenes Terenzische,

Ich bin ein Mensch, nichts menschlichs ist mir fremd,

täglich auf sich selbst anzuwenden?

Alles Vergangene kommt, wie es scheint, in einer Art von Kreislauf der Zeiten, in mehr oder minder veränderter Gestalt wieder. Die alte Geschichte ist eine Art von Orakel zur Belehrung und Warnung derjenigen, deren Geschichte in tausend Jahren die alte seyn wird:

nur Schade, daß diese prophetische Stimme das Schicksal der Weissagungen der Trojanischen Cassandra hat: man versteht sie nicht, weil man sie nicht verstehen will; man glaubt ihr nicht, weil man keine Lust hat ihr zu gehorchen.

Nichts kann für Leser von hellem Kopfe unterhaltender seyn, als aus dem hohen Standpunct, worauf uns achtzehn verflossene Jahrhunderte gestellt haben, das ganze Spiel derjenigen zu überschauen, die einst in der Gegenwart dessen, was für uns Vergangenheit ist, wie in einem großen unsichtbaren Netze befangen waren: zu sehen, wie oft sie mit den schärfsten Augen bloß deßwegen falsch sahen weil die Gegenstände ihnen zu nahe waren, oder weil das Große, worauf ihr Blick unverwandt hätte geheftet seyn sollen, durch kleine sie umgebende Dinge verdeckt oder durch krumme Pfade aus ihren Augen gerückt wurde. Wie oft, wenn man sie verlegen und ängstlich nach dem rechten Weg oder dem sichersten Ausweg hin und her rennen sieht, möchte man ihnen von oben herab

zurufen: Hieher! Hieher! — Wie oft, wenn
sie, im Drang unzählbar auf sie zustürmender
Menschen, Feinde und Freunde nicht unterscheiden können, oder mit größter vermeinter Behutsamkeit sich auf einen Menschen verlassen,
der ihr Vertrauen täuschen wird, möchte man
ihnen zuflüstern: du irrst dich, du setzest eine
Schlange in deinen Busen! Ein sinniger Leser,
der diese Briefe nicht bloß zum Zeitvertreib
durchblättert, wird tausend Bemerkungen dieser
Art zu machen Anlaß finden; und er würde
nicht selten in Versuchung kommen, Männer
von größtem Geiste, die in den größten Verhältnissen und Geschäften grau wurden, einer
unbegreiflichen Schwachsinnigkeit zu beschuldi-
gen, wenn er nicht bedächte, daß die Anschei-
nungen, von welchen sie sich irre führen ließen,
ihn selbst bloß darum nicht täuschen, weil der
vor seinen Augen liegende Zusammenhang der
Dinge, die Jenen als abgerißne Bruchstücke
erschienen, ihm viel richtigere Ansichten giebt,
weil keine Leidenschaften sein Urtheil trüben,

und kein persönliches Interesse ihm die Dinge in ein verfälschendes Helldunkel stellt.

Da diese Briefe größtentheils den einheimischen Zustand der R. Republik, ihre innerlichen Unruhen und Erschütterungen, das unheilschwangere Triumvirat des Pompejus, Crassus und Cäsar und dessen Auflösung, kurz die ganze von Cäsarn so besonnen angezettelte, so mühsam vorbereitete, und so kühn ausgeführte Staatsumwälzung, umfassen, und mitten im Lauf und Andrang einer verhängnisvollen Zeit von einem scharfsinnigen Manne geschrieben sind, der in dies Alles unmittelbar verflochten war: so ist natürlich, daß sie als urkundliche Beyträge zur Geschichte des Untergangs der Römischen Republik, von nicht geringer Wichtigkeit sind; daß die spätern Geschichtschreiber Dion Cassius, Plutarch, Suetonius u. a. nicht selten aus ihnen entweder bestätigt oder berichtigt und ergänzt werden, und daß sie überhaupt einen Schatz von Anecdoten und Charakterzügen enthalten, welche uns zu einer

wahrern und anschaulichern Kenntniß der merk=
würdigsten Menschen dieses Zeitraums verhelfen
können, als die genannten Schriftsteller selbst.

Wie hoch indessen auch der historische Werth
der Ciceronischen Briefe angeschlagen werden
mag, so wird er doch von demjenigen bei wei=
tem überwogen, den sie dadurch erhalten, daß
sie uns mit ihm selbst und seinem Charakter
als Bürger, Staatsmann, Redner, und vor=
nehmlich als Mensch, in so genaue und ver=
traute Bekanntschaft bringen, daß sie nicht so=
wohl mit Handzeichnungen oder Abbildungen,
als mit unmittelbar auf das lebendige Urbild
gemachten Abgüssen zu vergleichen sind. Dies
gilt ganz besonders von den Briefen an Atti=
cus und Quintus, die vertrautesten und be=
währtesten seiner Freunde. Wenn wir ihn in
denen ad diversos bald, so zu sagen, im
Staatskleide, bald mit einem mehr oder minder
durchsichtigen Schleier bedeckt, bald, in aus=
drücklicher Absicht einen unsichern oder gefähr=
lichen Freund zu täuschen, hinter einer künstlich

angepaßten Larve verborgen sehen: so liegt hingegen in diesen seine wahre Gestalt offen und unverhüllt vor uns da; ohne es zu wollen oder nur zu ahnden, läßt er uns in die innersten Falten seines Herzens sehen, und deckt uns besonders seine schwache Seite, — seine Eitelkeit und Ruhmsucht, seine häufigen (wiewohl meist nur momentanen) Widersprüche mit sich selbst; seine raschen Uebergänge von der muthigsten Zuversicht im Glück, zu zaghafter Unentschlossenheit in Gefahr, und gänzlicher Muthlosigkeit im Unglück; sein Unvermögen denen zu widerstehen, die sich seiner Zuneigung bemächtigt oder durch imponirende Vorzüge Gewalt über ihn bekommen hatten, kurz alle seine individuellen Menschlichkeiten, so treuherzig und unbefangen auf, daß man sich schon um dieser Arglosigkeit willen gedrungen fühlt, ihm alle seine Fehler, als bloße Schranken seiner hohen Vorzüge, oder natürliche Folgen einer äusserst seltnen Organisation und einer seltnen Lebhaftigkeit des Geistes, zu gut zu halten, und ihn auch da, wo er etwas von unsrer Achtung verliert, doch immer anziehend und liebenswürdig zu finden. Wenn sich an dem gemeinsten Menschen, sobald er genau und ganz gekannt wird, irgend etwas entdeckt, wodurch er uns interessant werden kann: in welchem hohen Grade muß dies von einem Manne gelten, der durch den Reichthum seiner ausserordentlichen Naturgaben und die unbegreifliche Größe seiner Virtuosität unter den Heroen der Menschheit auf einer der obersten Stufen steht? Wenn uns diese vertrauten Briefe mit seinen größten Fehlern so leicht versöhnen: wie gern und ganz wenden wir ihm dagegen unsre wärmste Achtung und Liebe zu, wenn wir in zufälligen Briefen, woran Ernst, Weltklugheit oder versteckte Absichten nicht den mindesten Antheil hatten, die Grundzüge der edelsten Natur, angebohrnes Zartgefühl und innere Sittlichkeit, Rechtlichkeit und Humanität, Mäßigung und Genügsamkeit, innigste Wohlmeinung und Theilnahme mit und an seinem Vaterlande, Dankbarkeit gegen seine Wohlthäter, Bereitwilligkeit mit Anstrengung und Selbstaufopferung Jedem zu dienen, der sich ohne seine Hülfe für verloren hielt, und so viele andere dem verderbtesten aller Zeitalter fremde Tugenden, mit der unverkennbarsten Wahrheit ausgesprochen und eingedruckt sehen!

Wie vieles wäre noch zu sagen, wenn ich diese Briefe in andern Hinsichten würdigen, und mich z. B. über das ausbreiten wollte, worin Cicero sich über alle andern Briefsteller erhebt, über das Musterhafte seiner Schreibart in allen Gattungen und Arten des Stils, seinen unerschöpflichen Reichthum an Wendungen derselben Sache oder desselben Gedankens, die Genialität seiner Laune und seines Witzes, den feinen Atticismus in leichtscherzender Einkleidung seines Tadels oder Spottes, die ihm so geläufige Sokratische Ironie, und die häufigen Anspielungen auf Homerische Verse oder andere Griechische Dichter, kurz über alles, was seiner Diction diese Frischheit, Leichtigkeit und naive Grazie giebt, ut sibi quivis speret idem —: aber die wenige Zeit, die mir zu meiner Vorrede übrig ist, nöthigt mich abzubrechen, (und warum sollt ich auch dem Leser das Vergnügen rauben, noch mehr in dem Buche zu finden als ihn der Vorredner erwarten heißt?) um nun auch das Nöthige von mir selbst und von dieser Uebersetzung zu sagen, die ich hiemit, als eine bis in den Winter meines Lebens verspätete Frucht, in den Schoos unsers deutschen Vaterlandes niederlege.

Was kann ich denen, welche eine so große und mit Schwierigkeiten aller Art umgebene Unternehmung, wie eine Dolmetschung der sämmtlichen Briefe Cicero's unläugbar ist, für ein allzu großes Wagestück für einen Greis von fünf und Siebzig Jahren halten, was kann ich ihnen antworten, als — daß ich selbst gänzlich ihrer Meinung bin, und kaum etwas anders zu meiner Entschuldigung anzuführen habe, als die Zeit, in welcher, und die Art, mit welcher dieser verwegene Gedanke wie ein Gewappneter über mich gekommen ist. Ich fühlte damahls ein zwiefaches dringendes Bedürfniß in mir, ohne dessen unmittelbare Stillung ich nicht länger ausdauren zu können glaubte: das Eine war, mich je bälder je lieber aus einer fürchterlich einengenden Gegenwart in eine andere Welt, in eine Zeit und unter Menschen, die längst nicht mehr waren, wo möglich unter lauter colossalische Menschen vom Titanen und Gigantenstamm, zu versetzen — das andere, irgend eine grosse, schwere und mühselige, aber mir mit allem dem angenehme und zu meinen gewohnten Studien passende Geistesarbeit zu unternehmen, welche mich hoffen ließe, daß sie mir, durch Lust und Liebe zur Sache und durch die mit der Ausführung selbst nothwendig verbundene unvermerkte Steigerung meiner Kräfte, vielleicht so weit gelingen dürfte, daß ich die Welt mit dem Troste verlassen könnte, die letzten Jahre oder Tage meines Lebens nicht ohne alles Verdienst um meine geliebten — Sprachgenossen zugebracht zu haben. Wie hätte mir, zu Befriedigung dieses doppelten

Bedürfnisses und zu Erreichung dieser Absicht, mein guter Genius einen glücklichern Vorsatz einhauchen können, als die Uebersetzung der Briefe Cicero's? Mit dem 1sten November 1806 wurde der Anfang mit so gutem Erfolge für mich selbst gemacht, daß ich von allem, was rings um mich vorgieng, wenig gewahr wurde. Nicht übertriebner aber anhaltender Fleiß, genährt durch den mannigfaltigen geistigen Genuß, den mir Cicero gewährte, brachte mich, an dem Tage da ich dieses schreibe, so weit, daß ich dem Publico diese zwey ersten Bände, welche die Briefe an Atticus, Quintus und Verschiedene Andere bis zum Jahre 699 inclus. enthalten, überreichen kann.

Wollte ich einen meiner Hauptzwecke nicht verfehlen, so mußten diese Briefe, so viel möglich, in eben der Ordnung gelesen werden können, worin sie der Zeitfolge nach geschrieben wurden. Die Briefe ad Familiares mußten also aus der Unordnung, worin sie in den Handschriften und gewöhnlichen Ausgaben durch einander geworfen sind, herausgehoben, und Chronologisch gestellt, die Briefe an Atticus und Quintus überall da, wo sie der Zeit nach hingehören oder zu gehören scheinen, eingeschaltet, und somit alle zu einem zusammenhangenden Ganzen vereinigt werden, das zugleich als die ächteste Biographie Cicero's und als ein schätzbarer Beytrag zur geheimen Geschichte der letzten zwanzig Jahre der Römischen Republik betrachtet werden könnte. Daß ich mir hiebey kein anderes Verdienst zuzueignen habe, als (nach Mongaults und Melmoths Vorgang) von der mühsamen Arbeit des gelehrten Hieronymus Ragazzoni Gebrauch gemacht zu haben, mußte hier bloß um derjenigen willen bemerkt werden, denen der Commentarius in Epp. ad Familiar. des letztern unbekannt geblieben, deren, wie ich merke, nicht wenige sind.

Eine unmittelbare Folge der Chronologischen Anordnung war, daß eine neue Eintheilung der Bücher vorgenommen werden mußte. Daß ich hierin nicht nach bloßer Willkühr verfahren, lehrt der Augenschein. Damit aber, bey allen diesen Veränderungen, den Lesern, welche Beruf oder Lust haben, meine Uebersetzung mit dem Original zu vergleichen, eine verdriesliche Mühe erspart werde, habe ich oben an jedem Briefe angedeutet, wo man ihn in allen gewöhnlichen Ausgaben finden kann.

Daß ich so viele Hülfsmittel zum Behuf meines Unternehmens, als ich deren habhaft werden konnte, zusammen zu bringen, und Alles, was mir zu besserm Verständniß des Textes, seit dem vortrefflichen Paulus Manutius von gelehrten und scharfsinnigen Philologen und Alterthumsforschern vorgearbeitet worden, auf alle Weise zu benutzen gesucht habe und ferner benutzen werde, ist so sehr meine Schuldigkeit, daß es hoffentlich keiner ausführlichern Rechenschaft bedarf. Noch kürzer werde ich hier über das Capitel der mannigfaltigen, großen und endlosen Schwierigkeiten seyn, mit welchen die Leser der Urschrift der Ciceronischen Briefe, und um soviel mehr also die Uebersetzer derselben, zu kämpfen haben. Sie sind den Gelehrten nur zu wohl bekannt, und der vortreffliche französische Uebersetzer und Ausleger der Briefe an Atticus, Mongault, hat sie in seiner Vorrede, besonders in Ansehung der letztern, so ausführlich dargestellt, daß ich nichts hinzuzufügen wüßte, als daß ein sonderbarer innerer Beruf dazu gehört, um sich nicht dadurch von einem so schweren und gefährlichen Unternehmen abschrecken zu lassen; zumahl wenn ein armer Uebersetzer noch das Unglück hätte, sich unsre Philologen und Kritiker als eben so viele, das unzugangbare Zauberschloß umgebende Riesen einzubilden, welche mit funkelnden Augen und geschwungnen Keulen bereit stünden, den Verwegnen zu züchtigen, der sich eines solchen Abenteuers unterfangen wollte. Ohne Furcht vor solchen Schreckbildern erwarte ich das Urtheil ächter und billiger Richter mit Ruhe; versichert, daß sie, nicht unmilder als die Götter, mit dem Sokratischen — „Nach Vermögen geben" — zufrieden seyn werden,

und zum Voraus herzlich dankbar für jede
freundliche Belehrung und Erinnerung. Bey
der Arbeit selbst habe ich überhaupt dieselben
Gesetze befolgt, welche man in meinen Uebersetzungen aus dem Griechischen und Lateinischen
beobachtet zu sehen gewohnt ist. Klarheit und
Verständlichkeit ist mein erstes Augenmerk, und
vermuthlich auch die erste Foderung der Leser,
die ich zu finden hoffe. Indem ich dem Cicero
so gutes Deutsch als ich selbst gelernt habe, leihe,
bin ich weit von dem Gedanken entfernt, ihn
schreiben zu lassen, wie er vielleicht geschrieben
hätte, wenn er ein Deutscher unsrer Zeit, zumahl der neuesten, gewesen wäre. Ueberall,
wo es mir nur immer möglich scheint, schließe
ich mich so genau an den Text an, als es geschehen kann, ohne lateinisches Deutsch zu
schreiben. Nichts liegt mir mehr am Herzen,
als daß mir kein schöner oder kräftiger Ausdruck, keine bedeutende, in unsre Sprache über-
tragbare Metapher, keine der feinern Schattie-
rungen, oder Wendungen, keine Grazie die ich

erhaschen kann, entgehe. Aber besonders wünsche ich einem Etwas, das sich nur wahrnehmen und fühlen, nicht beschreiben, läßt, dem Eigenthümlichen des Geistes und der Schreibart Cicero's in seinen Briefen, kurz dem was Einige seine Ciceronität nennen, so nahe zu kommen, als es unsre Sprache gestattet, und soweit meine Fähigkeit sie zu erfühlen, zu errathen und zu ahnden, reichen mag. Wäre ich hierin glücklich gewesen, so würden mir vielleicht selbst die strengern Richter desto eher verzeihen, wenn ich — wahrlich nicht um mir die Arbeit bequemer, sondern um dem Leser die Mühe des Verstehens leichter zu machen — zuweilen mehr Worte aufgewandt als schlechterdings nöthig war, und nicht selten, wiewohl nie ohne Grund, die Auslegung in den Text selbst hineingeschoben habe. Ich würde es nicht wagen einige Nachsicht von jenen Richtern zu hoffen, wenn ich mir nicht so klar bewußt wäre, daß ich in allem diesen mit großer Gewissenhaftigkeit verfahren bin, und mich sehr an Cicero zu versündigen geglaubt hätte, wenn ich, um ihm durchaus die edelste und eleganteste Diction eines auf moderne Weise gebildeten und glattgeschliffnen Weltmanns zu geben, mir die Freyheit mit ihm herausgenommen hätte, welche Melmoth und sogar der treffliche Mongault sich erlaubten: Jener, weil es ihm, seiner Absicht nach, bloß um die Sachen und den wirklichen oder vermeinten Sinn der Worte zu thun war; dieser, weil ihm der Eigensinn seiner Sprache nicht gestattete, sich dem Urtext so nahe anzuschmiegen als die unsrige zuläßt.

Was die Anmerkungen und Erläuterungen betrift, so möcht' es wohl kaum möglich seyn, für alle Leser das rechte Maß zu treffen; denn auf die Wenigen, die derselben gar nicht bedürfen, konnte freilich keine Rücksicht genommen werden. Indessen werde ich, um die Zahl der Bände des Werks nicht ohne Noth zu vergrößern, mir in der Folge angelegen seyn lassen, der Erläuterungen theils weniger zu machen, theils die unentbehrlichen, soviel mir möglich, abzukürzen.

Sollte vielleicht, da diese Vorrede ziemlich eilfertig geschrieben werden mußte, etwas hier vergessen worden seyn, das mir zu sagen nöthig, oder dem Leser zu wissen dienlich gewesen wäre, so behalte ich mir vor es in einem der folgenden Bände nachzutragen.

Weimar den 26sten März 1808.

Chronologischer Auszug
aus
Cicero's Lebensgeschichte.

ANNO VRBIS 647—62.

Im Jahr der Stadt Rom Sechs Hundert Sieben und Vierzig — (106 Jahre vor der Christlichen Zeitrechnung) unter den Consuln Q. Servilius Cäpio und C. Attilius Serranus, am dritten Januar, wurde Marcus Tullius Cicero auf einem alten Familiengut unweit der Römischen Municipalstadt Arpinum*) gebohren. Von seinen drey Nahmen ist Tullius der eigentliche Familiennahme, Cicero der Zunahme, wodurch sich die Arpinatischen Tullier von andern Römischen Familien gleichen Nahmens unterschieden **). Den persönlichen Nahmen (welcher bey den Römern immer der Vornahme war) empfiengen alle Römischen Kinder, unter besondern religiosen Feyerlichkeiten, die Knaben am neunten, die Mädchen am

---

*) Hinc orti stirpe antiquissima, hic sacra, hic gens, hic majorum multa vestigia. *Cic. de Legib. II. 1.*

**) Die wahrscheinlichste Ableitung dieses Zunahmens scheint mir die, welche Plinius (H. N. l. 15. c. 3) angiebt: nehmlich daß mehrere Römische Familien ihre Zunahmen von einer gewissen Gattung von Feld- oder Garten-Früchten bekommen, z. B. die Fabii von den Bohnen, die Lentuli von den Linsen, die Ciceronen von den Kichererbsen, auf deren Anbau die Stifter dieser Familien sich mit besonderem Fleiß und Erfolg gelegt hätten.

achten Tage nach der Geburt. Unser Cicero erhielt als Erstgebohrner den Vornahmen seines Vaters und seines damahls noch lebenden Großvaters, Marcus. Seine Mutter, Helvia, stammte aus einem guten Römischen Geschlecht, und brachte ein ansehnliches Vermögen in die Ciceronische Familie. Eine jüngere Schwester dieser Helvia, mit dem Römischen Ritter C. Aculeo, einem berühmten Rechtsgelehrten seiner Zeit, vermählt, war die Mutter der beyden Aculeonen, mit welchen, als seinen nächsten Verwandten, Cicero, nebst seinem jüngern Bruder Quintus, in ihrem Knabenalter gleiche Erziehung genossen zu haben, im ersten Capitel des zweyten Buchs de Oratore erwähnt. Arpinum, von uralten Zeiten her die Vaterstadt der Ciceronen, war eine zum neuen Latium gerechnete Römische Municipalstadt, welche schon im Jahr 450, unter den Consuln Servius Cornelius Lentulus und Luc. Genucius das Römische Bürgerrecht, und hundert fünfzehn Jahre später auch das Recht, an den Comitien in der Cornelischen Zunft ihre Stimme zu geben, erhielt.

Ungeachtet hiedurch den Ciceronen, welche immer zu den angesehensten Bürgern von Arpinum gehört hatten, der Weg zu den höhern und höchsten Würden der Römischen Republik seit dem Jahr 565 offen stand: so hatten sie sich doch immer in der glücklichen Dunkelheit, worin sie, nach alter Weise und Sitte, auf ihrer väterlichen Hufe lebten, zu wohl befunden, um nach höheren Dingen zu trachten. Der Vater unsers Cicero, vermuthlich durch das glänzende Beyspiel seines Arpinatischen Mitbürgers C. Marius angereizt, scheint der erste gewesen zu seyn, der, da ihn selbst eine schwächliche Gesundheit im Privatstande zurückhielt *), den Entschluß faßte, seine Söhne so zu erziehen, daß sie durch ausgezeichnete Talente und Verdienste ihrem bisher der Welt unbekannten Nahmen Glanz und Ansehen zu verschaffen im Stande wären. Er scheint sich zu diesem Ende mit ihnen nach Rom begeben zu haben, wo er ein eignes Haus besaß; wiewohl sich auch annehmen ließe, daß sie sich während ihrer Schuljahre im Hause ihres Oheims Cajus Aculeo aufgehalten haben könnten.

Der junge Marcus that sich schon in seinem Knabenalter durch ausserordentliche Fähigkeiten, und durch den Fleiß, womit er unter Römischen und Griechischen Lehrern sich auf die Elemente der Literatur in beyden Sprachen legte, so hervor, daß seine Mitschüler ihm schon damahls einen Vorzug einräumten, der nicht wenig dazu beytragen mochte, diesen Durst nach Ruhm, und diesen leidenschaftlichen Trieb, der Erste an Verdiensten unter seinen Zeitgenossen zu seyn, von welchen er in seinem ganzen Leben beherrscht wurde, in ihm zu entwickeln und zu befeuern.

Aus dem oben angeführten ersten Capitel des zweyten Buchs de Oratore läßt sich abnehmen, daß er schon in diesem jugendlichen Alter die Aufmerksamkeit der beyden größten Redner derselben Zeit, des Luc. Licinius Crassus und Marcus Antonius (Orator zugenannt) auf sich zog, und daß sie es nicht unter ihrer Würde hielten, sich mit der Bildung eines Jünglings, der kaum aus den Knabenjahren getreten war, abzugeben. Wenn man das hohe Ansehen bedenkt, worin diese Männer

---

*) Cum esset infirma valetudine, hic (in villa Arpinati) fere aetatem egit *in Literis.* l. c.

durch ihre Geburt, durch die höchsten Staatswürden so sie verwaltet hatten, und das große Talent, das sie über alle ihres gleichen erhob, in der weltbeherrschenden Roma standen: so kann man sich einen Begriff davon machen, wie dieser Umstand auf den feurig emporstrebenden Geist des jungen Arpinaters wirken mußte.

II.
a. V. 566.

Mit diesem Jahre trat Cicero sein siebzehntes an, an dessen Anfang er, nach Römischer Sitte, die Knabenkleidung (praetexta) mit der männlichen Toga (toga virilis oder pura) vertauschte, und von allen Verwandten und Freunden des väterlichen Hauses feyerlich in das Forum, als die große Schule des bürgerlichen und politischen Lebens der Römer, eingeführt wurde. Es war von alten Zeiten her Sitte in Rom, junge Leute von guter Herkunft irgend einem durch seine Verdienste ausgezeichneten Veteran im Senat besonders zu empfehlen; welchem sie dann, von der ersten Tagesfrühe an, aufwarteten, ihn an alle öffentliche Orte, in den Senat, ins Forum, u. s. w. begleiteten, und die Erlaubniß um ihn zu seyn sich auf alle mögliche Art zu Nutze zu machen suchten. Derjenige, in dessen besondern Schutz der junge Cicero von seinem Vater auf diese Weise gegeben wurde, war Quintus Mucius Scävola (zum Unterschied von seinem Verwandten, dem Pontifex Maximus, Q. Scävola) der Augur genannt), der größte Rechtsgelehrte seiner Zeit; ein durch seine Leutseligkeit und Anmuth im Umgang eben so viel Liebe, als durch seine Weisheit und Erfahrenheit Ehrfurcht einflößender Greis; zu welchem unser Jüngling sich dann auch mit so großer Anhänglichkeit hielt, daß er ihm, soviel er konnte und durfte, nie von der Seite kam. Wie er diesen Vortheil benuzt habe, sagt er uns im Eingang des Dialogs Lälius oder de Amicitia*).

Um diese Zeit scheint Cicero, der seinen Geist auf alle mögliche Art auszubilden und zu üben beflissen war, sich hauptsächlich mit Versemachen und poetischen Aftern abgegeben zu haben, und dies mit einer Leidenschaft, welche unter andern Umständen herrschend werden, und ihn zu einem der vorzüglichsten Dichter der Römer hätte machen können. Er übersezte das Astronomische Lehrgedicht des Aratus de Phaenomenis in Lateinische Verse, und wagte sich sogar an ein heroisches Epos, dessen Gegenstand die glänzendsten Siege seines großen Landsmanns Marius waren, und wovon sein alter Patron Scävola eine so große Meynung hatte, daß er in einem Epigramm davon weissagte, es werde ewig dauern —

canescet seclis innumerabilibus.

Ebendasselbe wurde dem berühmten Freunde Virgils und Horazens Varius, im Nahmen der Nachwelt, von seinen Zeitgenossen zugesagt; aber die Nachwelt hat, vielleicht ohne Schuld des Cicero und Varius, weder dem einen noch dem andern Wort gehalten.

Die Kunde des bürgerlichen Rechts, wozu die beyden Scävola's dem jungen Cicero verhalfen,

*) Ego a patre ita eram deductus ad *Scaeuolam*, sumta virili toga, ut, quoad possem et liceret, a senis latere nunquam discederem. Itaque multa ab eo prudenter disputata, multa etiam breviter et commode dicta *memoriae mandabam*, fierique studebam ejus prudentia doctior.

machte zwar einen unentbehrlichen, aber bey weitem nicht den einzigen noch wichtigsten Gegenstand seiner Studien aus. Das große Ziel, welches zu erringen er schon damahls sich vorgesezt hatte, machte ihm eine vertraute Bekanntschaft mit der Griechischen Sprache, der Mutter aller ächten Geistesbildung, folglich mit den Wissenschaften und Künsten der Griechen, besonders mit ihren Dichtern, Geschichtschreibern, Rednern und Philosophen nöthig. Aus seinen Briefen werden wir sehen, wie diese Studien, seih ganzes Leben durch, seine angenehmste Erhohlung von den Geschäften des Senats und des Forums, seine liebste Unterhaltung in den seltnen Tagen der Muße, und seine einzige Zuflucht in den Stürmen waren, in welchen er endlich, zugleich mit der Republik, untergieng.

Es wurde um diese Zeit Mode zu Rom, in den vornehmsten Häusern nicht nur gelehrte Griechische Sclaven und Freygelaßne, als vertraute Kammerdiener, Schreiber, Vorleser, Bibliothekare und Geschäftsträger aller Art, sondern auch freye Griechische Gelehrte, die von allem, was man unter den Benennungen Grammatik, Rhetorik und Philosophie begriff, Profession machten, als Hausgenossen und kleine Freunde (wie man diese Art von Gesellschaftern der Großen zu Horazens Zeiten ließ) zu unterhalten und um sich zu haben. Von Zeit zu Zeit kamen Männer dieser Art nach Rom, um in diesem Mittelpunkt des damahligen Erdkreises entweder ein besseres Glück, als in ihrem Vaterlande, oder wenigstens ihren Unterhalt zu finden. Aus dieser Zahl war der Epikureische Philosoph Phädrus, der erste Griechische Philosoph, welchen Cicero hörte, und von dem er acht und dreißig Jahre später in einem Briefe an C. Memmius sagt: er habe ihn, in seinen frühesten Jünglingsjahren, so lange bis er den Philo kennen gelernt, als Philosophen hoch gehalten, und schätze ihn izt als einen wackern, angenehmen und gefälligen Menschen.

Am meisten scheint er sich in diesem Alter mit Uebungen des Stils, und besonders mit Uebersetzungen aus Griechischen Rednern und Dichtern beschäftigt zu haben.

III.
a. V. 664.

Für einen Jüngling, der sich weder durch das Ansehen noch durch den Reichthum seiner Familie in der Republik empor helfen konnte, waren nur zwey Wege zu den höchsten Staatswürden zu gelangen; entweder das Talent eines Feldherrn und auszeichnende Verdienste in diesem Fach, oder ein großes Rednertalent, im Anklagen sowohl als im Vertheidigen der Angeklagten; welches letztere, als ein unfehlbares Mittel sich Ansehen, Gunst und Popularität zu verschaffen, öfters wo nicht schneller, doch eben so sicher zum Ziel führte, als jenes. Die Verfassung der Römischen Republik brachte es aber so mit sich, daß selbst der größte Feldherr die Kunstfertigkeit gut zu reden, und der beredteste Redner wenigstens die nothwendigsten Kenntnisse des Kriegers und Heerführers nicht wohl entbehren konnte. Daher die Gewohnheit, daß alle jungen Leute von guter Familie, die sich durch Naturanlage und Neigung dem friedsamen Geschäftskreise des Forums bestimmten, nichts desto weniger einem oder mehrern Feldzügen beywohnen mußten. Cicero machte die

seinigen in dem sogenannten Marsischen Krie:
ge*), unter Cn. Pompejus Strabo, dem Vater
Pompejus des Großen, und unter dem nachmahli:
gen Diktator, L. Cornelius Sulla, einem der
größten und glücklichsten Heerführer dieses Jahrhun:
derts, der als Legat des Consuls L. Papirius
das meiste dazu beytrug, daß dieser gefährliche Krieg
glücklich für die Republik, wiewohl nicht ohne Auf:
opferung des Punkts, der ihn veranlaßt hatte, bin:
nen zwey Jahren zu Ende gebracht wurde.

IV.

a. V. 665 — 70.

Während daß Rom in diesem Zeitraum von Au ſ:
ſen durch den Krieg mit dem berühmten König von
Pontus, Mithridates dem Großen, dem
furchtbarsten und hartnäckigsten aller Feinde, welche
Rom jemahls gehabt hatte, erschüttert, und von
Innen durch einen von dem alten Marius erreg:
ten mörderischen Bürgerkrieg, (den ersten, den die
Republik jemahls gesehen hatte) dem Untergang nahe

---

*) Bellum Marsicum, auch Italicum und sociale genannt.
Schon lange hatten die vornehmsten Städte und Völker:
schaften Italiens (welche seit ihrer Bezwingung, unter
dem Nahmen *Socii*, Verbündete, die Oberherrlichkeit
Roms anerkennen mußten), da sie den größten Theil der
Lasten Römischer Bürger hatten tragen helfen, auch um
das Bürgerrecht der Stadt Rom, aber immer verge:
bens, angehalten. Was sie durch Bitten nicht erlangen
konnten, suchten sie also endlich in einem allgemeinen Auf:
stand gegen Rom mit den Waffen in der Hand zu erringen;
und so brach im Jahr 663 im Lande der Marsen zuerst
dieser Krieg aus, der eine der wichtigsten Epoken in der
Römischen Geschichte macht.

gebracht wurde, wandte Cicero, — dem seine Jugend noch das Recht gab, sich aller Theilnehmung an den beyden Partheyen, die das Vaterland zerfleischten, zu enthalten, — alle seine Zeit dazu an, unter Anleitung verschiedener gelehrter Griechen, welche der Mithridatische Krieg aus ihrem Vaterlande vertrieben hatte, bedeutende Fortschritte in der Redekunst und dem, was man damahls Philosophie nannte, zu machen. Der angesehenste von diesen war Philo von Larissa, damahls Vorsteher der Akademie zu Athen, und (nach Angabe des Sextus Empirikus) Stifter der vierten Akademie; wiewohl Philo selbst nichts von zwey verschiedenen Akademien (also noch weniger von einer dritten und vierten) wissen, sondern für einen ächten Anhänger und Nachfolger Platons gehalten seyn wollte. Dieser Philo, dessen Cicero in seinen Schriften öfters mit großer Achtung erwähnt, scheint, der ungünstigen Zeit zu Trotz, überhaupt großen Beyfall in Rom gefunden zu haben. Der Eifer, womit der junge Cicero sich dem Unterricht dieses Meisters übergab *), erklärt sich aus der besondern Brauchbarkeit der Akademischen Philosophie für die Profession eines gerichtlichen Redners, durch welche er sich seinen Weg in der Republik bahnen wollte, und aus ihrem Contrast mit der kalten, unthätigen und selbstischen, aber in Rom damahls sehr beliebten Philosophie Epikurs, deren Klarheit und Bequemlichkeit ihm in seinen Knabenjahren so wohl gefallen hatte. Besonders scheint sich seiner Unterweisung und Ausbildung der Stoiker Diodotus

*) Totum me ei (Philoni) tradidi, admirabili quodam ad Philosophiam studio concitatus, etc. *Cic.* de *Clar. Orator.* p. 89.

gewidmet zu haben, der in der Folge viele Jahre bey ihm lebte, und in seinem Hause starb *). Von diesem wurde er, neben dem Unterricht in mancherley andern wissenswürdigen Dingen, in der Dialektik theoretisch und praktisch dergestalt geübt, daß er keinen Tag ohne Uebungen in der Kunst aus dem Stegreif zu deklamieren, vorbeygehen ließ. Die Sprache der Griechen war ihm schon damahls so geläufig, daß er sich hiezu öfterer der Griechischen als der Lateinischen Sprache bediente; was er zwar schon aus der Ursache, weil seine Lehrer Griechen waren, thun mußte, wovon er aber für die Ausbildung und Vervollkommnung seiner Muttersprache, die ihm in der Folge soviel zu danken hatte, unendlich viele Vortheile zog.

Unter den Lehrern Cicero's verdient auch Molo von Rhodus, der berühmteste Rhetor seiner Zeit, eine vorzügliche Stelle. Dieser kam zweymahl nach Rom; zuerst, wie es scheint, bloß um den Gefahren des Mithridatischen Krieges auszuweichen; das zweyte Mahl, nachdem Sulla durch seine Siege die Ruhe in Griechenland wieder hergestellt hatte, als Gesandter in Angelegenheiten der Rhodier, seiner Mitbürger. Beyde Mahle machte sich der junge Cicero seine Anwesenheit auf jede mögliche Art zu Nutz, und versäumte keine Gelegenheit, wo er ihn hören und von ihm lernen konnte. Die Vorzüge dieses Mannes mußten ausserordentlich seyn, da sie groß genug waren, die alte eingewurzelte Verachtung der Römer gegen die Griechen dermaßen zu überwäl

---

*) Eram cum stoico *Diodoto*; qui cum habitavisset apud me, mecumque vixisset, nuper est domi meae mortuus. A quo cum in aliis rebus, tum studiosissime in *Dialectica* exercebar, etc. *L. c.* cap. 90.

tigen, daß er der erste war, welcher die Erlaubniß erhielt, seine Rede an den Senat in Griechischer Sprache zu halten *). Diese Auszeichnung beweist aber auch, welche Fortschritte diese Sprache und der Geschmack an den Musenkünsten, die den Griechen ein so stolzes Gefühl ihres Vorzugs über ihre Besieger und Herren gaben, unter den Römern der höhern Klassen damahls schon gemacht haben mußte.

Während der junge Cicero, von solchen Meistern angeführt, die schönsten Frühlingsjahre seines Lebens mit dem hartnäckigsten Fleiß und mit Anstrengungen, die in Rom ohne Beyspiel waren, der zweckmäßigsten Vorbereitung zu dem, was er zu seiner Bestimmung gemacht hatte, widmete, unterließ er nicht, sich fleißig im Forum einzufinden, um auch diejenigen zu hören, die damahls für die beredtesten Männer in der Republik galten; nicht in der Absicht sich nach ihnen zu bilden, sondern (wie er irgendswo **) deutlich genug zu verstehen giebt) um ihre Stärke und Schwäche ausfindig zu machen, sie unter einander und mit dem Ideal eines Redners, das seinem Geiste vorschwebte, zu vergleichen, und sich zu belehren, was er leisten könnte und müßte, wenn er sie dereinst übertreffen wollte.

V.

a. V. 671 — 72.

Das Feuer, welches die unbändige Herrsch- und Habsucht des alten Marius in Rom und Italien angezündet, war nun, nachdem es beynahe zwey

*) *Valer. Max. L. II. c. 2.*
**) *L. c. cap. 90.*

Jahre nach seinem Tode fortgewüthet hatte, durch ganze Ströme des verdorbensten Blutes der Republik von seinem Gegner L. Cornelius Sulla endlich gedämpft worden; der jüngere Marius, Cinna, Carbo, und die übrigen Häupter der sogenannten Volksparthey waren gefallen, und Sulla, der sich an der Spitze eines siegreichen Heers zum Dictator Reipublicae constituendae causa hatte ernennen lassen, nachdem er eine grausame Rache an seinen Feinden und Gegnern genommen, hatte Ordnung und Ruhe in Rom wieder hergestellt, und war nun beschäftigt, durch Gesetze und Anordnungen die übermäßige Gewalt des Volks und seiner Tribunen einzuschränken, die Richterliche Gewalt anders zu organisiren, kurz dem Senat (oder den Optimaten) das Uebergewicht wieder zu geben, welches sie haben, aber freylich auch recht gebrauchen mußten, wenn die Republik bestehen sollte.

Um diese Zeit, in seinem fünf oder sechs und zwanzigsten Jahre, scheint Cicero den Anfang gemacht zu haben, in bürgerlichen Rechtshändeln (causis *privatis*) als Sachwalter aufzutreten. Denn wiewohl die Rede für den Publ. Quinctius, welche unter den Consuln M. Tullius Decula und Cn. Cornel. Dolabella (also im Jahr 672) gehalten wurde, die erste unter denen ist, die er vermuthlich selbst in die auf uns gekommene Sammlung seiner öffentlichen Reden aufgenommen, so erhellet doch aus dieser Rede selbst, daß er damahls schon mehrere ähnliche Rechtssachen vor Gericht geführt habe.

VI.
a. V. 673.
Unter den Consuln L. Cornelius Sulla, Felix und
Q. Cäcilius Metellus Pius.

Dieses Jahr ist in Cicero's Leben dadurch merkwürdig, daß er in demselben zum ersten Mahl in einer causa *publica*, d. i. in einem Criminalprozeß, als Sachwalter und Vertheidiger des Angeklagten, vor Gericht erschien. Alle Arten von Verbrechen, auf welche entweder die Todesstrafe oder die Verbannung aus Rom, oder die Entehrung und eine ansehnliche Geldbuße gesezt waren, machte die Materie dieser Processe aus, zu welchen in dieser heillosen Epoke der Republik, Mord und Giftmischerey, Verletzung der öffentlichen Ruhe, Bestechung (des Volks um zu den höhern Staatswürden zu gelangen, oder der Richter, um von begangenen Verbrechen losgesprochen zu werden), Staatsdiebstahl (Pekulat), vorzüglich aber die schreyenden Ungerechtigkeiten und Gewaltthätigkeiten, die von den Statthaltern und ihren Subalternen in den Provinzen begangen wurden, immer häufigern Anlaß gaben. Da auf der einen Seite unter den Großen, Edeln und Reichen in Rom nur wenige waren, die von dieser Seite nicht angegriffen werden konnten, auf der andern es kein bequemeres Mittel gab, eines Mitbewerbers um ein Staatsamt oder eines jeden andern, der uns im Lichte stand, los zu werden, als ihm einen halsbrechenden oder ehrlosmachenden Prozeß an den Kopf zu werfen, (wozu es um baares Geld an Anklägern und falschen Zeugen nie fehlte) so ist leicht zu erachten, daß ein geschickter Redner, der von Führung solcher Prozesse Profession machte,

Gelegenheit genug hatte, sich sowohl unter dem Adel wichtige Freunde zu erwerben, als beym Volk durch Vertheidigung unterdrückter Unschuldiger, oder muthigen Angriff vornehmer Verbrecher, sich in Gunst und Ansehen zu setzen, und also bey Bewerbung um die höhern Staatsämter auf den guten Willen beyder Hauptpartheyen, in deren Händen sie lagen, Rechnung machen zu können. Bey Vertheidigung der Angeklagten kam es wenig darauf an, ob sie schuldig oder unschuldig waren; wenigstens schadete es dem Sachwalter nicht an seinen Ehren, für einen verdächtigen, ja sogar für einen Weltkundigen Verbrecher vor Gericht zu erscheinen. Einem jeden, der in solchen Fällen unsern Beystand anrief, unentgeldlich zu dienen, wurde unter die Gesellschaftspflichten (officia) gerechnet, die man seinen guten Freunden, Zunftgenossen, Schützlingen und Gastfreunden vorzüglich schuldig war, und die ein Sachwalter von Profession, selbst nachdem er bis zum Consulat gestiegen war, ohne ein bedeutendes Hinderniß, nicht leicht irgend Jemanden versagen konnte. War der Client unschuldig, desto besser für ihn; war er schuldig, desto besser für seinen Advokaten. Denn dieser erhielt dadurch Gelegenheit, einen desto glänzendern Gebrauch von der Stärke seines Genies und Talents zu machen, und erwies sich durch die Geschicklichkeit, Thatsachen von jeder Seite zu zeigen, sie in jedes beliebige, vortheilhafte oder nachtheilige Licht und Helldunkel zu setzen, und, mittelst aller Arten von rhetorischen und sophistischen Handgriffen, Blendwerken und Täuschungen, der Guten Sache den Schein der Bösen, oder der Bösen den Schein der Guten zu geben, als einen desto größern Meister seiner Kunst.

Der Mann, zu deſſen Vertheidigung Cicero zum erſten Mahl in einer öffentlichen Sache auftrat, war Sextus Roſcius, der Sohn eines angeſehenen und reichen römiſchen Ritters gleiches Vornahmens aus der Municipalſtadt Ameria in Umbrien, der ſich gewöhnlich zu Rom aufhielt, und zur Zeit der Sullaiſchen Proſcription, indem er Abends von einem Gaſtmahle nach Hauſe gieng, von Unbekannten angefallen und ermordet wurde. Zwey nicht allzuwohl berüchtigte Männer aus Ameria, Titus Roſcius Magnus und T. Roſcius Capito, entfernte Verwandte des ermordeten Sextus, und wahrſcheinlich ſelbſt die Mörder, fanden, um ſich wenigſtens eines Theils ſeiner anſehnlichen Güter zu verſichern, nichts zweckmäßigeres, als mit Chryſogonus, einem Freygelaßenen und Günſtling des Dictators Sulla, der damahls in Rom noch allmächtig war, in Geſellſchaft zu treten und gemeinſchaftlich einen Anſchlag zu ſchmieden und auszuführen, wie ſie ſich mit völliger Sicherheit in den Beſitz des Vermögens des Sextus Roſcius ſetzen könnten, welches dem größern Theile nach aus dreyzehn ſchönen und ſehr einträglichen Landgütern beſtand, und von Cicero auf ſechs Millionen Seſterzien *) geſchätzt wird. Der kürzeſte Weg war, den alten Sextus meuchleriſcher Weiſe aus der Welt zu ſchaffen, ſeinen Nahmen in die Proſcriptions-Tabellen einzuflicken, und ſein Vermögen (welches folglich, wie die Güter aller Proſcibirten, als conſiſciert, der Staats-Schatzkammer anheimgefallen war) öffentlich zu verſteigern. Alles dies wurde nun von Titus Roſcius, unter dem Schutz des Allesvermögenden und allgefürchteten Chryſogonus,

*) 600000 Fl. Rheiniſch.

unverzüglich ins Werk gesetzt. Dieser Günstling ersteht die sämmtliche Verlassenschaft um 2000 Sesterzien (200 Fl.). Etwas Unglaubliches, aber damahls so gewöhnliches, daß eine Menge von dem Dictator oder seinen Freunden und Lieblingen begünstigte Erdensöhne auf diese Weise plötzlich großes Glück machten. Sogar **Marcus Crassus**, welcher zu sagen pflegte, man könne Niemanden reich nennen, bis er ein Kriegsheer auf seine Kosten unterhalten könne, hatte einen großen Theil seines ungeheuren Vermögens *) auf diesem Wege erworben. Chrysogonus schickte nun den Titus Roscius nach Ameria ab, um Sextus Roscius, den Sohn, aus den väterlichen Gütern, die er bisher verwaltet hatte, hinauszuwerfen, und in seinem Nahmen Besitz davon zu nehmen. Titus erhielt für seinen Antheil drey der ansehnlichsten Landgüter des angeblich proscribierten Roscius, das übrige behielt **Chrysogonus** als rechtmäßig erkauftes Eigenthum, glaubte aber, so wenig als der Genosse seines Raubes, im Besitz desselben sicher zu seyn, so lange der jüngere **Sextus Roscius** lebte, welcher, seitdem Sulla den Gerichten wieder einen gesetzmäßigen Gang gegeben hatte, seine Erbgüter mit desto größerm Recht zurückfodern konnte, da sein Vater unter den von Sulla Proscribirten nicht gewesen war. Die unrechtmäßigen Besitzer versuchten seiner auf dem kürzesten Wege los zu werden; weil er aber auf seiner Huth war, so stellten sie einen gewissen Erucius, der das Anklagen schon lange als Handwerk trieb, an, ihn im Nahmen seiner Verwandten als den Mörder seines Vaters anzuklagen. Der Proceß an sich selbst erregte allgemeine Aufmerksamkeit, so wie

*) S. Plutarch im Leben des Crassus.

das traurige Schicksal des Angeklagten allgemeines Mitleiden. Die Römischen Ritter, denen Sulla das Recht, zu Richtern erwählt zu werden, genommen hatte, um es den Senatoren ausschließlich zuzutheilen, waren darauf gespannt, wie diese sich in einer so kitzlichten Criminalsache — der ersten, die seit Wiederherstellung der Gerichte öffentlich verhandelt wurde — benehmen würden. Das Volk erwartete mit Sehnsucht und Ungeduld scharfe und strenge Gerechtigkeit, und dem Senat war daran gelegen, sich des wieder erlangten Vorrechts nicht gleich bey der ersten Ausübung unwürdig zu zeigen. Aber unter allen ältern und im Ruf der Beredsamkeit stehenden Sachwaltern fand sich, — aus Furcht vor dem mächtigen Günstling eines Gewalthabers, vor welchem noch alles zitterte, — keiner, der es wagen wollte, für den unglücklichen Sextus das Wort zu führen. Desto mehr Ehre für den 27jährigen Cicero, welcher allein den Muth hatte das Wagestück zu unternehmen, und, unter den abschreckendsten Umständen, für einen hülflosen Bettler mit so großem Eifer, als ob es für seinen leiblichen Bruder wäre, zu kämpfen! Man erschrickt beinahe für den jungen Redner, wenn man liest, mit wie wenig Schonung, oder vielmehr mit welcher Hitze und Heftigkeit er nicht nur den Anklägern, sondern ihrem Patron Chrysogonus selbst, zu Leibe geht; wie ungescheut und in welchen starken Ausdrücken er den Unmuth ausspricht, den in jener Schreckenszeit Jedermann fühlte, aber Niemand laut werden zu lassen sich getraute; und alles dies öffentlich, vor Zuhörern aller Stände, vor einem zahlreich versammelten Volk, und in Gegenwart so vieler Anhänger und Creaturen des Dictators, die sich durch einen solchen Angriff nicht wenig beleidigt finden mußten, und von denen er gewiß seyn konnte, daß sie ihm bey dem großen Manne, der ihn damahls noch mit einem Worte vernichten konnte, sehr schlechte Dienste dafür leisten würden. Indessen, wie alle Dinge zwey Seiten haben, muß man gestehen, daß gleichwohl auch viele Umstände bey diesem Rechtshandel zusammen trafen, welche den Muth eines ehrgeitzigen und seiner Kräfte sich lebhaft bewußten jungen Redners anfeuern mußten, eine so gute Gelegenheit, wo er sich bey dem Adel in Ansehen, bey dem Volk in Gunst und Zutrauen setzen, und überhaupt den Guten beliebt, den Bösen furchtbar machen konnte, möglichst zu benutzen. Wir haben einige dieser Umstände schon berührt; aber der wichtigste war wohl, daß der Dictator Sulla selbst um diese Zeit schon Beweise genug gegeben hatte, daß er, der Schreckenszeit ein Ende zu machen, und durch Wiederherstellung der bürgerlichen Ordnung und schonenden Gebrauch seiner Gewalt, so viel nur immer mit seinem Hauptzweck bestehen konnte, das Zutrauen seiner Mitbürger wieder zu gewinnen entschlossen sey. Cicero konnte also um so gewisser darauf rechnen, daß der Dictator sich in diesen Handel nicht mischen würde, da es dabey nicht um Zurückgabe der Güter des Sextus Roscius, sondern bloß um seine Lossprechung von dem angeschuldeten Vatermord zu thun war. Ueberdies war er auch klug genug gewesen, da er doch nicht Umgang hatte nehmen können des Sulla mehr als einmahl zu erwähnen, es auf eine solche Art zu thun, daß dieser, anstatt sich beleidigt zu finden, vielmehr Ursache hatte, ihm für die ehrenvolle und geschickte Wendung, wodurch er ihn aus dem Spiele gezogen hatte, Dank zu wissen.

Alle Umstände vereinigten sich also auf die glücklichste Weise, daß der junge Cicero diesen ersten Versuch in einer so gefährlich scheinenden causa publica — einen Versuch, der, einige Spuren der Jugend des Redners abgerechnet, in jeder Hinsicht dem größten Meister Ehre gemacht hätte — mit dem glänzendsten Erfolg gekrönt sah. Roscius wurde, unter dem lautesten Beyfall aller Zuhörer losgesprochen, und sein Vertheidiger trug zur Belohnung die öffentliche Meinung davon, daß von nun an keine Sache für sein Talent zu groß seyn könne. *)

Wir bemerken nur noch, daß in dieser Rede (so wie schon in der für den P. Quintius) mehrere Stellen vorkommen, wo er nicht nur von der Ironie, die immer eine seiner Lieblings-Figuren blieb, Gebrauch macht, sondern einem angebohrnen Hang die Gegner mit attischem, oft ziemlich scharfem und brennendem Salze zu reiben, und die Lacher dadurch auf seine Seite zu ziehen, sich mit einer Art von Uebermuth, oder soll ich sagen Muthwillen überläßt, die ihm in der Folge viele Feindschaften zuzog, wofür aber seine Eitelkeit sich dadurch entschädigt fand, daß ganze Sammlungen von seinen Spitzreden, und scherzhaften Wort- und Witzspielen aller Gattungen gemacht wurden, wobey dann freilich auch etwas frostige mit unter liefen, und (wie es allen, die von dieser Gabe zu freyen und

---

*) Prima causa publica, pro Sex. Roscio dicta, tantum commendationis habuit, ut non ulla esset, quæ non digna nostro patricinio videretur. Deinceps inde multæ, quas non minus diligenter elaboratas et tanquam elucubratas afferebamus. l. c. 90.

häufigen Gebrauch machen, zu gehen pflegt) manches auf seine Rechnung kam, das ihm weder zugehörte noch seiner würdig war.

VII.
a. V. 674 — 76.

Nicht lange nach dem Triumph, den ihm der glückliche Erfolg seiner Rede pro Sexto Roscio verschafte, begab er sich auf eine Reise, wozu er so viele Beweggründe und Anreizungen hatte, daß die Ursache, welche Plutarch angiebt, er habe Rom aus Furcht vor dem Unwillen des Sulla verlassen, mehr als überflüßig ist. Sylla's Arm reichte so weit, daß er den Fliehenden überall erreicht hätte, wenn Ursache zu einer solchen Furcht vorhanden gewesen wäre. Cicero selbst giebt im 91sten Capitel seines Brutus die wahre Veranlaßung seiner Reise nach Griechenland sehr umständlich an. Er hatte sich (ohne Zweifel durch die frühzeitige und übermäßige Anstrengung seiner Kräfte, sowohl in den Jahren der Vorbereitung, als seitdem er als Sachwalter sich im Forum hören ließ) eine auffallende Magerkeit und Schwäche des Körpers zugezogen. Besonders war sein Hals lang und dünn; und da eine solche Leibesbeschaffenheit, zumahl wenn vieles Arbeiten und starke Anstrengung der Brust und Lunge hinzukommen, für lebensgefährlich gehalten wurde, so machte dies Alle, denen er theuer war, um so mehr besorgt, da er bey seinen öffentlichen Declamationen vom Anfang bis zum Schluß immer ohne Abwechslung von forte und piano, mit immer gleich starker Anstrengung der Stimme und heftigem Arbeiten des ganzen Kör-

pers zu reden pflegte. Seine Freunde sowohl als
die Aerzte drangen in ihn, daß er die Profession
eines Sachwalters gänzlich aufgeben sollte: „Aber
eher (sagt' er) hätt' ich es aufs Aeußerste ankommen
lassen, ehe ich auf den Ruhm, den ich durch sie zu
erringen hoffte, Verzicht gethan hätte. Da ich aber
urtheilte, ich könnte durch Herabstimmung und
Mäßigung der Stimme, und eine andere Tempera-
tur meiner Declamation, der Gefahr gar wohl entgehen: so entschloß ich mich, in der Absicht meine
gewohnte Art zu reden zu ändern, eine Reise nach
Asien zu unternehmen."

Er gieng also im Jahr der Stadt Rom 674 unter
dem Consulat des P. Servilius Isauricus und
Appius Claudius Pulcher von Rom ab, und
nachdem er, während eines sechsmonatlichen Aufenthalts zu Athen, mit Antiochus, einem in
großem Ruf stehenden Philosophen der ältern Akademie, sein von erster Jugend an begonnenes und
nie unterbrochenes Studium der Philosophie mit
seinem gewöhnlichen Eifer erneuert, und sich zugleich bey dem Rhetor Demetrius eben so fleißig
in der Kunst zu reden geübt hatte, durchreisete er
in Gesellschaft des Dionysius von Magnesia,
des Menippus von Stratonice, des Aeschylus
von Gnidus, und des Xenokles von Adramyttium
(welche damahls für die vornehmsten Redner in dem
Asiatischen Griechenland galten) die ganze Provinz
Asien, und übte sich mit diesen Meistern an jedem
Orte, wo er einigen Aufenthalt machte. Nicht
damit zufrieden, begab er sich auch nach Rhodus,
um den berühmten Molo, den er vor mehrern
Jahren in Rom gehört hatte, zu besuchen, und bewarb sich jetzt um so eifriger um die Freundschaft

desselben, da Molo, ausser dem daß er für einen vorzüglichen Redner und Schriftsteller galt, eine ihm eigene Geschicklichkeit besaß, angehenden Rednern zu zeigen, wo es ihnen noch mangelte, worin sie zu viel oder zu wenig thaten, und wie sie es machen mußten um ihre Fehler zu verbessern. Cicero fand also in ihm den Mann, den er suchte und nöthig hatte, und Molo ließ sichs besonders angelegen seyn, der allzu üppigen Fülle seines Witzes, und dem jugendlichen Trieb, über das, was genug, oder gehörig ist, auszuschweifen, Einhalt zu thun, und den immer überzufließen drohenden Strohm seiner Rede zu hemmen, und gleichsam in Ufer einzudämmen *). Während seines Aufenthalts zu Athen erneuerte er die frühe Verbindung mit seinem Schulcameraden, dem Römischen Ritter Titus Pomponius, der wegen seiner Vorliebe für Athen, und weil er sich durch häufigen und langen Aufenthalt daselbst gänzlich zu einem Athener umgebildet zu haben schien, den Beynahmen Atticus erhielt. Die innigst vertraute Freundschaft, welche Cicero von dieser Zeit an bis an seinen Tod mit ihm unterhielt, so wie die seltne Anhänglichkeit dieses in seiner Art damahls einzigen Mannes an Cicero, wird sich unsern Lesern am besten durch die Briefe an Atticus beurkunden, welche unstreitig den interessantesten Theil der ganzen auf uns gekommenen Sammlung der Ciceronischen Briefe ausmachen.

Wir bemerken nur noch, daß Cicero zu Rhodus,

---

*) Cic. l. c. 91. Is (Molo) dedit operam, ut nimis redundantes nos et superfluentes juvenili quadam dicendi impunitate et licentia, reprimeret et quasi extra ripam diffluentes coërceret.

wo damahls die vorzüglichste Schule der Stoischen Secte blühte, auch mit dem Posidonius, dem Schüler und Nachfolger des Panätius, in Verbindung kam, und sich den Unterricht und Umgang dieses zu seiner Zeit sehr berühmten Mannes begierig zu.Nutze machte. Aus einem der Briefe an Atticus (dem ersten des 2ten Buchs der gewöhnlichen Ausgaben) sehen wir, daß er nach siebzehn Jahren noch immer ein freundschaftliches Verhältniß mit diesem Gelehrten unterhielt.

Cicero hatte nun während eines zweyjährigen Aufenthaltes unter den Griechen, den Zweck desselben aufs vollständigste erreicht, und kam (wie er am angeführten Orte sagt) nicht nur geübter, sondern beynahe ganz umgeändert nach Rom zurück. Er hatte seine Stimme völlig in seine Gewalt gebracht; er sprach mit mehr Mäßigung und Abwechslung; seine Brust hatte sich gestärkt, und seine Leibesbeschaffenheit hielt gerade das Mittel zwischen seiner ehmaligen Magerkeit und der Anlage zum Gegentheil. Er befand sich izt in seinem dreißigsten Jahre, und widmete sich von nun an der Profession, Angeklagte höhern und geringern Standes vor Gericht zu vertheidigen, mit desto größerm Eifer, da er an L. Cotta und Q. Hortensius mächtige Nebenbuhler fand; vornehmlich an letzterm, welcher, nur acht Jahre älter als er, damahls für den beredtesten und beliebtesten Sachwalter in Rom gehalten wurde. Mit diesem wetteiferte und rang er denn auch so lange, bis ihm Hortensius die erste Stelle unter den Rednern ihrer Zeit nicht länger streitig machen konnte.

Es findet sich nirgends etwas Bestimmtes über die eigentliche Zeit, wann Cicero sich verheurathete;

Indeß hat Middleton durch Zusammenstellung einiger bekannter Umstände gefunden, daß es noch in diesem Jahre, unmittelbar nach seiner Zurückkunft, geschehen seyn müsse. Denn er verlobte seine einzige Tochter Tullia im letzten Jahre vor seinem Consulat, also 689, in einem Alter von dreyzehn Jahren. Da nun der 5te August ihr Geburtstag war *), so mußte sie im Jahr 677 zur Welt gekommen seyn, und Terentia ihre Mutter konnte sich also nicht viel später als im October 676 mit Cicero vermählt haben. Da weder in Ciceros Schriften selbst, noch in andern alten Schriftstellern einige Meldung ihrer Verwandten geschiehet, so ist wahrscheinlich, daß sie damahls ihre Eltern bereits verloren, auch sonst, außer einer Schwester Nahmens Fabia, keinen nahen Anverwandten gehabt habe. Aus ihrem Geschlechtsnahmen aber und aus dem Umstand, daß ihre Schwester eine Vestalin war, schließt Middleton mit gutem Fug, daß sie von edler Abkunft gewesen sey.

VII!.

a. V. 677—78.

Cn. Octavius und C. Scribonius Curio,
Luc. Octavius und C. Aurel. Cotta } Consuln.

Dieses Jahr ist durch den Umstand merkwürdig, daß in demselben die drey berühmtesten gerichtlichen Redner Roms, Cotta, Hortensius und Cicero, der erste zum Consul auf das folgende Jahr, der zweyte zum Aedilis, der dritte zur Quästur, erwählt wurden. Die letztere Würde war bekanntlich die erste der Stufen auf welchen man zum

*) Ep. ad Atticum IV. 1.

Consulat emporstieg, und mit welcher die Senators
Würde unmittelbar verbunden war. Cicero wurde,
zum Beweis in welche Gunst und Achtung er sich
bereits bey seinen Mitbürgern gesetzt hatte, mit den
einhelligen Stimmen aller Zünfte, im ersten Jahre,
da er nach dem Gesetz wahlfähig war, und unter
seinen Mitbewerbern der Erste, zum Quåstor ernannt. Ihrer waren, vermöge der Sullaischen
Staatseinrichtung, aüsser dem, welchem die Haupt-
Schatzkammer der Republik anvertraut war (quae-
stor urbanus) noch neunzehn, den Proconsuln
und Proprätoren der Provinzen als Schatzmeister
an die Seite gesetzt. Das Loos, welches jedem
Quåstor seine Provinz zutheilte, wies dem Cicero
die seinige in Sicilien an. Diese Insel, die sich
damahls in einem unglaublich hohen Stand der
Bevölkerung, Cultur und Fruchtbarkeit befand, und
als die reichste Kornkammer der Stadt Rom, (deren
Bedürfnisse unermeßlich waren) angesehen wurde,
war dieser ihrer Wichtigkeit wegen in zwey Provinzen, Lilybäum, und Syracus, abgetheilt,
deren jede von ihrem eignen Quåstor verwaltet wurde.
Lilybäum, die beträchtlichste von beiden, war dem
Cicero zugefallen; und, glücklicher Weise für ihn,
gaben ihm die damahligen Zeitumstände Gelegenheit, sogleich in dieser ersten öffentlichen Amtsverwaltung eine Klugheit, Geschicklichkeit und Thätigkeit, und (was in dieser Grundverderbten letzten
Epoke des Römischen Staats einem Wunder gleich
war) eine Gerechtigkeitsliebe, Uneigennützigkeit und
Humanität, und eine Sorgfalt die Forderungen der
Republik mit der möglichsten Schonung der Provinz
zu vereinigen, mit Einem Wort Eigenschaften und
Tugenden zu zeigen, die ihm die Liebe und Bewun-

derung der Sicillaner in einem so hohen Grade erwarben, daß er bey seinem Abzuge größere Ehrenbezeugungen erhielt, als jemahls einem Römischen Befehlshaber vor ihm wiederfahren waren. *)

Wenn die Denkart und die Gemüthsgesinnungen, die einer so ruhmwürdigen Amtsführung zum Grunde liegen, auch nicht eine natürliche Folge seines angebohrnen Triebs zu allem, was edel, schön und groß ist, gewesen wären; wenn auch der bloße Ehrgeitz die herrschende Leidenschaft seiner Seele war: so hätte er, um sie zu befriedigen, nicht anders handeln dürfen, als er im ganzen Lauf seines öffentlichen Lebens handelte. Ausserordentliche Talente und Verdienste, die größte Uneigennützigkeit, unschuldige, von Raub und Bestechung reine Hände, immerwährende Aufopferung seiner Privatvortheile und Neigungen, mit Einem Wort, die Behauptung des vollständigen Charakters eines Mannes, dem die Pflicht über alles geht, war die unerläßliche Bedingung, unter welcher allein es ihm möglich war, aus der Dunkelheit herauszutreten, und in ziemlich kurzer Zeit dem Römischen Volke Achtung und Zutrauen, und die Früchte von beidem, jene hohen Staatswürden abzuverdienen, die ihn mit den Edelsten und Mächtigsten der Republik in eben dieselbe Linie stellten, und ihn fähig machten, eine der glänzendsten Rollen zu spielen, die jemahls ein Mann, der alles sich selbst schuldig war, in der Geschichte der Republik gespielt hat.

Auch mit einem weniger durchdringenden Verstand, als der seinige, hätte er leicht vorher sehen können, daß die Aristokratische Constitution,

*) Excogitati quidam erant a Siculis honores in me inauditi. *Orat.* pro *Plancio*, c. 26.

welche Sulla der Republik gegeben, ihren Urheber nicht lange überleben, und das Volks nicht ruhen werde, bis es sich wieder in den vollen Besitz seines ehmaligen Uebergewichts über den Senat gesetzt hätte. In dieser Hinsicht war ihm nun an der Gunst des Volks unendlich viel gelegen, und er versäumte von dem Tage an, da er den ersten Beweis derselben erhalten hatte, keine Gelegenheit, ihm seine Dankbarkeit zu zeigen, und sich ihm so gefällig zu machen, als nur immer möglich war, ohne dem Adel oder den Optimaten, aus welchen der größte Theil des Senats bestand, verdächtig und verhaßt zu werden. Daß er, während der bürgerlichen Unruhen in den Jahren 665 — 71 durch seine Jugend dispensirt war sich in eine der beyden Faktionen verwickeln zu lassen, war ein Umstand, der ihm ißt sehr zu statten kam. Denn nunmehr, nachdem jene einander fast aufgerieben hatten, und seit dem Tode des Dictators Sulla (i. J. 674) die Republik (zwar mit einem starken, aber keine Dauer versprechenden Uebergewicht des Senats) in ihrem alten Gleise sich ziemlich ruhig wieder fort zu bewegen schien, nun war er ihm erlaubt, es mit keiner andern als der Parthey der Republik, d. i. der Gesetze, der Ordnung, und der öffentlichen Wohlfahrt, zu halten, und sich folglich immer an diejenigen anzuschließen, welche die nehmlichen Gesinnungen und Grundsätze hatten, oder wenigstens, so lange ihr Privatinteresse seine Rechnung dabey fand, zu haben vorgaben.

Diesen wirklich oder scheinbar Wohlgesinnten war Cicero während dem ganzen Lauf seines öffentlichen Lebens aufrichtig beygethan, und, wenn er seine Art zu denken im Senat hätte allgemein machen können, möchte die Republik, ihrer ungeheuern Größe ungeachtet, noch mehr als Eine Generation überlebt haben.

Wirklich scheint er in den ersten funfzehn Jahren seiner persönlichen Theilnahme an der Staatsverwaltung über diesen lezten Punct in einer Art von Selbsttäuschung gelebt zu haben, die seinen Ehrgeitz zu allem, was er Verdienstliches und Großes that, begeisterte. Wenn die andere Hälfte seiner politischen Laufbahn der ersten nicht immer zusagte; wenn er nicht selten eine sein ruhmvolles Consulat entehrende Schwäche zeigte, und sogar in seinen Grundsätzen selbst schwankend zu werden schien: so geschah es, weil ihn jene glückliche begeisternde Täuschung verlassen hatte, oder, so oft sie sich seiner auf Augenblicke noch bemächtigte, sogleich wieder verschwand, und ihm nichts zurückließ, als die traurige Ueberzeugung, daß das Schiff nicht mehr zu retten sey, dessen Untergang so lange als möglich aufzuhalten, er alle seine Kräfte angestrengt hatte.

Doch, wir kehren — nach dieser Abschweifung, wozu uns die Gelegenheit unvermerkt verleitet hat — noch einige Augenblicke zu seiner Quästur zurück, um zu bemerken, daß er, ausser dem wichtigen Dienst, den er dem Volke zu Rom in einer gefahrdrohenden Theurung durch die schleunigste und reichlichste Versorgung der Stadt mit allen Arten von Getraide, ohne die Provinz zu bedrücken, leistete, auch noch zufälliger Weise die Gelegenheit benutzte, sich um einige der vornehmsten Familien des Römischen Adels verdient zu machen, indem er die Vertheidigung verschiedener unter den Truppen in Sicilien dienender junger Leute aus dieser

Classe, — die sich schwerer Vergehungen gegen die Kriegsdisciplin schuldig gemacht hatten, und aus Furcht vor der Strafe nach Rom geflüchtet, aber von da zur Untersuchung und Bestrafung an den Prätor Siciliens zurückgeschickt worden waren — auf sich nahm, und ihre Sache (vermuthlich mittelst der oben erwähnten, den Griechen abgelernten Geschicklichkeit) so meisterlich zu führen wußte, daß sie alle losgesprochen wurden.

IX.
a. V. 679 — 83.

Nach dem Gesetz wurde ein Zeitraum von fünf Jahren erfordert, bis es einem abgehenden Quästor erlaubt war, sich um eine der nächsten höhern Würden zu bewerben, um das Tribunat nehmlich oder die Aedilität, von welchen man in der Regel die eine oder die andere bekleidet haben mußte, um zur Prätur, und von dieser endlich zum Consulat emporsteigen zu können. Wie Cicero diese Zwischenzeit angewandt, können wir nicht besser als mit seinen eignen Worten sagen. „Sobald ich wahrnahm (sagt er in seiner Rede pro Plancio c. 27.) daß das Römische Volk etwas stumpfe Ohren, aber desto schärfere Augen habe, ließ ich ab, mich um das, was die Leute von mir reden hören möchten, zu bekümmern, sorgte aber desto mehr dafür daß sie mich täglich sehen mußten. Ich kam ihnen nicht mehr aus den Augen; immer war ich im Forum anzutreffen, immer einem jeden zugänglich; niemand, der mich sprechen wollte, wenn es auch zur Schlafzeit war, durfte abgewiesen werden u. s. w." — Kurz er widmete sich der edeln und mühevollen Profeſſion, ſeine Mitbürger vor Gericht zu vertreten, mit ſo großem Eifer, daß er ſogar in den Stunden der Muße nie mäßig war, und die Zeit, welche andere der Erholung und dem Vergnügen ſchenkten, die Tage der Ferien und öffentlichen Spiele, damit zubrachte, ſeine Reden aufzuſchreiben oder neue auszuarbeiten. Von allen dieſen Reden iſt indeſſen keine bis auf uns gekommen, wiewohl zu Quintilians und Priſcians Zeiten einige derſelben noch vorhanden waren.

Die Popularität, welche ſich Cicero durch dieſe unverdroßne Anwendung ſeines Talents (welches um dieſe Zeit den Punct der Reife und Vollendung erreicht zu haben ſchien) verſchaffte, wurde nicht wenig durch die Uneigennützigkeit vermehrt, die er dabey bewies. Denn er trieb die Befolgung des Geſetzes, welches den Sachwaltern, einen Ehrenſold für ihre Bemühung zu bedingen, verbot, ſo weit, daß er, gegen die Gewohnheit ſeiner meiſten Collegen, auch keine, oder doch nur ganz unbedeutende Geſchenke von ſeinen Clienten annahm.

Um nur noch einen flüchtigen Blick im Vorbeygehen auf die Angelegenheiten der Republik in dieſen fünf Jahren zu werfen, ſo war es gewiſſermaßen glücklich für den Senat, daß drey wichtige Kriege, die er zu gleicher Zeit, mit dem König Mithridates, an den Morgenländiſchen, mit Sertorius, einem der größten Feldherrn dieſer Zeit, an der Abendländiſchen Gränze des Reichs, und mit Spartacus, dem nicht weniger tapfern und talentvollen Anführer der empörten und für ihre Menſchheit kämpfenden Gladiatoren und Sclaven, im Herzen von Italien, zu führen hatte, ihm die Mühe erleichterten, das Uebergewicht über das Volk etliche Jahre länger zu behaupten, als es unter andern Umständen möglich gewesen wäre.

X.

a. V. 683.

Consuln: M. Licinius Crassus, Cn. Pompeius Magnus.

In diesem Jahre, dem 37sten seines Lebens, erhielt Cicero den zweyten öffentlichen Beweis der großen Achtung, in welche er sich bey dem Römischen Volke gesetzt hatte, indem er mit den einhelligen Stimmen aller Zünfte zum Aedilis Curulis, und zwar der Erste unter seinen Mitbewerbern, für das folgende Jahr erwählt wurde.

Er hatte sich bisher zum Gesetz gemacht, immer nur als Vertheidiger der Angeklagten, nie als Ankläger vor Gericht zu erscheinen. In diesem Jahre machte er eine merkwürdige und für ihn höchst ehrenvolle Ausnahme hievon, indem er sich von den Siciliern, unter welchen er vor fünf Jahren die Quästur mit so allgemeiner Zufriedenheit verwaltet hatte, erbitten ließ, den berüchtigten C. Verres, ihren gewesenen Prätor im Nahmen dieser Provinz wegen seiner über allen Glauben tyrannischen und räuberischen Amtsführung anzuklagen, und um einen Ersatz von nicht weniger als 40 Millionen Sesterzien (Vier Millionen Gulden) zu belangen. Der Sieg, welchen Cicero in diesem die Aufmerksamkeit der ganzen Römischen Welt aufs höchste spannenden Rechtshandel erkämpfte, war um so glänzender, je schwieriger er war; und um so viel schwieriger, da er es mit einem Manne aufnahm, der von verschiedenen der angesehensten und mächtigsten Familien des Adels mit großem Eifer unterstützt wurde, und Mittel gefunden hatte, den einzigen, der dem Cicero die Oberstelle unter den Rednern Roms noch streitig machte, den berühmten Q. Hortensius, als designirten Consul, zum Vertheidiger zu gewinnen, und überdies sich nicht scheute öffentlich zu sagen: wer so viel gestohlen habe wie Er, könne sicher seyn, kein unbestechliches Gericht zu finden. Es ließe sich, dünkt mich, mit gutem Grunde behaupten, daß diese Anklage des Verres, in Rücksicht aller Umstände und der ganzen Art wie Cicero die Sache angefangen, geführt und zu Stande gebracht, die größte und preiswürdigste That seines ganzen Lebens war, selbst das größte, was er in seinem Consulat gethan, nicht ausgenommen. Der unerschütterliche Muth, die unermüdliche Anstrengung aller seiner Kräfte und die ungemeine Klugheit die er darin bewiesen, sind um so viel verdienstlicher, da sie mit einer Uneigennützigkeit verbunden waren, die selbst von seinen bittersten Feinden nicht angefochten werden konnte. Gewiß ist, daß er sich dem Adel durch diese Anklage sehr übel empfahl, oder vielmehr von vielen aus dieser Classe einen Haß auf sich lud, dessen Wirkungen er sein ganzes Leben durch erfuhr. Er wußte dies sehr wohl, ließ es sich aber so wenig anfechten, daß er ihnen vielmehr im 70 und 71 Capitel der letzten Verrinischen Rede eine Art von offner Fehde ankündigt. Die Adlichen (sagt er) seyen die natürlichen Feinde der neuen Menschen *), die sich durch

─────────────
*) *Novi homines* wurden von dem alten Römischen Adel diejenigen Senatoren genannt, deren Väter und übrige Voreltern keine Curulische Würde bekleidet hatten, die aber,

Fleiß und Verdienste in der Republik zu erheben suchten; man sollte meinen, sie wären Wesen von einer andern Natur und Gattung, so wenig könnten sie, selbst durch Achtungsbezeugungen und gute Dienste dazu gebracht werden, Jenen persönliche Vorzüge zu verzeihen. Er, seines Orts, würde aber nach dem Beyspiel mancher andern vor ihm, die auch keine Ahnenbilder aufzuweisen gehabt hätten, seinen eignen Gang gehen, und fortfahren, sich den Weg zur Volksgunst und zu den Staatswürden, die den Altadelichen Herren im Schlafe zufielen, durch die einzigen Mittel, die seinesgleichen in ihrer Gewalt hätten, durch Arbeit, Anstrengung und Aufopferungen zu öfnen" u. s. w. *).

Dieses Jahr ist durch zwey wichtige Veränderungen in der innern Verfassung der Republik merkwürdig. Kaum waren die Kriege, welche sie mit abwechselndem Glücke in den Jahren 679, 80, 81, 82 mit Sertorius und Spartacus geführt hatte, von den Feldherren Pompejus und M. Crassus zu einem glücklichen Ausgang gebracht,

weil sie selbst durch persönliche Verdienste dazu gelangt waren, eine Art von neuem Adel ausmachten.

*) Videmus quanta sit in invidia quantoque in odio apud quosdam homines nobiles *novorum hominum* virtus et industria. — — Hominum nobilium non fere quisquam nostræ industriæ favet; nullis nostris officiis benevolentiam illorum allicere possumus: quasi *natura* et *genere* disjuncti sint, ita dissident a nobis animo ac voluntate. — — Non idem mihi licet quod iis, qui nobili genere nati sunt, quibus omnia Populi Romani beneficia *dormientibus deferuntur*; etc. — Ich habe diese merkwürdige Stelle hier so gegeben, wie Middleton sie aus dem 70 und 71sten Capitel der lezten Verrinischen Rede zusammengezogen hat. Life of Cicero Vol. I. pag. 87.

und Rom dadurch sowohl, als durch die Siege des Lucullus im Orient, gegen alle Besorgnisse von auſſen gesichert, so fingen die innern Unruhen wieder an. Das Volk, von seinen Tribunen unabläßig aufgereizt, drang immer ungestümer auf die Wiederherstellung der ehmaligen, von Sulla so stark beschnittenen Vorrechte der Tribunen, und auf die Wiedereinsetzung des Ritterstandes in das ihm von eben demselben abgenommene und dem Senatorischen Stande übertragene Richteramt. Der Senat, der sich beydem so lange als möglich widersetzte, hoffte, durch Verurtheilung eines von den größten Verbrechen gedrückten und allgemein verabscheuten Sünders wie Verres, wenigstens das letztere retten zu können, indem er die lauten und schimpflichen Klagen über die weltkündige Bestechlichkeit der Senatorischen Gerichte und über die zeitherige Impunität so vieler ähnlicher Verbrecher, durch ein so großes und abschreckendes Beyspiel strenger Gerechtigkeit zum Schweigen gebracht zu haben glaubte. Aber die dadurch nur muthiger gemachte und vom Julius Cäsar und seinem Anhang im Senat unterstützte Volksparthey ließ sich nicht eher beruhigen, bis die beyden ersten Magistrate dieses Jahrs, der Consul Pompejus und der Prätor Luc. Aurelius Cotta die Hände dazu boten, daß den Tribunen ihre ganze vormahlige Gewalt, und den Römischen Rittern das Richteramt wieder eingeräumt wurde.

XI.
a. V. 684.

Conf. Q. Hortensius, Q. Cäcilius Metellus Creticus.

Dies ist das Jahr, in welchem Cicero die Aedilität, wozu er im vorigen ernannt worden war, wirklich antrat und verwaltete.

Eine der hauptsächlichsten Pflichten der Aedilen war, die öffentlichen theatralischen und Circensischen Schauspiele, die dem Volke an gewissen Festen gegeben werden mußten, zu besorgen, die Aufsicht dabey zu führen und sie auf ihre Kosten so glänzend und unterhaltend für den Pöbel zu machen als ihnen möglich war. Dem Cicero erlaubten weder seine Grundsätze, noch viel weniger sein damahls noch ziemlich beschränktes Vermögen, es hierin mit einem Scaurus, Lucullus, Lentulus, Metellus, Hortensius und andern, die sich für die ungeheuersten Ausgaben, auf Kosten des Staats, der Provinzen und ihrer Clienten schadlos zu halten wußten, gleich thun zu wollen. Er machte sich hierin zum Gesetz, zwischen einer Sparsamkeit, die den Verdacht des Geitzes erregen müßte, und einem mit seinem Vermögen in keiner Proportion stehenden Aufwand den Mittelweg zu halten; und er scheint in einem seiner spätern Werke sich zur Ehre zu rechnen, daß ihm seine Aedilität, in Rücksicht der Größe der Ehrenstellen, wozu sie ihn durch einstimmige Wahl des Volks geführt, nur sehr geringe Kosten verursacht habe *).

Merkwürdig wurde dieses Jahr auch durch die Einweihung des Capitolinischen Jupiterstempels, der unter Sullas Dictatur abgebrannt war. Sulla

---
*) S. Cic. d. Officiis L. II. c. 16. 17.

begann den neuen Bau, starb aber vor deffen Vollendung zu Anfang des Jahrs 675. Der damahlige Consul, Q. Lutatius Catulus, erhielt den Auftrag, das angefangene Werk zu vollenden, und zur Belohnung die Ehre, daß er in einer Inschrift auf dem Fronton als der Erbauer des neuen Tempels genennt wurde *).

XII.
a. V. 685.

Conf. L. Cäcilius Metellus, Q. Marcus Rex.

In diesem Jahr erlitt Cicero einen ihm sehr empfindlichen Verlust durch den Tod seines Verwandten und Freundes, Lucius Cicero, der ein Sohn seines Oheims gleiches Nahmens war, und deßwegen nach Römischer Sitte, in dem ersten der Briefe an Atticus, Bruder von ihm genennt wird.

XIII.
a. V. 686.

Conf. C. Calpurnius Piso, M. Acilius Glabrio.

Da in der Mitte dieses Jahrs die zwey Jahre zu Ende giengen, nach deren Verlauf einem gewesenen Aedilis sich um die Prätur zu bewerben

---

*) Es war ohne Zweifel eben dieselbe, die unter den Ruinen des alten Capitols gefunden wurde, und folgender Maßen lautet:

Q. LVTATIVS Q. F.
Q. N. CATVLVS COS.
SVBSTRVCTIONEM ET
TABVLARIVM EX S. C.
FACIVNDVM CVRAV.

erlaubt war, stellte sich Cicero, — der inzwischen un-
ermüdet fortgefahren hatte durch gerichtliche Vertheidigungen sich Freunde zu machen und dem Volke
nicht aus den Augen zu kommen, — unter die Mitbewerber um die Prätur des nächstfolgenden Jahres,
und erhielt abermahls den ehrenvollen Vorzug, durch
einhellige Stimmen aller Centurien, der erste, folglich zum Prätor Urbanus, erwählt zu werden.

In eben diesem Jahr bekam Cn. Pompejus
Magnus, durch seine Intriguen und die eifrigen,
bis zu gewaltsamen Maßregeln getriebenen Verwen-
dungen des Tribuns Gabinius, trotz des hartnäckigen Widerstandes des Senats, durch einen
Volksbeschluß den ausserordentlichen Auftrag: in
dem beschloßnen Kriege gegen die Seeräuber,
welche mit unerhörtem Uebermuth alle Meere und
Seeküsten des Römischen Reichs befehdeten und
ausplünderten, drey Jahre lang, mit unbeschränkter Gewalt über alle Seehäfen und Küsten des ganzen Römischen Reichs in Europa, Asia und Africa,
das Obercommando zu führen. Da ihm solchergestalt alle Mittel und Wege, die er zu baldigster
Endigung dieses Piratenkrieges nöthig finden
mochte, in die Hände gegeben waren: so fiel es
ihm, ohne darum ein größerer Kriegsheld zu seyn
als viele seiner Zeitgenossen, nicht schwer, dem Un-
wesen der Seeräuber binnen sechs Monaten ein Ende
zu machen. Aber Pompejus, der wenig Lust hatte
sich der außerordentlichen Gewalt, die ihm die
schwärmerische Zuneigung des Volks anvertraute,
sobald wieder zu begeben, fand in dieser Gewalt
selbst, und in mancherley zufälligen Umständen, die
sich zu seinem Vortheil vereinigten, immer neue
Nahrung für seinen Ehrgeitz, und Mittel, sich auf

Unkosten zweyer der angesehensten Männer der Republik, des **Metellus Creticus** und **L. Lucullus**, neue Lorbern zu sammeln. Die Geschichte der großen Begebenheiten dieses und des folgenden Jahres gehört unter das Merkwürdigste dieser Zeit, und verdient daß man sich aus **Fergusons** Römischer Geschichte und **Middletons** Life of Cicero genauer damit bekannt mache.

XIV.

a. V. 687.

Consuln: M. Aemilius Lepidus und Volcatius Tullius.

In der Prätur, welche Cicero in diesem Jahre mit dem Ruhm der größten Rechtschaffenheit und Uneigennützigkeit verwaltete, fiel ihm durchs Loos die Untersuchung und Aburtheilung der Klagen auf Ersatz unrechtmäßig von den Unterthanen der Republik erpreßten Geldes und Guts (de pecuniis repetundis) zu.

Auf einen merkwürdigen Fall dieser Art bezieht sich eine Stelle des 9ten Briefes im ersten Buch dieser Uebers. der sämmtl. Briefe Ciceros, welcher in der Ausgabe des **Grävius** der 4te Brief im 1sten Buch ad Atticum ist *). Diese Stelle erhält das nöthige Licht durch die Umstände, womit die Sache von **Plutarch** erzählt wird. C. Licinius Macer, hatte als Prätor der Provinz Asia sich großer Ungerechtigkeiten und Erpressungen schul-

---

*) Nos hic incredibili et singulari populi voluntate de C. Macro transegimus. Cui *cum aequi fuissemus*, tamen multo majorem fructum ex populi existimatione *illo damnato* cepimus, quam ex ipsius, si absolutus esset, gratia cepissemus.

big gemacht, und wurde nun im Nahmen der Provinz auf Ersatz angeklagt. Macer hielt sich so sicher, durch das Ansehen des reichen und mächtigen Crassus, der sein naher Verwandter war, losgesprochen zu werden, daß er, sobald die Richter versammelt waren, nach Hause gieng, und den Trauer-Anzug, worin nach alter Sitte die Angeklagten vor Gericht erscheinen mußten, von sich warf. Wie er nun in der gewöhnlichen Senatorischen Kleidung ins Forum zurückkehren wollte, kam ihm Crassus mit der Nachricht entgegen, daß er einhellig verurtheilt worden sey, und Macer nahm sich diesen unerwarteten Unfall so sehr zu Herzen, daß er sich darüber zu Tode grämte. Verbrechen dieser Art kamen damahls so häufig vor, daß Cicero's unbestechliche Strenge gegen so vornehme Sünder ein unfehlbares Mittel war, sich bey dem Volk in hohe Gunst zu setzen.

Es fand sich aber eine andere, ungleich wichtigere Gelegenheit für ihn, sich zu gleicher Zeit dem Volke gefällig und um dessen damahligen Abgott Pompejus verdient zu machen, indem er aus allen Kräften die berühmte Rogation unterstützte, welche der Tribun C. Manilius zu Gunsten des letztern vor die Volksversammlung brachte. Die Rolle, welche Cicero in dieser Sache spielte, war so bedeutend, und hatte so vielen Einfluß auf sein folgendes Leben, daß uns eine etwas umständliche, wiewohl möglichst zusammengezogene Erzählung der Veranlassung des Manilischen Gesetzes hier am rechten Orte zu stehen scheint.

Mithridates, der furchtbarste und unversöhnlichste aller Feinde der Römer, hatte, nachdem ihn Sulla zu einem durch große Aufopferungen erkauften Frieden gezwungen, sich einige Jahre ruhig gehalten, aber im Jahr 678 auf Anstiftung des Sertorius, um eben die Zeit, da der Krieg mit den empörten Gladiatoren und Sclaven ganz Italien in Schrecken setzte, die Republik durch neue feindliche Unternehmungen herausgefodert. Lucullus, — aus einer der edelsten Familien in Rom entsprossen, und zum Theil in der Kriegsschule des Sulla, aber noch mehr durch den besondern Fleiß, den er in der Folge auf die Theorie der Kriegskunst verwendete, zu einem der ausgezeichnetsten Feldherrn dieser Zeit gebildet, — Lucullus hatte im Jahr 680 als Proconsul von Cilicien, die Oberbefehlshaber-Stelle in diesem neuen Mithridatischen Krieg übernommen, und, da er es mit einem äußerst muthvollen, schlauen und erfahrnen Gegner zu thun hatte, die Sache so ernstlich angegriffen, daß er nach fünf glücklichen Feldzügen und viel erfochtenen Siegen, mit bestem Fug seinem Ziele, — der Ehre dem beschwerlichsten Kriege, den die Römer jemahls geführt, ein Ende gemacht zu haben, und den alten Mithridates selbst vielleicht zu Rom im Triumph aufzuführen, — ganz nahe zu seyn hoffen durfte. Sein Proconsulat war, zu diesem Zweck, von einem Jahre zum andern verlängert worden. Er hatte den Feind aus allen seinen Eroberungen und zuletzt aus seinem eignen Erbreich vertrieben. Auch Tigranes König von Armenien, der sich hatte verleiten lassen mit Mithridates gemeine Sache zu machen, war gänzlich geschlagen, Armenien und die Hauptstadt Tigranocerta mit allen daselbst aufgehäuften Schätzen erobert, und dieser Fürst, der sich einen König der Könige nennen ließ, genöthigt worden, sich unter die Flügel des Königs der Parther, Arsaces zu flüchten, von welchem der alte Mithridates nicht abließ, bis er ihm die Zusage abnöthigte, gegen die übermüthigen Republikaner die allen Thronen den Umsturz drohten, mit ihnen in eine Coalition zu treten.

Mitten im Laufe dieser glänzenden Erfolge wurde Lucullus von einem Unfall aufgehalten, dessen er sich am wenigsten versehen hatte. Seine Legionen und Cohorten, der so lange ausgestandenen Beschwerlichkeiten müde, und unwillig noch größern entgegen zu gehen, weigerten sich schlechterdings, ihm weiter zu folgen *). Er sah sich gezwungen seinen Operationsplan zu ändern, und während er, angelockt von der Beute, die ihm die reiche Stadt Nisibis **) in Mesopotamien versprach, sich mit Belagerung derselben aufhielt, brachte Mithridates wieder ein Heer zusammen, drang in den Pontus ein, und erfocht über die darin zurückgelaßnen Lieutenants des Lucullus einen Sieg nach dem andern. Die Feinde des Lucullus in Rom und die Partheygänger des Pompejus ermangelten nicht, alle diese und andere dem beneideten Feldherrn nachtheilige

---

*) Die alten Römer hatten ihre Siege und Eroberungen großen Theils der strengen Disciplin zu danken, an welche ihr Kriegsvolk gewöhnt war. Diese Disciplin aber hatte, unter den Befehlshabern von der Parthey des Marius, besonders unter den Cohorten, welche unter L. Flavius Fimbria (dem Mörder des Proconsuls Valerius Flaccus) gegen Mithridates gedient hatten, dermaßen abgenommen, daß Lucullus, bey Uebernahme dieser Truppen, unendliche Mühe anwenden mußte, sie wieder an Ordnung und Gehorsam zu gewöhnen, und dennoch nicht damit zu Stande kommen konnte.

**) Von den Griechen Antiochia Mygdonia genannt.

Umstände *) so lange und eifrig gegen ihn geltend zu machen, bis sie es endlich so weit brachten, daß er zurückberufen und die Provinz Cilicien dem Consul Glabrio zugetheilt wurde; einem Manne, der in keiner Rücksicht für einen dem Mithridates gewachsenen, geschweige überlegenen Gegenkämpfer angesehen werden konnte.

Aller dieses gieng vor um die Zeit, da Pompejus — dessen geheime Absicht, dem Lucullus die Frucht seiner bisherigen Arbeiten und Siege gleichsam aus dem Munde zu reissen, in allen Verhandlungen dieses Zeitpunkts unverkennbar ist — sich durch das Gesetz des Tribuns Gabinius den Auftrag, die Seeräuber in der ganzen Römischen Welt auszurotten, geben ließ. Noch vor dem Ende des Jahrs 686 hatte er dieses Geschäft, wozu die ungeheuersten Mittel seiner Willkühr überlassen waren, mit seiner gewöhnlichen Schnelligkeit beynahe zu Ende gebracht, und war nur noch an der Küste Ciliciens beschäftigt, den Rest dieser Flibustiers der alten Welt vollends aufzureiben, als sich die sehr übertriebenen Nachrichten in Rom verbreiteten, daß Mithridates nicht nur alle vom Lucullus ihm abgenommenen Provinzen wieder erobert habe, sondern im Begriff sey, den Krieg in das römische Asien, ja wohl gar nach Italien selbst, zu spielen; und daß der Proconsul Glabrio unter diesen Umständen zwar wenig Lust bezeuge, sich mit dem alten

---

*) Er hatte z. B. den unerträglichen Bedrückungen, welche das Römische Asien von den Commissarien zu Eintreibung der alten Sullanischen Contribution, erlitten, Einhalt gethan. Diese erhoben nun zu Rom die bittersten Klagen, und wußten den billigsten Verordnungen des Proconsuls den Anschein tyrannischer Machtsprüche zu geben.

Athleten zu messen, aber sich dennoch weigere, die aus Italien mitgebrachten Truppen zu Verstärkung des von einem großen Theil der seinigen verlassenen Lucullus herzugeben. Mehr brauchte es nicht, um die dem Pompejus anhangenden Tribunen zu belehren, daß der Anschlag, worüber sie schon lange gebrütet hatten, zur Ausführung reif sey. Manilius rückte nun unverzüglich mit der Rogation hervor, daß dieselbe Gewalt welche dem Pompejus durch das Gabinische Gesetz über alle Seeküsten des Reichs gegeben war, nun auch über Phrygien, Bithynien, Cappadocien und Pontus ausgedehnt, und ihm die Vollendung des Kriegs gegen Mithridates und seine Verbündeten aufgetragen werden sollte. Die Consularen Catulus und Hortensius, welche sich, mit allem was im Senat aristokratisch gesinnt war, dem Gesetze des Gabinius schon so nachdrücklich entgegengestellt hatten, thaten, aus den nehmlichen Gründen, auch hier den nachdrücklichsten Widerstand; aber der Prätor Cicero, dessen Ansehen schon fast eben so groß war als seine Beredsamkeit, und Julius Cäsar, der durch seine persönlichen Vorzüge, durch die Volksgunst, die er bereits in einem hohen Grade gewonnen hatte, und durch seine Verbindungen mit allen angeblichen Volksfreunden, eine sehr bedeutende Rolle in Rom zu spielen anfing, unterstützten die Rogation aus allen Kräften. Die Rede, welche Cicero in dieser Absicht an das Volk hielt *), kann in der feinsten rhetorischen Sophistik und in der Kunst, die schwache Seite der Sache, die man behauptet, zu decken und zu befestigen,

*) Orat. pro *Lege Manilia*, seu de Imperatore Pompejo deligendo.

von der ſtarken hingegen alle möglichen Vortheile zu ziehen, für ein unübertreffliches Meiſterſtück gelten. Daß ein Mann von Cicero's hellem Verſtand die Kunſtgriffe, wovon er in dieſer Rede Gebrauch macht, nicht für das, was ſie ſind, erkannt haben, und ſich nicht wohl bewußt geweſen ſeyn ſollte, daß es nur von ihm abhange, mit eben derſelben Kunſt zu behaupten: die Billigkeit ſowohl als das Intereſſe der Republik erfordern, den Lucullus nicht abzurufen, um einen andern die Früchte erndten zu laſſen die er nicht geſäet hatte, ſondern ihn vielmehr in den Stand zu ſetzen, den Krieg, den er der Entſcheidung ſchon ſo nahe gebracht, vollends und auf immer zu beendigen, — daß, ſage ich, Cicero dies alles nicht recht gut geſehen haben ſollte, iſt kaum zu glauben. Auf der andern Seite wär' es hart, wenn man ihn die Götter ſo feierlich zu Zeugen nehmen hört, „daß er in dieſer Sache Nie„mand zu Lieb noch zu Leid, bloß nach ſeiner in„nigſten Ueberzeugung geſprochen habe;" wenn man ihn dem Manilius ſo feierlich verſprechen hört, „daß „er alle Kräfte ſeines Geiſtes und Talentes, alles „Anſehn, das ihm ſeine von des Römiſchen Vol„kes Gnaden erhaltene Prätoriſche Würde, kurz „alles, was er nur immer vermöge, mit der höch„ſten Anſtrengung und mit der größten Treue und „Standhaftigkeit anwenden wolle, ſein vorgeſchla„genes Geſetz zu Stande bringen zu helfen": ſo wär' es mehr als hart, an ſeiner Aufrichtigkeit zu zweifeln. Er glaubte alſo wirklich, daß er den Römern nichts Heilſameres und Zweckmäßigeres rathen könne; die unmäßigen Lobpreiſungen, womit er den Pompejus überſchüttet, ſtrömten wirklich aus der Fülle ſeines Herzens; und ſo groß war ſeine Liebe und Bewunderung für ihn, daß sie ihm (ihm, dem die Erhaltung der gesetzmäßigen Verfassung der Republik so sehr am Herzen lag) die natürlichen, so leicht vorher zu sehenden Folgen der grenzenlosen Schwärmerey der Römer für diesen ihren Abgott nicht nur gänzlich aus den Augen rückte, sondern ihn sogar dahin brachte, alle die unerhörten, Constitutions- und Ordnungswidrigen Gunstbezeugungen, womit sie ihren Liebling von seinen ersten Jünglingsjahren an überhäuft hatten, als einen Beweggrund anzuführen, sie mit neuen von gleicher Art zu vermehren, und ihm eine Gewalt zu übertragen, die ihn auf unbestimmte Zeit zum unumschränkten Befehlshaber über den ganzen Römischen Erdkreis machte. — Ich sehe hier einen Knoten, welcher eben so schwer aufzulösen seyn möchte, als er durch den alten Weidspruch, das Herz ist ein Betrüger, leicht zu zerhauen ist. Indessen werden wir doch, in verschiedenen, einige Jahre später, an Atticus geschriebenen Briefen Aeusserungen finden, welche vermuthen lassen, daß Cicero damahls, als er die prächtige Rede pro Lege Manilia hielt, den großen Mann, den er darin vergöttert, noch zu wenig gekannt, und seine gleißnerischen Tugenden wirklich für das, was sie schienen, gehalten habe.

Wie dem aber auch seyn möchte, höchst wahrscheinlich bleibt es immer, daß Manilius, so wie die Sachen damahls standen, seine Rogation auch ohne Cicero's Beystand durchgesetzt haben würde; und wenn wir diese Betrachtung, und die hohe Meinung welche Cicero von Pompejus hegte, zu dem mächtigen Beweggrund hinzufügen, sich dem Volk so angenehm und dem Pompejus und seinen

Anhängern so wichtig und nützlich zu machen als ihm nur immer möglich war: so möcht' es, dünkt mich, einem Manne, der in zwey Jahren um das Consulat anhalten wollte und ein Redner von Profession war, zu verzeihen seyn, daß er sich für die überwiegende Parthey erklärte, und, nachdem er dies einmahl beschlossen, sich aller Vortheile, die ihm sein Witz und seine Kunst anbot, bediente, um ihr einen vollständigen und glänzenden Sieg zu verschaffen. In der That hätte die heuchlerische Rolle, welche Pompejus selbst in dieser Sache spielte, hinlänglich seyn müssen, auch die hartnäckigste Verblendung zu zerstreuen, wenn es Verblendung gewesen wäre, was unsern großen Redner täuschte. Pompejus nehmlich, um allen Schein zu vermeiden, als ob er dem Lucullus, einem Manne von so glänzenden Verdiensten und so großem Gewicht in der Parthey des Senats und der Optimaten, die in sieben Jahren so wohl verdienten Lorbern von der Stirn zu reissen suche, stellte sich nicht bloß gleichgültig, sondern sogar unwillig, die Stelle anzunehmen, um welche er sich durch seine Anhänger mit dem größten Eifer bewarb. Er trieb die Gleißnerey so weit, daß er das Volk sogar flehentlich bat: ihn mit fernern Aufträgen zu verschonen; zu bedenken, daß er am Ende doch nur ein Mensch sey, und ihm, der schon so viel gearbeitet, endlich auch einige Ruhe zu gönnen, — und was dergleichen Vorstellungen mehr waren, wovon er leicht vorausssehen konnte, daß sie bey den ungeduldigen Quiriten gerade das Gegentheil wirken würden. Kurz er wollte zu den ausserordentlichen und mit dem Geiste der Demokratie und Aristokratie gleich unverträglichen Aufträgen und Gewalten, die er von Jugend an ambierte, immer gezwungen zu seyn scheinen. Und so ließ er sich denn auch diesmahl zwingen. Lucullus wurde abgerufen, Pompejus übernahm die unbegränzte willkührliche Gewalt, die ihm das Manilische Gesetz auftrug, und Julius Cäsar, der alles dies eifrig befördert hatte, lachte im Stillen über den unbesonnenen Eifer, womit die Freunde der Republik, ohne es zu merken, seinen eigenen geheimen Plan vorbereiteten und der Ausführung immer näher brachten.

Pompejus, den ein besonderes, bis auf unsre neuste Zeit beyspielloses Glück noch immer in allen seinen Unternehmungen begleitete, brachte die Jahre 687 — 90 damit zu, sich des erhaltnen Auftrags zu seinem größten Ruhm zu entledigen, indem er sowohl die große Ueberlegenheit der Römischen Kriegskunst über die zwar zahlreichen, aber feigen und zum Theil schlecht angeführten Heere der morgenländischen Könige, als die günstigen Ereignisse, die ihm der Zufall in seinen Weg warf, mit eben so viel Klugheit als Thätigkeit benutzte. Die Empörung des jüngern Tigranes gegen seinen Vater erleichterte ihm die Mittel, Vater und Sohn nebst beiden Armenien in seine Gewalt zu bekommen. Der alte Mithridates, der sich an den Bosporus geflüchtet hatte, von allen, auf deren Beystand er gerechnet, verlassen, und durch die Empörung seines Sohns Pharnazes endlich aufs Aeusserste gebracht, ersparte sich durch einen freywilligen Tod die Schmach, nach einem vierzig Jahre langen Kampf mit den unüberwindlichen Römern, dem Triumphwagen seines Besiegers in Ketten zu folgen. Dieser, nachdem solchergestalt der Hauptzweck seiner Sendung glücklich erreicht war, fand es gleichwohl seiner anspruchsvollen Sinnesart gemäß, noch mehr zu thun als ihm aufgetragen war. Er bemächtigte sich nun auch Syriens und des benachbarten Judäas; ja er würde, sagt man, seine Heerzüge bis an die Ufer des östlichen Oceans fortgesetzt haben, wenn er nicht gewohnt gewesen wäre, bey seinen Unternehmungen die Sicherheit des glücklichen Erfolgs höher anzuschlagen, als einen Zuwachs von Ruhm, welchen zu erkaufen er den schon erworbenen hätte wagen müssen.

Aber während die Römischen Waffen die östlichen Grenzen des Reichs so ansehnlich erweiterten, gab es in der Hauptstadt selbst Auftritte von schlimmer Vorbedeutung für die lange Fortdauer der Republik, die von auffen zu einem so furchtbaren Koloß angeschwollen war, aber von innen durch ein unheilbares, und immer schneller um sich freffendes Uebel in ihren Fundamenten untergraben wurde.

XV.

a. V. 688.

Consuln: L. Manlius Torquatus, L. Aurelius Cotta.

Der Gewohnheit nach hätte Cicero bey seinem Austritt aus der Prätur die Statthalterschaft über eine der Prätorischen Provinzen erhalten sollen. Er verbat sich aber diese, wiewohl eben so ehrenvolle als einträgliche Belohnung, weil ihm, um des Consulats desto gewisser zu seyn, unendlich mehr daran gelegen war, zu Rom unter den Augen des Volks zu leben; theils um durch seine eifrig fortgesetzte Advocatur sich immer neuen Ruhm und bedeutende Freunde zu erwerben, theils um in den Comitien, die den 16ten Quintilis (Julius) zu Erwählung der

acht Tribunen für das künftige Jahr im Marsfelde gehalten wurden, den Anfang zu machen,
sich als künftiger Mitbewerber um das Consulat
jedem Bürger, Mann vor Mann, zum voraus
empfehlen zu können *).

Es war in diesem Jahre, da Cicero eine neue
Gelegenheit sich bey dem Volk in Gunst und Ansehn zu setzen erhielt, und zu seinem größten Ruhm
benutzte.

C. Cornelius, im Jahr zuvor gewesener Tribunus Plebis, wurde vor dem Prätor Q. Gallius
de majestate, d. i. wegen eines Verbrechens gegen
die Majestät des Staats, das er in seinem Tribunat begangen haben sollte, auf Leib und Leben angeklagt. Die Sache wurde für so bedeutend angesehen, daß die Consuln selbst bey der Untersuchung,
welche vier Tage dauerte, präsidierten. Die Consularen, Catulus, Lucullus, Hortensius und viele
andere der angesehensten Senatoren traten als Zeugen gegen den Angeklagten auf. Cicero vertheidigte
ihn mit dem lautesten Beyfall des Volks in zwey
Reden, die von Asconius, Quinttlian und andern
alten Kunstrichtern unter seine vorzüglichsten Mei-
sterwerke gerechnet werden, und deren Verlust un
so mehr zu beklagen ist.

Aus den Jahren 687 und 88 sind nur drey
Briefe an Atticus übrig.

*) Die Römer nannten dies *prensare*, und die geringern
Bürger fanden sich durch diese Art von Huldigung und
Anerkennung ihrer Wichtigkeit so sehr geschmeichelt, daß
sie, ordentlicher Weise, eine unerläßliche Bedingung war,
ihre Stimme zu erhalten.

XVI.

a. V. 689.

Consuln: Luc. Julius Cäsar, C. Marcius Figulus.

In diesem Jahre, dem brey und vierzigsten seines Lebens (welches grade das Alter war, worin das Gesetz erlaubte, das Consulat zu ambieren) erhielt Cicero die glänzendste Belohnung seiner bisherigen rastlosen Arbeiten, die ihm von seinen Mitbürgern ertheilt werden konnte, indem sie ihn auf den Gipfel stellten, über welchen ein Römer, der mit der Gesetzmäßigen Verfassung zufrieden war, nichts Höheres mehr zu erstreben sah. Seine Mitbewerber waren P. Sulpicius Galba, L. Sergius Catilina, Cajus Antonius, L. Cassius Longinus, Q. Cornificius und C. Licinius Sacerdos. Auch zu dieser höchsten Würde der Republik wurde Cicero (wie zur Aedilität und Prätur) mit einhelligen Stimmen aller Centurien, und zwar, weil die Wahl-Comitien zweymahl unterbrochen wurden, zu dreyen Mahlen der erste, erwählt. Er selbst thut sich in der zweyten an die Quiriten gehaltnen Rede *de Lege Agraria* nicht wenig darauf zu gut, „daß er seit Menschen Gedenken der erste *novus* homo sey, der gerade in dem gesetzmäßigen Alter um das Consulat angehalten, und auf das erste Anhalten, nicht etwa bloß durch das gewöhnliche stille Abgeben der Stimmtäfelchen; sondern durch den lautesten Beweis Ihres Wohlwollens und Zutrauens, durch allgemeinen einstimmigen Ausruf, zum Consul erklärt, und so vielen durch den Adel ihrer Geschlechter ausgezeichneten Mitbewerbern vorgezogen worden sey. Er fühle sich aber auch (fährt er fort) durch eine so große Wohlthat und einen so glorreichen Beweis Ihrer guten Meinung von ihm in einer desto stärkern Verbindlichkeit, sein Consulat so zu verwalten, daß er Ihrer Wahl Ehre mache, und ein wahrhaft popularer Consul zu seyn; zumahl, da er sich auf den guten Willen des Adels wenig Rechnung machen könne, und die kräftigste Unterstützung seiner durch den damahligen innerlichen Zustand der Republik äusserst schwierigen und gefahrvollen Amtsführung allein von dem Beyfall des Volks erwarten müsse, dessen sich durch alle seine Handlungen würdig zu zeigen Tag und Nacht seine einzige Sorge seyn werde."

Es fehlten nur die wenigen Stimmen, mit welchen C. Antonius die Mehrheit über den berüchtigten Catilina erhielt, so würde Cicero den Mann zum Collegen bekommen haben, dessen auf den Umsturz der Republik gerichtete Anschläge und Bemühungen zu vereiteln das Hauptgeschäft seines Consulats werden sollte. Wiewohl der Nahme und Character dieses Mannes unter die allgemein bekanntesten gehört, so wird es doch nicht überflüßig seyn hier so viel von ihm zu sagen, als uns nöthig scheint, um die Wichtigkeit des Dienstes, welchen Cicero damahls der Republik leistete, in das gehörige Licht zu setzen.

Catilina war in Ansehung seiner Naturgaben und aller Vorzüge, die sich nur immer mit der größten Verruchtheit beysammen denken lassen, einer von den Menschen, deren, zum Glück der Welt, in ganzen Jahrtausenden nur wenige gebohren werden. Selbst Julius Cäsar, der größte Mann seiner und vielleicht aller Zeiten, hatte kaum etwas anders vor ihm voraus, als eine höhere

Richtung des Geistes und mehr Gewalt über sich selbst. Unter allen außerordentlichen Charaktern seiner Art scheint er mir keinem ähnlicher gewesen zu seyn als dem Alcibiades, und vielleicht machte den Unterschied zwischen ihnen bloß der Umstand, daß jener ein Römer des siebenten Jahrhunderts der Republik, dieser ein Athener und der Zögling eines Perikles und Sokrates war. — „Ich glaube nicht (sagt Cicero, um seinen Clienten Cölius von dem besudelnden Vorwurf, ein Freund des Catilina gewesen zu seyn, weiß zu waschen*) daß jemahls ein aus so widersprechenden und unverträglichen Eigenschaften, Neigungen und Naturtrieben zusammengesetztes Ungeheuer auf dem Erdboden gelebt habe als Catilina. Wer war zu gewissen Zeiten bey erlauchtern Männern beliebter? Wer mit schändlichern vertrauter? Welcher Römer hielt sich einst zu einer bessern Parthey? Wenn hat diese Stadt je einen scheußlichern Feind gehabt? Wer übertraf ihn in den schmutzigsten Wollüsten? Wer im Ausdauern der größten Beschwerlichkeiten und Anstrengungen? Wer war jemahls im Rauben unersättlicher? Wer verschwenderischer im Wegschenken, sobald es zu seinen Absichten diente? Bey einer bewundernswürdigen Geschicklichkeit sich eine Menge Freunde zu machen, und sie dadurch an sich zu fesseln, daß er immer bereit war Alles mit ihnen zu theilen, Alles für sie zu thun und zu wagen, ja das Schändlichste für sie zu begehen und von ihnen zu leiden, — besaß er die größte Gewandtheit sich nach Zeit und Umständen zu drehen und zu biegen, und mit der größten Leichtigkeit die Gestalt derjenigen anzunehmen, mit denen er zu thun hatte; mit den Stren-

*) Orat. pro M. Coelio, c. 5. 6.

gen ernst zu seyn, mit den Aufgeräumten fröhlich, mit den Alten gesetzt, mit der Jugend gefällig, unter Bösewichtern keck, unter den Schwelgern ein Schwelger, unter den Lüderlichen der Lüderlichste, u. s. w. *).

Catilina stammte aus einem Patricischen, aber durch öffentliche Würden und Verdienste wenig ausgezeichneten Geschlechte **). In seiner Jugend trieb er sich unter den Sullanischen Terroristen herum, und besudelte seinen Nahmen durch alle Arten von Ausschweifungen und Abscheulichkeiten. Dies hinderte ihn nicht, so wie sein Charakter mit zunehmendem Alter sich entwickelte, unvermerkt eine bedeutende Person in der Republik zu werden. Alle bösen Buben, alle lüderlichen jungen Leute seines Standes, die ihr väterliches Erbgut, wie er, durch Schwelgen, Prassen und Spielen verschleudert hat-

*) Ein diesem Bilde ganz ähnliches, nur gedrängter und mit keckern Pinselstrichen, macht Sallustius von ihm im 5ten Capitel seines Belli Catilinarii. Corpus patiens inediæ, vigiliæ, algoris, supra quam credibile est; animus audax, subdolus, varius, cujusvis rei simulator ac dissimulator, alieni adpetens, sui profusus, ardens in cupiditatibus; satis loquentiæ, sapientiæ parum. Vastus animus incredibilia, nimis alta semper cupiebat.

**) Nur der ältere Plinius nennt und schildert uns in Catilina's Großvater, M. Sergius, einen Krieger von seltener und dem hartnäckigsten bösen Glücke unbezwingbar trotzender Tapferkeit. Hist. Natur. Lib. VII. c. 28.) Er bekam in seinen zwey ersten Feldzügen gegen Hannibal sieben und zwanzig Wunden, und verlor im zweyten die rechte Hand. Er ließ sich statt derselben eine eiserne machen, deren er sich in der Folge im Fechten bediente, wiewohl sie schwerlich so künstlich gearbeitet war als die berühmte eiserne Hand unsers Göz von Berlichingen.

ten, waren seine natürlichen Spießgesellen; die Bessergesinnten blendete und betrog er durch Gleißnerey und Aftertugenden; und diejenigen, deren Ehrgeitz nach unbeschränkter Gewalt im Staat strebten, begünstigten ihn, wie einen Jeden, mit dem es dahin gekommen war, daß er sich am schlimmsten befand, wenn es mit der Republik am besten stand, und dessen Dichten und Trachten also einzig auf den Umsturz der gesetzmäßigen Verfassung gerichtet war.

Catilina fand daher, seines schlimmen Rufs ungeachtet, um so weniger Hindernisse auf den gewöhnlichen Stufen bis zur Prätur emporzusteigen, da er (wie alle Römer seines gleichen) eine große Popularität heuchelte, und durch alle nur ersinnlichen Verführungskünste sich unter allen Ständen und Classen einen zahlreichen und furchtbaren Anhang verschaft hatte. Im Jahr 686 verwaltete er als Proprätor die Provinz Africa, wie von einem Menschen seiner Art zu erwarten war; er raubte sie so unverschämt aus, daß er im folgenden Jahre, da er sich unter die Candidaten um das Consulat stellte, im Nahmen der Provinz auf Ersatz (Repetundarum) angeklagt wurde, und sich genöthigt sah von seiner Bewerbung abzustehen. Ein gleiches wiederfuhr ihm im Jahr 688, da der junge Clodius die Anklage gegen ihn erneuerte. Es fehlte ihm nicht an mächtigen Gönnern, denn mehrere der angesehensten Männer traten als Zeugen für ihn auf und er wurde von den Richtern losgesprochen: aber einen Mann wie er an das Staatsruder zu stellen, taugte nicht in ihren Plan: und das Volk hatte ihn in den letzten Jahren zu gut kennen gelernt, um ihm das Heil der Republik

anzuvertrauen. Er fiel also abermahls durch, wurde
aber nur desto hitziger einen dritten Versuch zu machen. Er griff die Sache nun ernstlicher an, und
ließ, von seinem ganzen Anhang unterstützt, und
unter der Hand sogar von Crassus und Cäsar
aufgemuntert, nichts unversucht, dem Cicero das
Consulat zu entreissen. Allein eben diese außerordentlichen Bewegungen, um einen Mann zu verdrängen, der die Liebe und das Zutrauen des Volks
in einem so hohen Grade besaß, trügen vielleicht
das Meiste dazu bey, daß sich endlich alle Stimmen für Cicero vereinigten, als den einzigen, dem
man zutraute, daß er die Republik zu retten, und
die immer ruchbarer werdenden Anschläge eines so
gefährlichen und entschlossenen Bösewichts wie Catilina zu vereiteln, Kraft, Klugheit, Wachsamkeit
und Thätigkeit genug besitze.

Wahrscheinlich waltete zwischen Catilina und
C. Antonius keine Eifersucht vor; sie waren eins
verstanden, wenn Cicero den Sieg davon trüge,
alles mögliche zu thun, daß wenigstens einer von
ihnen beyden die zweyte Consulstelle davon trüge.
Catilina tröstete sich also, da Antonius ihm vorgezogen wurde, mit der sichern Hoffnung, daß er doch
in dem Einen der beyden Consuln des Jahrs, worinn
er seinen großen Plan auszuführen gedachte, einen
Freund und Mitverschwornen habe, auf dessen Beystand er rechnen könne. Er fand sich aber in dieser
Erwartung sehr betrogen. Antonius, wiewohl so
schlechtdenkend und so verdorbnen Herzens als irgend
einer von der Catilinarischen Bande, war ein Mensch
ohne Kopf und ohne Charakter, eine Drathpuppe,
die sich bloß nach dem Willen dessen, der sie hand-
habte, bewegte, und um so unfähiger einem Manne

wie Cicero zu widerstehen, da dieser Klugheit und Gewandtheit genug hatte, ihn bey seiner schwächsten Seite zu fassen, und gleich anfangs einen Vertrag mit ihm zu schliessen, kraft dessen er ihm Macedonien, (die ansehnlichste und reichste der beiden Provinzen, die ihnen nach Verlauf ihres Consulats bestimmt waren) unter der Bedingung überließ, daß Antonius ihm in den Maßregeln, die er zum Besten der Republik nehmen würde, nie entgegen seyn wollte. Natürlicher Weise war dem schwachen, eiteln und wollüstigen Antonius mehr damit gedient, sein gegenwärtiges Glück in sichrer Ruhe zu geniessen, als sein Alles auf die schwankende Spitze des gefährlichen Wagestücks zu setzen, wozu den Catilina und seine Mitverschwornen nur die Verzweiflung treiben konnte.

XVII.

a. V. 690.

Consuln: M. Tullius Cicero, C. Antonius.

Wir haben nun den höchsten und glänzendsten Punct der Laufbahn des ausserordentlichen Mannes erreicht, mit dem wir uns beschäftigen. In politischer sowohl als in moralischer Rücksicht zeigte er sich in seinem ganzen Leben nie so groß als in diesem Jahre seines Consulats. Alle seine Kräfte, Talente und Tugenden concentrierten sich in der rastlos angestrengten Thätigkeit dieses merkwürdigen Jahres, und das Schicksal selbst schien ihm in den Ereignissen desselben einen seines Geistes würdigen Stoff zum bearbeiten zu geben: würdig eines Geistes, der izt in der höchsten Stärke des Gefühls seiner selbst, wirkte, oder vielmehr durch die Höhe

seines Standpunkts, durch die unendliche Menge
der Augen die er auf sich gerichtet sah, und die
Wichtigkeit des Geschäfts so er auszurichten hatte,
sich über sich selbst erhaben fühlte, alle seine bisherigen Arbeiten und Anstrengungen nur als Vor-
übungen zu dem entscheidenden Kampf, den er
izt zu kämpfen hatte, betrachtete, und durch Kränkungen und Trübsale, Undank der Menschen und
Unzufriedenheit mit sich selbst, noch nicht gebrochen war.

Von dieser Zeit an bis ans Ende seines Lebens
scheint er, so zu sagen, nur im Andenken dieses
Jahres gelebt zu haben. Sein Consulat machte
ihn, in seinem eignen Urtheil, wie in den Augen
der Nachwelt, den größten Männern aller Zeiten
gleich. Als er fünf Jahre später, während seiner
Verbannung aus Italien, ganz zu Boden geworfen
lag, richtete er sich an dieser Erinnerung wieder
auf. Sie war es, die ihn, nach seiner Zurückberufung, eine Zeit lang in die glückliche Täuschung
setzte, sich selbst wieder gefunden, ja sich nie
verlohren zu haben, und, da er sich bewußt war
Ebenderselbe zu seyn, der er in seinem Consulat
war, auch eben dasselbe noch zu vermögen, was
er damahls vermochte.

Wenn sich in alles dies auch etwas mehr Eitelkeit einmischte, als dem Weisen der Stoiker zie-
men möchte, so wird doch immer wahr bleiben,
daß Cicero während seines Consulats seine dem
Römischen Volk nach seiner Erwählung öffentlich
gegebne feierliche Zusage auf die edelste und vollständigste Art erfüllte; daß er in seiner ganzen Amtsführung Muth, Rechtlichkeit, Uneigennützigkeit,
Klugheit, Wachsamkeit, Thätigkeit und Beharrlich-

keit, kurz alle Eigenschaften und Tugenden, die zu gefahrvollen Zeiten in dem Oberhaupt eines großen Staats vereinigt seyn sollen, in einem Grade zu Tage legte, der in der ganzen Römischen Geschichte, unter solchen Umständen und Schwierigkeiten als Er zu bekämpfen hatte, ohne Beyspiel ist.

Aber auch nie hatte die Republik einen solchen Consul nöthiger gehabt. Denn ausser den geheimen Verschwörungen, die zu ihrem Umsturz angezettelt waren, und alle Augenblicke auszubrechen drohten, hatten die Tribunen dieses Jahrs es geflissentlich darauf angelegt, die dermahlige anscheinende Ruhe *) zu unterbrechen. Die Einen kündigten Gesetze an, vermöge deren alles, was von den Sullanischen Anordnungen noch übrig war, vollends vernichtet und die Söhne der Proscribirten in ihre Güter und Gerechtsamen wieder eingesetzt werden sollten; andre wollten alle Schulden aufgehoben wissen; noch andre trugen auf neue Aeckervertheilungen unter die armen Bürger **) an, u. s. w. Kurz, während die Republik durch die siegreichen Waffen des Pompejus den Orient in Schrecken setzte und ihre Grenzen bis an den Phasis und Euphrates ausdehnte, befand sie

*) Eigentlich kann man nicht sagen, daß Rom während dieses ganzen Zeitraums sich je in wirklichem Ruhestand befunden habe. Sie glich immer einem von Stürmen bearbeiteten oder mit widrigen Winden kämpfenden Schiffe: aber verhältnißmäßig nannte man Ruhe, wenn die gesetzliche Ordnung den entgegenwirkenden Bewegungen einiges Gleichgewicht hielt, und nicht alles drunter und drüber gieng.

**) d. h. unter die durch Müßiggang, Verschwendung und Lüderlichkeit verarmten Bürger aller Stände.

sich durch die Gesinnungen, Anschläge und Unternehmungen der Feinde, die sie in ihrem eignen Busen hegte, in einem Zustand, daß, wie Cicero sagt, die Guten alles zu fürchten, die Bösen alles zu hoffen hatten.

Diese letztern hatten einen großen Theil ihrer Hoffnungen auf den zweyten Consul C. Antonius gesetzt, der in vielerley Rücksicht bisher zu ihrer Brüderschaft gehört hatte. Das erste und dringendste also, was Cicero zu bewirken hatte, war, sich seines Collegen so zu versichern, daß dieser durch sein persönliches Interesse genöthigt wäre, sich auf die gute Seite zu schlagen. Wie er dies bewerkstelligte, ist oben (No. 15.) bereits gesagt worden.

Nächst diesem bestand einer der größten Dienste, die er der Republik in seinem Consulat leistete, in der Verbindung und Eintracht, die er zwischen dem Senat und den Römischen Rittern stiftete. Die Ritter machten, nach den Senatorischen Familien, die angesehenste und (mit Ausnahme eines Crassus, Lucullus, Hortensius und einiger andern dieses Schlages) die reichste Classe der Römischen Bürger aus *). Sie hatten, als Generalpächter der Staatseinkünfte, Inhaber des meisten baaren Geldes, keinen geringen Einfluß auf die übrigen Classen, besaßen die einträglichsten Güter

---

*) Zu einem Beyspiel mag C. Cacilius Claudius Isidorus dienen, der in seinem Testament angab: wiewohl er in den Bürgerkriegen viel verloren, so hinterlasse er jedoch 4116 Sclaven, 3600 Joch Ochsen, 57000 kleineres Vieh und 600000 Fl. baares Geld. Dafür verordnete er aber auch, daß sein Leichenbegängniß nicht weniger als 410000 Fl. kosten sollte. *Plin.* H. N. XXXIII. 10.

in den Römischen Provinzen, und hatten überall, wo große Geschäfte zu machen waren, die Hände im Spiel. Es war also für die Ruhe des Staats nicht wenig daran gelegen, ob die Römischen Ritter (die aus leicht begreiflichen Ursachen bey allen Gelegenheiten mit einem esprit de corps handelten, der ihrem Wohl- oder Uebelwollen viel Gewicht gab) sich an den Senat anschließen und immer zu seiner Vertheidigung bereit seyn, oder mit denjenigen Parthey machen wollten, die unter dem Schein der Popularität an Auflösung der Staatsverfassung arbeiteten, und nach der Alleinherrschaft strebten. Cicero genoß die Zufriedenheit, diese Vereinigung, die in seinen Augen von hoher Wichtigkeit war, und wobey ihm sein Freund Atticus große Dienste leistete, glücklich zu Stande zu bringen, und zog während seines Consulats sehr wesentliche Vortheile für die Sicherheit sowohl der Stadt Rom als seiner eignen Person daraus. Von dieser Zeit an, sagt der ältere **Plinius** *), fingen die Ritter an, einen dritten **Stand** in der Republik auszumachen und dem **Senat** und **Volk**, als solcher beygefügt zu werden.

Von noch größerer Wichtigkeit war der Sieg, den er über den Tribun P. **Servilius Rullus** und über das Agrarische Gesetz, womit dieser sein Tribunat begann, bloß durch die Allgewalt seiner Beredsamkeit erhielt. Auf einen höhern Grad von Ausschweifung hatte noch kein Tribun diese

---

*) *Hist. Nat.* XXX. 2. M. Cicero demum stabilivit equestre nomen in consulatu suo, etc. — Ab illo tempore plane hoc tertium corpus in republica factum est, coepitque adjici Senatui Populoque Romano et *equester ordo.*

allen rechtlichen Menschen verhaßte Art, sich dem werthlosesten Theil des Pöbels beliebt zu machen, getrieben, als Rullus. Die Hauptpuncte seines vorgeschlagenen Gesetzes waren folgende:

„Daß Zehen Bevollmächtigte (Decemviri) von 17 Zünften (mit Ausschluß der übrigen 18) durch die Mehrheit der Stimmen erwählt und auf fünf Jahre mit unumschränkter Gewalt bekleidet werden sollten, den größten Theil der **ausserhalb Ita**lien von Sulla und Pompejus dem Aerario eigenthümlich zugewandten Ländereyen, und **innerhalb** Italien alle dem Staat zugehörigen Güter, Felder und Waldungen, mit Ausnahme der Campanischen, zu verkaufen; alle öffentlichen Ländereyen mit einer jährlichen Abgabe zu belegen; nach ihrem Gutbefinden alle Privatäcker dem Staat zueignen, alle dem Staat zugehörigen hingegen in Privatgut verwandeln zu dürfen; endlich alles Gold, Silber u. s. w. so die Feldherren, den Pompejus allein ausgenommen, in den zeitherigen Kriegen, als dem Feinde abgenommene Beute, oder von den Provinzen unter dem Nahmen des Kronengoldes*) bezogen hätten, (nur dasjenige was auf Gelübde verwendet oder in den öffentlichen Schatz eingeliefert worden, abgerechnet) den Besitzern abzufodern: und für alles auf diese Weise zusammengebrachte

---

*) Aurum coronarium, eine Art von sogenanntem freywilligen Geschenk, so die Provinzen und Hauptstädte einem Imperator zu Füßen legten, um sich daraus eine goldene Krone für seinen präsumtiven Triumph machen zu lassen. Die bey dieser Gewohnheit nach und nach eingeschlichnen Mißbräuche machten sie zu einem ungemein lästigen Tribut.

Geld Feldgüter in Italien zu kaufen und unentgeltlich unter das Römische Volk zu vertheilen."

So wie Rullus gleich am ersten Tag seines Tribunats dem Volke dieses Vorhaben bekannt machte, so war auch die erste Handlung, womit Cicero sein Consulat am 1sten Januar begann, daß er sich im Senat gegen dieses aufrührische, in einem beyspiellosen Grade ungerechte, und mit der Gesetzmäßigen Verfassung sowohl, als mit der öffentlichen Ruhe unverträgliche Gesetz aufs nachdrücklichste erklärte. Nachdem er es von allen Seiten in ein Licht gestellt hatte, worinn es als ein Ungeheuer von Verwegenheit, Unverstand und Schändlichkeit erschien, wandte er sich am Schluß seiner Rede an Rullus und die übrigen gegenwärtigen Tribunen selbst. „Ihr habt euch, sagt er, du Rullus, und einige deiner Collegen, sehr geirrt, wenn ihr hofftet, ihr werdet euch, indem ihr die Republik umzukehren gedenkt, gegen einen, nicht zum Schein sondern wahrhaft popularen Consul ein Ansehen von Popularität geben können. Ich fordre euch heraus; kommt mit mir zur Volksversammlung; das Römische Volk selbst soll zwischen euch und mir entscheiden." — Er fährt nun fort die Tribunen im allgemeinen, mit einem Feuer, einer Entschlossenheit, einer Gewißheit seiner selbst und der Güte seiner Sache, kurz, in einem Ton, der wahrscheinlich dem Senat eben so neu war als den Tribunen, zu apostrophieren. Er überschüttet die letztern mit den bittersten Vorwürfen. „Ihr, sagt er, habt mir die Stadt, mit „Argwohn angefüllt, in schlimmen Erwartungen „schwebend, und von euern Gesetzen, Volksreden „und aufrührischen Unternehmungen im Innersten „erschüttert, übergeben; Ihr habt die Bösen zu

65

„Hoffnungen gereizt, den Guten Furcht eingejagt;
„euer Werk ists, wenn Redlichkeit und Zutrauen
„aus den Gerichtshöfen verbannt sind, und die
„Republik ihr Ansehen verlohren hat. Aber sobald
„in dieser allgemeinen Bewegung und Beunruhi=
„gung der Gemüther, wie ein plötzlich in die dickste
„Finsterniß einfallender Lichtstrahl, dem Römischen
„Volk die Stimme seines Consuls ins Ohr dringen
„wird; wenn er darthun wird, daß nichts zu fürch=
„ten ist, kein Kriegsheer, keine bewaffneten Rot=
„ten; und daß keine neue Kolonien, kein Verkauf
„der Gefälle, keine neue Staatsgewalt, kein Zeh n=
„männer=Reich, kein zweytes Rom, kein ande=
„rer Sitz des Reichs, so lange er Consul ist, son=
„dern eitel Ruhe, Sicherheit und stolzer Friede
„seyn soll: da werden wir wohl, glaub' ich, zu
„befürchten haben, das herrliche Agrarische Gesetz,
„wovon ihr so viel Aufhebens macht, möchte po=
„pularer zu seyn scheinen? Und wenn ich vollends
„die ganze Schändlichkeit der Absichten, die ihm
„zum Grunde liegen, ans Licht gezogen, und die
„Fallstricke, die dem Römischen Volke von seinen
„popularen Tribunen gelegt werden, aufgedeckt
„habe: dann wird mir, denke ich, wohl sehr bange
„seyn müssen, man werde mir nicht gestatten, Euch
„in der Volksversammlung entgegen zu stehen? zu=
„mahl da ich fest entschlossen bin, das Consulat
„so zu verwalten, wie es dermahlen allein mit
„Würde und Freyheit verwaltet werden kann; so
„nehmlich, daß ich mich alles Anspruchs an eine
„Provinz, und an jede andere ehrenvolle oder lu=
„crative Auszeichnung, kurz an irgend etwas, das
„von einem Tribun verhindert werden könne, fei=
„erlich begeben haben will. — Ich werde mich in

„diesem höchsten Staatsamte gegen das Römische „Volk so verhalten, daß ich einen Tribun, der „dem Staat übel will, im Zaum zu halten, oder „wenn sein böser Wille nur mir gilt, zu verachten „wissen werde." u. s. w. Unmittelbar nach dieser seiner ersten consularischen Rede begab sich Cicero an der Spitze des Senats in die Volksversammlung, die er hatte zusammenberufen lassen, und hielt jene berühmte Rede an die Quiriten gegen Rullus, welche allein schon hinlänglich wäre zu beweisen, mit wie großem Recht er von Quintilian der größte Meister in der Kunst die Gemüther zu behandeln und nach seinem Gefallen zu lenken *), genennt wird. Wenn der ewige Wechsel der sublunarischen Dinge jemahls wieder einen bedeutenden Staat hervorbringen sollte, worin die Meinung und der Wille einer großen Volksmenge über die wichtigsten Angelegenheiten desselben zu entscheiden hätte, so könnte denen, die in ihm etwas vermögen wollten, nicht genug empfohlen werden, diese und alle übrigen noch vorhandenen Ciceronischen Reden *ad Quirites* Tag und Nacht zu studieren.

Die Hartnäckigkeit des Tribuns Rullus machte noch eine zweyte Rede an das Volk nothwendig; aber der Erfolg von beyden rechtfertigte das berühmte, unserm großen Consul mit Unbill so übel ausgedeutete, cedant arma togae! aufs vollständigste. Noch nie hatte die Kunst zu reden einen so glänzenden Triumph erhalten. Das Volk erklärte sich so laut und unzweydeutig gegen den Antrag des Rullus, daß die Uebelgesinnten, deren Werkzeug dieser Tribun war, sich genöthigt sahen, die

---

*) Summus tractandorum animorum artifex. *Quinctil.* Instit. Orator. L. XI. c. 85.

ganze Sache fallen zu lassen, oder wenigstens auf eine gelegnere Zeit aufzuschieben.

Es ist nicht zu zweifeln, daß dieses Agrarische Gesetz ein Versuch war, den die Catilinarische Rotte machen wollte, um sich, wo möglich, das letzte Wagestück der Verzweiflung zu ersparen. Wäre es gelungen, so würden einige der Angesehensten unter den Verschwornen leicht Mittel und Wege gefunden haben, eine Stelle unter den Zehnmännern zu erhalten, und es hätte dann ihrer, wiewohl übel berechneten, Meinung nach, keiner gewaltsamen Maßregeln bedurft, um ihren großen Plan auszuführen; der im Grunde kein andrer war, als daß die Reichen und die Bettler ihre Plätze tauschen, und diejenigen die nichts mehr hatten und (wie man in Rom zu sagen pflegte) sogar ihren Athem schuldig waren *), künftig Alles haben sollten was ihr Herz gelüstete.

Nun, da der Versuch durch seine gar zu auffallende Tendenz und übermäßige Thorheit fehlgeschlagen hatte, blieb den Verschwornen (wie man in verzweifelten Lagen auch das Ungereimteste zu hoffen pflegt) noch die letzte Hoffnung übrig, ihren Rädelsführer in den nächsten Consularischen Comitien zur höchsten Würde der Republik erhoben zu sehen. Es hatte ihm schon so oft mißlungen, daß es endlich (dachten sie) doch einmahl gelingen müsse; und es möchte ihm auch, da er sogar im Senat Freunde hatte, und von Crassus und Cäsar noch immer heimlich begünstigt wurde, vielleicht wirklich gelungen seyn, wenn Cicero, dem alle seine Anschläge gegen die Republik schon seit geraumer Zeit

*) Qui animam debebant.

bekannt waren, zu Vereitlung derselben weniger vorsichtig, wachsam und thätig gewesen wäre.

Doch, wie groß auch das Verdienst Cicero's in dieser Sache war, so ist doch nicht zu läugnen, daß ohne einen, an sich selbst geringfügigen Umstand, alle seine Klugheit schwerlich zugereicht hätte, die Gefahr, womit die Republik und seine eigne Person bedroht war, abzuwenden. Einer von Catilina's Mitverschwornen, Q. Curius, lebte schon seit geraumer Zeit mit einer gewissen Fulvia, einer Frau von edler Herkunft, aber sehr freyen Sitten, in einem Einverständniß von der vertrautesten Art. Curius liebte sie leidenschaftlich, und überhäufte sie so lange mit Geschenken, bis sein Vermögen völlig erschöpft war. Allein die Gegenliebe der Dame stand in genauem Ebenmaße mit seiner Freygebigkeit, und erkaltete gänzlich, da er ihr nichts mehr zu geben hatte, als Liebe. Curius, dem dies unerträglich war, wußte sich nicht anders zu helfen, als daß er ihr im engsten Vertrauen entdeckte, wie er gewisse Aussichten habe, in kurzem einer der reichsten Männer in Rom zu werden: und da er Fulvien nicht geneigt fand einem so unwahrscheinlichen Vorgeben zu glauben, war er schwach genug, sich von der schlauen Dame nach und nach das ganze Geheimniß der Verschwörung, in die er verwickelt war, ablocken zu lassen. Fulvia hatte (wie die meisten Weiber ihrer Art) ein weiches Herz und konnte sich mit dem Gedanken, das schöne Rom in Flammen und die gräßlichen Schreckens-Scenen unter Marcus, Cinna und Sulla wiederholt zu sehen, nicht befreunden. Sie vertraute also das Geheimniß ihres Liebhabers, jedoch mit Zurückhaltung der Nahmen, den verschwiegenen Ohren aller

ihrer Freunde und Freundinnen, und so lief schon
seit Jahr und Tagen ein dumpfes Gerücht von
einer furchtbaren Verschwörung gegen den Staat
in ganz Rom herum, und erfüllte die Stadt mit
zitternder ungewisser Erwartung schrecklicher Ereignisse. Der Argwohn fiel auf Schuldige und Unschuldige. Die Freunde der Republik wußten sehr
wohl auf wen sie muthmaßen sollten; aber um
Männern von solcher Bedeutung, wie die Häupter
der Verschwornen waren, zu Leibe zu gehen, fehlte
es an rechtsgültigen Beweisen, und Alles was die
Wohlgesinnten thun konnten, war, sich desto fester
an einander anzuschließen, und alle Schritte und
Tritte der Verdächtigen aufs sorgfältigste zu beobachten.

Sobald Cicero das Consulat angetreten hatte,
war eine seiner ersten Sorgen, durch zuverläßige
Mittelspersonen die besagte Fulvia (von welcher um
Geld alles zu erhalten war) und durch sie auch den
Curius zu gewinnen, daß sie ihm alles entdeckten,
was sie von Catilinas Anschlägen wußten. Durch
diesen Canal erfuhr er nun die Nahmen und die
Anzahl der Verschwornen, die Zeit und die Oerter
ihrer heimlichen Zusammenkünfte, die Nahmen ihrer
mehr oder weniger schuldigen Freunde im Schooße
des Senats selbst, und alle ihre Maßregeln, Hülfsquellen und bereits getroffnen Anstalten, sich auf
jeden Fall eines glücklichen Ausgangs zu versichern;
kurz er war, ohne daß die Verschwornen wußten
wie es zugieng, von allem so genau unterrichtet,
daß er am 8ten November in vollem Senat dem
Catilina ins Gesicht sagen konnte: „Du thust nichts
du unternimmst nichts, du denkst nichts, was ich

nicht nur höre, sondern mit Augen sehe und mit Händen greife." —

Wir müssen also gestehen, daß Cicero das große Verdienst, die Republik gerettet zu haben, worauf er sich bey jeder Gelegenheit so viel zu Gute that, mit einem verächtlichen Weibsstück theilte, deren Habsucht und Verrätherey er es vielleicht allein zu danken hatte, daß er den meuchelmörderischen Dolchen des alles wagenden Catilina entgieng, und gleich von Anfang seines Consulats alle nur ersinnliche Maßregeln für die Ruhe der Stadt, und die Sicherheit des Senats, des Capitols und der Comitien zu treffen, und allem, was die Verschwornen unternehmen wollten, immer zuvorzukommen im Stande war. Noch am zwanzigsten October, dem zur Wahl der Consuln angesetzten Tage, würde alles, was er bisher gethan, vergebens gewesen seyn, wenn die Verrätherin Fulvia auch an ihm treulos geworden wäre, und ihm nicht in der Nacht zwischen dem 18ten und 19ten entdeckt hätte, daß Catilina, (der nun alle Hoffnung, im gesetzmäßigen Wege erwählt zu werden, aufgab) beschlossen habe, ihn und einige der vornehmsten Consularen unmittelbar vor Eröffnung der Comitien zu ermorden, um in dem Tumult, der darüber entstehen würde, von dem bestürzten und überraschten Volke mit Gewalt zu erhalten, was er von dessen gutem Willen zu erhalten verzweifelte. Dieser Warnung zu folge berief der Consul am folgenden Morgen den Senat zusammen, theilte ihm die erhaltene Nachricht mit, und bewirkte, daß der Tag der Comitien aufgeschoben wurde, wiewohl einige Senatoren die Ungläubigen spielten, und viele eine so ungeheure That wirklich unglaublich fanden. Als aber Cicero den gegenwärtigen Catilina mit dem imposanten Ton eines Mannes der seiner Sache gewiß ist, aufforderte, sich von dieser Beschuldigung zu reinigen, wenn er könne, und Catilina, anstatt die Fassung zu verlieren, die kaltblütige Antwort gab: „Wenn ich zwey Körper vor mir „sehe, den einen mager und an der Auszehrung „schmachtend, aber mit einem Kopf, den an„dern ohne Kopf, aber groß und stark, was „thue ich denn so Gräßliches wenn ich diesem einen „Kopf aufsetze *)?" — so wurde den bestürzten Patribus conscriptis, die keines Oedipus zu diesem Räthsel bedurften, auf einmahl klar, daß der Mann, der sich so herauslasse, mehr hinter sich wissen müsse. Der Consul, der bisher aus guten Ursachen Bedenken getragen hatte, seine durch Fulvia und Curius erhaltnen geheimen Anzeigen öffentlich bekannt zu machen, hielt nun nicht länger zurück.

*) *Plutarch.* in Cicerone. Die Worte des Griechen sind: Τι γαρ πραττω δεινον, δυοῖν σωμάτων ὄντων; τοῦ μεν ἰσχνοῦ καὶ κατεφθινηκότος, ἔχοντος κεφαλὴν, τοῦ δ'ἀκεφάλου, ἰσχυροῦ δε και μεγάλου, τούτῳ κεφαλὴν αὐτὸς ἐπιτίθημι. Cicero läßt (Orat. pro Muræna c. 25) den Catilina sagen: duo corpora esse *Reipublicæ*, unum debile *infirmo* capite; alterum firmum sine capite; huic, cum ita de se meritum esset, caput, se vivo, non defuturum. Ungeachtet Cicero, als unmittelbar gegenwärtiger Zeuge mehr Glauben fodern kann als Plutarch, so kann ich doch nicht umhin, wahrscheinlicher zu finden, daß Catilina gesagt habe was ihn Plutarch sagen läßt, als daß er sein bon mot vorsetzlich zu einer platitude gemacht haben sollte, bloß um dem Cicero eine dumme Grobheit zu sagen. Wär' es nicht möglich, daß Catilina *firmo* capite gesagt, und Cicero infirmo zu hören vermeint hätte?

Er sagte ihnen, ohne seine Quellen zu verrathen, soviel davon, als nöthig war, sie zu überzeugen, daß wirklich eine höchst gefährliche Verschwörung im Werk sey. Der bestürzte Senat nahm nun seine Zuflucht zu dem, in dergleichen Fällen gewöhnlichen Decret: Die Consuln sollten dafür sorgen, daß der Republik kein Unheil wiederfahre*). Auch wurde auf Ciceros Antrag beschlossen, den ersten Entdecker der Verschwörung, wenn er ein Sclave wäre, mit der Freyheit und hundert tausend Sestertien, wenn eine freye Person, mit 200,000 Sestertien und Erlassung aller Strafe, zu belohnen.

Die Comitien giengen nun, nachdem Cicero alle mögliche Vorkehrungen zur Sicherheit derselben getroffen hatte, ruhig vorbey, und Decius Junius Silanus und L. Licinius Muräna wurden zu Consuln für das künftige Jahr erwählt. Dem Catilina blieb nun nichts mehr übrig als sein Leben, (alles was er noch zu verlieren hatte) gegen die Welt, die zu gewinnen war, auf einen einzigen verzweifelten Wurf zu setzen. Er berief zu diesem Ende am 6ten November alle seine Mitverschwornen zu einer letzten Zusammenkunft, worin der Plan ihrer Unternehmung aufs Reine gebracht, die verschiedentlichen Rollen ausgetheilt, und der Tag zur Ausführung bestimmt wurde. Ihrer waren eilf Senatoren und vier und zwanzig Römische Ritter, alle damahls in Rom gegenwärtig, und überdies eine beträchtliche Anzahl, die durch die Municipal- und Colonial-Städte Italiens zerstreut war und aus lauter Leuten von Familie und Ansehen in ihren Umkreisen bestand. Der vornehmste

*) Videant Consules, ne quid res publica detrimenti capiat.

unter der ganzen Rotte war P. Cornelius Lentulus Sura, aus einem der ersten, zahlreichsten und angesehensten Patrizischen Geschlechter in Rom. Sein Großvater, einer der eifrigsten Gegner des berühmten Tribuns C. Gracchus, hatte den Titel Princeps Senatus geführt, und er selbst war im Jahr 682 zum Consulat erwählt, bald nachher aber wegen der allzunotorischen Schändlichkeit seines Lebenswandels von den Censoren aus dem Senat ausgestoßen worden. Allein so groß war das Sittenverderbniß dieser Zeiten, daß es einem Manne seines Standes nicht fehlen konnte, durch die gewöhnlichen Bestechungsmittel sich den Schutz des Volks gegen die Gesetze zu verschaffen; und so war er in eben dem Jahre 689, als Cicero Consul wurde, zur Prätur erwählt worden, und hatte dadurch seinen Platz im Senat wieder erhalten. Zu allen andern Lastern, die ihn unter den heillosesten Menschen seiner Classe auszeichneten, war er noch in einem so hohen Grad eitel und hoffärtig, daß er sich von Wahrsagern hatte weiß machen lassen, die Sibyllinischen Bücher besagten: daß drey Cornelier sich der Herrschaft über Rom und das ganze Reich bemächtigen müßten. Da das Orakel bereits an zweyen, dem Cinna und Sulla richtig in Erfüllung gegangen war, so zweifelte er nicht, daß Er selbst (wiewohl der Cornelier noch viele waren) vom Schicksal bestimmt sey, der dritte zu seyn; und da der Umsturz der Republik das kürzeste Mittel dazu war, so hatte er, im Vertrauen auf Catilina's große Talente zur Ausführung eines solchen Projects, und in gewisser Hoffnung den größten Gewinn davon zu ziehen, ohne Bedenken an der Verschwörung Theil genommen. Der bedeutendste nach Cornelius Lentulus war C. Lentulus Cethegus, ein Mann der ehemals einer der heissesten Anhänger des Marius gewesen, aber von Sulla, dem er sich in Zeiten unterwarf, begnadigt worden war, und nach dessen Tod durch Intriguen und den Anhang den er sich zu machen wußte, etliche Jahre lang eine vielvermögende Person im Staat vorgestellt hatte, bis er wegen seines Uebermuths und der äußersten Verworfenheit seines sittlichen Charakters nach und nach allen Credit so sehr verlohr, daß er unter denen, die nur durch den Umsturz der Republik gedeihen konnten, einer der ersten war.

Auſſer dem großen Anhang, auf welchen die Verschwornen in Rom selbst rechnen konnten, beruhte ihre Hoffnung hauptsächlich auf den Veteranen des Sulla, unter welche dieser Dictator ehmahls beträchtliche Ländereyen in verschiedenen an Latium angrenzenden Districten Italiens vertheilt hatte, die aber durch Ueppigkeit und Verschwendung größtentheils dahin gebracht waren, einen neuen Bürgerkrieg und neue Proscriptionen zu wünschen, immer bereitwillig an jeder Unternehmung Theil zu nehmen, die eine reiche Beute versprach.

Catilina hatte mit Hülfe eines gewissen Manlius (der einst als Centurio unter Sulla diente) bereits ein kleines Heer dieser gefährlichen Menschen in Hetrurien zusammengebracht, welches nur auf einen Wink wartete, um dahin zu gehen wo er sie nöthig haben würde. Da nun auf der einen Seite alles zur Ausführung reif schien, auf der andern Cicero's Gegenanstalten und öffentliche Erklärungen im Senat nicht zweifeln ließen, daß er der Ver-

schwörung auf der Spur sey: so wurde ohne län=
geres Zögern ein allgemeiner Aufstand in Italien
beschlossen, und den Häuptern der Verschwornen
jedem sein Posten und sein Geschäft angewiesen.
Catilina sollte sich ins Lager der besagten Vete=
ranen in Hetrurien begeben, und unverzüglich gegen
Rom vorrücken; Lentulus das Haupt der zurück=
gebliebenen Verschwornen seyn; Cassius Longi=
nus an einem zu bestimmenden Tage die Stadt
an zwölf Orten zugleich in Brand stecken, und
Cethegus zur nehmlichen Zeit den ganzen Senat
(mit wenigen Ausnahmen) und überhaupt alle be=
deutenden Männer die nicht von ihrer Parthey
waren, ermorden lassen; während Catilina, von
der allgemeinen Verwirrung begünstigt, sich mit
seinen Truppen der Stadt bemächtigen würde u. s. w.
Vor allem aber wurde für nöthig gehalten, den
Consul Cicero, dessen zu oft erprobte Wachsamkeit
das Einzige war, wovor sie sich fürchteten, noch vor
Ausführung dieser Beschlüsse aus dem Wege zu
räumen; wozu sich dann auch sogleich zwey in des
Consuls Hause bekannte und ihm unverdächtige
Ritter bereit erklärten.

Kaum waren die Verschwornen auseinander ge=
gangen, so erhielt Cicero von allem, was in ihrer
Zusammenkunft beschlossen worden war, genaue
Nachricht. Er theilte sie sogleich einigen der vor=
nehmsten Senatoren mit, die sich Abends in seinem
Hause zu versammeln pflegten, und nannte ihnen
nicht nur die Nahmen der Meuchelmörder, sondern
sogar die Stunde, wo sie sich einfinden würden.
Alles traf richtig ein. Die beiden Ritter meldeten
sich kurz vor Anbruch des Tages an der Thür des
Consuls, und baten, weil sie ihm etwas höchst Wich=

tiges zu eröffnen hatten, unverzüglich vorgelassen zu werden; fanden aber das Haus wohl bewacht, und wurden abgewiesen. Auf gleiche Weise vereitelte Cicero das geheim geglaubte Vorhaben des Catilina, sich, bevor er Rom verließe, der Stadt Präneste, die ihrer Lage wegen vor vielen andern zu einem Waffenplatz und sichern Zufluchtsort geeignet war, durch Ueberrumplung zu bemächtigen. Denn, wie Catilina bey Nacht und Nebel in aller Stille heranrückte, fand er sie, durch des Consuls ihm eben so geheim zuvorkommende Anstalten in so gutem Vertheidigungsstande, daß er so leise wieder abzog als er gekommen war.

So standen die Sachen als Cicero am 8ten November den Senat in den Tempel des Jupiter Stator auf dem Capitol zusammenberief, (wo auch Catilina und mehrere seiner Anhänger Verwegenheit genug hatten sich einzufinden) und die erste der vier berühmten Catilinarischen Reden hielt, welche sämmtlich auf uns gekommen sind. Sie beginnt mit einer plötzlichen Apostrophe an Catilina, die jeden andern als ihn zu Boden geworfen hätte. Aber der heroische Sünder hatte die Stirne, nicht nur die unversehenen Blitze einer donnernden Beredsamkeit, sondern selbst den Vorhalt aller seiner Verbrechen, besonders alles dessen, was in der Nacht des 6ten im Hause des M. Lecca zwischen ihm und seinen Mitverschwornen verhandelt worden war, mit einer Fassung auszuhalten, deren die Unschuld selbst nur selten fähig ist. Unerschüttert, wiewohl mit gesenktem Blick und bittendem Ton, suchte er das Mitleiden und den Schutz der Senatoren gegen die Anschuldigungen des Consuls, die er Verläumdungen eines erklärten Feindes nannte, zu gewinnen; und bat sie wohl zu bedenken, wie unwahrscheinlich und ganz unglaublich es sey, daß ein Mann wie er, durch seine Geburt und die bereits bekleideten Staatswürden zu den größten Hoffnungen berechtigt, ein Patrizier, dessen Voreltern, wie er selbst, so viele Proben ihrer Zuneigung zu dem Römischen Volke gegeben, den Gedanken fassen könnte, die Republik zu stürzen, indeß ein Cicero, ein Fremder, ein Pfahlbürger von Arpinum, dessen Nahme zuvor nie in Rom gehört worden, so eifrig seyn sollte sie zu erhalten? Er wollte in diesem Ton fotfahren den Consul zu mißhandeln, wurde aber von den Senatoren mit lautem Unwillen unterbrochen. Von allen Seiten schallten ihm die Nahmen Verräther und Vatermörder um die Ohren, und er gerieth darüber in solche Wuth, daß er die Larve plötzlich abwarf, und in die drohenden Worte ausbrach: weil es denn seine Feinde auf seinen gänzlichen Untergang abgesehen hätten, so wolle auch er kein Maß mehr halten, und den Brand seines Hauses nicht mit Wasser, sondern durch den Einsturz der Republik löschen. Mit diesen Worten stürmte er davon, zog sich in seine Wohnung zurück, nahm mit den übrigen Häuptern der Verschwörung noch die letzte Abrede, und verließ dann, von einigen seiner Vertrautesten begleitet, die Stadt noch in derselben Nacht, mit der Versicherung in kurzem an der Spitze eines zahlreichen Heers zurückzukommen. Und so begab er sich, nachdem er etliche Tage zugebracht, die Landschaften, durch welche ihn sein Weg führte, aufzuwiegeln und zu bewaffnen, mit dem ganzen Pomp eines Oberkriegsbefehlshabers, geraden Wegs in das Lager des Manlius.

Man könnte sich wundern, warum Cicero, da er so genaue Nachrichten von dieser Verschwörung hatte, anstatt sich der Person des Catilina, wenigstens damahls da er die besagte Rede gegen ihn hielt, auf der Stelle zu versichern, ihn nicht nur ungehindert entrinnen ließ, sondern gewissermaßen sogar nöthigte, die Republik mit gewaffneter Hand anzufallen. Aber dies war es eben was Cicero wollte. Er hätte den Catilina schon seit mehrern Tagen in Verhaft nehmen, ja sogar ohne weitern Proceß tödten lassen können; der erwähnte Auftrag des Senats, und mehrere ältere Beyspiele in ähnlichen bey weitem nicht so gefährlichen Fällen, gaben ihm (wiewohl unter seiner Verantwortlichkeit) das völlige Recht dazu. Aber eben diese Verantwortlichkeit hieß ihn vorsichtig zu Werke gehen. Die Beweise, die er von der Verschwörung in Händen hatte, waren nicht dazu geeignet, öffentlich vorgelegt zu werden, und zu einem gerichtlichen Verdammungsurtheil nicht einmal hinreichend; Catilina hatte einen großen Anhang in der Stadt *), ja

---

*) Das Trojanische Pferd ist innerhalb eurer Mauern, sagt Cicero in der Rede für den neuerwählten Consul Muräna. Die in demselben versteckte Mannschaft theilt er in der ersten Catilinarischen Rede ad Quirites in vier Classen, und setzt in die vierte „das ganze zahlreiche „Heer der jungen Lieblinge, Spiel- und Schmaus-Ca„meraden des Catilina, die Incroyables und Roués der„selben Zeit, die zierlichen, modischen, galanten jungen „Herrchen, die nicht nur zu lieben und sich lieben zu „lassen, zu singen und zu tanzen, sondern auch Dolche „zu führen und Gift zu mischen verständen. So lange „diese (setzt er hinzu) nicht aus der Stadt und aus der „Welt gehen, so wisset daß Catilina's Tod euch wenig

sogar im Senat selbst (auſſer den oben benannten
Theilnehmern an der Verschwörung) einige viel
bedeutende Freunde, die, wiewohl zu klug sich
laut für ihn zu erklären, doch unter der Hand für
ihn arbeiteten. Cicero wußte dies alles nur zu wohl.
„Ich habe eine gute Ursache, sagt er in der vorer=
„wähnten Rede, das, was schon längst hätte ge=
„schehen sollen, noch nicht zu thun. Erst dann
„will ich dich tödten lassen, wenn kein so verruchter,
„so verworfner, so — dir ähnlicher Mensch
„mehr zu finden seyn wird, der nicht bekennen müsse
„es sey mit Recht geschehen."

Aber neben diesem seine eigene Sicherheit be=
zweckenden Grunde hatte er noch einen andern, auf
welchem in diesem Zeitpunkt das Heil der Republik
selbst beruhte. Er wollte die tödtliche Krankheit,
womit (wie er sagt) der Staat schon lange behaftet
war *), von Grund aus heilen; der Stoff des
Uebels mußte ausgeschaft werden. Wenn er den
Catilina so weit trieb, daß er die Stadt freywillig
verlassen und sich an der Spitze eines Kriegsheers
für einen offenbaren Feind der Republik erklären
mußte: so war zu erwarten, daß der größte Theil
seiner Anhänger in Rom entweder sogleich mit ihm
gehen, oder ihm nächstens folgen würde. Gegen
den öffentlichen Feind konnten und mußten dann
auch öffentliche Maßregeln genommen werden, und

„frommen wird. Wir werden eine Pflanzschule von künf=
„tigen Catilina's (*Seminarium* Catilinarium) in der Re=
„publik behalten. u. s. w."

*) und die vom Sallustius (im Gegensatz mit ihrem ehe=
maligen gesunden Zustand, den er im 6, 7, 8 und 9ten
Capitel seines Catilina darstellt) im 10, 11, 12 und 13ten
Capitel desselben meisterhaft geschildert wird.

die Republik war in diesem Fall mächtig genug, das Heer der Aufrührer, wenn es auch weniger verächtlich gewesen wäre als Cicero es im 10ten Capitel der vorbesagten Rede schildert, in kurzer Zeit aufzureiben. Auch hatte er bereits die Vorsicht gebraucht, dem Prätor Q. Metellus Celer aufzutragen, in Eile so viele Truppen aus der Picenischen und Cispadanischen Landschaft auszuheben, als nöthig seyn möchten, das Gesindel, woraus die Kriegsmacht des Catilina bestand, in Respect zu erhalten.

Was Cicero in seiner im Senat gehaltenen Rede voraus geahnet hatte, erfolgte unmittelbar, sobald Catilina aus Rom entwichen war. Die Anhänger desselben sprengten aus: er sey von dem tyrannischen Consul, seinem erklärten Feinde, der den König in Rom spiele, eigenmächtig exiliert worden; aber anstatt (wie ihn dieser beschuldigt habe) sich ins Lager des Manlius zu begeben, gehe er nach Massilien ab, um dort in der Stille abzuwarten, was das Schicksal ferner über ihn beschliessen werde. Cicero war von dem Thun und Lassen dieses Menschen zu genau unterrichtet, um sich diese mit den gehässigsten Zusätzen begleitete Ausstreuung beunruhigen zu lassen: doch hielt er für nöthig, die Eindrücke, die dadurch auf das Volk gemacht werden könnten, bey Zeiten auszulöschen, die Römer mit der wahren Beschaffenheit der Sache bekannt zu machen, und, indem er ihnen voraussagte, was sie in wenig Tagen als geschehen hören würden, sie zu überzeugen, daß, vermöge aller von ihrem Tag und Nacht für sie wachenden Consul getroffenen Vorkehrungen, der wirkliche Ausbruch der Catilinarischen Verschwörung, anstatt dem Staat die mindeste wirkliche Gefahr zu drohen, vielmehr den gewissen Untergang dieser eben so unsinnigen und unmächtigen als tollkühnen Empörer beschleunigen werde.

Dies ist die Tendenz der ersten, in dieser Sache an die Quiriten gehaltenen Rede, die in jeder Ansicht dazu geeignet ist, uns den Mann, der sie hielt, sowohl in der Eigenschaft eines Römischen Consuls als eines Volksredners, in einer wahren Glorie und auf der höchsten Höhe zu zeigen, die jemahls von einem Staatsmann und Redner vor und nach ihm erreicht worden seyn dürfte.

Sobald die Nachricht nach Rom kam, daß Catilina im Lager des Manlius angekommen sey, erklärte der Senat ihn und seinen Spiesgesellen Manlius für Feinde des Vaterlandes, und trug den Consuln auf, Truppen auszuheben um ein Kriegsheer aufs schleunigste zusammenzubringen, an dessen Spitze der Consul Antonius dem Feind entgegen gehen sollte, während Cicero fortführe für die Sicherheit und innere Ruhe der Stadt zu sorgen. Der ununterbrochnen Anstrengungen, die ihm diese Sorge kostete, ungeachtet, fand Cicero in der unermüdlichen Thätigkeit seines Geistes noch Kraft und Zeit, zugleich mit Hortensius und Crassus, den neuerwählten und von ihm selbst eifrig begünstigten Consul L. Muräna vor Gericht zu vertheidigen, der von dem berühmten Rechtsgelehrten Servius Sulpitius, seinem Mitbewerber um das Consulat, und (was ihm noch nachtheiliger war) von dem strengen und unbescholtnen Stoiker, M. Porcius Cato angeklagt wurde, das Consulat durch Bestechung erhalten zu haben. Zum Unglück war der Hauptpunkt der Anklage nach der Strenge des Gesetzes so viel, als erwiesen. Cicero überließ es daher (wie es scheint) diesmahl dem Hortensius, seine Stärke in der Kunst, Kohlenstaub für Schnee passieren zu machen, darzuthun. Er machte andere, meistens außerhalb der Sache liegende und zum Theil von den Zeitumständen hergenommene Gründe zum Besten seines Clienten geltend, und suchte dabey so nachdrücklich als er vermochte, auf das Gemüth der Richter zu arbeiten. Besonders ließ er sich angelegen seyn sie und das zuhörende Volk in gute Laune zu setzen, die Wirkung des Ansehens worin Sulpitius als Rechtsgelehrter und Cato als ein selbst unbestechlicher Mann stand, zu untergraben, und die Lacher auf seine Seite zu bekommen, indem er die Profession eines damahligen Römischen Jurisconsulten und die Stoische Secte wegen ihrer übertriebenen Maximen und Paradoxen, mit Attischem Salz und Aristophanischem Pfeffer reichlich überschüttet; und dies mit einer ihm eignen Manier, die Personen, bey denen er sich diese Freyheit nimmt, nicht nur zu schonen, sondern ihnen nebenher mit der aufrichtigsten Miene von der Welt so verbindliche Dinge zu sagen, daß sie nicht füglich ungehalten werden konnten und wohl gar mitlachen mußten *). — Der Erfolg, wozu diese Rede ohne Zweifel nicht wenig beytrug, war, daß Muräna losgesprochen wurde.

Es befanden sich um diese Zeit Abgeordnete der

*) „Was für ein Spaßvogel unser Consul ist!" — war alles, was Cato zu seinen Spöttereien sagte. Auch hatte ihm Cicero unmittelbar vorher eine Lobrede gehalten, die den Weisen der Stoiker selbst hätte bestechen können.

Allobroger *) in Rom, um über die Bedrückungen, welche sie von ihren Römischen Befehlshabern erlitten oder zu leiden vorgaben, Beschwerde zu führen. Lentulus Sura, das Oberhaupt des in Rom zurückgebliebenen Catilinarischen Anhangs, suchte diesen Umstand zu benutzen, und glaubte die Allobroger um so leichter für seine Parthey gewinnen zu können, da sie das Joch der Römer sehr ungeduldig trugen und zur Empörung ziemlich reif waren. Er ließ sich zu diesem Ende mit den Gesandten in geheime Unterhandlungen ein, und gab ihnen bey ihrer Rückreise Briefe an die Vorsteher ihres Volkes mit. Cicero, dessen Wachsamkeit nichts entgieng, erfuhr durch den Senator, Q. Fabius Sanga (in dessen Patronat die Allobroger standen, und dem die Gesandten, in der Ungewißheit wozu sie sich entschließen sollten, die ganze Sache entdeckt hatten) mehr als nöthig war, um zu einem außerordentlichen Schritt berechtigt zu seyn. Er beauftragte also die Prätoren Valerius Flaccus und C. Pomptinius, den Allobrogern in der Nacht, da sie von Rom abreiseten, an der Mulvischen Brücke in geheim auflauren zu lassen, und sich ihrer Personen und ihres Gefolges zu bemächtigen, unter welchem auch ein gewisser Vulturcius, einer der Verschwornen, mit Briefen von Lentulus an Catilina sich befand. Dieser Auftrag wurde pünktlich ausgeführt. Die Allobroger und Vulturcius, die sich anfangs zur Wehr

---

*) Die Allobroger wohnten in dem Landstrich des den Römern unterworfnen Theils von Gallien, den sie Gallia *Narbonensis* oder *Braccata* nannten, und der den größten Theil dessen, was vor der Revolution von 1789 Savoyen und Dauphiné hieß, in sich begriff.

hatten setzen wollen, ergaben sich, sobald die beyden Prätoren erschienen. Alle ihre Briefe wurden ihnen abgenommen und dem Consul unerbrochen überliefert, sie selbst aber in die Stadt zurückgeführt, und noch vor Anbruch des Tages von Cicero in seinem Hause verhört. Zu gleicher Zeit ließ er die vier Verschwornen, Gabinius, Statilius, Cethegus und Lentulus (die von dem Vorgegangenen nicht den mindesten Argwohn hatten) jeden besonders, zu sich bescheiden, uud in gehörige Verwahrung nehmen. Der Senat wurde unverzüglich in den Tempel der Concordia *) zusammenberufen, und der Consul, von einer zahlreichen Menge der angesehensten Bürger umgeben, und von den Allobrogern nebst den besagten Verschwornen unter starker Bedeckung gefolgt, erschien im Senat, berichtete ihn von allem Vorgegangenen, legte die uneröfneten Briefe vor, und begann die Untersuchung mit dem Verhör des Vulturcius und der Allobroger. Jener, nachdem ihm Verzeihung und Belohnung zugesichert worden war, gestand: er habe Briefe von Lentulus und Catilina empfangen, worin dieser ermahnt würde, sein Heer mit bewaffneten Sclaven zu verstärken, und es so schleunig als möglich nach Rom zu führen, um, wenn die Stadt in Feuer stünde und das allgemeine Gemetzel begänne,

*) Die Göttin der Eintracht, Concordia, hatte in Rom drey Tempel. Den ältesten, worin der Senat sich öfters zu versammeln pflegte, hatte ihr Furius Camillus, in seiner fünften Dictatur, bey einem gefährlichen Aufstand des Volks gegen den Senat, zu erbauen angelobt. Dieser Tempel stand am Fuße des Capitoliums, dem Forum, der Curia und der großen Halle, worin die Comitia curiata gehalten wurden, gegenüber.

bey der Hand zu seyn, die Fliehenden aufzufangen, und sich mit seinen Freunden zu vereinigen. Diese, die Allobrogischen Gesandten, sagten aus: sie hätten Briefe von Lentulus, Cethegus und Statilius an ihre Nation; auch hätte L. Cassius in sie gedrungen zu bewirken, daß ihnen sobald als möglich Reiterey zu Hülfe geschickt würde, da es ihnen an Fußvolk nicht fehlen werde; Lentulus aber hätte sie aus den Sibyllinischen Büchern versichert, er sey der dritte Cornelius, den das Schicksal zum Beherrscher des Römischen Reichs bestimmt habe, und dieses nehmliche Jahr sey der Zeitpunkt, worin, nach den Weissagungen, die Republik untergehen müsse. Ueber den Tag aber, da die Stadt in Brand gesteckt werden sollte, wäre noch Streit zwischen den Verschwornen gewesen, indem Lentulus und andre die Saturnalien dazu am bequemsten gefunden, Cethegus aber einen nähern Tag *) verlangt hätte. Man schritt hierauf zu Eröfnung der Briefe; die Verschwornen wurden vorgeführt; sie erkannten ihre Siegel und Handschrift; die Briefe wurden verlesen, und es fand sich alles durch sie bestätiget, was Vulturcius, und die Allobroger ausgesagt hatten. Lentulus läugnete Anfangs mit Zuversicht und Trotz daß er mit diesen Leuten jemahls etwas zu verkehren gehabt habe; da sie ihm aber alles, was zwischen ihnen gesprochen worden, umständlich vorhielten, und ihn fragten: ob er läugnen

---

*) Die Saturnalien fiengen gewöhnlich mit dem 17ten December an und dauerten fünf Tage, welche in allgemeinem Wohlleben zugebracht wurden, und wegen der Art von Freyheit, welche während derselben den Sclaven zugestanden wurde, den Verschwornen die bequemste Gelegenheit, diese letztern auf ihre Seite zu bringen, darboten.

könne, was er ihnen von einem Orakel der Sibyllinischen Bücher gesagt? verlor er auf einmahl alle Fassung, und gestand, zu Jedermanns Erstaunen, sein Verbrechen ein. Der Consul hatte Anstalt getroffen, daß drey als Meister in ihrer Kunst bekannte Geschwindschreiber alles was bey diesem Verhör vorgieng und gesprochen wurde, von Wort zu Wort nachschrieben. Von diesem Protocoll ließ er eine große Anzahl beglaubter Abschriften machen, und schickte sie in alle Städte von Italien, in die Provinzen und an alle auswärtigen Beamten der Republik, um diese für ihn selbst nicht weniger als für das ganze Gemeinwesen so wichtige Begebenheit und Verhandlung so allgemein bekannt zu machen als nur immer möglich war.

Nachdem die Verbrecher sowohl als die Zeugen entfernt worden waren, decretierte der Senat einstimmig: dem Consul Cicero, durch dessen unermüdete Thätigkeit, Klugheit und Vorsicht die Republik von so großen Gefahren befreyt worden, in den stärksten Ausdrücken den öffentlichen Dank zu bezeugen; nicht weniger den Prätoren Flaccus und Pomtinius zu danken, daß sie die Befehle des Consuls so geschickt und pünctlich vollzogen. Auch dem andern Consul Antonius sollte in diesem Decret öffentliches Lob dafür ertheilt werden, daß er sich während seiner Amtsführung von allem Einfluß der in dieser Verschwörung verwickelten Personen frey und rein erhalten habe. *) Ferner wurde beschlossen,

---

*) Dies ist, denke ich, der Sinn der Worte: quod eos, qui hujus conjurationis participes fuissent, a suis et Reipublicæ consiliis removisset. Antonius war vor seinem Consulat dafür bekannt, daß er selbst nicht viel taugte und mit Catilina und andern Verschwornen in guter Brüder-

daß Lentulus, nachdem er seine Prätur und die äußerlichen Zeichen dieser Würde niedergelegt, wie auch Cethegus, Statilius, Gabinius und noch fünf andre vorzüglich gravierte Mitschuldige, in gefängliche Haft gebracht werden sollten. Schließlich wurde den Göttern eine sogenannte Supplication *ad omnia pulvinaria* im Nahmen des Cicero dafür decretirt, daß er durch ihren Beystand die Stadt von der ihr gedrohten Anzündung, die Bürger von einem greulichen Blutbad und Italien vom Bürgerkrieg gerettet habe; eine Ehre, die (wie er sagt) seit die Republik stehe, noch keinem ihrer Civilbeamten (keinem togato) wiederfahren.

Unmittelbar hierauf begab sich der Consul mit einer ansehnlichen Begleitung nach den *Rostris*, und erstattete dem versammelten Volke (in der 2ten Catilinarischen Rede ad Quirites) von allem, was an diesem Tage vorgegangen und wovon hier nur das Wesentlichste berührt worden ist, einen ausführlichen und umständlichen Bericht. Es ist nicht zu läugnen, daß diese Reden unsers Consuls ad Quirites eine Art von überschwänglichen Lobreden auf sich selbst sind: man muß aber auch gestehen, daß das Verdienst, so er sich in dieser ganzen Verschwörungssache um die Stadt Rom gemacht, überschwänglich war, und daß es schwer gewesen wäre, alles was gesagt werden mußte, um die Einwohner dieser unermeßlichen Hauptstadt des

schaft gelebt hatte. Er konnte also dafür, daß er seinem Collegen Cicero wenigstens nicht entgegen gearbeitet hatte, füglich nicht mehr als dieses negative Lob erhalten: aber auch nicht weniger, weil es gar zu beleidigend und anstößig gewesen wäre, von dem zweyten Consul in dem Decret gar nichts zu sagen.

Reichs gehörig zu unterrichten, in einem bescheid‑
nern und weniger prunkhaften Tone zu sagen.

Das Ende seines Consulats rückte nun heran,
und noch war, um sein Werk als vollendet betrach‑
ten zu können, die für ihn selbst höchst wichtige und
folgenreiche Frage auszumachen: was der Senat
über die verhafteten, gleichsam auf frischer That
ertappten, und durch ihr eignes Geständniß schon
verurtheilten Verschwörer zu beschließen habe? Diese
Frage war in der öffentlichen Meinung von einer
so zarten und bedenklichen Beschaffenheit, daß meh‑
rere Senatoren, die (wie Cicero sagt) *) für be‑
sonders popular angesehen seyn wollten, der
Sitzung, worin sie entschieden werden sollte, lieber
gar nicht beywohnen, als über Leben oder Tod
Römischer Bürger von so hohem Rang, wie ein
Lentulus, ein Cethegus, ein Sulla, ein Autronius
und Cassius, entscheiden helfen wollten. Man hatte
freilich einige Beyspiele, daß der Senat in ausser‑
ordentlichen Nothfällen aus eigner Macht Verbre‑
cher dieser Art mit dem Tode bestraft hatte. Aber
diese Beyspiele waren selten, und, ausser dem alten
Gesetz des Tribuns Porcius Lecca, welches je‑
dem zum Tode verurtheilten Bürger die Appellation
an das Volk zugestand, verbot ein neueres von C.
Gracchus gegebenes (lex Sempronia) „keinem Bür‑
„ger eines Verbrechens wegen das Leben zu nehmen,
„wenn er nicht vom Volke selbst verurtheilt
„worden." Cicero konnte also leicht vorhersehen,
welche Waffen er seinen Feinden für künftige Zei‑
ten und Gelegenheiten gegen sich in die Hände gäbe,
wenn er auf die strengste Bestrafung antrüge. Ent‑
schieden, und ohne Aufschub entschieden, mußte

*) Cap. 5 der vierten Catilinarischen Rede.

indessen die Frage werden: denn die ganze Stadt war durch dumpfe Gerüchte von einem Complot der Sclaven und Clienten des Lentulus und Cethegus, ihre Herren und Patronen aus dem Gefängniß zu befreyen, in unruhige Bewegung gesetzt; und, wiewohl Cicero (wie es scheint) Ursachen hatte, eine so wichtige Sache wie diese, nicht auf die schwankende Spitze einer, unter den vorliegenden Umständen allerdings gefährlichen Volksversammlung zu stellen, so schien doch, in diesem Augenblick, die öffentliche Meinung so stark und laut erklärt zu seyn, daß es rathsam war sie aufs schleunigste zu benutzen.

Der Senat wurde also am 5ten December zusammenberufen, und Junius Silanus, welcher, als erster designierter Consul, zuerst um seine Meinung gefragt wurde, trug auf die Todesstrafe an. Alle anwesenden Consularen stimmten dieser Meinung ohne Ausnahme bey. Wie die Reihe aber an C. Julius Cäsar, als designierten Prätor kam, erklärte er sich in einer Rede, die uns Sallustius aufbehalten hat, gegen die Todesstrafe: nicht, wie er sagte, weil er sie für zu grausam halte, sondern weil sie den Gesetzen und dem Geiste der Römischen Verfassung zuwider sey. Wenn die Abscheulichkeit des Verbrechens auch die äußerste Strenge rechtfertigen könnte, so würde doch das Beyspiel eines solchen Verfahrens in einem Freystaate immer gefährlich seyn, und könnte künftig in andern Zeiten und unter einem weniger patriotischen und loyalen Consul schrecklich mißbraucht werden, u. s. w. Er trug also auf ewige Gefangenschaft der Schuldigen und Confiscation ihres ganzen Vermögens an, mit dem Zusatz: daß wer jemahls den Senat oder das Volk zu einer Milderung dieser

Strafe zu bewegen suchen wollte, zum voraus für einen Staatsverbrecher erklärt seyn sollte.

Dieses Votum, mit der einnehmenden Art von Wohlredenheit, welche Cäsar in seiner Gewalt hatte, vorgetragen, machte schon dadurch, daß es **milder und popularer schien als das erste**, einen sichtbaren Eindruck auf einen großen Theil des Senats. Silanus selbst, so wie mehrere andere Freunde Cicero's, zeigte sich schon geneigt auf Cäsars Seite zu treten, als Cato, der erste unter den neuen Tribunen, vom Consul um seine Meinung gefragt*), so nachdrücklich und entschieden für die Gerechtigkeit und Nothwendigkeit der Todesstrafe in vorliegendem Fall redete, daß die Wirkung der Rede Cäsars nicht wenig dadurch geschwächt wurde, und in dem ungewissen Schwanken der Gemüther zwischen den beyden einander entgegenwirkenden Vorträgen, alle Augen auf den Consul gerichtet waren und ihn aufzufordern schienen**), nunmehr und bevor der Senat einen Beschluß faßte, auch seine Meinung auszusprechen. Auf diesen, leicht vorher zu sehenden, Augenblick vermuthlich wohl vorbereitet, hielt Cicero nun die **vierte seiner Catilinarischen Reden**, welche Middleton mit Recht für ein Meisterstück der **Kunst des Redners und des Staatsmannes** erklärt, und wovon er in seinem Leben Cicero's einen musterhaften ausführlichen Auszug giebt. Wie ausserordentlich auch das Redner-Talent Cicero's und wie voll seine ganze Seele von den Gegenständen dieser für den Staat und für ihn selbst so wichtigen Debatte war, — **diese Rede ist in jedem**

---

*) Sallust. in Catil. c. 52.
**) Video, Patres conscripti, in me omnium vestrum ora atque oculos esse conversos. *Catilinar.* IV. c. 1.

betracht zu künstlich, um (wie Middleton zu glauben scheint) aus dem Stegreif gehalten zu seyn; und selbst die wohlgelungene Bemühung, ihr den Anschein eines durch den Moment verursachten Ausbruchs seiner innigsten Ueberzeugungen und Gefühle zu geben, scheint mir zu viel Kunst zu verrathen, um nicht für die Frucht eines vorhergegangenen scharfen Nachdenkens gehalten zu werden. Sollte ich mich hierin irren, so muß man gestehen, unser Consul war ein unübertrefflicher Meister in der Geschicklichkeit, durch beständiges Lavieren zuletzt dahin zu kommen wohin er wollte. Indem er sich die Miene einer vollkommenen Neutralität giebt, und für beyde Meinungen das stärkste, was sich für jede sagen läßt, geltend macht, arbeitet er doch so geschickt auf die Gemüther seiner an Grundsätzen und Gesinnungen so verschiedenen Zuhörer, und weiß unvermerkt *) so viele kleine Gewichte in die Eine Wagschale zu legen, daß die Andere zuletzt nothwendig bis an den Balken steigen mußte. Kurz, er erreichte seine Absicht: der Senat beschloß die Todesstrafe, und der Consul, dem die Vollziehung des Decrets zukam, eilte was er konnte, sich dieser Pflicht zu entledigen; Er holte in eigner Person, mit einem großen Gefolge von Freunden und Bürgern, den Lentulus Sura aus der Verwahrung seines Verwandten Lentulus Spinther, ab, führte ihn in das Gemeine Gefängniß, und lieferte

---

*) Dieses Wörtchen kann, natürlicher Weise nur in Ansehung der großen Mehrheit des Senats gültig seyn. Denn daß ein Cäsar oder Hortensius seine Taschenspieler-Kunstgriffe (wenn ich sie mit ihrem wahren Nahmen belegen darf) nicht gemerkt haben sollten, wird schwerlich jemand wahrscheinlich finden.

ihn in die Hände der Scharfrichter, von denen er in eine Art von engem Keller, der seit uralten Zeiten hiezu bestimmt war, hinabgelassen und unverzüglich erdrosselt wurde. *) Das nehmliche Schicksal hatten auch Cethegus, Gabinius und Statilius in derselben Nacht.

Als alles vorbey war, wurde Cicero (wie Plutarch berichtet) von allen Senatoren und Römischen Rittern in einer Art von Triumph nach Hause begleitet. Alle Straßen durch die er zog, waren erleuchtet, alle Fenster und sogar die Dächer der Häuser mit Menschen alles Geschlechts und Alters angefüllt, die den großen Consul sehen wollten, und ihn unter lautem Zujauchzen ihren Erhalter und Retter nannten.

Alles dies geschah am fünften Tage des Decembers, dessen Cicero, so lange er lebte, als des glorreichsten seines Lebens, sich bey jeder Veranlassung mit einem Selbstbewußtseyn erinnerte, welches ihm übel zu nehmen nur der berechtigt seyn dürfte, der, auf einem eben so hohen, ganz allein durch persönliches Verdienst errungenen Posten, eben so große Dinge mit mehr Bescheidenheit und Gleichmüthigkeit geleistet hätte.

Groß und ungewöhnlich waren die Beweise des Dankgefühls, womit ihn seine Mitbürger überhäuften, so lange die Erinnerung der schrecklichen Gefahren, woraus die Klugheit und rastlose Wachsam-

*) Es ist etwas Schauderhaftes in der Beschreibung, die uns Sallustius von den Umständen dieser Execution macht. Ita (setzt er hinzu) ille Patricius, ex clarissima gente Corneliorum, qui consulare imperium Romæ habuerat, dignum moribus factisque suis exitum vitæ tulit.

keit ihres im ächten Sinne des Worts popularen
Consuls sie gerissen hatte, in einer Stadt wie Rom,
sich lebendig erhalten konnte. Der alte und ehrwür-
dige Consular Q. Lutatius Catulus rief ihn in vollem Senat, und der Tribun Cato öffentlich von den
Rostris, unter lautem Beyfallsgeschrey des Volks,
als Vater des Vaterlands aus; unstreitig der
ehrenvollste aller Titel, den in der Folge die un-
würdigsten Tyrannen von dem sclavischen Rom er-
zwangen, den aber Cicero von dem freyen Rom
verdiente und erhielt *). Alle Städte Italiens folg-
ten dem Beyspiel Roms, ihm ausserordentliche
Ehrenbezeugungen zuzuerkennen, und Capua, eine
der vornehmsten, ernannte ihn zu ihrem Patron,
und setzte ihm eine vergoldete Bildsäule, — wie wir
von ihm selbst erfahren **).

Der wesentlichste Dienst welchen Cicero in dieser
Verschwörungssache leistete, war, seiner eignen
Schätzung nach, daß er den Catilina in die Nothwendigkeit setzte, die Stadt Rom, wo seine Gegenwart am gefährlichsten war, zu verlassen, und an
der Spitze eines aus dem heillosesten Gesindel Italiens zusammengeflossnen Heers der Republik offne
Fehde anzukünden. Ein solcher Krieg konnte weder
Furcht erwecken, noch von langer Dauer seyn.

Wir übergehen die besondern Umstände desselben,
als nicht hieher gehörig, und fügen nur hinzu:
daß der zweyte Consul Antonius den Oberbefehl
über die Truppen, die den Aufrührern entgegen
geschickt wurden, zwar übernahm, aber, sobald es
Ernst werden sollte, unter Vorschützung einer Un-

---
*) — — — — — Roma parentem,
Roma Patrem Patriæ Ciceronem *libera* dixit. *Juvenal.* VIII.
**) Orat. in *Calpurn. Pisonem* c. XI.

päßlichkeit, seinem Legaten M. Petrejus überließ; und daß dieser, in einem zu Anfang des folgenden Jahres vorgefallnen Treffen, worin Catilina, nach einer verzweifelten Gegenwehr, mit dem größten Theil seines Anhangs umkam, diesem ganzen vor: eiligen und unreifen Versuch einer Staatsumwäl: zung, — welche dreissig Jahre später einem jungen Manne von weit weniger Fähigkeit und Energie, als Catilina, gelang, — vollends ein Ende machte.

Sonderbar und merkwürdig ists, daß dieser junge Mann, den das Schicksal dazu ersehen hatte, die Römische Republik in eine unumschränkte Mo: narchie zu verwandeln, in eben diesem Jahre, da Cicero sich schmeichelte, die Fortdauer der erstern auf lange Zeit gesichert zu haben, gebohren wurde. Es war der Sohn der Schwester-Tochter Julius Cäsars, C. Octavius, nachmals Jul. Cäsar Octavianus Augustus.

Alles, sogar der letzte Tag, sollte in Ciceros Consulat ausgezeichnet seyn und dasselbe unvergeß: lich machen helfen. Es war eine zum Gesetz gewor: dene alte Sitte, daß ein jeder abgehende Consul sein Amt in einer zu diesem Ende gebotenen Volks: versammlung niederlegte, und die Versicherung, es treulich und nach seinem besten Vermögen verwaltet zu haben, mit einem feierlichen Eid bekräftigte, welches gewöhnlich in einer Anrede an das Volk zu geschehen pflegte. Jedermann stand in gespannter Erwartung dieser Rede, und Cicero selbst hatte sich ohne Zweifel fleißig darauf vorbereitet. Er bestieg die Rostra mit dem ganzen triumphierenden Be: wußtseyn dessen, was er in dem vergangenen Jahre gewesen war und um die Römische Welt verdient hatte: Aber wie betroffen mußt' er seyn, als Q. Metellus Nepos, einer der neuen Tribunen, — um den Römern eine Probe, was sie von ihm zu erwarten hätten, zu geben, — plötzlich auftrat, und, kraft seiner Tribunizischen Gewalt, ihm die Erlaubniß, auſſer der gewöhnlichen Eidesformel, eine Anrede an das Volk zu halten, verweigerte. Es gebühre sich, sagte Nepos, keineswegs, daß dem Manne, der sich erlaubt habe Römische Bürger ungehört hinrichten zu lassen, erlaubt werde für sich selbst zu reden, und er werde es schlechterdings nicht zugeben *). — Es dürften wohl wenige seyn, die in einem solchen Augenblick nicht in Verlegenheit gerathen wären: aber Cicero wußte mit bewundernswürdiger Gegenwart des Geistes die ihm zugedachte Demüthigung in den glänzendsten Triumph zu verwandeln. Ohne das geringste Zeichen von Verwirrung oder Unwillen trat er hervor, und

*) Wenn man weiß, daß dieser Metellus aus einer Familie stammte, welcher an Alter und an Menge berühmter Ahnenbilder keine vorgieng, an Ansehen, Einfluß und Anhang unter dem Römischen Adel wenige gleich waren, so kann man kaum zweifeln, daß dieser auffallende Schritt, wenigstens mit einem Theil des leztern, heimlich verabredet war, und als die erste, ominöse Wirkung des Hasses zu betrachten ist, welchen Cicero, — dieser ihren hoffärtigen Augen so anstößige *novus* homo, — durch die Energie seiner ganzen Amtsführung, durch den hohen Stolz auf seine persönlichen Verdienste, womit er ihren kleinlichen Hochmuth auf angeerbte bey jeder Gelegenheit niederdrückte, und zulezt durch die rasche und schmähliche Hinrichtung zweyer Verbrecher aus einem der edelsten Geschlechter Roms, sich von der Mehrheit des Adels zugezogen hatte, und wovon er die Folgen in wenigen Jahren so schmerzlich fühlen sollte.

schwur mit ungewöhnlicher Erhebung der Stimme, so laut daß das ganze unzählbare Volk deutlich jedes Wort verstehen konnte: „daß die Stadt „und die gesammte Republik durch ihn „allein vom Untergang gerettet worden „sey;" ein Schwur, den das ganze Volk in schwärmerischer Begeisterung mit dem lauten Zuruf, wir schwören daß du wahr geschworen hast, bekräftigte *). Und so wurde er, nach aufgehobner Versammlung, von einer so großen Menge aller Stände aus dem Forum nach Hause begleitet, daß (um seinen eignen Ausdruck zu gebrauchen) der Mann, der nicht in seinem Gefolge war, nicht zu den Bürgern zu gehören schien.

XVIII.
a. V. 691.

Consuln: Dec. Junius Silanus und L. Licinius Muräna.

Es war nicht anders zu erwarten, als daß das ausserordentliche Ansehen, in welches Cicero um diese Zeit zu Rom und in der ganzen Republik weder durch Legionen und Kriegsglück, noch großen Reichthum oder heuchlerische Popularität, sondern

---

*) Der ganze Hergang verdient aus Cicero's eignem Munde gehört zu werden. Er erwähnt dessen in der Rede gegen Piso, da, wo er das Consulat des letztern und das Seinige mit mehr Wahrheit als Bescheidenheit, einander gegenüber stellt. Mihi, sagt er, Populus Romanus non unius diei gratulationem, sed æternitatem, immortalitatemque donavit, cum meum jusjurandum, *tale* atque *tantum, juratus ipse, una voce et consensu* adprobavit. Quo quidem tempore is meus domum fuit e foro reditus, ut nemo, nisi qui mecum esset, civium esse in numero videretur.

bloß durch eben so ausserordentliche persönliche Verdienste sich gesetzt hatte, die Eifersucht des römischen Adels überhaupt, besonders aber dreyer Männer, welche schon damahls die Miene hatten, nach der höchsten Gewalt zu trachten, des Pompejus, Crassus und Cäsars, gegen ihn aufreitzen, und zu heimlichen Maßnehmungen vermögen würde, ihn über kurz oder lang von seiner Höhe, wo sie ihn unmöglich dulden konnten, unversehens herunter zu stürzen. Cicero selbst scheint sich indessen sicher genug geglaubt zu haben, da er sich durch gleiche Verdienste um den Senat und das Volk, in diesem eine hinlängliche Schutzwehre gegen Jenen, und hinwieder in Jenem einen mächtigen Beschirmer gegen dieses und dessen Anführer versprach. Auch war die Zeit noch nicht gekommen, da seine mächtigern heimlichen Feinde ihn persönlich und öffentlich anzutasten wagen durften; dermahlen mußte man sich noch an leiser Untergrabung seiner Gunst beym Volk begnügen, und durch subalterne Werkzeuge an den Vorbereitungen arbeiten, die den Erfolg eines künftigen Hauptangriffs sicherten.

Unter denen, welche seinen Ruhm und Einfluß nicht mit gleichgültigen Augen ansehen konnten, war Pompejus Magnus derjenige, um den sich Cicero bisher am meisten verdient gemacht, und der, wenn Eifersucht nicht eine der blindesten Leidenschaften wäre, am wenigsten Ursache hatte sich vor ihm zu fürchten. Wie groß auch der Ehrgeitz, — oder richtiger zu reden, die Eitelkeit und Ruhmsucht des Fürsten der Römischen Redner seyn mochte, — und gewiß waren beide nicht kleiner als seine Talente, — so wird doch der größte Staatsmann und Redner, wenn er nicht zugleich ein aus gezeichnetes Militärisches Talent besitzt, neben einem Feldherrn wie Pompejus, immer nur eine untergeordnete Rolle spielen. Hätte unser Römischer Perikles sich auf die Kunst, die Geister zu prüfen, so gut verstanden wie einst der Griechische: so würde er sich leicht haben überzeugen können, daß Cicero, unter der geheimen Bedingung, der zweyte im Staat zu seyn, ihm aus allen Kräften zur lebenslänglichen Dictatur beförderlich gewesen seyn würde. Aber Pompejus war, bey allen seinen glänzenden Vorzügen, ein zu beschränkter Kopf *), um den Charakter eines so vielseitigen Mannes wie Cicero scharf und richtig genug zu fassen. Er hatte allerdings Ursache, ihn für einen Freund der Republik und ihrer alten Verfassung zu halten, als in welcher ein Cicero gewiß war, durch seine Talente und Verdienste immer eine große Rolle zu spielen. Aber wie hätte Diesem verborgen bleiben sollen, daß jene alte Verfassung nicht lange mehr bestehen könne? daß alles, was die Wohlgesinnten für sie zu thun fähig waren, sie höchstens noch einige Jahre hinhalten, aber ihre Auflösung nicht verhindern konnte? Kurz, daß sie entweder in einem neuen Bürgerkrieg zusammenstürzen, oder sich in der Oberherrschaft eines Einzigen verlieren mußte? Und wenn er sich dies nicht verbergen konnte, würde er sich mit einer neuen Ordnung der Dinge, insofern sie ihm wenig oder nichts von seinem bisherigen Ansehen und Einfluß geraubt hätte, nicht gar bald ausgesöhnt haben?

Daß Pompejus um diese Zeit nicht nur mit dem

*) Wie sich durch die Folge der Ciceronischen Briefe, besonders der vertrautern an Atticus, aufs vollständigste bewähren wird.

Gedanken einer Art von Alleinherrschaft umgieng, sondern sogar Ursache hatte sich der Verwirklichung desselben nahe zu glauben, scheint ausser allem Zweifel zu seyn. Noch immer mit der ungeheuren Gewalt bekleidet, die ihm das Manilische Gesetz gab; an der Spitze eines siegreichen und große Belohnungen von ihm erwartenden Kriegsheers; umringt von der Glorie seiner Siege und Eroberungen; berauscht von dem stolzen Gefühl, daß die ganze Geschichte der Republik keinen Einzigen aufzuweisen habe, dessen Thaten nicht durch die seinigen verdunkelt würden: wie hätte der stolze Mann einen so natürlichen Gedanken von sich weisen sollen? Sein ganzes bisheriges Leben war eine Kette von so wunderbaren und beyspiellosen Gunsterweisungen des Schicksals, daß es ihm beynahe unmöglich seyn mußte, sich nicht zu dem Größten, was der Ehrgeiz eines Sterblichen erstreben kann, bestimmt zu glauben. Aber der seinige, wie groß er auch seyn mochte, hatte das eigene, daß sein Stolz noch größer war. Er hätte sich an der Spitze seiner ihm gänzlich ergebenen Legionen, mit ungleich größerer Leichtigkeit, als Sulla vor zwanzig Jahren, zum Herrn von Rom und Italien machen können: aber was Sulla durch gewaltsame und also unrechtmäßige Mittel geworden war, wollte Er bloß durch öffentliche Anerkennung seiner persönlichen Würdigkeit und überwiegenden Vorzüge werden. Schwärmerische Liebe und grenzenloses Zutrauen des Volks hatten ihm bereits eine größere Gewalt in die Hände gegeben, als jemahls, so lange die Republik stand, ein Römischer Bürger rechtmäßiger Weise besessen hatte; aber die Zeit dieser Gewalt lief zu Ende, und der Mann, der mehrere Jahre lang über so viele Länder und Völker nach Willkühr geschaltet und Könige zu seinen Füßen gesehen hatte, sollte nun freywillig in den Privatstand zurücktreten, und nicht wenigstens einen Versuch machen, das, was er war, sein übriges Leben durch zu bleiben? Der Gedanke, die Republik umzustürzen und aus ihren Trümmern sich selbst einen Thron zu erbauen, war entweder nie in seine Seele gekommen, oder immer mit Abscheu verworfen worden. Daß der Senat geneigt seyn werde, seinen Wünschen aus eigner Bewegung entgegen zu kommen, war natürlicher Weise nicht zu erwarten. Vom Volk allein also konnte er die Befriedigung derselben hoffen; das Volk mußte und konnte gewonnen werden. Aber auch dem Volke ließ sich kein Antrag dieser Art ohne einen Vorwand machen, der ihm den Schein einer fürs allgemeine Beste nothwendigen Maßregel gab. Glücklicher Weise für die geheime Absicht des Pompejus fand sich ein solcher Vorwand in den ausserordentlichen Dingen, die während dem Consulat Cicero's und vornehmlich im letzten Monat desselben sich zugetragen, und die Stadt in mehr als gewöhnliche Unruhe und Bewegung der Gemüther gesetzt hatten. Kaum hatte die Furcht vor den unmittelbaren Gefahren aufgehört, mit deren gräßlichen Schilderungen der Consul den Senat und das Volk eine Zeit lang in Allarm erhalten hatte: so hörte auch die allgemeine Billigung der vielleicht nothgedrungenen, aber widergesetzlichen Strenge auf, womit der Senat auf sein Anstiften gegen die Verschwornen verfahren war. Die Urtheile darüber wurden immer verschiedener, und das Murren der Uebelgesinnten, oder der unächten Volksparthey, immer lauter und bedeutender. Nicht lange so rückte der Tribun Metellus Nepos, ein Schwager und warmer Anhänger des Pompejus, mit einer Rogation hervor, des Inhalts: „daß dieser Feldherr an der Spitze seines Kriegsheers aus Asien zurückberufen werden sollte, um die gesetzmäßige Verfassung der Republik wieder herzustellen," — als welche (wie Nepos in der Folge das Volk zu überzeugen suchte) durch das tyrannische Consulat des Cicero und die vom Senat verfügte Hinrichtung mehrerer, der angeschuldigten Verbrechen nicht gerichtlich überwiesener Bürger, einen höchst gefährlichen Stoß erlitten habe. *) Als Metellus, wie die Ordnung es erforderte, dem Senat von seinem Vorhaben die erste Anzeige machte, und dessen Einwilligung, die Rogation an das Volk zu bringen, nachsuchte, konnte er leicht vorhersehen, daß der Senat sich derselben aus allen Kräften widersetzen würde. Er wollte aber auch nur das Ansehen haben, daß er ordnungsmäßig in der Sache zu Werke gegangen sey, und war schon im voraus um so mehr entschlossen, sich nicht an die Weigerung des Senats zu kehren, da er auf die

*) Es ist mehr als wahrscheinlich, daß Metellus das Tribunat (um welches anzuhalten er in größter Eile, mit Empfehlungsbriefen von Pompejus, aus Asien nach Rom geflogen war) aus keiner andern Absicht gesucht hatte, als um diese, ohne Zweifel mit Pompejus verabredete, Maßregel bey dem Volke durchsetzen zu können. Und eben deßwegen, weil die Parthey des Senats sich nichts Gutes zu ihm versah, hatte sie Alles angewandt um ihm in M. Porcius Cato einen Collegen im Tribunat zu geben, der durch seinen Eifer für die gute Sache, seine eiserne Festigkeit, und sein Ansehen bey dem Volke, im Stande wäre, sich seinen gefährlichen Anschlägen mit Erfolg entgegenzustellen.

Unterstützung des dermahligen Prätors Julius Cäsar rechnen konnte, mit welchem der ganze Handel in Geheim verabredet worden war.

Alles erfolgte wie er's erwartet hatte. Der Senat verweigerte seine Einwilligung. Vergebens gab sich Cato alle Mühe, seinen Collegen von einem Vorhaben abzuhalten, das zu nichts dienen könne, als den Staat ohne alle Noth in die größte Verwirrung und Gefahr zu setzen. Es kam zu einem heftigen Wortwechsel unter den Tribunen. Metellus beharrte darauf, daß er das Volk nunmehr kraft seiner eignen Tribunizischen Gewalt zusammenberufen würde, und der Senat hatte keine, um dies zu verhindern.

Am Morgen des hiezu angesetzten Tages erfüllte Metellus in aller Frühe schon das Comitium mit seinen Anhängern, und hielt alle Zugänge mit gedungenen Lermmachern aus dem untersten Pöbel besetzt, die, mit Knitteln, Schwerdtern, oder was ihnen sonst bey der Hand war, bewaffnet, der Gegenparthey zeigen sollten, daß er die Sache aufs äusserste zu treiben entschlossen sey. Cato hingegen, sich auf sich selbst und die Gerechtigkeit seiner Sache verlassend, begab sich bloß in Begleitung weniger Freunde und des Tribuns Minucius Thermus nach dem Comitium. Als er aber nicht ohne Mühe bis zur Bank der Tribunen hindurchgedrungen war, fand er sie bereits besetzt; weil der Prätor Cäsar neben Metellus Platz genommen hatte, um diesen auf jeden Fall desto besser unterstützen zu können. Allein Cato, der ihnen diese Bequemlichkeit zu lassen nicht für gut fand, drängte sich ohne Umstände zwischen sie beide ein, und als der Officiant, dem es zukam, die den Quiriten zur Bestätigung oder Verwerfung vorzutragenden Decrete öffentlich abzulesen, sein Amt verrichten wollte, setzte er sein Veto entgegen und verbot alle weitere Procedur. Metellus, ohne sich daran zu kehren, nahm dem Officianten die Rogation weg, und begann sie selbst abzulesen; aber Cato riß sie ihm aus den Händen; und da Metellus sie aus dem Gedächtniß hersagen wollte, drückte ihm Thermus die Hand auf den Mund. In tiefem Stillschweigen erwartete die Versammlung was aus einem solchen Anfang werden sollte, als Metellus seinem Anhang durch ein verabredetes Zeichen bedeutete, die Gegenparthey mit Gewalt aus dem Comitium auszutreiben. Da diese sich aber nicht verdrängen lassen wollte, so entstanden daraus heftige Wortwechsel, die größte Verwirrung, und zuletzt ein so wilder Tumult, daß die in dem benachbarten Tempel der Concordia versammelten Senatoren sich gezwungen sahen, zu dem in solchen Nothfällen gewöhnlichen *„videant Consules"* etc. zu schreiten, als wodurch den Consuln für den Moment unbeschränkte Vollmacht ertheilt wurde, jede Maßregel zu ergreifen, die ihnen zu Wiederherstellung der öffentlichen Sicherheit und Ruhe nothwendig dünkte. Diesem Auftrag zu folge erschien der Consul Muräna mit einer hinlänglichen bewaffneten Macht, noch zeitig genug, die Tribunen Cato und Thermus, die in größter Lebensgefahr schwebten, zu befreyen, und die Ruhe im Comitium wieder herzustellen. Sobald alles wieder still war, machte Metellus noch einen Versuch, sein vorgeschlagenes Decret dem Volke vorzutragen; sah sich aber, durch den Widerstand der Senatorischen Parthey, deren Uebergewicht itzt ganz entschieden war, genöthigt davon abzustehen, und sich mit dem Prätor Cäsar aus der Versammlung zurückzuziehen.

Der wichtige Sieg, den der Senat an diesem Tage über seine Gegner erhalten hatte, bewog diese zwar, das Project, das zu diesem Kampf Anlaß gegeben, gänzlich fahren zu lassen; dafür aber erhoben sie desto lautere Klagen über die vorgebliche Tyranney des Senats, und suchten das, was eine bloße Folge ihrer eignen Verfassungswidrigen Machinationen war, als einen neuen Grund geltend zu machen, wie sehr der Staat einer Reform bedürfe und wie nothwendig und heilsam die vorgeschlagene Maßregel gewesen sey. Metellus stellte sich sogar als ob er nach einer so schreienden Verletzung der Rechte des Tribunats, unter seinen Feinden in Rom nicht mehr sicher zu seyn glaube, und eilte, eben so schnell als er vor einigen Monaten gekommen war, zu Pompejus nach Asien zurück; unter dem Vorwand Schutz bey ihm zu suchen, in der That aber, um ihm alles Vorgegangene in dem gehässigsten Lichte darzustellen, und ihn zu heftigen Maßnehmungen gegen die Parthey des Senats zu reitzen, welche durch ihr ganzes Benehmen in dieser Sache einen ziemlich unzweydeutigen Beweis ihres Mißtrauens und ihrer Eifersucht über seine immer zunehmende Größe abgelegt zu haben schien.

Es ist mehr als wahrscheinlich, daß Cäsar bey der Rolle, die er in Allem diesem spielte, keine andere Absicht hatte, als den Tribun Metellus und den großen Pompejus selbst, ohne daß weder der eine noch der andere die mindeste Ahnung davon hatte, als Werkzeuge seiner eigenen Absichten zu gebrauchen, welche (wie geheim er sie auch damahls noch halten mußte) auf kein geringeres Ziel gerichtet waren, als sich zuletzt selbst zum unumschränkten Oberherrn der Römischen Welt zu machen.

Pompejus hatte noch vor kurzem das Wohlwollen und Vertrauen des Senats und des Volks beynahe in gleichem Grade besessen; und Cäsar konnte sicher darauf rechnen, daß jener ihm bey beyden immer im Lichte stehen würde. Aber Pompejus, wiewohl damahls erst in seinem fünf und vierzigsten Jahre, hatte den höchsten Punct seiner politischen Laufbahn bereits erreicht, Cäsar die seinige seit wenig Jahren erst begonnen. Dagegen war es Jenem viel schwerer, sich auf dem erstiegenen Gipfel des Ansehens und Einflusses zu erhalten, als diesem, durch kluge, nach Zeit und Umständen berechnete Verbindung und Abwechslung listiger und gewaltsamer Mittel, sich über Jenen hinauf zu schwingen.

Cäsar scheint den wahren Charakter des Pompejus, den der glänzende Nimbus seiner Thaten und seines imposanten Aeusserlichen den Römern bisher immer in einem verschönernden und vergrößernden Lichte gezeigt hatte, früher entdeckt zu haben als irgend ein andrer. Er kannte alle seine Schwächen, benutzte sie mit dem Vortheil, den ihm die Ueberlegenheit seines Genius über Pompejus gab, und urtheilte sehr richtig, daß das Mißverhältniß zwischen seinem hoffärtigen Egoismus und seiner Scheu vor der öffentlichen Meinung seinem Betragen in der Republik Etwas schiefes und zwischen beyden Partheyen hin und her schwankendes geben müsse, was über kurz oder lang seinen Fall befördern werde. Er sah, daß die Achtung, welche Pompejus dem Senat zu zeigen sich herabließ, eben so wenig aufrichtig war, als die Popularität, die er affectierte, so oft er neue und ungewöhnliche Gunstbezeugungen vom Volke zu erhalten suchte.

Kurz, er sah, daß Pompejus den Senat (dessen Interesse, Maximen und Formen mit seinen Anmassungen immer unverträglicher wurden) im Herzen haßte; daß er aber auch den römischen Plebs viel zu sehr verachtete, um es mit einem jüngern, schlauern und weniger scrupulösen Nebenbuhler um dessen Gunst in die Länge aufnehmen zu können.

Allem diesem zufolge scheint Cäsar bey dem Eifer, womit er die Rogation des Metellus unterstützte, und bey der geheimern Verbindung die er durch Vermittlung desselben mit dem Pompejus anzuknüpfen suchte, zur Hauptabsicht gehabt zu haben, den letztern mit dem Senat zu vereinigen und unvermerkt dahin zu bringen, daß er zu Erhaltung seines Uebergewichts kein anderes Mittel zu haben vermeinen sollte, als sich mit ihm und der Volkspartey zu verbinden. Hatte er ihn nur erst auf diesem Punct, so kannte er seinen Mann zu gut, um die Vortheile, die er für sich selbst aus dieser Coalition ziehen würde, nicht vorauszusehen, und mit Gewißheit darauf zu rechnen, daß sein eignes Uebergewicht die letzte, alles entscheidende Folge derselben seyn werde.

Cicero, — zu welchem wir nach dieser nicht überflüssigen Ausbeugung zurückkehren, — war zwar in den ersten Tagen dieses Jahres mit dem Tribun Metellus Nepos, seinem erklärten Gegner, im Senat heftig zusammengekommen: aber diese Händel waren im Grunde bloß persönlich; und da der Senat mit großer Standhaftigkeit fortfuhr, die gegen die Catilinarischen Verschwornen ausgeübte Strenge zu seiner eignen Sache zu machen, so hatten sie für diesmahl keine weitere Folgen. Daß

Cicero an den so eben erzählten Debatten, die Rogation des Metellus betreffend, keinen thätigen Antheil genommen habe, ist theils aus dem Stillschweigen aller Geschichtschreiber, welche derselben erwähnen, und seinem eignen, theils aus der Sache selbst klar. Pompejus hatte bisher keinen heißern Lobredner seiner Thaten und Tugenden, keinen eifrigern Beförderer der ausserordentlichen Macht, die durch das Gabinische und Manilische Volksdecret in seine Hände gelegt worden war, gehabt als den Cicero. Dieser hatte also alle Ursache, jenen für seinen Freund zu halten, und als solchen zu behandeln. Aber auch ohne diesen Grund durfte er, um seiner eignen Ehre willen, keinen öffentlichen Schritt thun, der mit seinen so oft zu Tage gelegten Gesinnungen für Pompejus unvereinbar hätte scheinen müssen, und in dem gegenwärtigen Zeitpunct im höchsten Grad unpolitisch gewesen wäre. Auf der andern Seite erlaubte ihm weder das engere Verhältniß, welches ihn mit dem Senat verband, noch die Achtung die er sich selbst schuldig war, eine Maßregel öffentlich zu unterstützen, wodurch die Republik, welche er vor wenigen Tagen vom Untergang gerettet zu haben so laut und oft behauptete, für so tödtlich krank erklärt wurde, daß sie nur durch eine verzweifelte Cur hergestellt werden könne. Man denke sich, welche Selbstverläugnung es dem großen Redner kosten mußte, eine so reichhaltige, so unerschöpfliche, in ihrer Art so einzige Gelegenheit sich selbst zu übertreffen, als eine Rede gegen die Metellische Rogation ihm darbot, ungenutzt vorbey zu lassen! Gleichwohl brachte er der Freundschaft des Pompejus dieses große Opfer; und was konnt' er wenigers dafür zurück erwarten, als daß dieser ihm über sein Consulat, worauf er so stolz war, und wodurch er mit den größten Männern aller Zeiten in Einer Linie zu stehen glaubte, wenigstens in einem Brief an ihn selbst, etwas Verbindliches und Schmeichelhaftes sagen würde? Wie sehr er sich in dieser Erwartung getäuscht, wie empfindlich er sich dadurch gekränkt gefunden, werden wir aus seinem Briefe an Pompejus selbst (dem 12ten des 1. Buchs u. Ueb.) und wie schnell eine so unerwartete Erfahrung seine hohe Meinung von seinem einst beynahe vergötterten Helden herabgestimmt, aus mehrern in diesem und dem folgenden Jahr an Atticus geschriebenen vertraulichen Briefen ersehen.

Die einzige Gelegenheit, wo Cicero in diesem Jahre, — worin er, so zu sagen, auf seinen, in dem vorhergehenden mit so viel Mühe und Gefahr errungenen Lorbern ausruhen wollte, — mit dem gewohnten Erfolg als öffentlicher Redner auftrat, war die Vertheidigung des P. Sulla (eines nahen Verwandten des ehmaligen Dictators) welcher von L. Manlius Torquatus, einem durch Geist und Fähigkeit ausgezeichneten jungen Patricier, wegen Theilnahme an der Catilinarischen Verschwörung auf Leib und Leben angeklagt worden war. Mir scheint aus dieser Rede zu erhellen: daß es dem jugendlich feurigen Ankläger weniger darum zu thun gewesen sey, dem Sulla, gegen welchen er nichts Erhebliches aufbringen konnte, als dem Cicero persönlich zu Leibe zu gehen und durch die Verwegenheit, womit er den größten Redner seiner Zeit, im Moment seines höchsten Ruhms und Ansehens, zu dieser Art von öffentlichem Zweykampf herausfoderte, Aufsehen in Rom zu erregen, und die

Ohren seiner Standesgenossen, denen Cicero ein Dorn in den Augen war, durch die Impertinenzen, die er ihm hier öffentlich ins Gesicht sagen durfte, zu kitzeln. Aber der Kampf des leichtbewaffneten Jünglings mit einem so geübten und siegesgewohnten Athleten war gar zu ungleich; das Lächerliche, so er auf den großen Mann werfen wollte, fiel doppelt auf ihn selbst zurück, und diente zu nichts, als diesem eine neue Gelegenheit zu geben, sich selbst eine unübertreffliche Lobrede zu halten, und seine Verdienste um die Republik in eine so blendende Glorie zu stellen, daß seinen Feinden und Neidern nichts übrig blieb, als die Augen zuzudrücken und zu schweigen.

Wie hoch auch Cicero um diese Zeit in der öffentlichen Meinung der Welt immer stehen mochte, so muß man doch bekennen, daß schwerlich irgend eines Menschen Einbildungskraft an das Bewußtseyn reicht, das ihn begeistern und in seinem innersten Gefühl über das gemeine Loos der Menschheit himmelweit erheben mußte, als er, von allem was in Rom groß und bedeutend war, und von einer unzählbaren Menge von Bürgern aller Classen umringt, mit so lauter Stimme als ihm möglich war, die prächtige Periode declamierte, die ich, weil sie eben so unübersetzlich als in ihrer Art einzig scheint, hier aus dem Original abschreibe *).

---

*) Adestote omnes animis qui adestis corporibus, quorum ego frequentia magnopere lætor; erigite mentes auresque vestras, et me de invidiosis rebus (ut ille putat) dicentem attendite. *Ego Consul*, — cum exercitus perditorum civium clandestino scelere conflatus, crudelissimum et luctuosissimum exitium patriæ comparasset, cum ad occasum interitumque Reipublicæ

Ein Mann, der ohne den Vorwurf der Ruhmredigkeit zu scheuen, so von sich selbst reden durfte, konnte sich, dünkt mich, unmöglich länger mit einem gewöhnlichen Wohnhause behelfen. Der Tempel muß billig des innwohnenden Gottes würdig seyn. Cicero kaufte demnach in diesem Jahre von dem reichen Crassus, dem damahls der größte Theil der Häuser und Bauplätze in Rom eigenthümlich zugehörte, eines der größten und ansehnlichsten Häuser in der Stadt, um nicht weniger als Viertehalb Millionen Sesterze oder 300,000 Fl. Rheinl. Dieses Haus lag auf dem Palatinischen Hügel, in derjenigen Region der Stadt, die der Mittelpunct aller öffentlichen Geschäfte war, und wo die vornehmsten Römer ihre Häuser hatten. Man übersah aus demselben die Rostra und das ganze Forum, und für Cicero hatte es noch den besondern Werth, daß es unmittelbar an dasjenige stieß, welches er immer mit seinem Vater, und nach dessen Tode bisher bewohnt hatte, und nun seinem Bruder Quintus überließ. Es ist leicht zu erachten, daß seine Mißgünstigen nicht ermangelt haben werden, ihm die Erkaufung eines so theuren Hauses als einen Beweis seiner hoffärtigen Eitelkeit auszulegen,

> Catilina in castris, in his autem templis atque tectis dux Lentulus esset constitutus, — meis consiliis, meis laboribus, mei capitis periculis, sine tumultu, sine delectu, sine armis, sine exercitu, quinque hominibus comprensis atque confossis, incensione urbem, internecione cives, vastitate Italiam, interitu Rempublicam liberavi; *ego* vitam omnium civium, statum orbis terræ, urbem hanc denique, sedem omnium nostrum, arcem regum ac nationum exterarum, lumen gentium, domicilium imperii, quinque hominum amentium ac perditorum poena redemi.

und dies um so mehr, da er die Bezahlung deffel=
ben großentheils mit erborgtem Gelde bewerkstelligen
mußte. Zu Ende dieses Jahres ereignete sich eine
an sich selbst unbedeutend scheinende Begebenheit,
welche zwar nicht den Umsturz der Republik, (der
auf keinen Fall mehr zu verhindern war) veranlaßte,
wie Cicero in einem Briefe an Atticus befürchtete,
aber für ihn selbst und was das schlimmste ist,
großentheils durch seine eigene Schuld, sehr grau=
same Folgen nach sich zog.

Publius Clodius Pulcher, ein junger
Mann von ausgezeichneten persönlichen Eigenschaf=
ten, aus einer der ersten Familien des Patriciats
entsprossen, und mit den größten Häusern in Rom
verwandt oder verschwägert, stand im Ruf eines
sehr ungezügelten Lebenswandels, der ihm jedoch
(da er in diesem Punct schwerlich schlimmer seyn
konnte als Hundert andere seines Standes und
Alters) weder bey seinen Freunden, noch beym
Volke sonderlichen Schaden gethan hätte, wenn er
nicht, mehr aus Leichtfertigkeit und Uebermuth, als
aus Mangel an bequemen Gelegenheiten seine Lei=
denschaft zu befriedigen, auf den tollen Einfall ge=
rathen wäre, der Gemahlin Julius Cäsars,
Pompeja *), mit welcher er in einen Liebeshandel
verwickelt war, einen beyspiellosen Beweis geben
zu wollen, daß er alles für sie zu unternehmen
fähig sey. Von uralten Zeiten her begiengen die
römischen Damen, mit Theilnahme der Vestalischen
Jungfrauen, der Bona Dea **) zu Ehren, jährlich

*) Sie war die Tochter eines Q. Pompejus Rufus, und
von mütterlicher Seite eine Enkelin des Dictators Sulla.
**) S. das Alphabet. Register der beybehaltnen Römischen
Wörter.

wechselsweise im Hause des ersten Consuls oder
Prätors, ein geheimnißvolles Fest, welches eine
ganz besondere Wichtigkeit und Heiligkeit dadurch
erhielt, daß es *pro salute populi Romani* begangen wurde, und also durch jede Störung oder Ent-
heiligung desselben das Heil der Stadt Rom
gefährdet wurde. Ein wesentlicher Umstand dabey
war, daß kein männliches Wesen, ohne ein Sa-
crilegium zu begehen, das Haus, worin es gefeiert wurde, betreten durfte. Schon Tages zuvor,
und ehe das ganze Haus zu diesen Mysterien eingerichtet wurde, mußte vom Herrn an bis zum
untersten Bedienten, und überhaupt alles Lebende,
was männlich war, ausziehen; ja die Bedenklich-
keit gieng so weit, daß nicht nur alle männlichen
Statüen aus dem Hause geschaft oder verhüllt, sondern sogar alle Gemälde, worauf eine männliche
Gestalt zu sehen war, mit Vorhängen bedeckt werden mußten. Man kann sich vorstellen, in welche
Bestürzung die ganze Stadt gerieth, als sich das
Gerücht verbreitete, daß eine Mannsperson in
weiblicher Kleidung das Haus des Prätors Cäsar,
während die Mysterien der Bona Dea darin begangen wurden, betreten, und von einer Sclavin für
den jungen Clodius erkannt worden sey. Die
Römer waren, trotz ihrer großen Sittenverderbniß,
das religioseste Volk von der Welt. Die Epikurische
Freygeisterey, die den größern Theil der Senatoren
gegen einen Mangel an Respect für die Bona Dea
ziemlich gleichgültig machen mochte, war noch nicht
bis zu den untern Volksklassen gedrungen, und
was Jene einen leichtfertigen Jugendstreich nennen
mochten, war in den Augen des großen Haufens
eine ungeheure, noch nie erhörte Gottlosigkeit, welche,

wenn sie unbestraft bliebe, den Untergang von Rom nach sich ziehen könnte. Indessen waren doch alle Wohlgesinnten im Senat, wiewohl sie den Frevel aus einem andern Gesichtspunct betrachteten, nichts desto weniger gegen den ohnehin übelberüchtigten Clodius aufgebracht, und hielten es für nöthig, der Vermessenheit eines jungen Menschen Einhalt zu thun, dem seine Begierden zu befriedigen nichts zu heilig war, und dem man, nach einer solchen That, das Aergste zutrauen konnte, dessen ein Römer seines hohen Standes und großen Vermögens fähig war.

Daß das Verbrechen wirklich begangen worden sey, und daß es nach aller Strenge des Gesetzes bestraft werden müsse, war ausser Zweifel; aber ob Clodius der Verbrecher sey, mußte erst noch untersucht und erwiesen werden. Denn er hatte in dem ersten Tumult, den die Entdeckung einer Mannsperson in Weiberkleidern unter den versammelten Matronen erregt hatte, mit Hülfe einer vertrauten Sclavin der Pompeja, Mittel gefunden zu entrinnen, bevor man sich seiner Person bemächtigen konnte. Die Sache wurde also vor den Senat gebracht, vom Senat an das Collegium der Pontifexe gewiesen, und da diese das Vorgegangens für einen Frevel gegen die Religion erklärten, beschlossen: daß die Consuln im Nahmen des Senats eine förmliche Anfrage an das Volk thun sollten, ob es sein Wille sey, daß Clodius zu Untersuchung und Aburtheilung des ihm angeschuldeten Frevels vor die Volksversammlung gebracht werde. Dieses Decret kam aber wegen des hartnäckigen Widerstandes der Clodianischen Parthey, an deren Spitze der Tribun Fufius Calenus und der neue Consul Pupius

Piso Calpurnianus stand, nicht zur Ausführung; denn es war leicht voraus zu sehen, daß Clodius schwerlich, oder nur durch die gewaltthätigsten Mittel, zu retten seyn würde, wenn man das Endurtheil dem Volk überließe. Da man diese Gefahr nicht laufen wollte, so ließen sich endlich beyde Partheyen den Vorschlag des Consularen Hortensius gefallen: daß der Tribun Fusius ein Gesetz publiciren sollte, vermöge dessen dem dermaligen Prätor und einer gehörigen Anzahl von ihm selbst ausgewählter Richter die Untersuchung und Aburtheilung aufgetragen würde. Es geschah nun was jedermann, der nicht vorsetzlich blind war, voraus sehen konnte: Clodius wurde mit 31 erkauften Stimmen gegen 25 losgesprochen.

Die nähern Umstände von allen diesen Vorgängen werden in unsern Anmerkungen zu den Briefen, worin Cicero seinem Freund Atticus Nachricht von denselben ertheilt, ihren gehörigen Platz finden. Hier haben wir dieser ganzen Sache bloß erwähnt, um soviel möglich die Ursachen zu erforschen, weßwegen Cicero, — der bey einer so wichtigen Staatsangelegenheit, wie die Rogation des Metellus war, aus persönlichen Rücksichten unthätig blieb, — in diesem Clodianischen Handel eine so lebhafte Rolle spielte, daß er kein Bedenken trug, sich den unversöhnlichen Haß des Clodius, und das Mißvergnügen einer mächtigen Parthey, welche diesen gerettet wissen wollte, durch den unpolitischen Eifer, womit er ihm zu Leibe gieng, auf den Hals zu laden.

Wenn Plutarch Glauben verdient, so hatte sich Clodius als einen so warmen Freund und Anhänger Cicero's während dem Consulat desselben bewie

sen, daß er ihm fast nie von der Seite kam, und
unter den jungen Leuten von Familie, die ihm zu
einer Art von Leibwache dienten, einer der ersten
war. Eine solche Anhänglichkeit hätte ihm natürlicher Weise nicht nur die Zuneigung des großen
Consularen gewinnen, sondern (nach einer unter den
Römern allgemein angenommenen Maxime) es demselben sogar zur Pflicht machen sollen, als Clodius
auf Leib und Leben angeklagt und in gerichtliche
Untersuchung gezogen wurde, seine Vertheidigung
zu übernehmen. Es wäre lächerlich, dem Betragen
des Cicero in dieser Sache einen *sittlichen* Be-
wegungsgrund leihen zu wollen. Wäre denn Clodius etwa der erste *aimable Roué* gewesen, den
er in seinen Schutz genommen hätte? Stand der
junge Cölius, den er einige Jahre später mit so
großem Aufwand von Witz, Gewandtheit und sophistischen Kunstgriffen vertheidigte, nicht auf eben
derselben Linie? Wie vielen Verbrechern von einer
im Grunde weit strafbarern Art hatte seine Geschicklichkeit nicht durchgeholfen? — Und hier war
es ja nicht einmahl darum zu thun, *für* Clodius,
sondern nur nicht *gegen* ihn zu reden oder zu
zeugen! Cäsar selbst, den der Handel doch so nahe
angieng, spielte lieber den Ungläubigen, und weigerte sich, unter dem Vorwand daß er von der
Unschuld seiner Gemahlin überzeugt sey *), an der
Anklage des Clodius' Theil zu nehmen. Wie kam
es also, daß Cicero nicht nur in und ausser dem
Senat Parthey gegen Clodius nahm, sondern, da

---

*) Er gab ihr zwar den Scheidebrief, aber, seiner öffent-
lichen Versicherung nach, bloß deßwegen, weil sichs gebühre, daß seine Gemahlin nicht nur schuldlos, sondern
auch von Verdacht frey sey.

dieser durch (vermuthlich erkaufte) Zeugen bewies, daß er zu der nehmlichen Zeit, da er den Religions= frevel in Cäsars Hause begangen haben sollte, viele Meilen weit von Rom entfernt gewesen sey, als Zeuge gegen ihn auftrat, und eidlich versicherte, in derselben Nacht den Clodius in seinem Hause gesehen und gesprochen zu haben.

Hier ist, nach Plutarch, die Auflösung dieses Räthsels. Clodius hatte drey Schwestern, Clodia, Terentia und Mucia, welche mit drey der vor= nehmsten Männer in Rom, nehmlich Mucia mit Pompejus, Terentia mit Q. Marcius Rex, und Clodia mit Q. Metellus Celer, vermählt waren. Alle drey standen in schlimmem Ruf, und wurden sogar eines strafbaren Umgangs mit ihrem leiblichen Bruder beschuldigt. Clodia, die älteste von ihnen, war auch die verschreyteste, und zwar in einem so hohen Grade, daß sie, einer gewissen Anekdote wegen, den schmählichen Uebernahmen Quadrantaria*) erhielt. Mit allem dem war diese Clodia, sowohl ihrer persönlichen Eigenschaf=

*) Quadrans, eine der kleinsten Scheidemünzen der Rö= mer, betrug den zehnten Theil eines Sestertius, also ungefähr zwey gute Pfenninge. In den öffentlichen Bä= dern zahlte die Person an den Badeknecht einen Qua= drans. Die erlauchte Clodia bediente sich gewöhnlich der öffentlichen Bäder, und zog sich dadurch den Spottnamen Quadrantaria zu, der so viel heissen kann, als eine Person die um einen Quadrans badet, und, wenn es auch nichts als dies war, einer Dame ihres Standes schlechte Ehre machte. Aber es fehlte nicht an bösen Zun= gen, die ihr nachsagten, daß sie, um den Quadrans zu ersparen, den Bader gewöhnlich auf eine Art, die ihr gar nichts kostete, und wobey sie noch zu gewinnen glaubte, abgefunden habe.

ten, als ihrer Verhältniſſe mit den erſten Häuſern in Rom und ihres intriganten Geiſtes wegen, eine Frau, welcher die vornehmſten Männer, und Cicero ſo gut wie andere, die Cour machten. Terentia, Cicero's Gemahlin, weit entfernt von einem ſo gefälligen und zuvorkommenden Charakter zu ſeyn, wie Clodia, war eine Spröde, die ihre Tugend in einen hohen Anſchlag brachte, und (wie gewöhnlich alle Frauen dieſer Art) ſtolz, gebieteriſch, argwöhniſch und eiferſüchtig. Wie viel oder wenig Urſache ſie hatte, das letztere zu ſeyn, können wir nicht ſagen: genug ſie beſchuldigte Clodien, ſie gehe damit um, den Cicero dahin zu bringen, daß er ſeine Gemahlin verſtoße und ſie ſelbſt heurathe. Sie glaubte ſogar an ihm ſelbſt Spuren zu bemerken, daß eine Art von geheimem Verſtändniß zwiſchen ihm und Clodia obwalte, und daß ein gewiſſer Tullus, der in beyden Häuſern freyen Zutritt hatte, den Unterhändler in dieſer Intrigue ſpiele. Wiewohl ziemlich gewiß iſt, daß Cicero alle ſeine Philoſophie nöthig hatte, um die herrſchſüchtige Gemüthsart und die böſen Launen ſeiner Juno eben ſo gleichmüthig zu ertragen, als Sokrates ehmahls die leicht aufbrauſende Säure ſeiner Xantippe; und wiewohl er gegen die Reitze der Perſon und des Umgangs der Gemahlin ſeines Freundes Metellus Celer vielleicht nicht ganz gleichgültig war, ja wohl gar aus politiſchen Rückſichten die Neigung, der zuvorkommenden Dame zu unterhalten ſcheinen mochte: ſo haben wir doch keinen Grund zu glauben daß er damahls im Ernſt mit dem Gedanken, ſich von Terentia zu trennen, umgegangen ſey. Wollte er aber Friede in ſeinem Hauſe haben, ſo ſah er ſich genöthigt nicht nur allen Umgang mit

Clodien aufzugeben, sondern auch mit ihrem Bruder auf eine so derbe Art zu brechen, als zu Terentiens Beruhigung nöthig war. So berichtet und entwickelt Plutarch in seinem Leben Cicero's die Veranlassung und die nähere Ursache der Verunreinigung des letztern mit dem Bruder der schönen Clodia; und unsre Leser werden in mehrern um diese Zeit an Atticus geschriebenen Briefen auf manche Stellen stoßen, die aus der Plutarchischen Erzählung Licht erhalten, und dafür zu Bestätigung derselben zu dienen scheinen.

Wir endigen hier diese Darstellung der Lebensgeschichte Cicero's und der hauptsächlichsten Personen sowohl als Ereignisse, womit sie bis zum Jahr der Stadt Rom 692 verflochten war, von welcher Zeit an der größte Theil seiner Briefe geschrieben ist. Es schien uns nöthig und zweckmäßig, daß wir, anstatt unsre Leser auf andre Bücher zu verweisen, welche vielen von ihnen vielleicht nicht sogleich bey der Hand wären, uns selbst die Mühe gäben dafür zu sorgen, daß diejenige, denen damit gedient seyn möchte, in einigen Bogen alle die Vorkenntnisse beysammen fänden, durch welche ihnen der aufferordentliche Mann, der sich selbst in diesen Briefen, (wissentlich und unwissentlich) nach dem Leben schildert, begreiflicher und interessanter werden kann. Ueberflüßig hingegen schien es, diesen Biographischen Auszug länger und bis zum Ende seines Lebens fortzusetzen, da vom Jahre 692 an, die Ciceronischen Briefe selbst, besonders die vertrauteren an Atticus, die zuverläßigste und reichhaltigste historische Quelle seiner zweyten Lebensperiode sowohl, als der letzten Jahre der Römischen Republik, und dieser colossalischen Menschen sind, die den Umsturz derselben theils vorsetzlich und planmäßig, theils (gegen ihre Absicht) durch die Mittel selbst, wodurch sie ihn zu verhindern hoften, beschleunigten, und alle, sammt und sonders, unter den Trümmern dieses ungeheuren Riesenstaats ihren Untergang fanden.

Cicero's Briefe.

Erstes Buch.

I.
An Atticus.

I. 5.   Im Jahr 685.

Wie groß mein Schmerz über den Tod unsers Bruders Lucius *) ist, und wie viel ich in Rücksicht auf meine häuslichen und öffentlichen Angelegenheiten an ihm verloren habe, kann, nach dem vertrauten Fuß auf dem wir zusammen stehen, niemand besser schätzen als du. Alles was ein Mensch dem andern durch Gefälligkeit, Theilnahme, und Anmuth des Umgangs seyn kann, war mir Lucius. Ich zweifle also nicht, sein Tod werde auch Dir nahe gehen; nicht nur weil mein Schmerz dir nicht gleichgültig ist, sondern weil du selbst einen verdienstvollen, und dir sowohl aus eigner Neigung als um meinetwillen herzlich ergebenen Verwandten und Freund verloren hast.

Was die Stelle deines Briefes, wo von deiner Schwester 1) die Rede ist, betrift, so wird diese selbst mein Zeuge seyn, wie sehr ich immer dafür besorgt war, daß die Gesinnung meines Bruders Quintus gegen sie so seyn möchte wie sie sollte. Sobald ich einige Erbitterung bey ihm wahrzunehmen glaubte, hab' ich es in meinen Briefen weder an sanften brüderlichen Zureden, noch an den schär-

*) S. Chronol. Auszug §. 12.

fern Zurechtweisungen, die ein älterer Bruder gegen
den jüngern sich erlauben darf, fehlen laßen; und
nach dem, was er mir zeither öfters geschrieben,
habe ich Ursache zu glauben, daß gegenwärtig alles
sey, wie es soll und wir wünschen.

Du beklagst dich ohne Ursache über mich, daß
du noch keine Briefe von mir erhalten; denn nie
hat unsre Pomponia michs wissen lassen, wenn
jemand abgieng, dem ich einen Brief an Dich mitgeben konnte; mir selbst stieß niemand auf, der
nach Epirus reisete, und noch weniger hörten
wir daß du schon zu Athen seyst.

Deines Auftrags, das Geschäft mit dem Acutilius 2) betreffend, entledigte ich mich sobald ich
von unserm Abschied nach Rom zurückgekommen
war. Es fand sich aber daß die Sache ohne große
Weltläufigkeiten abzumachen sey, und da ich nicht
zweifelte du würdest dir selbst am besten zu rathen
wissen, so wollt' ich lieber daß dir Peducäus 3)
statt meiner schriebe was zu thun seyn möchte.
Hatt' ich mich nicht geweigert, dem Acutilius
(dessen Art zu sprechen dir, denk' ich, bekannt ist)
viele Tage meine Ohren preiß zu geben, so würde
ich mich wohl auch die Mühe nicht haben verdrießen
lassen, dir von seinen Wehklagen zu schreiben,
da ich die Unlust sie anzuhören so wenig achtete.
Uebrigens hättest du nicht vergessen sollen, daß ich
von dir, der sich über mich beschwert, nur einen
einzigen Brief erhalten habe, da du doch mehr

Muſſe zum Schreiben, und auch mehr Gelegenheit, deine Briefe zu beſtellen haſt, als ich.

Du ſchreibſt, wenn jemand auch noch ſo ſehr gegen dich eingenommen ſeyn ſollte 4), ſo käm es mir zu, ihn auf beſſere Gedanken zu bringen. Ich verſtehe dich, und habe auch dies nicht auſſer Acht gelaſſen. Der Mann iſt wirklich auf eine ſeltſame Art verſtimmt. Ich habe nichts vergeſſen was zu deinem Behuf zu ſagen war; was aber zu thun ſeyn möchte, glaubte ich, ohne deinen Willen zu wiſſen, nicht beſtimmen zu dürfen. Sobald du mir dieſen gemeldet haben wirſt, ſollſt du ſehen, daß ich weder geſchäftiger als du ſelbſt, noch ſaumſeliger als du wünſcheſt, in der Sache handeln werde.

Ueber das Tadianiſche Geſchäft hat Tadius ſelbſt mit mir geſprochen. Er ſagt, du hätteſt ihm geſchrieben: man brauche ſich weiter keine Mühe zu geben, weil die Erbſchaft bereits verjährt ſey. Wir wunderten uns, wie dir unbekannt ſeyn könne, daß bey Gerechtſamen einer unter geſetzlicher Vormundſchaft ſtehenden Perſon, — welches der Fall mit dem jungen Frauenzimmer iſt, — keine Verjährung ſtatt findet 5).

Daß du mit deinem Epirotiſchen Kauf 6) ſo wohl zufrieden biſt, macht mir viel Freude.

Ich wünſche ſehr, du möchteſt noch ferner, — wie du mich verſicherſt, — fortfahren, meinem Auftrag gemäß, alles für mich anzuſchaffen, was du zu Auszierung meines Tusculanums dienlich findest. Denn es ist der einzige Ort, wo ich von allen meinen Arbeiten und Plackereyen zur Ruhe komme.

Ich erwarte hier meinen Bruder tagtäglich. Terentia leidet große Schmerzen in den Gelenken. Sie hegt die liebevollsten Gesinnungen für dich, deine Schwester und deine Mutter, und läßt dich aufs freundlichste grüßen. Das thut auch mein Liebling, die kleine Tullia. Sorge zu deiner Gesundheit, liebe mich, und versichere dich, daß du brüderlich von mir geliebt wirst 7).

2.
An Atticus.
I. 6. i. J. 686.

Es soll mir nicht wieder begegnen dir zu Beschwerden über meine Saumseligkeit im Schreiben Ursache zu geben. Siehe nur auch Du, daß du, bey deiner so viel größern Muße, gleichen Schritt mit mir haltest.

Das Haus des Rabirius zu Neapel, das du in Gedanken schon ausgemessen und umgebaut hattest, hat Marcus Fontejus um hundert und dreißig tausend Sesterzien *) gekauft, wovon ich dich benachrichtigen wollte, falls du etwa im Ernst Speculation darauf gemacht hättest 8).

Mein Bruder scheint mir dermahlen so gut mit

*) In runder Zahl 13000 Gulden Rheinisch.

Pomponia zu stehen als wir nur wünschen können. Er war (als ich ihn zuletzt sah) auf seinem Gute zu Arpinum mit ihr, und hatte den Decius Turanius, einen Mann der viele nützliche Kenntnisse besitzt, bey sich.

Unser Vater ist am 23sten December mit Tode abgegangen.

Dies ist ungefähr alles was ich dir zu wissen thun wollte.

Wenn du Gelegenheit findest einige zu Auszierung eines Gymnasiums passende und für den bewußten Ort schickliche Kunstwerke zu kaufen, so bitte ich dich, sie nicht zu versäumen. Ich habe so große Freude an meinem Tusculanum, daß ich mir selbst nirgends so wohl gefalle als dort.

Melde mir recht oft und umständlich alles was du thust und zu thun gesonnen bist.

3.
An Atticus.

I. 7. *Kurz nach dem Vorigen.*

Um deine Mutter steht es gut und ich trage alle Sorge für sie. Dem Cincius hab' ich mich anheischig gemacht, auf den 13ten Februar zwanzig tausend vier hundert Sestertien*) zu bezahlen. Ich wünsche, daß du mir die Sachen, die du für mich

---

*) 2040 Fl. als der Betrag der Auslagen, welche Atticus für ihn gemacht und an seinen Geschäftsträger Cincius angewiesen hatte. S. den folgenden Brief.

eingekauft und eingepackt zu haben schreibst, sobald als möglich zufertigen möchtest; auch ersuche ich dich, deinem Versprechen nach, darauf bedacht zu seyn, wie du eine Büchersammlung für mich zusammenbringen könnest. Das angenehme Leben, auf dessen Genuß ich mir, wenn ich einst zur Ruhe kommen werde, Rechnung mache, wird gänzlich das Werk der freundschaftlichen Wärme seyn, womit du für mein Vergnügen sorgest.

4.
An Ebendenselben.

I. 8. i. J. 686.

In deinem Hause steht es wie wir beyde wünschen. Deine Mutter und Schwester werden von mir und Bruder Quintus in hohem Werth gehalten. Mit Acutilius hab ich gesprochen*). Er läugnet schlechterdings daß sein Procurator ihm irgend etwas geschrieben, und wundert sich wie dieses Mißverständniß habe entstehen und jener sich weigern können, dir Sicherheit zu geben, daß nichts weiter von dir gefodert werden solle.

Mit der Art, wie du das Tadianische Geschäft beygelegt, scheint mir Tadius sehr vergnügt zu seyn und dir noch Dank dafür zu wissen.

Der bewußte Freund, bey Gott! ein sehr wackrer Mann und einer meiner wärmsten Freunde,

───────────
*) S. den 2ten Brief.

ist in der That sehr gegen dich aufgebracht. Sobald
ich weiß, wie viel oder wenig du dir daraus machst,
werde ich auch wissen was ich thun kann und wie
weit ich gehen darf.

Dem Cincius habe ich die zwanzig tausend
vierhundert Sesterzien für die Megarischen Bildsäulen 9), auf deine Anweisung auszahlen lassen.
Auf deine Hermen von Pentelicischem Marmor mit den erznen Köpfen, wovon du mir schreibst,
freu' ich mich schon im voraus, und bitte dich, sie
und die andern Bilder, und alles, was dir noch
sonst jenes Ortes, meiner Liebhaberey und deines
feinen Geschmacks würdig scheint, in so großer Anzahl und sobald als möglich, an mich abgehen zu
lassen; besonders die Stücke, die du im Gymnasium
und in der Galerie aufgestellt sehen möchtest 10).
Meine Leidenschaft für diese Dinge ist wirklich so
groß, daß wenn auch Andere mich beynahe deswegen ausschelten sollten, ich mir doch von dir
versprechen darf, du werdest mir zu ihrer Befriedigung verhelfen. Sollte kein Schiff von Lentulus
zu haben seyn, so lade sie auf, wo es dir beliebt 11).

Die süße kleine Tullia, mein Herzblättchen *),
fragt unaufhörlich, wo das kleine Geschenk bleibe,
das du ihr versprochen hast, und will sich an mich,
als deinen Bürgen halten; aber verlaß dich drauf,
ehe ich bezahle, schwör' ich dir die Bürgschaft ab.

---

*) „*Tulliola, deliciolæ nostræ.*"

5.
An Ebendenselben.

L. 9. i. J. 686.

Ich bekomme gar zu selten Briefe von dir; und doch findest du viel leichter jemand, der nach Rom, als ich einen, der nach Athen reiset, und bist auch gewisser, daß deine Briefe mich zu Rom, als ich es bin, daß die meinen dich zu Athen finden werden. Der letztere Umstand ist die Ursache warum dieser Brief so kurz seyn wird; denn da ich ungewiß bin wo du dich dermahlen aufhältst, mag ich nicht Gefahr laufen, daß so vertrauliche Briefe, wie wir einander zu schreiben pflegen, in fremde Hände gerathen könnten.

Die Megarischen Statuen und die Hermen, die du mir angekündigt hast, erwart' ich mit großer Ungeduld. Was dir von dieser Art aufstößt, das dir eines Platzes in meiner Akademie würdig scheint, schick' es mir ohne Bedenken und traue meiner Schatulle. Das ist itzt meine Liebhaberey; ich mache auf alles Jagd, was zu Verschönerung meines Gymnasions beytragen kann. Lentulus verspricht seine Schiffe. Ich bitte dich, Alles dies aufs Beste zu besorgen. Chilius ersucht dich, und bittet mich seine Bitte zu unterstützen, daß du ihm Nachrichten von den ältesten Vorfahren der Eumolpiden zukommen lassen möchtest 12).

6.
An Ebendenselben.

I. 10.   i. J. 686.

Wie ich im Tusculanum war, — laß mir das für dein gewöhnliches „wie ich im Cerami= cus *) war gelten 13); — also wie ich dort war, brachte mir ein von deiner Schwester aus Rom ab= geschickter junger Sclave einen Brief von dir, der an mich angekommen war und meldete zugleich, daß diesen nehmlichen Nachmittag Jemand an dich abgehen werde. Dies giebt mir zwar Gelegenheit deinen Brief zu beantworten, nöthigt mich aber, da mir so wenig Zeit dazu gegeben ist, mich kurz zu fassen.

Fürs erste also verspreche ich dir, unsern Freund **) zu begütigen, oder auch wohl völlig auf den vorigen Fuß mit dir zu setzen. Das that ich zwar schon vorher aus eigener Bewegung; aber nun, da ich aus deinem Briefe sehe, wie ernstlich du es wünschest, werde ich mit desto größerm Eifer an ihm arbeiten, und nicht ablassen bis ich ihn ge= wonnen habe. Ich darf dir nicht verhalten, daß er ungemein aufgebracht ist: da ich aber keine son= derliche Ursache dazu sehe, so habe ich große Hoff= nung daß er sich, wär' es auch nur aus Gefällig= keit gegen mich, überwältigen lassen werde.

*) Bekanntlich ein grosser öffentlicher Platz ausserhalb Athens, wo man immer häufige und gute Gesellschaft antraf.
**) Lucceius.

Unsre Bildsäulen und Hermeraklen 14) bitte ich, deinem Versprechen gemäß, mit der ersten guten Gelegenheit abgehen zu lassen, und was du sonst noch für den bewußten Ort schickliches und besonders zur Palästra und zum Gymnasion gehöriges, auftreiben kannst; denn dort sezte ich mich hin um an dich zu schreiben, damit der Ort selbst mich's nicht vergessen lasse. Auch ersuche ich dich um einige Basreliefs, die ich in die Decke des kleinen Vorsaals einsetzen lassen möchte 15), und um ein Paar mit Schnitzwerk gezierte Brunnendeckel.

Laß dich ja mit Niemand in einen Handel über deine Büchersammlung ein, wenn du auch einen noch so hitzigen Liebhaber finden solltest 16) denn ich halte alle meine kleinen Ersparnisse sorgfältig zusammen, um mir diesen Trost für meine alten Tage verschaffen zu können.

Mein Bruder, hoffe ich, ist so, wie ich immer gewünscht und daran gearbeitet habe daß er seyn möchte. Dies läßt sich aus vielen Zeichen schließen, worunter nicht das kleinste seyn dürfte, daß deine Schwester guter Hoffnung ist.

Was deine Gegenwart bey den Comitien meiner Prätors-Wahl 17) betrift, so erinnere ich mich sie dir bereits erlassen zu haben, und sage dies schon lange unsern gemeinschaftlichen Freunden, die dich bey dieser Gelegenheit zu sehen hoffen. Ich werde dich nicht nur nicht dazu einladen, sondern dir sogar verbieten zu kommen; weil ich klar einsehe, daß dir weit mehr daran gelegen ist, um selbige Zeit zu thun was du zu thun hast, als mir an deiner Anwesenheit bey den Comitien. Ich bitte dich also, laß dir da, wo du bist, gerade so zu Muthe seyn als ob du ausdrücklich in meinen Angelegenheiten dahin geschickt wärest. Mich hingegen wirst du, abwesend wie gegenwärtig, so gegen dich gesinnt finden, als ob ich das, was ich zu erhalten hoffe, nicht nur in deiner Anwesenheit, sondern sogar durch dich allein erhalten hätte.

Die kleine Tully sagt, sie halte sich an dich, und will nichts mit deinem Bürgen zu schaffen haben.

7.
An Atticus.
I. 11.   i. J. 686.

Dein Anliegen, dessen ich mich vorher schon von freyen Stücken annahm, hat mich seit dem Empfang der beyden Briefe, worin du dich so ausführlich darüber erklärst, in große Bewegung gesetzt. Dazu kam noch daß mir Sallustius unaufhörlich in den Ohren lag, ich möchte doch alles anwenden, um das alte gute Vernehmen zwischen Luccejus und dir wieder herzustellen. Ich habe mein Möglichstes gethan, aber nicht nur seine vormahlige Gesinnung gegen dich nicht wieder erobern, sondern nicht einmahl die Ursache aus ihm herausbringen können, warum sie sich so sehr geändert

hat. Er macht zwar immer nur die Beschwerden
gelten, die er schon bey deiner letzten Anwesenheit
äufferte, besonders in der bewußten Sache, worin
du sein Schiedsrichter warst: aber wahrlich er muß
noch etwas haben, das tiefer in seinem Gemüthe
sitzt, und was weder durch deine Briefe noch durch
Alles, was ich zu deiner Entschuldigung sagen
kann, so leicht zu heben ist, als es, wenn ihr euch
wiedersehen werdet, durch deine mündlichen Erklä=
rungen, ja schon durch den offnen herzgewinnenden
Blick, der dir eigen ist, wird gehoben werden kön=
nen; — so du es anders der Mühe werth hältst,
wie du gewiß thun wirst, wenn du mir Gehör ge=
ben und deinem humanen Charakter getreu bleiben
willst. Laß dich übrigens nicht befremden, daß ich,
der in meinem vorigen so zuversichtlich schrieb, ich
hoffte ihn gänzlich in meiner Gewalt zu haben, itzt
auf einmahl allen Muth verlohren zu haben scheine;
denn es ist unglaublich, wie sehr ich ihn in seinem
Vorsatz mit dir zu brechen, hartnäckiger und in
seinem Groll unbeweglicher finde, als ich mir vor=
gestellt hatte. Aber entweder muß sich das nach
deiner Ankunft geben, oder er wird schlechte Freude
davon haben, an welchem unter euch beiden auch
die Schuld liegen mag.

Du schreibst mir: du nehmst es für gewiß daß
ich die Prätur erhalten würde. Wisse daß dermah=
len zu Rom nichts in allen losen Künsten so aus=
gelernt ist, als unsre Candidaten, und daß noch

nicht einmahl bekannt ist, wann die Comitien seyn werden. Doch davon wird dir **Philadelphus** 18) das Nähere berichten.

Ich wünschte daß du mir alles, was du für meine Akademie gekauft hast, sobald als möglich schicken möchtest. Du glaubst nicht wie glücklich mich nicht nur der wirkliche Genuß meines Tusculanums, sondern schon der bloße Gedanke daran macht.

Deine Bücher gieb mir bey Leibe keinem andern! Behalte sie mir auf, wie du versprochen hast. Nichts gleicht meiner Leidenschaft für sie, so wie dermahlen nichts meinem Widerwillen gegen die übrigen Dinge *), die sich in der kurzen Zeit deiner Abwesenheit, unglaublich viel verschlimmert haben.

8.
An Ebendenselben.

I. 3. Gegen das Ende des Jahrs 686.

Ich kann dich versichern daß deine Großmutter an keiner andern Krankheit gestorben ist, als an ihrer Sehnsucht nach dir; wozu auch wohl noch die Furcht kommen mochte, die so lange aufgeschobenen Lateinischen Feyertage würden heuer gar ausfallen, und sie also des Vergnügens entbehren müssen, die schöne lange Procession auf den Albanischen Berg ziehen zu sehen 19). Ohne Zwei-

*) Die öffentlichen Angelegenheiten nehmlich.

fel hat L. Saufejus bereits ein förmliches Trostschreiben dieser Sache wegen an dich abgehen lassen 20).

Wir erwarten dich hier auf den bevorstehenden Januar; ob nur aus einem bloßen Gerüchte, oder weil du es Jemanden geschrieben hast, weiß ich nicht; gegen mich wenigstens hast du nichts davon erwähnt.

Die Bildsäulen, die du für mich angeschaft hast, sind zu Cajeta*) ausgeladen worden. Ich habe sie noch nicht gesehen, weil ich mich noch immer nicht von Rom abmüßigen konnte; ich habe aber Jemand abgeschickt, um die Fracht dafür zu bezahlen. Du bist sehr liebenswürdig, daß du sie mir so hurtig und so wohlfeil verschaft hast.

Deine Aussöhnung mit unserm Freunde (Luccejus) die du mir so oft schon empfohlen hast, hab ich mir angelegen seyn lassen, und alles mögliche versucht; aber es ist zum Erstaunen, wie gänzlich sein Gemüth von dir abgewendet seyn muß. Die geheimen Ursachen, wiewohl du etwas davon gehört haben magst, will ich dir erklären, wenn du zurückgekommen seyn wirst. Auch den Sallustius hab ich nicht wieder auf den Fuß der alten Freundschaft mit ihm setzen können, wiewohl dieser in Person gegenwärtig ist. Ich schreibe dir das, weil er mir immer Vorwürfe, daß ich in deiner Sache nicht Eifer genug bewiese, zu machen pflegte. Nun

---

*) Wo Cicero ein eignes Haus besaß.

Nun hat er die Erfahrung an sich selbst gemacht, wie schwer jener sich erbitten läßt, und daß es meine Schuld nicht ist, wenn ich mit meinen Bemühungen für dich nicht weiter gekommen bin.

Die kleine Tullia haben wir mit Cajus Piso Frugi, dem Sohn des Lucius Piso verlobt 21).

9.
An Ebendenselben.
I. 4.   i. J. 687.

Wir finden uns etwas oft in der Erwartung deiner Ankunft getäuscht, wiewohl du selbst uns dazu berechtigtest. Noch neulich, da wir gewiß glaubten daß du mit jedem Tage anlangen würdest, sahen wir uns plötzlich in den Junius von dir hinausgehoben. Aber nun, dünkt mich, solltest du, wenn du es ohne deinen Nachtheil irgend möglich machen kannst, auf die versprochne Zeit Wort halten. Du wirst dann gerade zu den Comitien meines Bruders Quintus 22) recht kommen; ich werde dich nach so langer Trennung wiedersehen, und du wirst deinen Streit mit dem Acutilius beylegen können. Dies letztere erinnert mich auch Peducäus, wenn ich dir schriebe, in Anregung zu bringen. Wir sind beyde der Meinung, es sey hohe Zeit, daß du der Sache durch gütlichen Vergleich ein Ende machest. Was ich dazu beytragen kann, steht dir noch, wie immer, zu Dienste.

Ich habe hier, mit unglaublichem und fast beyspiellosem Beyfall des Volks, den Proceß des C. Macer abgeurtheilt. Wiewohl ich ihn mit Nachsicht behandelt habe, so hat mir doch seine Verurtheilung, durch die Achtung, in welche sie mich beym Volke gesetzt, ungleich mehr Vortheil gebracht, als seine Dankbarkeit hätte thun können, wenn er losgesprochen worden wäre 23).

Was du mir von der Hermathena 24) schreibst, ist mir sehr angenehm; sie wird eine sehr schickliche Zierde meiner Akademie seyn, da Hermes in allen Uebungsplätzen, Minerva aber besonders in jenem am rechten Orte steht. Ich wünsche ihn also auch mit den übrigen Sachen, deren du in deinem Brief erwähnest, ausgeziert zu sehen. Die bereits überschickten Statüen hab' ich noch nicht in Augenschein genommen. Sie sind auf meinem Gute zu Formiä *), wohin ich abzugehen gesonnen bin; von da will ich sie alle ins Tusculanum schaffen lassen. Sollt' ich jemahls Ueberfluß an solchen Dingen haben, so soll es meinem Hause in Cajeta zu Gute kommen.

Erhalte mir deine Bücher, und verliere die Hoffnung nicht, daß ich sie noch zu den meinigen werde machen können. Bringe ich es erst so weit, so bin ich reicher als Crassus, und sehe auf alle die

―――――
*) Wohin sie von Cajeta aus gebracht worden; denn Formiä, wo Cicero eine Villa hatte, lag zwischen Cajeta und Tusculum ungefähr in der Mitte.

großen Dörfer und Ländereyen andrer Leute mit Verachtung herab.

―――――

10.
An Ebendenselben.
I. 1.   i. J. 688.

Mit meiner Bewerbung um das Consulat, die dir, wie ich weiß, sehr am Herzen liegt, hat es, so viel sich dermahlen durch Muthmaſſungen herausbringen läßt, folgende Bewandtniß. Zur Zeit hält Publius Galba noch allein an *), und erhält überall, nach der biedern Weise unsrer Väter, ein rundes ungeschminktes Nein. So wie die öffentliche Meinung gegenwärtig steht, ist mir sein voreiliges Anhalten eher zuträglich als nachtheilig gewesen. Denn die Meisten, die ihn abweisen, führen zur Ursache an, sie wären sich mir schuldig. Es kann mir, hoffe ich, nicht anders als zur Empfehlung gereichen, wenn es immer ruchbarer wird, daß sich so Viele für meine Freunde erklären.

Den Anfang meines Anhaltens bey den Bürgern dachte ich um eben die Zeit zu machen, da dein Bedienter, (wie Cincius sagt) mit diesem Briefe an dich abgehen wird; im Marsfelde, an den

―――――
*) *Prensat* unus Galba. Da jeder Römische Bürger um seine Stimme begrüßt seyn wollte, so fiengen die Candidaten, zumahl solche die sich eben keiner großen persönlichen Verdienste bewußt waren, schon ein Jahr vor den Wahlcomitien an, sich ihren Wählern zu empfehlen.

Comitien die zur Wahl der neuen Tribunen auf den 17ten July anberaumt sind. Bis itzt hält man noch keine Mitbewerber für gewiß, als Galba, Antonius und Quintus Cornificius. Bey dem letztern Nahmen wirst du, denk' ich, entweder laut aufgelacht oder tief erseufzt haben; damit du dich auch vor die Stirne schlagest, muß ich dir sagen, daß einige noch den Cäsonius nennen 25). Daß Aquillius sich melden werde, ist mir nicht glaublich; er läugnet es geradezu; und denen, die ihn aufgemuntert, hat er seine kränklichen Umstände und die Menge der Rechtssachen, die er theils zu führen, theils abzuurtheln hat, entgegengesetzt 26). Auch Catilina, wofern seine Richter den Ausspruch thun sollten daß es am Mittag nicht hell sey 27), wird unfehlbar einer der Mitwerber seyn. Daß ich noch etwas von Aufidius und Palicanus sage, wirst du schwerlich erwarten 28).

Unter denen die sich fürs nächstkünftige Jahr um das Consulat bewerben, wird Lucius Cäsar für gewiß gehalten. Vom Thermus glaubt man, er werde dem Silanus die zweyte Consular-Stelle streitig machen; aber beyde sind so arm an Freunden und an öffentlicher Achtung, daß es mir nichts Unmögliches däucht, ihnen sogar den Curius vorzuschieben: wiewohl ich der einzige bin, dem dies däucht 29). Meinem Interesse möchte wohl das zuträglichste seyn, wenn Thermus mit Cäsarn

Conful würde; denn unter allen, die itzt anhalten, scheint mir keiner, wenn er in mein Jahr fiele, sich mehr Hoffnung machen zu dürfen als Thermus; weil er an der Spitze der Commission zu Ausbesserung des Flaminischen Weges ist, welcher bis dahin unfehlbar fertig seyn wird. Ich säh' es also am liebsten, wenn Er dem Cäsar zugegeben würde.

Dies ist dermahlen meine, noch etwas verworrene Ansicht der Sache. Was mich selbst betrift, so werde ich es während meiner ganzen Candidatschaft an der gehörigen Sorgfalt nicht fehlen lassen; und weil mir viel auf die Stimmen unserer Gallischen Mitbürger anzukommen scheint, dürfte ich mich leicht entschließen, im nächsten September, wo es die wenigsten Geschäfte im Forum giebt, mit irgend einem Auftrage vom Senat an Piso*), eine Reise durch Gallien zu machen, und im Januar wieder zurückzukommen 20).

Sobald ich die Gesinnung unserer bedeutendsten Männer ausgeforscht haben werde, will ich dir das Nähere davon schreiben. Mit dem übrigen wird es hoffentlich nicht viel Schwierigkeit haben, wenigstens so lange sich keine andern Mitbewerber zeigen als dermahlen in Rom sind. Die Mannschaft meines Freundes Pompejus 31) für mich anzuwerben wirst du dir empfohlen seyn lassen, da du ihm itzt

---

*) C. Calpurnius Piso, den dermahligen Proconsul im Narbonensischen Gallien.

näher bist als ich. Sollte er etwa glauben, ich werd' es in Ungnaden vermerken, wenn er auf meine Comitien nicht hieher kommt, so versichre ihn kecklich des Gegentheils. Und, soviel von diesen Dingen!

Aber es ist noch etwas zurück, weßwegen ich dich um Nachsicht zu bitten habe. Dein Oheim Cácilius 32), im Begriff um eine große Summe betrogen zu werden, die ihm Publius Varius schuldig ist, erhob eine gerichtliche Klage gegen Caninius Satrius, den Bruder seines Schuldners, weil er die Güter desselben mittelst eines betrüglichen Kaufs, zum Nachtheil der Gläubiger, an sich gebracht habe. Die übrigen Gläubiger des Varius machten gemeine Sache mit ihm, und unter diesen waren Lucullus, P. Scipio, und L. Pontius, der ihrer Meinung nach, Curator Massae hätte seyn sollen, wenn die Güter zur öffentlichen Versteigerung gekommen wären. (Doch es ist lächerlich dieses letztern Umstandes zu erwähnen, da er hier nichts zur Sache thut.) Dein Oheim bat mich, ihm gegen den Satrius zu dienen. Nun muß ich dir sagen, es vergeht beinahe kein Tag, wo dieser Satrius nicht in mein Haus kommt, und, nach L. Domitius, dem er ganz eigen ist, hängt er an Niemand stärker als an mir; auch hat er mir und meinem Bruder Quintus bey unsern Bewerbungen große Dienste gethan. Du kannst dir vorstellen in welche Verlegenheit ich gerieth, sowohl wegen meines Verhältnisses gegen Satrius selbst, als in Rücksicht auf den Domitius, auf dessen Einfluß meine Hoffnung zum Consulat zu gelangen hauptsächlich beruht 33). Alles dies hab' ich dem Cäcilius vorgestellt, und sogar geäussert, ich würde ihm dennoch ohne Bedenken gegen Satrius beygestanden seyn, wenn Er allein es mit Jenem allein zu thun gehabt hätte: aber, da es Sache aller Gläubiger sey, und unter Diesen sich Männer von größtem Ansehen *) befänden, denen es nicht schwer fallen würde, auch ohne den Sachswalter, welchen Cäcilius zum Behuf seiner eigenen Forderungen aufstellen wolle, die gemeinschaftliche Sache zu behaupten: so sey es billig, daß ich sowohl auf das, was ich meinen Verhältnissen schuldig sey, als auf meine eigne Lage Rücksicht nehme. Dies schien er etwas unfreundlicher zu nehmen als ich gewünscht hätte, und als artige Leute **) zu thun pflegen; und von diesem Tage an hat er den Umgang, der seit kurzem zwischen uns statt fand, gänzlich abgebrochen, und vermeidet mich überall geflissentlich.

Ich bitte dich mir dies zu verzeihen, und zu glauben, daß ich es wirklich nicht über mein Herz habe bringen können, gegen einen Freund, in der grausamsten Lage worin er sich in seinem Leben

---

*) Wie Lucullus und Scipio.
**) homines belli. Man sieht daß Cicero aus Schonung gegen Atticus sich eines milden Wortes bedient.

befinden kann und wo sein ganzer Credit auf dem Spiele steht, als Ankläger aufzutreten; und solltest du mich ja härter beurtheilen wollen, so denke, die Ambition sey mir im Wege gestanden, und wenn es auch wirklich nichts anders wäre, so denk' ich, es wäre mir zu verzeihen; denn es gilt doch wahrlich nicht um ein Weihvieh noch um ein Stierfell *).

Du siehst in welcher Laufbahn ich begriffen bin, und wie viel mir daran gelegen seyn muß, nicht nur das Wohlwollen aller meiner alten Freunde beyzubehalten, sondern auch so viel neue zu erwerben als ich kann. Ich hoffe, mich dir hinlänglich gerechtfertigt zu haben: wenigstens wünsch' ich es herzlich.

An deiner Hermathena hab' ich große Freude; auch ist sie so vortheilhaft aufgestellt, daß das ganze Gymnasium aussieht als ob es blos um ihrentwillen da wäre.

II.
An Ebendenselben.
l. 2.   i. J. 688.

Ich berichte dich, daß um eben die Zeit, da Lucius Cäsar und Marcius Figulus zu Consuln ernennt wurden, Terentia mich mit einem Söhnchen beschenkt hat, und sich selbst wohl befindet 34).

*) Ilias **XXII**. 159. nach der Vossischen Uebersetzung.

Wie lange ists schon daß ich keine Zeile von dir erhalte? Ich für meinen Theil habe dir vor einiger Zeit umständlich über meine Lage geschrieben. Jetzt gehe ich mit dem Gedanken um, Catilina's, meines Mitbewerbers, Vertheidigung zu übernehmen. Wir haben alle Richter die wir haben wollten, und dies mit des Anklägers vollkommenster Zufriedenheit. Wird Catilina losgesprochen, so hoffe ich daß er sich bei Bewerbung um das Consulat desto besser mit mir verstehen werde; fällt es anders aus, so werden wir uns geduldig darein zu finden wissen 35).

Deiner baldigen Ankunft habe ich sehr vonnöthen; denn man glaubt allgemein, daß einige unsrer bedeutendsten Männer, deine vertrauten Freunde, meiner Beförderung entgegen arbeiten werden. Diese mir günstiger zu machen, würdest du mir von größtem Nutzen seyn. Sorge also dafür, deinem Vorsatz gemäß, im Januar (des J. 689) unfehlbar zu Rom zu seyn 36).

12.

An Cn. Pompejus Magnus, Imperator *).
V. 7. D.   i. J. 691.

Deine Briefe an den Senat haben mir, so wie dem ganzen Publicum, unglaubliches Vergnügen gemacht. Wie könnt' es anders seyn, da du durch die Hoffnung zu einem nahen und glorreichen Frieden, das was ich der ganzen Republik so zuversichtlich von Dir, und von Dir allein, versprach, so vollkommen rechtfertigest? Indessen kann ich dir nicht verhalten, daß deine alten Feinde und dermahligen neuen Freunde, durch den Inhalt dieser Briefe mächtig vor die Stirn getroffen und von einer großen Hoffnung herabgestürzt worden sind 37).

Was den Brief betrift, den du an mich selbst erlassen hast, so sey versichert, daß er mir, wiewohl er nur schwache Merkzeichen deiner Wohlgesinnung gegen mich enthält, sehr angenehm gewesen ist: denn ich kenne kein größeres Vergnügen, als was mir das Bewußtseyn giebt, Gutes um Andre verdient zu haben. Finde ich mich in Erwartung antwortender Gesinnungen getäuscht, so mag ich es ganz gern geschehen lassen, daß der

*) S. Chronolog. Auszug. §. 18. wo man alles finden wird, was nöthig ist, um das gehörige Licht über diesen merkwürdigen Brief zu verbreiten, welcher vermuthlich vor der Zeit geschrieben wurde, da der Tribun Metellus Nepos mit der Rogation hervorrückte, von welcher wir an besagtem Ort umständliche Nachricht gegeben haben.

Ueberschuß auf meiner Seite ist.. Indessen zweifle ich nicht, wofern auch die Beweise meiner unbegränzten Ergebenheit gegen dich mir nur einen geringen Antheil an deinem Wohlwollen verschafft haben sollten, daß doch das allgemeine Beste uns immer verbunden und einverstanden erhalten werde.

Damit dir aber nicht verborgen bleibe, was ich eigentlich in deinen Briefen vermißt habe, will ich mich so offenherzig darüber erklären, als es mein Charakter und unsre Freundschaft fodert. Ich habe Dienste geleistet, von welchen ich, in Betracht unsers bisherigen Verhältnisses sowohl, als deiner Gesinnung gegen die Republik, einige beyfällige Erwähnung in deinen Briefen erwartete. Daß du dich dessen überhoben hast, geschah vermuthlich aus Besorgniß, Diesem oder Jenem dadurch mißfällig zu werden 38). Wisse aber, daß das, was ich für die Rettung des Vaterlandes gethan, die laute und einstimmige Billigung des ganzen Erdkreises erhalten hat; und wenn du, nach deiner Rückkunft das Nähere davon erkundigt haben wirst, wirst du so viel Klugheit und Größe der Seele in meiner Amtsführung finden, daß du, wiewohl viel größer als Africanus, gleichwohl schwerlich Bedenken tragen dürftest einen nicht viel kleinern als Lälius zu einer freundschaftlichen Verbindung mit dir in öffentlichen sowohl als in besondern Verhältnissen zuzulassen 39).

13.

An den Proconsul Q. Metellus Celer 40).

V. 2. D. i. J. 691.

Du schreibst mir, du hätteſt in Betracht unſers wechſelſeitigen Wohlwollens und wiederhergeſtellten guten Vernehmens, dir nimmermehr eingebildet, daß ich fähig ſeyn könnte dich zum Gegenſtand einer öffentlichen Verhöhnung zu machen. Ich geſtehe, daß ich mir eben ſo wenig einbilden kann, was du eigentlich damit meineſt. Indeſſen vermuthe ich, du müſſeſt berichtet worden ſeyn, daß ich im Senat, — indem ich behauptete, es gäbe ſehr viele, denen es leid ſey daß die Republik gerade von mir gerettet worden, geſagt habe: Einige deiner nächſten Verwandten, denen du es nicht hätteſt abſchlagen können, hätten dich vermocht, das, was du dir zu meinem Lobe im Senat zu ſagen vorgeſetzt, zurückzubehalten. Ich läugne nicht, daß ich hinzu ſetzte: du und ich hätten uns in die Pflicht, für die Erhaltung der Republik zu arbeiten, dergeſtalt getheilt, daß ich die Stadt gegen die Anſchläge und Unternehmungen einheimiſcher Böſewichte ſichern, du aber Italien ſowohl gegen bewaffnete Feinde, als gegen die Ausbrüche der geheimen Verſchwörung, ſchützen ſollteſt. Dieſes ſchöne Geſellſchaftsband zu einem ſo wichtigen und glorreichen Geſchäfte ſey von deinen Verwandten locker gemacht worden; ſie hätten gefürchtet, du möchteſt, da du ſo große und ehrenvolle Beweiſe meiner hohen Achtung für dich von mir empfangen, dich zu einiger Erwiederung verbunden halten. Mein naives Geständniß, was ich mir von deiner Rede im Senat versprochen, und wie weh es mir gethan mich getäuscht zu finden, schien den Zuhörern Vergnügen zu machen; und es entstand ein kleines Gelächter, nicht über dich, sondern vielmehr über meine Wehklage, und daß ich so treuherzig gestand, wie gern ich von dir gelobt gewesen wäre. Nun sollt' ich doch meynen, ich hätte dir gerade dadurch eine sehr ausgezeichnete Ehre erwiesen, daß ich, selbst in dem glänzendsten Zeitpunkt meines öffentlichen Lebens, noch immer ein lautes Zeugniß deines Beyfalls zu erhalten gewünscht hatte.

Wenn du aber von wechselseitigem gutem Vernehmen zwischen uns sprichst, so weiß ich nicht was du in der Freundschaft wechselseitig nennest. Ich verstehe darunter, daß eben dieselben freundschaftlichen Gesinnungen von beyden Theilen empfangen und erwiedert werden. Wenn ich sagte: ich hätte die Provinz (an die ich als Consul Anspruch hatte) Dir zu Gefallen fahren lassen 41), so möchtest du Ursache haben meine Aufrichtigkeit zu bezweifeln; denn mein eignes Interesse brachte das so mit sich, und ich finde täglich mehr Ursache, mit mir selbst deswegen zufrieden zu seyn. Aber das sage ich: von dem Augenblick an, da ich auf die Provinz in der Bürgerversammlung Verzicht that, war ich darauf bedacht, wie ich sie dir vor schaffen möchte. Ich rede nicht von dem, was bey euerem Losen vorgegangen; ich will nur daß du vermuthen sollst, mein damahliger Amtsgenosse habe nichts ohne mein Vorwissen gethan 42). Der übrigen Umstände wirst du dich selbst erinnern, wie schnell ich an dem nehmlichen Tage, da geloset wurde, den Senat zusammen getrieben, und wie lange und viel ich von deinen Verdiensten gesprochen; so daß du mir selbst sagtest: ich hätte dich nicht nur auf eine für dich höchst ehrenvolle Weise, sondern sogar auf Kosten deiner Collegen gelobt. Auch ist der Senatsschluß, der an jenem Tag' erfolgte, so abgefaßt, daß, so lang' er bestehen wird, meine Gesinnung gegen dich nicht zweifelhaft seyn kann. Sodann wünschte ich, du möchtest dich erinnern, was ich, nachdem du in deine Provinz abgegangen, im Senat für dich gethan; wie ich in den Volksversammlungen von dir gesprochen; was für Briefe ich an dich geschrieben: und wenn du das alles ins Gedächtniß zurückgerufen haben wirst, will ich dich selbst urtheilen lassen, ob die Art, wie du dich bey deiner neulichen Anwesenheit in Rom gegen mich benommen, für eine Erwiederung von allem diesen gelten könne.

Auch was du von einer Aussöhnung zwischen uns erwähnst, ist mir unbegreiflich; denn wie kann eine Aussöhnung statt finden, wo keine Entzweyung war? Wenn du aber schreibst, „ich hätte deinem Bruder Metellus nicht um eines Wortes willen so scharf zu Leibe gehen sollen," so sey vor allen Dingen versichert, daß ich die brüderliche Liebe und Theilnahme, woraus dieser Vorwurf fließt, als einen Beweis deines Pflichtgefühls und guten Herzens höchlich billige. Wenn ich mich aber deinem Bruder, bey irgend einem Anlaß, aus Pflicht gegen die Republik widersetzen mußte: so hoffe ich Du werdest es mir zu gut halten. Denn mit der Republik kann es wohl Niemand besser meynen als ich. Habe ich mich aber genöthigt gesehen, für meine Selbsterhaltung gegen die wüthenden Anfälle, die er auf mich that, zu kämpfen, so könntest du, denke ich, zufrieden seyn, daß ich, meines Orts, dich mit Klagen über die von ihm erlittenen Beleidigungen verschont habe.

Als ich erfuhr, daß er alle Gewalt, die er als Tribun in Händen hatte, zu meinem Verderben anzuwenden Anstalt mache, wandte ich mich an deine Gemahlin Claudia, und an eure Schwester Mucia 43), von welcher ich in Rücksicht auf meine enge Verbindung mit Pompejus mancherley Beweise von Wohlwollen gegen mich erhalten hatte, und suchte sie zu bewegen ihn mit Ernst davon zurückzuhalten. Dem ungeachtet trug er (wie du ohne Zweifel gehört haben mußt) kein Bedenken, als ich am letzten Tage meines Consulats das Amt öffentlich niederlegte, einem Consul, der die Republik gerettet hatte, eine Beleidigung zuzufügen, welche selbst dem verdienstlosesten Bürger noch nie in irgend einer öffentlichen Würde angethan worden war, indem er mir die Erlaubniß, das Consulat mit einer Rede an die Volksversammlung niederzulegen, verwehrte; eine Schmach, welche jedoch zu meiner höchsten Ehre ausschlug. Denn da er mir nichts als den gewöhnlichen Eid erlaubte, schwur ich mit weit umher schallender Stimme den wahrsten und schönsten Eid, der je bey einer solchen Gelegenheit abgelegt wurde, und erhielt die genugthuende Zufriedenheit, daß auch das ganze Volk mit eben so lauter Stimme schwur, ich hätte wahr geschworen. Einer so ausgezeichneten Beleidigung ungeachtet, schickte ich noch an eben demselben Tage gemeinschaftliche Freunde an ihn ab, die ihn bewegen sollten von seinen feindseligen Gesinnungen gegen mich abzulassen. Sie erhielten aber zur Antwort: dies stehe nicht mehr in seiner Macht, da er so kürzlich zuvor vor der ganzen Bürgergemeinde gesagt hätte: dem Manne, der Andre unerhörter Sache verurtheilt habe, müsse billig nicht erlaubt werden für sich selbst zu reden. O des strengen Biedermannes und trefflichen Bürgers, der die Strafe, womit der Senat, unter Beystimmung aller Gutgesinnten, diejenigen belegte, welche die Stadt anzünden, die obrigkeitlichen Personen und den Senat morden, und den schrecklichsten aller Kriege erregen wollten, dem Manne zuerkannte, der das Rathhaus von einem Blutbade, die Stadt von Brand, und Italien vom Bürgerkriege, rettete!

Nach allem diesem konnte ich nun wohl nicht länger anstehen, mich zu meiner Selbstvertheidigung mit deinem Bruder zu messen; und dies ist dann auch am folgenden ersten Januar, im Senat, in einer Debatte über die Lage der Republik, so geschehen, daß er fühlen konnte, er habe es mit einem unerschrocknen und nicht leicht zu bezwingenden Gegner zu thun. Wenige Tage darauf, da er das Volk zu Ausführung seiner Anschläge in einer öffentlichen Rede zu bearbeiten anfing, war mein Nahme immer das dritte Wort; er brach in Drohungen gegen mich aus, und es war augenscheinlich, daß er fest entschlossen sey, alles Mögliche zu versuchen, um nicht etwa mit Urtheil und Recht, sondern durch Gewalt und Unterdrückung, meinen gänzlichen Untergang zu bewirken. Hätte ich einem so verwegenen Angriffe nicht mit Muth und gehörigem Selbstgefühl widerstanden, wer würde nicht haben glauben müssen, die Tapferkeit, die ich in meinem Consulat bewiesen, sey nicht vielmehr ein Werk des Zufalls als der Geistesstärke gewesen?

War dir dieser böse Wille deines Bruders Metellus gegen mich unbekannt, so ist klar, daß er dir aus Sachen von der größten Wichtigkeit ein Geheimniß gemacht; hat er dich aber etwas davon wissen lassen, so müßtest du mir's billig für eine besondere Schonung und Nachsicht anrechnen, daß ich dir keine Vorwürfe darüber mache.

Wenn du nun siehest, daß es nicht ein dem Me-

tellus entfahrnes Wort, (wie du sagst) sondern
ein überlegtes Benehmen und eine äusserst feind-
selige Gesinnung war, was mich gegen ihn auf-
brachte: so wirst du hoffentlich meiner Gutherzigkeit
(wofern man sie anders mit einem so milden Nahmen belegen, und nicht vielmehr Geistesschwäche
und Gefühllosigkeit gegen die bitterste Beleidigung
nennen will) Gerechtigkeit wiederfahren lassen, wenn
ich dir sage: daß ich, so oft im Senat von deinem
Bruder die Rede war, nie gegen ihn gesprochen,
sondern immer ruhig sitzen geblieben bin und denen
beygestimmt habe, die mir am gelindesten zu stimmen schienen. Ich setze noch hinzu, — wiewohl es
etwas betrift, wobey ich füglich ganz aus dem
Spiele hätte bleiben können, — daß ich über den
zu Gunsten meines Feindes abgefaßten Schluß des
Senats nicht nur keine Unzufriedenheit zeigte, sondern ihn sogar, weil er deinen Bruder betraf, durch
meinen Beytritt unterstützte.

Ich habe also deinen Bruder nicht angegriffen, wie du dich ausdrückst, sondern bloß seinen
Angriffen Widerstand gethan; und statt des
Wankelmuths, dessen du mich beschuldigest,
habe ich vielmehr eine Beständigkeit in meinen Gesinnungen gegen Dich bewiesen, welche selbst durch
die gänzliche Vernachläßigung, die ich von deiner
Seite erfahren habe, keinen Augenblick wankend
gemacht worden ist. Sogar jetzt, da ich einen Brief
von dir erhalte, der in einem beynahe drohenden

Ton geschrieben ist, versichre ich dich dagegen: daß ich dir die Empfindlichkeit, die du mir deines Bruders wegen zeigst, nicht nur zu Gut halte, sondern sogar zum größten Lob anrechne, da mein eignes Gefühl mir sagt, wie weit die Liebe zu einem Bruder gehen kann. Nur bitte ich dich, daß du dich, um ein billiges Urtheil über meine Empfindlichkeit zu fällen, auch an meinen Platz stellest, und bedenkest, daß, wenn ich bitter und grausam und ohne gegebene Ursache von den Deinigen angefochten worden, ich nicht nur nicht nachzugeben, sondern in einer solchen Sache sogar von dir und dem unter deinem Befehl stehenden Heere 44) Hülfe zu erwarten berechtigt war. Es war immer einer meiner angelegensten Wünsche dich zum Freunde zu haben, immer eine meiner eifrigsten Bemühungen dich zu überzeugen, daß ich im höchsten Grade der Deinige sey. In dieser Gesinnung beharre ich, und werde so lange darin beharren, als du selbst es wünschest. Ja, eher könnte ich aus Liebe zu dir aufhören deinen Bruder zu hassen, als zugeben, daß mein Haß gegen ihn unsrer Freundschaft den geringsten Abbruch thun sollte. Lebe wohl 45).

14.
An Cajus Antonius Imperator 46).

V. 5. D.   i. J. 691.

Wiewohl ich mir vorgenommen hatte, keine andere als Empfehlungsbriefe an dich zu schreiben — nicht als ob ich Ursache hätte zu glauben daß sie viel bey dir vermöchten, sondern damit ich denen, die mich darum bitten, keinen Anlaß gebe zu glauben, unsre Verbindung sey nicht mehr was sie gewesen war: — so habe ich doch nicht unterlassen wollen, dem Titus Pomponius*), einem Manne, dem meine Gesinnungen und Bemühungen für dich besser als irgend einem andern bekannt sind; der dir sehr zugethan und einer meiner wärmsten Freunde ist, — bey Gelegenheit seiner Reise in deine Provinz, einige Zeilen an dich mitzugeben; zumahl da ich den Pomponius selbst auf keine andere Weise zufrieden stellen konnte.

Wenn ich von dir die größten Gefälligkeiten, die ein Mann dem andern in unsern Verhältnissen erweisen kann, erwartete, würde sich wohl Niemand darüber wundern können: denn was habe ich nicht gethan, um bey jeder Gelegenheit und aus allen meinen Kräften deinen Vortheil zu befördern, und dein Ansehen in der Republik zu unterstützen? Daß ich für das alles keinen Dank von dir erhalten, kannst du selbst mir am besten bezeugen. Daß du aber dagegen zu meinem Nachtheil geschäftig gewe-

*) Atticus.

sen, habe ich von vielen gehört; denn ich wage nicht zu sagen, daß ich es von sichrer Hand erfahren habe, um mich nicht eines Wortes zu bedienen, das du mir, wie ich höre, häufig, wiewohl mit Unrecht, zum Vorwurf machst 47). Doch,— ich will lieber daß du, was mir zu Ohren gekommen ist, von Pomponius, dem es nicht weniger Unlust machte als mir, erfahrest, als aus diesem Briefe. Wie ungemein günstig ich für dich gesinnt war, dessen ist der Senat und das Römische Volk Zeuge. Wie dankbar du dafür gewesen, magst du selbst berechnen; wie viel du mir schuldig bist, berechnen die übrigen. Was ich ehmahls für dich gethan, geschah aus gutem Willen; was in der Folge, that ich um mir selbst gleich zu bleiben: Aber glaube mir, was noch zu thun ist, wird mich ungleich mehr Sorge, Anstrengung und Arbeit kosten. Kann ich hoffen sie nicht ganz vergebens verschwendet zu sehen, so werde ich mein Aeußerstes thun; finde ich hingegen daß sie nicht erkannt werden, so will ich dir keine Ursache geben mich, — für wahnsinnig zu halten.

Worauf ich hier ziele, und von welcher Bedeutung dir meine Dienste dabey seyn möchten, wirst du vom Pomponius erkundigen können 48), welchen ich dir, ob ich schon nicht zweifle daß du um seiner selbst willen alles Mögliche für ihn thun werdest, dennoch so empfohlen haben will, daß ich dich bitte, wenn du anders noch einige Liebe für mich hast,

sie mir in der Angelegenheit meines Freundes zu
beweisen, da es die größte Gefälligkeit ist, die du
mir erzeigen kannst. Lebe wohl.

15.
An Pomponius Atticus.
I. 12.   i. J. 691.

Es hält schwer, wie ich sehe, etwas von unsrer
Trojanerin 49) herauszupressen; Cornelius
hat sich wenigstens nicht wieder vor meiner Frau
sehen lassen. Ich denke wir werden unsre Zuflucht
zu Considius, Axius oder Selicius nehmen
müssen; denn dem Cäcilius können sogar seine
nächsten Verwandten keinen Schilling unter zwölf
vom Hundert ablocken 50).

Aber um wieder auf die Trojanerin zu kommen, Schamloseres, Ränkevolleres und Zäheres
hab' ich in meinem Leben nichts gesehen. — „Ich
schicke dir einen meiner Freygelasse-
nen" — „Ich habe dem Titus aufgetragen" *). Lauter kahle Ausflüchte und Aufzöge-
rungen! Indessen weiß ich nicht, ob uns der Zufall
nicht vielleicht besser dient als wir selbst 51); denn
die Pompejanischen Vorläufer melden mir, Pompejus werde sich laut erklären, daß man dem Anto-

---

*) Dies scheinen die eignen Worte des Antonius auf die
Mahnbriefe des Cicero zu seyn.

nius einen Nachfolger schicken müsse: und zu gleicher Zeit wird auch der Prätor dem Volk einen Vortrag darüber thun. Die Sache ist so beschaffen, daß ich den Menschen, ohne meinen Credit und meine Ehre sowohl bey den Wohlgesinnten im Senat als beym Volk aufs Spiel zu setzen, nicht vertheidigen kann. Der Hauptpunct ist, ich habe keine Lust dazu: denn es hat sich etwas ereignet, das ich dir nach allen Umständen entdecken will, damit du erforschen könnest was an der Sache ist. Ich habe einen Freygelaffenen, den ich für einen sehr schlechten Menschen halte, den Hilarus meine ich, der ehmals meine Rechnungen führte, und dein Client ist. Von diesem schreibt mir Valerius, der Dollmetscher des Antonius, und der Wechsler Chillus versichert das Nehmliche gehört zu haben: der Mensch halte sich beym Antonius auf; und dieser pflege, wenn er Gelder in seiner Provinz erpresse, laut zu sagen, ein Theil davon komme auf meine Rechnung, und ich hätte meinen Freygelaßnen ausdrücklich deswegen zu ihm abgeschickt, um dafür zu sorgen daß ich bey unserm gemeinschaftlichen Gewinn nicht zu kurz komme. Ich ärgerte mich nicht wenig, und doch konnt' ichs nicht glauben; gewiß ist indessen, daß von so etwas die Rede ging. Untersuche also die ganze Sache aufs genaueste, gieb dir Mühe ihr auf den Grund zu kommen; und, wofern dirs irgend möglich ist, so suche den Schurken aus jenen Gegenden wegzuschaffen. Valerius nannte den Cneus Plancius *) als seinen Gewährsmann. Ich schreibe dir so umständlich, damit du desto leichter hinter die ganze Sache kommen könnest 52).

Nichts ist gewisser als daß Pompejus mir höchlich wohl will 53). Seine Scheidung von Mucia wird allgemein gebilligt 54).

Du wirst, denke ich, gehört haben, daß Publius Clodius, des Appius Sohn, in Weiberkleidern in Cajus Cäsars Hause ertappt worden ist, als die Mysterien der Bona Dea darin begangen wurden; und daß er verlohren gewesen wäre, wenn ihn eine junge Sclavin nicht gerettet und ihm aus dem Hause geholfen hätte **). Es ist ein äusserst schändlicher Handel, und ich bin gewiß, er wird ~~die~~ sehr unangenehm seyn.

Weiter hab ich dir nichts zu schreiben; auch bin ich in der That nicht ruhig genug dazu; denn ich habe in diesen Tagen meinen Vorleser Sositheos, einen sehr liebenswürdigen Knaben, verlohren, und sein Tod hat mich mehr angegriffen als der Tod eines Sclaven 54) vielleicht thun sollte.

Ich wünsche öfters Briefe von dir zu erhalten.

---

*) Derselbe, welchen Cicero einige Jahre später in einer noch vorhandenen Rede vor Gericht vertheidigte. Er war im Jahr 691 Oberster unter den Truppen des C. Antonius in Macedonien.
**) S. Chronol. Ausz. §. 18.

Wenn es dir an Stoff dazu fehlt, so schreibe mir was dir vor die Feder kommt.

Am 1. Januar unterm Consulat des M. Messalla und M. Piso.

16.
An Publius Sestius, Proquästor 55).
V. 6. D.   i. J. 692.

Als dein Buchhalter Decius vor mir erschien, um mir anzusinnen, ich möchte mich dahin verwenden, daß dir kein Nachfolger in deiner Quästur geschickt würde, lagen mir deine vorhergehenden Briefe noch so frisch im Gedächtniß, daß ich, bey aller meiner guten Meynung von seiner Zuverläßigkeit, Klugheit und Ergebenheit gegen dich, ihm kaum glauben konnte, daß du deinen Sinn so sehr geändert haben solltest. Nachdem mir aber der Besuch, den deine Cornelia *) bey Terentien machte, und eine Unterredung mit Q. Cornelius keinen Zweifel über deine Gesinnung übrig ließ, trug ich Sorge, so oft der Senat zusammen kam, gegenwärtig zu seyn, und hatte nicht wenig zu thun, bis ich den Tribun Q. Fufius, und die übrigen, denen du aus demselben Ton, wie mir, geschrieben hattest, beynahe mit Gewalt dahin brachte, mir mehr zu glauben als deinen Briefen. Die ganze Sache

*) Die Gemahlin des Sestius, vermuthlich Schwester oder nahe Verwandtin des sogleich genannten Q. Cornelius.

wurde indeſſen in den Januar *) verſchoben, und ging dann ohne Schwierigkeit durch 56).

Du machteſt mir ſchon vor geraumer Zeit deinen Glückwunſch zu dem Hauſe, das ich von Craſſus gekauft hätte. Dieſer Glückwunſch, wiewohl er damahls zu früh kam, wirkte ſo gut auf mich, daß ich dieſes nehmliche Haus bald nachher um viert‑halb Millionen Seſterzien **) wirklich kaufte. Ich ſtecke alſo, wie ich dir nicht bergen kann, in dieſem Augenblick ſo tief in Schulden, daß ich große Luſt hätte mich in eine Verſchwörung gegen den Staat einzulaſſen, wenn mich nur jemand annehmen wollte. Aber mein Unglück iſt, daß keiner von dieſen wackern Männern etwas mit mir zu thun haben will; die einen, weil ſie mich als den weltbekann‑ten Rächer einer Verſchwörung haſſen; die andern, weil ſie mir nicht trauen, und befürchten daß ich ihnen bloß eine Falle ſtellen wolle; auch mögen ſie ſich wohl einbilden, es könne dem Manne nicht an Gelde fehlen, der die ſämmtlichen Wucherer von Rom von Beſtürmung ihrer Caſſen gerettet hat. In der That iſt um ſechs vom Hundert Geld ge‑nug zu bekommen 57), und meine Verdienſte um den Staat haben mir wenigſtens ſo viel eingebracht, daß ich für einen g u t e n M a n n paſſiere 58).

Dein Haus und dein ganzes Bauweſen habe ich

*) Des Jahrs 692.
**) Ungefähr 350000 Fl. Rheinſch. S. Chronol. Aus‑zug S. 18.

in Augenschein genommen, und alles gar sehr nach meinem Geschmack befunden.

Was den Antonius betrift, so habe ich mich durch die allgemeine Meinung, daß er sehr wenig um mich verdiene, nicht abhalten lassen, ihn im Senat mit größtem Fleiß und Eifer zu vertheidigen, und wirklich, durch meine Reden sowohl als durch mein Ansehen, großen Eindruck zu seinen Gunsten gemacht 59).

Es würde mir sehr angenehm seyn, öfters Briefe von dir zu erhalten. Lebe wohl.

17.
An Pomponius Atticus.
I. 13.   i. J. 692.

Ich habe nun *) bereits drey Briefe von dir erhalten: einen den du aus Trestaberná, wenn ich nicht irre, dem M. Cornelius mitgabst; den andern durch deinen Gastfreund von Canusium; und einen dritten, den du am Bord deiner Barke, nach schon gelichtetem Anker, geschrieben zu haben versicherst. Alle drey würden durch die Reinheit der Sprache und den feingebildeten Geist, der in jeder Zeile athmet, dem besten Rhetor Ehre machen, und sind überdies mit den verbindlichsten Ausdrücken deiner Liebe zu mir angefüllt. Stärker hättest du mich nicht zu einem häufigern Briefwechsel heraus-

*) Nehmlich seit der Abreise des Atticus nach Griechenland.

fodern können; auch liegt die Schuld, warum ich dir so spät antworte, bloß daran, daß ich keinen zuverläßigen Briefträger finde. Denn wie selten trift man einen, der sich mit einem etwas schweren Briefe beladen mag, ohne sich durch Eröfnung desselben für seine Mühe bezahlt zu machen. Dazu kommt noch, daß ich nicht weiß, ob und wann dieser oder jener nach dem Epirus abgeht. Ueberdies vermuthe ich, du werdest dich nicht lange in deiner Amalthea aufgehalten haben, und sobald als möglich zur Belagerung von Sicyon abgereiset seyn 60). Ich bin nicht einmahl gewiß, wann du deine Reise zum Antonius zu bewerkstelligen, und wie viele Zeit du überhaupt im Epirus zuzubringen gedenkst. Ich wage deswegen nicht, etwas frey geschriebene Briefe, weder Leuten die in Achaja noch die im Epirus Geschäfte haben, aufzugeben.

Gleichwohl haben sich seit unsrer Trennung Dinge zugetragen, welche dir von mir mitgetheilt zu werden sehr würdig, aber so beschaffen sind, daß ich meine Briefe der Gefahr verlohren zu gehen oder eröfnet, oder aufgefangen zu werden, keineswegs aussetzen darf.

Wisse also, daß ich in der ersten Rathssitzung dieses Jahrs nicht der Erste war, der seine Stimme zu geben aufgerufen wurde, sondern daß mir der Wiederhersteller der Ruhe unter den Allobrogen vorgezogen wurde 61). Der Senat murmelte; mich

verdroß es ganz und gar nicht. Denn nun bin ich
des Zwanges überhoben dem verkehrten Menschen *)
die Cour zu machen, und kann meine Würde in der
Republik ihm zu Trotz nur desto besser behaupten.
Zudem hat die zweyte Stelle im Stimmen beynahe
gleiches Ansehen mit der ersten, und noch den Vortheil voraus, daß man sich dem Consul nicht besonders verbunden zu halten braucht. Catulus ist
der dritte, der vierte (wenn dich vielleicht auch das
interessirt) Hortensius.

Der Consul selbst ist ein Mensch von kleinem
verschrobenem Geist, immer und sonst nichts als
ein Spötter, aber einer von den sauertöpfischen
Spöttern, die, auch ohne etwas witzig oder spitzig
Lächerliches gesagt zu haben, zu lachen machen, nicht
sowohl durch die Schneide ihres Witzes, als durch
die Gesichter, so sie dazu schneiden 62); ein
Mensch, der sich die Republik nichts anfechten läßt,
nie auf der Optimaten Seite ist, und von dem
der Staat nicht Gutes zu hoffen hat, weil er nicht
will, aber auch nichts Böses zu befürchten, weil
er nicht darf. Was den andern Consul betrifft, so
behandelt er mich bey jeder Gelegenheit mit beson-
drer Achtung; er begünstigt und schützt die gute
Parthey, ja es zeigen sich sogar itzt schon kleine
Mißhelligkeiten zwischen den beyden Collegen.

Inzwischen hat sich seit deiner Abreise etwas
zugetragen, wovon ich langwierige und bedeutende

*) Dem Consul Piso.

Folgen besorge. Du wirst, denk' ich, gehört haben *), daß bey den Mysterien der Bona Dea, die im verwichnen Jahr in Cäsars Hause begangen wurden, ein Mann in weiblicher Kleidung sich ins Haus geschlichen; daß die Vestalen die dadurch unterbrochnen Ceremonien an einem andern Tage wieder vorgenommen; daß Q. Cornificius dieses Vorfalls zuerst im Senat erwähnt, — damit du nicht etwa auf einen der Unsrigen **) rathest, — daß die Sache durch einen Rathsschluß an die Pontifices verwiesen, und von diesen für ein schweres Verbrechen gegen die Religion erklärt wurde; daß der Senat hierauf den Consuln aufgetragen, die Sache vor das Volk zu bringen, und daß Cäsar seiner Gemahlin den Scheidebrief zugeschickt. Nunmehr giebt sich der Consul Piso aus Freundschaft gegen Clodius große Mühe, daß die Untersuchung, — wiewohl von ihm selbst vorgeschlagen, vom Senat beschlossen, und eine Sache betreffend, wobey die Religion gefährdet ist, — vom Volke verworfen werde. Unsre guten Männer lassen sich von Clodius erbitten, zurückzutreten. Dieser sieht sich inzwischen um handfeste Freunde um. Ich selbst, der anfangs mit Lykurgischer Strenge zu

*) Cicero scheint vergessen zu haben, daß er dieses scandalösen Handels schon vor einiger Zeit in einem Brief an Atticus gedacht hatte.

**) Vermuthlich sind die Consularen unter den Unsrigen zu verstehen, und er besorgte vielleicht, daß Atticus auf ihn selbst rathen möchte.

Werke ging *), werde täglich milder und milder. Cato allein verfolgt die Sache mit unerbittlicher Festigkeit. Was soll ich dir sagen? Ich besorge sehr, dieser von den Guten vernachläßigte, von den Bösen in Schutz genommene Handel wird der Republik großes Unheil bringen 63).

Was aber deinen großen Freund betrift, (du weißt wen ich meine) der, — von dem du mir schreibst: „wie er gesehen daß er mich, ohne sich selbst zu schaden, nicht tadeln könne, habe er angefangen mich zu loben," — ist mir, dem Anschein nach, über alle Maßen gewogen, schließt sich an mich an, liebkoset mir, lobt mich bey jeder Gelegenheit öffentlich, beneidet mich dafür im Herzen, möcht' es gern verbergen, benimmt sich aber so linkisch dabey, daß es Jedermann in die Augen fallen muß. Ueberhaupt ist an diesem Manne nichts Anmuthendes, nichts Natürliches, nichts Gerades; in der Rolle, die er im Staat spielt, kein Zug von Biederkeit, Offenheit, Kraft, Freymüthigkeit 64). — Doch das nähere und bestimmtere hierüber ein andermahl! Theils hab' ich selbst von Allem noch nicht Kunde genug; theils wag' ich es nicht, dem mir unbekannten Erdensohn, der dir dieses überbringen

---

*) qui *Lycurgei* a principio fuissemus. Der hier gemeinte Lykurgus ist nicht der Spartanische Gesetzgeber, sondern ein berühmter Redner zu Athen, aus des Aeschines Zeiten, der sich (sagt man) den Bösen als Ankläger so furchtbar machte, daß sein Nahme zum Sprüchwort wurde.

soll, einen Brief über Dinge von solchem Belang anzuvertrauen.

Die Prätoren *) haben über ihre Provinzen noch nicht geloset. Die Sache ist noch wo du sie gelassen hast.

Die Beschreibung von Misenum und Puteoli, die du verlangst, will ich meiner Rede einverleiben **).

Daß ich mich im Datum vom 3ten December geirrt, bin ich selbst gewahr worden.

Mit den Stellen in meinen Reden, die dir vorzüglich gefallen haben, war ich selbst nicht wenig zufrieden; ich hatte nur vorher das Herz nicht es laut zu sagen. Nun, da sie deinen Beyfall haben, scheinen sie mir noch viel attischer als zuvor. In die Rede gegen den Tribun Metellus habe ich einiges eingeschaltet. Ich werde dir eine Abschrift davon schicken, weil dich doch deine Liebe zu mir zu einem so großen Philorhetor ***) gemacht hat.

Du möchtest nun wohl auch etwas Neues wissen? Das Neueste, was ich dir zu schreiben habe, ist, daß der Consul Messala das Haus des Autronius ****) um drey Millionen sieben hundert tausend Sesterzien gekauft hat. Du wirst sagen, was

---

*) Des Jahrs 691, deren einer Quintus Cicero war.
**) Welcher Rede? und warum? ist unbekannt.
***) Rednerfreund.
****) Der wegen eines Staatsverbrechens sich selbst vor einigen Jahren aus Italien hatte exilieren müssen.

das mich angehe? Nichts, als daß man nun spricht, ich hätte einen guten Kauf gethan; und daß die Leute zu begreifen anfangen, es sey erlaubt, in Dingen dieser Art unsrer Würde mit dem Gelde unsrer Freunde genug zu thun 65).

Meinem Geschäfte mit der Trojanerin seh ich noch kein Ende; doch ist Hoffnung. Thue dein möglichstes daß es endlich zu Stande komme, und erwarte nächstens einen freyern Brief von mir. Am 25. Januar, unter dem Consulat des M. (Valerius) Messala und M. (Pupius Calpurnianus) Piso.

18.
An Atticus.

I. 14.   i. J. 692.

Ich befürchte es klänge anmaffend, wenn ich dir schriebe wie beschäftigt ich bin; und doch war ich es so sehr, daß ich kaum Zeit zu diesem Briefe (der klein genug ausfallen wird) gewinnen konnte, und auch diese den wichtigsten Geschäften abstehlen mußte.

Wie die erste Rede des Pompejus *) beschaffen war, hab ich dir bereits **) geschrieben: nehmlich daß sie dem Volke wenig Trost gab, die Bösen nichts fürchten ließ, den Reichen und Mächti-

---

*) Im Senat, nach seiner Zurückkunft aus Asien.
**) In einem nicht mehr vorhandenen Briefe.

gen sein Vergnügen, und auf die Wohlgesinnten keinen Eindruck machte. Sie wurde daher auch frostig genug angehört.

Auf Anstiften des Consuls Piso schleppte ihn nun der Schwindelköpfige Tribun Fufius zum Volk in den Flaminischen Circus, wo eben großer Markttag war, und rief ihn auf, sich öffentlich zu erklären: ob es seine Meinung sey, daß die Wahl der Richter zu Untersuchung der dem Clodius angeschuldeten Religionsverletzung, dem Prätor überlassen werden sollte? Dies letztere war es nehmlich, was der Senat in dieser Sache beschlossen hatte. Auf dieses nun erklärte sich Pompejus sehr aristokratisch und mit einem großen Schwall von Worten: „Das Ansehen des Senats scheine „ihm in allen Dingen von der größten Bedeutung „zu seyn und habe ihm immer so geschienen." — Als ihn bald darauf der Consul Messala im Senat um seine Meynung über die Sache des Clodius und über die bereits erfolgte Weisung derselben an das Volk befragte, lief alles was er sagte darauf hinaus, daß er allen Beschlüssen dieses Standes überhaupt eine Lobrede hielt; und wie er sich wieder gesetzt hatte, sagte er zu mir: er denke sich auch über diese Dinge deutlich genug erklärt zu haben 66).

Wie Crassus merkte, daß die Rede des Pompejus Beyfall fand, weil man zu glauben schien er habe seine Zufriedenheit mit meinem Consulat dadurch zu erkennen gegeben, stand er auf, und ließ sich in große Lobeserhebungen meines Consulats ein. Er ging so weit, zu sagen: „daß er noch Senator, noch Römischer Bürger, noch ein freyer Mann sey, hab' er mir zu danken; so oft er seine Gattin, so oft er sein Haus, so oft er seine Vaterstadt ansehe, so oft seh' er meine Wohlthaten." — Kurz, er breitete sich über diesen ganzen Gemeinplatz, den ich in meinen Reden (deren Aristarch du bist) so bunt und vielseitig auszumahlen pflege, mit ungemeiner Wärme aus, und warf mit Flammen und Schwerdtern und allen übrigen dir wohlbekannten großen Wortblasen um sich, daß es eine Lust zu hören war. Da ich zunächst am Pompejus saß, konnt' ich leicht merken, daß der Mensch in Gedanken darüber verfiel, und sichs nicht recht klar machen konnte, ob Crassus bloß diese Gelegenheit sich ein Verdienst um mich zu machen, besser als er, habe benutzen wollen; oder ob die Dinge die ich gethan, wirklich so groß seyen, um, mit so sichtbarer Zufriedenheit des Senats, so gewaltig herausgestrichen zu werden; zumahl von einem Manne, der mir ein solches Lob um so weniger schuldig war, da ich in allen meinen Briefen den Pompejus immer auf seine Kosten erhoben hatte.

Dieser Tag setzte mich in große Verbindlichkeit gegen Crassus; und gleichwohl zeigte ich mich mit dem, was Jener *) verdeckter Weise zu meinen Gunsten gesprochen, eben so zufrieden als ob er sich offen und geradezu erklärt hätte. Wie nun aber die Reihe zu reden an mich kam, Gute Götter! was ich mich vor meinem neuen Zuhörer Pompejus aufspreitzte! In meinem Leben sind mir die Perioden, die Wendungen, die Ueberraschungen, die Einkleidungen, nicht so zugeströmt 67). Was soll ich dir sagen? Es ging laut her! denn mein Thema war: „mit welcher Weisheit und Standhaftigkeit der Senat sich benommen, wie einträchtig er vom Ritterstand unterstützt worden, welche Wohlgesinntheit ganz Italien bewiesen, wie gänzlich die Verschwörung bis auf ihre kleinsten Ueberbleibsel vernichtet, und welcher Ueberfluß, welche Ruhe wieder hergestellt worden." Du kennst die Donner, die ich ertönen lasse, wenn ich auf diese Materie komme; sie waren so arg, daß ich desto weniger davon zu sagen brauche, denn ich glaube sie müssen bis in euren Gegenden gehört worden seyn.

Höre nun wie die Sachen dermahlen in Rom stehen. Der Senat ist ein wahrer Areopagus; man kann nicht standhafter, nicht strenger, nicht kraftvoller seyn. Nur eine Probe: Wie der Tag gekommen war, daß die bewußte Sache **) vor das Volk gebracht werden sollte, liefen eine Menge milchbärtiger junger Gauche, der ganze Rest des

*) Pompejus.
**) des P. Clodius.

Catilinarischen Anhangs, vom Töchterchen des Curio 68) angeführt, von allen Enden zusammen, und baten das Volk, die Untersuchung nicht zuzugeben. Der Consul Piso, der im Senat selbst auf sie angetragen hatte, beeiferte sich itzt, das Volk davon abzurathen. Die vom Clodius gedungenen Kerle hatten die Brücken besetzt. Dem Volk wurden Täfelchen ausgetheilt, worunter nicht ein einziges bejahendes war 69). Nun fliegt mein Cato auf die Rede-Canzel, und hält dir eine derbe Schmährede gegen den Consul Piso, wenn man anders einen Vortrag so nennen kann, der ein Muster von Energie und Würde war, und nichts als das Beste des Staats zur Absicht hatte. Er warde von unserm Hortensius und von vielen andern Gutgesinnten unterstützt; vor allen zeichnete sich Favonius durch den thätigsten Eifer aus. Das Zusammenwirken so vieler Optimaten hatte die Wirkung, daß die Comitien aufgehoben wurden. Der Senat wird zusammenberufen, und die Senatoren finden sich in großer Anzahl ein. Als es zum Votieren kam, zerkämpfte sich Piso aus allen Kräften gegen die Mehrheit, die darauf antrug, daß die Consuln das Volk zur Annahme der Rogation ermahnen sollten; Clodius fiel einem Senator nach dem andern zu Füßen; alles vergebens! Curio (der Vater) der wider die Abfassung eines Rathsschlusses war, hatte kaum Funfzehn die ihm beystimmten; auf der Gegenseite waren über Vierhun-

hert, und das Decret ging durch. Der Tribun
Fufius machte sich davon; Clodius hingegen hielt
jammervolle Reden an das Volk, worin er gegen
Lucullus, Hortensius, Cajus Piso, und
den Consul Messala aufs schändlichste loszog. Mir
warf er nur vor, ich hätte alles von sichrer Hand
erfahren *). Ich muß nicht vergessen beyzufügen,
daß der Senat beschlossen hatte, daß weder von den
Provinzen der Prätoren, noch von den abzuschicken-
den Gesandtschaften, noch von irgend einer andern
Sache die Rede seyn sollte, bis diese abgeschlossen
wäre.

Das ist alles was ich dir von unsern dermahligen Staatsangelegenheiten zu berichten weiß. Doch
eines muß ich dir noch sagen, weil es mehr ist als
ich gehofft hatte. Messalla ist ein trefflicher Consul, kraftvoll, standhaft, thätig, liebt mich, und
beeifert sich mich bey jeder Gelegenheit zu rühmen
und zu seinem Vorbilde zu nehmen. Der andre wäre
ein vollständiger Taugenichts, wenn er nicht glücklicher Weise die Untugend hätte, daß er der schläf-
rigste, untauglichste und unthätigste aller Menschen
ist. Sein Wille hingegen ist so grundböse, daß er
den Pompejus, seit jener dem Senat in der
Volksversammlung gehaltenen Lobrede, ordentlich
zu hassen angefangen hat. Dafür ists aber auch
unsäglich, in welchem Grad er sich alle Wohlgesinnten abgeneigt macht. Das schlimmste dabey ist,

*) S. die Anmerk. 47 zum 14ten Brief d. B.

daß er den Clodianer spielt, nicht etwa aus
Freundschaft für den Clodius, sondern aus eigner
inwohnender Lust und Liebe zum Unheilstiften und
Intrigieren. Glücklicher Weise giebt es unter allen
dermahligen Magistratspersonen keinen seines gleichen. Den einzigen Fuflus ausgenommen, haben
wir lauter gutgesinnte Tribunen; Cornutus möchte
sogar für einen zweyten Cato angesehen seyn.

Vermuthlich möchtest du nun auch etwas von
meinen häuslichen Angelegenheiten hören. Die Trojanerin hat endlich das Versprochne richtig gemacht, und du wirst nun nicht vergessen, den über-
nommenen Auftrag ins Werk zu setzen.

Mein Bruder Quintus hat neuerlich auch die
übrigen drey Viertel des Gebäudes auf dem Argi-
letum 70) um 725000 Sesterzien *) an sich gebracht,
und sucht einen Käufer zu seinem Gut bey Tusculum, um wo möglich das Haus des Pacilius
zu kaufen.

Mit dem Luccejus solltest du dich wieder aus-
söhnen; ich sehe es ist dem Menschen so weh darnach, daß er dich beynahe darum anbetteln möchte.
Ich will mich der Sache annehmen.

Und nun, Lieber, laß auch du mich bald möglichst wissen, wie du lebst, wo du bist, und wie
deine Geschäfte gehen. Am 13ten Februar.

*) etwas über 60/m. Gulden.

19.
An Atticus.
I. 15.　　　　　　　　　　　　　　　i. J. 692.

Daß die Provinz Asien meinem guten Bruder Quintus zugefallen, wirst du bereits gehört haben; denn ich zweifle nicht, das öffentliche Gerücht werde auch dem schnellsten Briefe von irgend einem der unsrigen zuvorgelaufen seyn. Nun, lieber Atticus, da du weißt, wie brennend von jeher mein Durst nach Lob gewesen ist, und daß ich vor allen andern als ein Griechenfreund bekannt bin, und wie vieler Leute Haß und Feindschaft ich mir um der Republik willen zugezogen habe: so biete nun allen deinen Kräften auf*) und laß dir recht ernstlich angelegen seyn, mich von allen (Asiaten) lieben und loben zu machen 71). Doch hievon ein Mehreres in dem Briefe, den ich meinem Bruder mitgeben werde. Inzwischen bitte ich dich um Nachricht, wie weit du sowohl mit meinen Aufträgen als in deinem eignen Geschäfte gekommen bist. Denn seitdem du von Brundusium abgegangen, ist mir kein Brief von dir zugekommen. Mich verlangt sehnlich zu wissen wie dir's geht. Den 15ten März.

*) Im Texte: „παντοιησ αρετησ μιμνησκεο," welches die Hälfte des 268sten Verses im 22sten B. der Ilias ist.

20.
An Atticus.

I. 16.   i. J. 692.

Du wünschest von mir zu erfahren, wie es zugegangen, daß der Gerichtshandel des Clodius einen der allgemeinen Erwartung so entgegenlaufenden Ausgang genommen; auch willst du wissen, warum ich selbst bey dieser Gelegenheit nicht mit meinem gewöhnlichen Eifer gefochten habe. Ich will deine Fragen in der Homerischen Manier,*) also die zweyte vor der ersten beantworten. Wisse demnach, daß ich, so lange es um Behauptung der Autorität des Senats zu thun war, so hitzig und nachdrücklich gefochten habe, daß alles mit hellem Haufen und unter dem lautesten Beyfall auf meine Seite trat. Gewiß, wenn ich jemahls ein tapfrer Streiter für das Beste des Staats in deinen Augen war, bey dieser Gelegenheit würdest du mich bewundert haben. — Und wie Jener (Clodius) sich nicht mehr anders zu helfen wußte, als daß er überall, wo er sich einen Haufen Zuhörer verschaffen konnte, Reden hielt, worin er den Pöbel gegen mich aufzubringen suchte [72], Himmel! was für Schlachten ich da lieferte, und welche Niederlagen ich anrichtete! Was für Ausfälle ich auf Piso, auf Curio, auf die ganze Clodische Rotte that! Wie ich in die Schwachherzigkeit der Alten und die Zügellosigkeit der Jugend einhieb! Bey Gott, es

*) „ὕστερον πρότερον, ὁμηρικῶς."

that mir öfters leid, dich, der an meinen Grundsätzen und Maßregeln so viel Antheil hat, nicht
auch zum Zuschauer meiner Heldenthaten zu haben 73). Wie aber Hortensius *) in der Folge
auf den unglücklichen Ausweg verfiel, daß der Tribun Fufius in dieser Religionssache ein Gesetz
geben sollte, welches von dem Decret des Senats
bloß in dem einzigen Umstand (auf den aber gerade
alles ankam) verschieden war, daß die Richter, anstatt vom Prätor, durchs Loos erwählt werden
sollten; und da er aus allen Kräften für diese Maßregel stritt, weil er sich selbst und andre überredet
hatte, Clodius könne nicht entrinnen, wer auch
seine Richter seyn möchten: da zog ich die Segel
ein, weil ich voraus sah was für armselige Richter herauskommen würden; und wie ich als Zeuge
auftreten mußte, sagte ich nicht ein Wort mehr als
was so stadtkundig war, daß ich mich nicht entbrechen konnte es bezeugen zu helfen. Wenn du also
(um auf deine erste Frage zurück zu kommen) wissen
willst, was die Ursache seiner Lossprechung gewesen, so kann ich dir nichts andres antworten, als:
die Armuth und Schlechtigkeit der Richter. Schuld
daran aber ist einzig die Unvorsichtigkeit des Hortensius, der aus Furcht, der Tribun Fufius möchte
dem Gesetz, das der Senat an das Volk gebracht,
sein Veto entgegensetzen, nicht sah, daß es besser

―――――――――
*) Der große Redner, einer der angesehensten Consularen
im Senat.

sey, den Ruf einer schmutzigen Schandthat auf dem Clodius ersitzen zu laßen, als ihn einem unzuverläßigen Gerichte zu übergeben. Aber Hortensius, von seinem Haß hingerissen, konnte nicht genug eilen die Sache gerichtlich ausmachen zu lassen, weil er steif und fest glaubte, sogar ein bleiernes Schwerdt (wie er sich ausdrückte) sey noch immer scharf genug, einen solchen Sünder abzuthun.

Du wünschest vielleicht mehr Umstände von diesem Handel zu wissen, nach dessen so unvermuthetem Ausgang Jedermann nun hinterher die Schuld auf den Vorschlag des Hortensius schiebt, wiewohl Ich der einzige gewesen war, dem er gleich anfangs mißfallen hatte. Bey Sichtung der Richter ging es sehr laut zu, weil der Ankläger, wie einem rechtschaffnen Censor zukommt, die ärgsten Schelme verwarf, der Beklagte hingegen, wie ein mildherziger Vorsteher einer Gladiatorschule, die Wackersten auf die Seite schob. Sobald die Uebriggebliebenen ihren Platz genommen hatten, begann allen Wohlgesinnten der Muth zu sinken. Nie sah man eine schändlichere Gesellschaft um einen Würfeltisch sitzen: übelberüchtigte Senatoren, bettelarme Ritter, in Schulden bis über die Ohren steckende Kriegs-Zahlmeister*). Unter allen diesen waren gleichwohl einige wenige Biedermänner, welche der Beklagte sich nicht zu

---

*) „Tribuni, non tam, ut appellantur, *aerarii* quam *aerati*" denn so muß unstreitig gelesen werden). Das Wortspiel mit Aerarii und aerati geht in der Uebersetzung verloren.

verwerfen getraut hatte, die traurig und mit gesenktem Haupte unter so ungleichartigen Menschen das saßen, und nicht anders aussahen, als ob sie von der Schändlichkeit ihrer Collegen angesteckt zu werden besorgten. Anfangs wie die vorläufigen Puncte in Umfrage gestellt wurden, zeigte sich eine unglaubliche Strenge; keine Verschiedenheit der Meinungen; der Beklagte fiel überall durch; dem Ankläger wurde noch mehr zugestanden als er verlangte. Hortensius triumphierte, wie du denken kannst, den Erfolg so richtig vorausgesehen zu haben; da war kein Mensch der Jenen nicht für so schuldig hielt, als ob er schon tausend Mahl verurtheilt wäre. Als ich aber als Zeuge aufgeführt wurde, da hättest du das ungeheure Geschrey, das die Beystände des Clodius gegen mich erhoben, hören, da hättest du sehen sollen, wie die Richter zu ganzen Haufen aufstanden, sich um mich her drängten, und dem Clodius ihre Hälse wie zum Schutz des meinigen darboten: ein Zug, der mir noch ehrenvoller für mich zu seyn schien, als jener, da deine Mitbürger *) dem Xenokrates ein Zeugniß, das er abzulegen hatte, nicht zu beschwören erlaubten, oder da (zu unsrer Väter Zeiten) die Richter des Metellus Numidicus seine geführten Rechnungen, als sie (wie gewöhnlich) herumgeboten wurden, nicht einmahl ansehen wollten. Ich sage, was mir

*) Die alten Athener — ein Compliment, das er dem Atticus im Vorbeygehen macht.

bey dieser Gelegenheit wiederfuhr *), war weit
größer. Auch war die Folge dieser einstimmigen
Bereitwilligkeit der Richter mich als den Retter des
Vaterlandes zu vertheidigen, daß Clodius den Kamm
sinken ließ und seine Patronen allesammt zu Boden
fielen. Ich hingegen hatte am folgenden Morgen
kein kleineres Cortege, als damahls, da ich bey
meinem Austritt aus dem Consulat nach Hause begleitet wurde.

Unsre preiswürdigen Areopagiten **) schrien
nun überlaut, sie würden sich nicht wieder versammeln, wenn ihnen nicht eine Schutzwache gegeben
würde. Sie hielten Rath darüber, und nur ein
einziger stimmte daß man keine verlangen sollte.
Die Sache wird vor den Senat gebracht; dieser
faßt einen eben so weisen als für die Richter ehrenvollen Beschluß; sie werden gelobt, und den Magistratspersonen aufgetragen ihrem Begehren Statt
zu geben, und Niemand glaubt, daß der Mensch
ferner Rede stehen werde.

   Saget mir nun, ihr Musen, ***) — — —
    Wie sich das Feuer zuerst entzündete —

Du kennst doch den Calvus, ich meine den
Calvus der Nannejanischen Versteigerung,

---

*) Warum sollt' es auch nicht, da es ihm wiederfuhr!
**) Die Richter des Clodius.
***) Wie man sieht, eine scherzhafte Anspielung auf den 112
 und 113 Vers des 16ten Buchs der Ilias, wo Homer
 die Musen zu Hülfe ruft, bevor er erzählt wie die Trojaner die Griechischen Schiffe in Brand gesteckt und welch
 große Folgen dies gehabt.

meinen großen Lobredner, von deſſen mir ſo ehrenvoller Rede ich dir neulich ſchrieb; — der hat die Sache binnen zwey Tagen, mit Hülfe eines einzigen Sclaven, und noch dazu eines Sclaven aus ſeiner Fechter-Niederlage*), zu Stande gebracht 75). Er läßt die Herren zu ſich kommen; verſpricht, verbürgt ſich, zahlt baar. Mehrere Richter laſſen ſich — Gute Götter, wohin iſts mit uns gekommen! — ſogar mit Nächten gewiſſer Frauen und junger Knaben aus edlen Familien beſtechen, und glauben noch einen guten Kauf gethan zu haben. Und dennoch, obgleich die Wohlgeſinnten bey Abſtimmung des Urtheils ſich größten Theils zurückgezogen hatten, und das Forum mit Sclaven angefüllt war, hatten fünf und zwanzig Richter Muth genug, wiewohl ſie wußten daß ſie ihr Leben wagten, lieber zu ſterben als — Alles zu Grunde richten zu helfen. Nur bey ein und dreiſſigen überwältigte der Hunger das Ehrgefühl. Catulus, dem einer von dieſen Unglücklichen in den Wurf kam, ſagte zu ihm: wofür verlangtet ihr eine Schutzwache von uns? war euch etwa bange, man möchte euch das Geld wieder abjagen, das ihr bekommen habt?

Hier haſt du in möglichſter Kürze die Beſchaffenheit des Gerichts, und die Urſache der Losſprechung des Clodius.

*) Ex gladiatorio ludo. Es ſcheint daß Craſſus unter den mehrern Tauſenden Sclaven von allen möglichen Profeſſionen, von denen er großen Gewinn zog, auch eine Anzahl Gladiatoren unterhielt.

Du fragst mich ferner, wie es dermahlen mit der Republik stehe, und wie mit mir? So wisse dann, daß dieser Zustand der Republik, den wir Beyde, Du durch meine Klugheit, ich durch göttliche Vorsicht auf immer befestigt glaubten, und der durch die Vereinigung aller Wohlgesinnten und das Beyspiel meines Consulats unerschütterlich gegründet schien, — wenn uns nicht irgend ein Gott mit gnädigen Augen ansieht, — durch dieses einzige Gericht auf einmahl zusammen gestürzt ist; so fern man das anders ein Gericht nennen kann, wenn Dreyssig der verächtlichsten und heillosesten unter allen Römern, um einen armseligen Sold, alles was heilig und recht ist mit Füßen treten, und ein Talma, ein Plautus, ein Spongia, und andres solches Auskehricht, den Ausspruch thun, „daß eine Thatsache, von welcher nicht nur alle Menschen, sondern das unvernünftige Vieh sogar, weiß daß sie geschehen ist, nicht geschehen sey."

Indessen muß ich dir doch zu einigem Troste sagen, daß, ungeachtet dieser der Republik geschlagenen schweren Wunde, die Verruchtheit sich ihres Sieges nicht so ungestört erfreuen kann als die Uebelgesinnten hofften. Denn wirklich hatten diese sich eingebildet, wenn die Religion, wenn die Sitten, wenn das Vertrauen auf die Gerichte, wenn das Ansehen des Senats, einen solchen Stoß erlitten hätten, würde die siegreiche Büberey und

Frechheit sich nun für jeden Schmerz, den die Strenge meines Consulats allen Bösewichten eingebrannt hatte, ungescheut an allen guten Menschen rächen können. Aber eben derselbe Consul (denn ich glaube mich keiner übermüthigen Ruhmredigkeit schuldig zu machen, wenn ich offenherzig mit dir spreche, zumahl in einem Briefe, den kein Andrer als du mit meinem Willen lesen soll) ich also, sage ich, habe die Wohlgesinnten, Mann vor Mann in ihrem Kummer getröstet, aufgemuntert, gestärkt, und durch den Eifer, womit ich die bestochnen Richter verfolge und ängstige, allen Freunden und Gönnern jenes schändlichen Sieges den Mund versiegelt; habe dem Consul (Piso) nichts, was er durchsetzen wollte, gelingen lassen; habe ihm die Provinz Syrien, deren er sich schon völlig gewiß hielt, abgejagt; habe den Senat wieder zu seiner vorigen weisen Strenge zurückgerufen, und seinen gesunknen Muth wieder aufgerichtet; habe den Clodius selbst in Person vor dem ganzen Senat, theils in einer ununterbrochnen vollwichtigen Rede, theils in einem ziemlich hitzigen Wortwechsel, so zusammen gearbeitet, daß er sich zuletzt nicht mehr zu helfen wußte. Von beyden muß ich dir doch etwas weniges zu kosten geben; denn das meiste verliert freilich alles Salz und alle Anmuth, sobald ihm das Feuer des Streits, oder das, was ihr andern Griechen ἀγών *) nennet, abgeht.

*) Wettkampf.

Als ich nehmlich in der Rathsversammlung vom 15ten May meine Meinung zu sagen aufgerufen wurde, breitete ich mich anfangs über die Lage der Republik im Allgemeinen aus, und sprach darüber mit der Wärme eines Begeisterten: "Die Senatoren möchten eines einzigen erlittnen Stoßes wegen den Muth nicht fallen lassen; die Wunde dünke mich so beschaffen, daß sie zwar nicht verhehlt, aber auch nicht gefürchtet werden dürfe, weil jenes großen Mangel an Klugheit, dieses unverzeihliche Nachläßigkeit verrathen würde. Lentulus sey zweymahl, Catilina zweymahl losgesprochen worden; Clodius sey nun der dritte, den die Richter auf die Republik losgelassen hätten. — "Aber du irrst „dich gewaltig, Clodius, wenn du deinen Richtern „Dank schuldig zu seyn glaubst; sie haben dich „bloß darum nicht aus der Stadt verwiesen, weil „die Stadt ein Gefängniß für dich ist; ihre „Meinung war nicht, dem Staat einen Bürger zu „erhalten, sondern dich der Vortheile des Exiliums „zu berauben." — "Richtet Euch also wieder auf, „Patres Conscripti, und behauptet euere „Würde! Noch immer besteht die vorige Einmüthig„keit der Wohlgesinnten in allem was die Republik „angeht; sie haben eine Ursache mehr, sich zu be„trüben, aber ihre Rechtschaffenheit hat nichts da„durch verloren. Wir haben keinen neuen Scha„den erlitten; nur was schon da war, ist an den „Tag gekommen, und das über Einen Taugenichts

„gehaltene Gericht hat uns mehrere seinesgleichen „bekannt gemacht." —

Doch was mache ich? Ich wiederhole dir ja beynahe die ganze Rede. — Also nun zu meinem Wortwechsel mit Clodius! 76) Der holde Knabe *) steht auf, — wirft mir vor ich sey zu Bajä gewesen. — „Es ist nicht wahr! Aber was willst du mit diesem Vorwurf? versetzte ich: es ist gerade als ob du sagtest, ich sey hinter dem Vorhang der Bona Dea gewesen" 77) — Wozu braucht ein Arpinater warmes Wasser? sagte er. — „Frage deine Beschützerin, welche große Lust zu Arpinatischem Wasser hatte; und mußtest du dich nicht sogar mit Meerwasser behelfen?" 78) Wie lange, sagte er, können wir noch diesen König dulden? — Mich wundert, versetzte ich, daß du das Wort Rex über die Zunge bringen magst, seitdem du mit deiner Hoffnung auf das Testament eines Rex so übel durchgefallen bist 79). Nun warf er mir vor, daß ich ein Haus gekauft hätte. Sollte man nicht meinen, erwiederte ich, du beschuldigest mich Richter gekauft zu haben? Die meinigen, sagte er, glaubten deinem Zeugniß gegen mich nicht, wiewohl du es beschworen hattest. Mir, versetzte ich, haben fünf und zwanzig Richter geglaubt; an dich hatten deine ein und dreißig so wenig Glauben, daß du sie voraus bezahlen muß-

---

*) „pulchellus puer." Pulcher (schön) war der Zunahme des Claudischen Geschlechts, aus welchem Clodius stammte.

teſt. — Hier erhob ſich ein ſo lautes Gelächter, daß
der Menſch verſtummte und zuſammenſank.

Was meine Lage betrift, ſo iſt ſie bey den
Gutgeſinnten noch immer dieſelbe, wie damahls da
du dich von uns trennteſt; bey dem Schmutz und
den Hefen der Stadt 80) noch viel beſſer; denn ſogar
das ſchadet mir nichts, daß mein Zeugniß gegen
Clodius bey den Richtern ſo wenig gegolten zu
haben ſcheint. Es iſt ein kleiner Aderlaß, der dem
Neid wohl thut und mir nicht ſchadet; zumahl
da ſelbſt die Beförderer dieſes Bubenſtücks geſtehen
müſſen, daß die That augenſcheinlich und nur durch
Beſtechung der Richter zu vertuſchen war. Hiezu
kommt noch, daß der hungrige lumpichte Theil des
Volks, der die Bürgerverſammlungen bloß beſucht,
um wie Blutegel an der Staats-Schatzkammer zu
ſaugen, ſich feſt einbildet, daß ich bey Pompejus
alles gelte; und in der That ſehen wir uns ſo oft,
und leben auf einem ſo angenehmen traulichen Fuß
mit einander, daß unſre milchbärtigen Catilinari-
ſchen Schmausbrüder ihn in ihren nächtlichen Ge-
lagen nur Cnäus Cicero nennen. Das alles
machte dann auch, daß ich bey allen öffentlichen
Schauſpielen, welche zeither gegeben wurden, mit
gewaltigem Händeklatſchen empfangen wurde, ohne
daß ſich nur ein einziges Hirtenpfeifchen *) dabey
hören ließ.

*) „sine pastoritia fistula," Scherzweiſe, anſtatt ohne alles
Geziſch; weil die Rohrpfeifen der Hirten etwas Ziſchen-

Wir leben itzt in Erwartung der Consulwahl, und unser Magnus beeifert sich, uns, aller Welt zu Trotz, den Sohn des Aulus 82) aufzudringen. Ich will damit nicht sagen, daß er weder sein Ansehen noch seine Gunst beym Volke dazu anwende; ich meine bloß das Mittel, wodurch Philippus von Macedonien sich jede noch so feste Burg einzunehmen getraute, wofern er nur einen mit Golde beladenen Esel hinauf bringen könnte. Unser Buffo von Consul, ein zweyter Doterion 83), soll das ganze Geschäft auf sich genommen, und Divisoren in seinem Hause haben, um das Geld auszutheilen; was ich jedoch nicht glauben will. Indessen sind schon zwey Rathsbeschlüsse abgefaßt worden, die sehr übel genommen werden, weil man glaubt sie seyen gegen den Consul gerichtet, und zwar auf Betrieb des Cato und des Domitius: das eine erlaubt, sogar in Häusern der Magistratspersonen Nachsuchungen vorzunehmen; das andere erklärt alle und jede, in deren Häusern sich Divisoren befinden, für Feinde der Republik.

Der Tribun Lurco hat eine Dispensation vom Aelischen und Fufischen Gesetz, zum Behuf desjenigen, so er gegen die Bestechung vor das Volk bringen soll, vom Senat erhalten, und es

---

des hatten. So wie in den Volksversammlungen ein Mann von hohem Rang erschien, pflegte der Römische Pöbel, je nachdem er beliebt oder verhaßt war, ihn mit Händeklatschen oder Zischen zu empfangen.

sonach, troz seiner Lahmheit, unter den glücklichsten Auspicien bekannt gemacht 84). Diesem zufolge sind die Comitien auf den 27sten Sextil (Julius) hinausgesetzt worden. Etwas neues an diesem Gesetz ist, daß wer einer Zunft Geld versprechen läßt, wofern er nicht zahlt, ungestraft bleibt; zahlt er aber wirklich aus, so soll er lebenslänglich jeder Zunft alle Jahre drey tausend Sesterzien *) schuldig seyn. Ich sagte bey diesem Anlaß: Clodius habe dieses Gesetz schon beobachtet bevor es noch gegeben worden; denn er sey schon lange gewohnt zu versprechen und nicht zu halten.

Aber du! siehst du nicht auch, daß unser hochgepriesnes Consulat, das Curio ehedem eine Apotheose nannte, wenn wir solche Consuln bekommen wie Afranius, zu einer bloßen Comödie, wo nicht gar zum Possenspiel werden wird? 85) Das gescheidteste wird also seyn, uns aufs Philosophieren zu legen, wie Du schon lange thust, und uns aus solchen Consulaten nicht einen Pfifferling zu machen.

Du schreibst mir, du seyest entschlossen, nicht mit meinem Bruder nach Asien zu gehen. Freilich wollt' ich lieber du giengest; denn ich fürchte, diese Entschließung könnte manches Unangenehme nach sich ziehen. Indessen kann ich dich doch um so we-

*) Drey hundert Gulden; also (weil damahl 35 Zünfte waren) in allem 10500 fl. jährlich.

niger deswegen tadeln, weil ich selbst keine Lust hatte eine Provinz anzunehmen.

Ich werde mir, denk ich, an den Inschriften, die du mir in deinem Amaltheon gesetzt hast, genügen lassen, zumahl da mich Thilius verlassen und Archias noch nichts über mich geschrieben hat; ich fürchte sogar, er werde nun, da er mit seinem griechischen Gedicht auf die Lucullen fertig ist, sich an ein Cäcilianisches Stück machen wollen 86).

Dem Antonius habe ich eine Danksagung in deinem Nahmen geschrieben und den Brief dem Manlius mitgegeben. Daß ich dir so selten schrieb, kam bloß daher, weil ich Niemand hatte dem ich einen Brief anvertrauen konnte, und auch nicht immer wußte was ich dir schreiben sollte. Wie du siehst, hab' ich dich für das Versäumte auf einmahl reichlich entschädigt.

Jeden Auftrag, den mir Cincius in deinen Angelegenheiten thun wird, werd' ich mit Vergnügen übernehmen. Itzt hat er mehr mit seinen eignen zu thun, und auch darin laß' ichs nicht an mir fehlen.

Sobald ich weiß, daß du dich irgendwo festgesetzt hast, kannst du dich auf häufige Briefe von mir gefaßt machen; ich verspreche mir aber auch öftere von dir.

Melde mir doch, wenn ich bitten darf, etwas Näheres von deinem Amaltheon, von seiner

Ausschmückung, von seiner Lage u. s. w. und wenn du Gedichte oder Geschichten, die Amalthea betreffend, gesammelt hast, so schicke sie mir alle. Ich habe Lust auf meinem Gute zu Arpinum etwas Aehnliches zu machen. Dafür sollst du künftig auch etwas von meinen Schrebereyen erhalten; dermahlen war noch nichts fertig.

21.
An Atticus.

I. 17.   i. J. 692.

Ich finde in deinem Briefe, und in den beygeschloßnen Abschriften derjenigen, die mein Bruder an dich geschrieben, nur gar zu augenscheinliche Beweise, daß eine große Veränderung sowohl in seinen Gesinnungen gegen dich, als in seiner Meinung und seinem Urtheil von dir, bey ihm vorgegangen seyn muß. So groß die Unlust ist, die ich nach meiner unbegränzten Liebe zu euch beyden darüber fühle: so groß ist meine Verwunderung, was in aller Welt dann begegnet seyn könne, das meinen Bruder so sehr gegen dich zu erbittern, sein Herz so gänzlich gegen dich umzuwenden vermögend war. Ich bemerkte zwar schon vor geraumer Zeit,— und sah, bey deinem Abschied von uns, daß auch du es vermuthetest,— daß er ich weiß nicht welche unangenehme Eindrücke bekommen, daß sein Gemüth verwundet sey, und irgend ein leidiger Argwohn sich bey ihm eingenistelt haben müsse. Diesem suchte ich schon vormahls öfters, aber ganz besonders und mit verdoppeltem Eifer, nachdem ihm die Provinz Asien durchs Loos zugefallen war, zu begegnen und abzuhelfen. Es fand sich aber immer, auf der einen Seite, daß er mir nicht so erbittert vorkam, als er es deinen Briefen nach hätte seyn müssen; auf der andern, daß ich nicht so viel bey ihm ausrichtete als ich wollte. Indessen tröstete ich mich selbst mit dem Gedanken, daß er dich unfehlbar entweder zu Dyrrachium oder an irgend einem andern Ort in dortigen Gegenden sehen werde; welchen Falls ich zuversichtlich hoffte, ja mich gänzlich überredet hatte, es würde und müßte durch Rücksprache und wechselseitige Erklärungen, ja durch euer bloßes Anschauen und Beysammenseyn alles zwischen euch nothwendig wieder ins Gleiche kommen. Denn ich brauche dir nicht zu sagen, da du es so gut weißt als ich selbst, daß mein Bruder Quintus einer der gutherzigsten und frohsinnigsten Menschen, und, wiewohl leicht aufzubringen, doch eben so schnell wieder zu besänftigen ist. Aber unglücklicher Weise mußte sich fügen, daß ihr einander nirgends gesehen habt. Denn so geschah es, daß alles Widerwärtige, was ihm von einigen arglistigen Menschen unabläßig eingestopft wurde, mehr über ihn vermochte als Pflicht, Familien-Verhältniß und alte Zuneigung, die so viel hätten vermögen sollen.

Woran die eigentliche Schuld dieses Mißverhältnisses liegt, kann ich leichter errathen als schreiben, weil ich besorgen muß, ich könnte leicht, indem ich mich der Meinigen annehme, den Deinigen zu nahe treten 87). Denn ich glaube klar einzusehen, daß wofern auch die Wunde von keinem seiner Hausgenossen geschlagen wurde, wenigstens die schon vorhandene unfehlbar von ihnen hätte geheilt werden können. Aber wo der ganze Schaden eigentlich sitzt, der zuweilen weiter um sich greift als in die Augen fällt, werde ich dir mündlich füglicher darlegen.

Was den Brief betrift, den er dir aus Thessalonich geschrieben, und die Art, wie er zu Rom bey deinen Freunden und auf der Reise von dir gesprochen haben soll, so begreife ich wirklich nicht, welche Veranlassung dazu groß genug hätte seyn können; aber alle meine Hoffnung diese Beschwerde gehoben zu sehen, ist auf deine Humanität gebaut. Wenn du bedenken wirst, daß die besten Menschen öfters die reitzbarsten, aber auch desto leichter wieder zu recht zu bringen sind; daß diese Beweglichkeit, diese Weichlichkeit der Natur, wenn ich so sagen kann, fast immer ein gutes Gemüth anzeigt, und, was die Hauptsache ist, daß man in unsern Verhältnissen nun einmahl Schwachheiten, Fehler und sogar Beleidigungen, an und von einander dulden muß: so hoffe ich soll dies alles bald wieder ein milderes Ansehn bekommen. Und dies ists warum ich dich recht inständig bitte. Denn mir, der dich über alles liebt, liegt unendlich viel daran, daß Niemand unter den Meinigen sey, der dich nicht auch liebe, und nicht auch von dir geliebt werde.

Kein Theil deines Briefs war weniger nöthig, als der, worin du anführst, wie viele Gelegenheiten, in den Provinzen und in der Stadt selbst vortheilhafte Geschäfte zu machen, du sowohl zu andern Zeiten, als besonders unter meinem Consulat, aus den Händen gelassen habest. Denn wer kennt deinen Edelmuth und deine Großherzigkeit besser als ich? Nie habe ich zwischen dir und mir einen andern Unterschied gesehen, als die freye Wahl unsers Lebensplans: da mich ein gewisser Trieb emporzustreben in die Laufbahn der öffentlichen Aemter, dich eine andere, aber keinesweges zu tadelnde Sinnesart zu einer ehrenvollen Muße führte. In dem, was den wahren Werth des Menschen ausmacht, in Rechtschaffenheit, Thätigkeit, Gewissenhaftigkeit, setze ich weder mich selbst noch irgend einen andern über dich. In der Liebe aber zu mir räume ich, zunächst nach meinem Bruder und meiner Familie, dir die erste Stelle ein. Denn ich habe in den verschiedenen Glückswechseln meines Lebens Gelegenheit genug gehabt, bis in dein Innerstes zu blicken und mich von der Wahrheit und Wärme deiner Theilnahme an meinen kummervollen, wie an meinen fröhlichen Tagen aufs innigste zu überzeugen; und oft hat deine Freude über den Beyfall, den ich erhielt, die meinige erhöht, oft in gefährlichen Lagen dein tröstender Zuspruch die Ruh' in meinem Gemüthe wieder hergestellt. Auch itzt, da du abwesend bist, wie sehr geht mir nicht nur dein Rath, worin dir Niemand gleich kommt, sondern auch der bloße mir so süße Genuß deines Umgangs und der traulichen Mittheilung unsrer Gedanken ab! — Sey es in Hinsicht auf die öffentlichen Angelegenheiten, die ich nie aus den Augen verlieren darf, oder auf meine Arbeiten im Forum, denen ich mich ehmals aus Ambition widmete, und die ich itzt noch immer fortsetzen muß um beliebt zu bleiben und mich dadurch auf der Stufe, worauf sie mich geführt, zu erhalten, — sey es endlich in Rücksicht meiner häuslichen Angelegenheiten, in welchen ich unsre Gespräche unter vier Augen, seit der Abreise meines Bruders, mehr als jemahls vermisse. Um alles zusammenzufassen, ich kann und weiß weder in beschäftigten noch müßigen Stunden, weder in häuslichen noch politischen noch gerichtlichen Verhältnissen des Raths und Umgangs eines mir so theuren und so liebevollen Freundes länger zu entbehren.

Bisher hat uns ein gewisses Zartgefühl beyderseits verhindert dieser Dinge gegen einander zu erwähnen: aber nun ist es durch den Theil deines Briefes nöthig geworden, worin du dich und deine Lebensweise zu rechtfertigen, und mir deine Beweggründe zu der letztern vorzulegen, für gut befunden hast. Uebrigens ist es (um wieder auf meinen Bruder zurückzukommen) bey dieser leidigen Entfremdung seines Gemüths, noch immer glücklich, daß du mir und deinen übrigen Freunden deinen Vorsatz, dich mit keinem Amt in der Provinz zu beladen, mehrmahls deutlich erklärt hast, und wir alle hierin deine Zeugen seyn können: denn so kann euer Nichtbeysammenseyn nicht als Beweis oder Folge eines Bruchs zwischen euch, sondern muß als dein freyer und wohl überlegter Wille betrachtet werden. Dies kann nicht wenig beytragen, den wirklichen Bruch desto eher zu heilen, und dem zwischen dir und mir bestehenden und immer so heilig bewahrten Verhältniß seine Unverletzlichkeit zu erhalten.

Was die dermahlige Lage der Republik betrift, so schweben wir in einem armseligen, kränkelnden und fast täglich sich verändernden Zustande. Du wirst, glaube ich, gehört haben, daß die Ritter mit dem Senat fast gänzlich zerfallen sind. Das erste, was sie sehr übel genommen haben, ist das Decret, vermöge dessen mit einer Untersuchung gegen die Richter, welche *) Geld für ihre Stimmen angenommen, verfahren werden sollte. Zufälliger Weise war ich nicht gegenwärtig als dieses Decret abgefaßt wurde. Wie ich nun merkte, daß der ganze Ritterstand sich so sehr dadurch beleidigt fand,

*) In der Clodianischen Sache.

ob er schon Bedenken trug, es öffentlich zu zeigen: ermangelte ich nicht den Senat tüchtig, und (wie mich wenigstens dünkte) mit großem Nachdruck deswegen auszuschelten, und ließ mich, wiewohl die Veranlassung nicht die ehrenvollste war, sehr ernstlich und ausführlich über die Sache vernehmen 88). Aber da kommen die Ritter noch mit einer andern Schäckerey angestochen, die kaum zu dulden ist, und, — die ich dennoch nicht nur geduldet, sondern sogar noch bestens herausgeputzt habe. Die Pächter nehmlich, welche die Asiatischen Staatseinkünfte letzthin von den Censoren gepachtet hatten, stellten dem Senat beschwerend vor, sie hätten sich unüberlegter Weise von zu großer Pachtlust verleiten lassen, einen allzu hohen Pacht abzuschließen, und verlangten daß der Contract wieder aufgehoben werden sollte. Ich war der erste, der ihr Gesuch unterstützte, — im Grunde zwar nur der zweyte; denn, daß sie sich dessen erkühnten, dazu hatte Crassus sie angetrieben. Die Sache war an sich selbst verhaßt, und durch das eigne Geständniß ihrer Unbesonnenheit sogar schimpflich. Aber es war zu befürchten, die Ritter möchten, wenn sie nichts erhielten, vom Senat gänzlich abtrünnig werden. Auch diesem schlimmen Handel ist hauptsächlich durch mich abgeholfen worden. Ich brachte zuwege, daß der Senat am ersten und zweyten December in sehr großer Anzahl und in sehr günstiger Stimmung zusammen kam. Ich sprach weitläufig über die Würde beyder Stände, und die Vortheile, die dem Staat aus ihrer Eintracht erwachsen. Die Sache ist zwar noch nicht beendigt, aber der Senat hat doch bereits seinen guten Willen zu erkennen gegeben. Der designirte Consul Metellus war der einzige Widersprecher; doch würde auch unser großer Heros, Cato, dagegen geredet haben, wenn der Tageskürze wegen die Reihe noch an ihn gekommen wäre.

Du siehst ich bleibe meinen alten Grundsätzen getreu, und bestrebe mich, so viel ich kann, jene von mir selbst zusammengekittete Eintracht unversehrt zu erhalten. Indessen, da man sich auf ihre Dauer nicht verlassen kann, suche ich mir zu Behauptung meines Einflusses einen Weg zu befestigen, worüber ich mich in einem Briefe nicht deutlich genug erklären kann. Also nur mit zwey Worten: ich stehe mit Pompejus auf dem vertrautesten Fuß. — Ich sehe was du sagen willst — Ja, ich will mich vorsehen, — und dir ein andermahl mehr davon schreiben, wie ich es anzugreifen gedenke, um mich der Republik mit Nachdruck anzunehmen.

Noch muß ich dir melden, daß Luccejus 89) sich vorgenommen hat, unverzüglich um das Consulat anzuhalten. Es heißt er werde nur noch zwey Mitbewerber haben. Cäsar denkt, sich durch Vermittlung des Arrius mit ihm zu verstehen; und Bibulus hofft durch C. Piso mit Cäsarn übereinzukommen. — Du lachſt? — Glaube mir, hier iſt nichts zu lachen!

Ich hätte dir noch viel zu ſchreiben; aber auf ein andermahl! Wenn du bald erwartet ſeyn willſt, ſo laß michs wiſſen; und doch wag' ich nicht dich zu bitten, daß du ſo bald kommſt, als mich ſehnlich nach dir verlangt. Am 5ten December.

22.
An Atticus.

I. 18. i. J. 693.
unter dem Conſulat des
Q. Metellus Celer und
L. Afranius.

Laß dir ſagen, daß mir dermahlen nichts ſo ſehr abgeht, als ein Mann, dem ich alles, was mir einigen Kummer macht, mittheilen könnte; der mich liebte, der mich verſtände, mit dem ich reden könnte ohne daß ich mich zu verſtellen, oder etwas zurückzuhalten oder zu verkleiſtern brauchte. Mein Bruder, die ehrlichſte Seele von der Welt, und mir mit ganzem Herzen zugethan, iſt abweſend 90); — und Du, der ſo oft meine Sorgen und Beängſtigungen durch ſeinen Rath und Zuſpruch gehoben oder erleichtert hat; Du, den ich gewohnt bin in allen meinen öffentlichen und beſondern Geſchäften zum Gehülfen zu haben, der um alles was mich angeht weiß, der in meiner Seele lieſt, und mit dem ich von Allem reden kann, — wo in der Welt bist Du? Ich bin so ganz von Allen verlassen, daß ich ausser der wenigen Zeit, die ich mit meiner Frau, meiner Tully, und dem holdseligen kleinen Cicero zubringe, keine andre Ruhe noch Erholung kenne. Denn meine (dir bekannten) vornehmen und geschminkten Freundschaften werfen zwar im Forum einen blendenden Schein von sich, bringen mir aber zu Hause nicht den geringsten Nutzen. Daher kommt es dann, daß, wenn ich früh Morgens aus meinem mit Besuchern dicht angefüllten Hause, von ganzen Schaaren von Freunden umringt, nach dem Forum herabsteige, ich unter der großen Menge nicht einen Einzigen finde, mit dem ich zwangfrey scherzen, oder vertraulich seufzen dürfte.

Wie sollt ich dich also nicht erwarten, mich nicht nach dir sehnen, nicht mit Ungeduld auf deine Rückkunft dringen? Tausend Dinge plagen und ängstigen mich, deren ich, wenn nur du mir deine Ohren wieder liehest, in einer einzigen Stunde ledig werden könnte. Ich rede hier nicht von meinen vielen häuslichen Plagen; denn ich möchte sie nicht gern einem Brief und einem unbekannten Boten vertrauen. Auch will ich nicht daß du sie sehr zu Herzen nehmest; sie sind erträglich; wiewohl es Stacheln und Dornen sind, die sich immer tiefer ins Gemüth senken, weil mir ein Freund fehlt, dessen Rath und Gespräche mir Linderung schaffte. Denk ich hingegen an die öffentlichen An-

gelegenheiten, so fühl' ich zwar noch immer den alten
Muth in mir: aber die Republik liegt so schwer
danieder, daß es mir sogar am Willen, ihre Hei‐
lung zu versuchen, gänzlich zu fehlen anfängt. In
der That ist es so weit gekommen, daß du, wenn
ich alles seit deiner Abreise Geschehene kurz zusam‐
menfasse, ausrufen wirst, so könne unser Gemein‐
wesen nicht länger bestehen.

Das Vorspiel machte, denke ich, das saubere
Stückchen des Clodius. Ich hielt es für eine
gute Gelegenheit, den Muthwillen und die Zügel‐
losigkeit unsrer Jugend mit scharfen, ätzenden Mit‐
teln anzugreifen, und verschwendete dabey alle
Kräfte meines Geistes; nicht aus Haß gegen irgend
einen Einzelnen, sondern in Hoffnung der Republik
durch gründliche Heilung eines fressenden Schadens
aufzuhelfen 91). Ein erkauftes schandbares Gericht
vereitelte alle meine Bemühungen. Siehe nun was
darauf gefolgt ist!

Man hat uns einen Consul *) aufgebürdet, den,
ausser uns andern Philosophen, kein Mensch ohne
tief aufzuseufzen ansehen kann. Welch eine Wunde!
Der Senat hat gegen die schreienden Mißbräuche,
die bey den Magistratswahlen und in den Gerich‐
ten im Schwange gehen, ein Decret abgefaßt; es
wurde nicht vor das Volk gebracht. Der Senat
selbst wurde bey jeder Gelegenheit mißhandelt, und
die Römischen Ritter abwendig von ihm gemacht.

*) den Pupius Piso.

So hat ein einziges Jahr die beyden stärksten, von mir allein errichteten Grundpfeiler der Republik, das Ansehen des Senats und die Eintracht der Stände, wieder umgestürzt.

Ein neues Jahr beginnt nun, von dem wir nicht weniger zu erwarten haben! Es fing damit an, daß das feierliche Opfer, so der Göttin Juventa zu Anfang des Jahres gebracht zu werden pflegt, nicht vor sich gehen konnte, weil Memmius der Gemahlin des Marcus Lucullus ein Opfer andrer Art darzubringen hatte. Dies nahm der neue Menelaus übel, und schickte der Dame einen Scheidebrief. Der alte Paris muß übrigens dem neuen den Vorzug lassen, daß jener dem Menelaus allein Schmach angethan, dieser hingegen auch dem Agamemnon übel mitgespielt hat 92).

Unter unsern Tribunen ist auch ein gewisser C. Herennius, den du vielleicht nicht einmahl kennst, wiewohl es wenigstens möglich ist daß du ihn kennst; denn er ist dein Zunftgenoß, und sein Vater Sextus pflegte die Gelder in eurer Zunft auszutheilen 93). Dieser Mensch läßt sich itzt dazu gebrauchen, den Clodius durch Adoption in eine Plebejische Familie zu bringen, und verlangt daß das gesammte Volk im Marsfelde über diese Sache abstimme 94). Ich habe den Clodius dafür im Senat empfangen wie ers von mir gewohnt ist; aber es giebt nichts Zäheres als diesen Menschen.

Metellus ist ein trefflicher Consul und liebt
mich; nur thut er seinem Ansehen Schaden dadurch, daß er es für etwas Unbedeutendes ansieht, auf welchem Wege die Adoptionssache des
Clodius an das Volk gebracht werde 95). Aber der
Sohn des Aulus*), hilf Himmel, welch ein
elender herzloser Wicht für einen Kriegsmann von
Profession! und wie sehr verdient er alles Unangenehme zu hören, was er sich vom Palicanus
täglich ins Gesicht sagen lassen muß.

Der Tribun Flavius hat sein Agrarisches
Gesetz vor's Volk gebracht 96); ein unbesonnenes
Ding und mit dem Plotischen beynah einerley.
Inzwischen wüßte ich auch nicht Einen zu finden,
der sich nur träumen ließe, ein Mann des
Staats zu seyn. Er, der es seyn könnte, mein
trauter Freund (denn so ist's, daß du's nur wissest!)
Pompejus, begnügt sich, zu allem schweigend,
sich in seinem gestickten Triumphröckchen **) zu behaupten. Crassus hütet sich wohl, auch nur ein
Wort zu sagen, das einem Mächtigen mißfallen
könnte. Die übrigen, — Du kennst sie alle, — sind
einfältig genug, zu hoffen, ihre Fischteiche würden ihnen doch immer bleiben, wenn auch die Republik zu Grunde ginge. Nur Einer ist noch da,
den dies kümmert, aber mehr aus Standhaftigkeit
und Rechtschaffenheit, als (wie mir's wenigstens

---

*) Der zweyte Consul Afranius.
**) „togulam illam pictam suam tuetur."

scheint) mit Klugheit und Genie, und das ist
Cato, der die armen Zollpächter, die ihm doch
alle so sehr ergeben waren, nun bereits im dritten
Monat quält, und dem Senat schlechterdings nicht
zuläßt, ihnen eine Antwort zu geben. Indessen und
bis die Zöllner ihren Bescheid haben, sind wir ge=
zwungen, alle andern Geschäfte unausgemacht zu
lassen; und ich zweifle nicht, daß sogar die fremden
Gesandten, die auf Gehör warten, sich bis dahin
werden vertrösten lassen müssen.

Du siehst von welchen Wellen wir herumgetrieben
werden; und wenn du aus dem, was ich geschrie=
ben habe, auf die Wichtigkeit dessen, was ich nicht
geschrieben, schließest: so komm selbst und sieh ein=
mahl wieder zu uns! Wenn gleich der Ort, wohin
ich dich einlade, so beschaffen ist, daß, wer da
ist, lieber selbst davon liefe: so lege doch, wenn du
kannst, so viel Werth auf unsre Liebe, daß du
ihrer auch mit allen diesen Unannehmlichkeiten wie=
der froh werden möchtest. Ich werde an allen Ecken
und Enden der Stadt Zettel anschlagen lassen, um
zu verhindern daß die Censoren dich, so lange du
abwesend bist, nicht in das Bürger=Register ein=
schreiben.

23.
An Atticus.

L. 19.   i. J. 693.

Wenn ich auch so viel Muße hätte als du, und eben so kurze Briefe schreiben wollte, wie du zu thun pflegst, so würde mir doch der Vorzug bleiben, daß ich dir viel häufiger schreibe, und daß ich mir, bey allen den wichtigen und unsäglichen Geschäften, womit ich beladen bin, doch nicht erlaube, dir einen Brief ohne Inhalt und Meinung zuzuschicken.

Vor allem also will ich dich, wie ich's dir als einem das Vaterland so herzlich liebenden Bürger schuldig zu seyn glaube, berichten, wie es mit der Republik steht; sodann, und da du nächst ihr nichts lieber hast als mich, will ich dir auch von meinen Angelegenheiten schreiben, was ich glaube daß dir zu wissen nicht gleichgültig sey.

Was die Republik itzt am stärksten beunruhigt, ist die Furcht vor einem Krieg in Gallien. Die Eduer, unsre Brüder, stehen bereits im Gefechte; die Sequaner haben eine Niederlage erlitten *); und von den Helvetiern ist gewiß, daß sie die Waffen ergriffen haben, und Einfälle in unsre Pro-

---

*) Aedui hießen damahls die Bewohner des nachmahligen Herzogthums Burgund, Sequani, die Einwohner der nachmahligen Grafschaft Hochburgund (Franche Comté). Die erstern wurden von den Römern, wegen ihrer von langem her bewiesenen treuen Anhänglichkeit an Rom, mit dem schmeichelhaften Titel ihrer Brüder beehrt.

vinz thun 97). Der Senat hat folgende Beschlüsse gefaßt: daß die Consuln um beyde Gallien losen sollen; daß Werbungen veranstaltet und auf Befreyungen keine Rücksicht genommen, und daß Gesandte mit Vollmacht an die Gallischen Freystaaten abgeschickt werden sollen, um sie von einer Verbindung mit den Helvetiern abzuhalten. Die Gesandten sind Q. Metellus Creticus, Luc. Valerius Flaccus, und, — um den Kohl fett zu machen, — Lentulus, der Sohn des Clodianus.

Hier kann ich nicht übergehen, daß, wie über das Personal der Gesandten *) geloset wurde, und unter den Consularen mein Loos zuerst heraus kam, der Senat, welcher gerade sehr zahlreich war, einhellig darauf drang, daß ich in der Stadt zurückbehalten werden müßte. Das nehmliche begegnete nach mir auch dem Pompejus. Es scheint also daß man uns beyde als Unterpfänder der Republik betrachtet, die zur Sicherheit derselben zurückbleiben müssen. Warum sollt' ich nun mehr auf fremder Leute Zujauchzungen warten, da mir so etwas zu Hause wächst 98)?

Um itzt auf das zu kommen, was im Innern der Stadt vorgeht; so ist das Agrarische Gesetz, dessen wahrer Urheber Pompejus ist, und

---

*) Gewöhnlich bestanden solche Gesandtschaften aus drey Personen, wovon der erste Consularischen, der zweyte Prätorischen, der dritte bloß Senatorischen Rangs war.

an dem, auſſer ſeinem Urheber, ſonſt nichts Popu=
lares iſt, zeither von dem Tribun Flavius mit
der größten Hitze betrieben worden 99). Mein Vor=
ſchlag, der in der Volksverſammlung großen Bey=
fall fand, gieng dahin: daß aus dieſem Geſetz alles
wegfallen ſollte, was den dermahligen Beſitzern
nachtheilig ſeyn könnte; das ganze Land, das unter
dem Conſulat des P. Mucius Scävola und L. Cal=
purnius Piſo (620) dem Staat angehörte, ſollte
unberührt bleiben; alle Landeigenthümer, die ihre
Beſitzungen vom Sulla empfangen, ſollten darin
beſtätiget werden; auch die Volaterrauer und
Aretiner, deren Ländereyen Sulla zwar einge=
zogen, aber nicht vertheilt hatte, ſollten im Beſitz
des ihrigen bleiben; kurz, das einzige, was ich
aus dem vorgetragenen Geſetz beybehielt, war: daß
Feldgüter (zum Vertheilen unter die armen Bürger
und die Soldaten des Pompejus) mit den öffent=
lichen Geldern, welche aus den neu eroberten Län=
dern in den nächſten fünf Jahren eingehen würden,
gekauft werden ſollten. Dieſer ganzen Güterver=
theilungs=Sache ſetzte ſich der Senat entgegen,
weil er den Verdacht hegte, daß es damit bloß
darauf abgeſehen ſey, dem Pompejus einen neuen
Zuwachs an Macht zu verſchaffen; auch hatte dieſer
ſich feſt in den Kopf geſetzt das Geſetz, ſo wie es
vom Flavius abgefaßt war, durchzutreiben. Ich
hingegen ſicherte zu großer Zufriedenheit aller Land=
eigenthümer die Beſitzungen der Privatperſonen,

(denn die wohlhabenden Leute machen, wie du weißt, mein Kriegsheer, so zu sagen, aus) und befriedigte, (warum es mir nicht weniger zu thun war) das Volk und den Pompejus durch den Aufkauf, mittelst dessen, wenn die Sache verständig behandelt wurde, die Grundsuppe der Stadt ausgeschöpft und dem verödeten Italien eine lebhaftere Gestalt gegeben worden wäre. Aber der Krieg in Gallien, der dazwischen gekommen ist, hat die ganze Sache ziemlich wieder erkalten lassen.

Metellus ist wirklich ein guter Consul und mir sehr zugethan; aber der andere ist so ganz und gar nichts, daß er nicht einmahl weiß was er gekauft hat 100). Das ist alles was ich dir von der Republik zu sagen habe; es wäre dann, du glaubtest auch das gehöre in diese Rubrik, daß ein gewisser Tribun Herennius dein Zunftgenosse und ein großer Taugenichts, das Vorhaben, den Clodius unter die Plebejer zu verpflanzen, schon mehrmahl in Bewegung gebracht hat 101); aber starken Widerstand von seinen Amtsgenossen erfährt *).

Was meine eigne Person betrift, so habe ich seit jenem denkwürdigen *fünften December* **), der mir ausserordentlichen und unvergänglichen

*) Die im Urtext befindliche Wiederholung: „hæc sunt ut opinor, in republica," scheint Ernesti für unächt zu halten; und das ist sie, wenn Cicero nicht unter'm Schreiben eingeschlummert ist.

**) An welchem er, als Consul die Rädelsführer der Catilinarischen Verschwörung verurtheilen und hinrichten ließ.

Ruhm gebracht, aber auch vielen Neid und eine Menge Feinde zugezogen hat, nie aufgehört mich in meinem öffentlichen Leben mit eben derselben Großherzigkeit zu betragen, und durch diese Gleichförmigkeit mit mir selbst mein damahls erworbnes Ansehen in der Republik zu behaupten. Wie ich aber in der Folge durch die Lossprechung des Clodius die Unzuverläßigkeit und Schwäche unsrer Gerichte kennen lernte, und sah, wie leicht es war unsre Publikaner *) vom Senat zu entfremden, wiewohl sie sich darum von meiner Person nicht haben losreissen lassen; wie ich endlich merkte, daß unsre Glücksgünstlinge (ich meine diese edeln Fischteichler 102), deine guten Freunde) aus ihrem bösen Willen gegen mich eben kein Geheimniß machten: so glaubte ich es sey hohe Zeit, mich um neue Hülfsquellen und haltbarere Stützen umzusehen.

In dieser Absicht habe ich vor allen Dingen unsern Pompejus, der sich allzulange über mein Consulat nicht hatte herauslassen wollen, dermaßen zu gewinnen gewußt, daß er mir im Senat, nicht Einmahl, sondern öfters und mit vielem Wortgepränge, das Verdienst, den Staat und den ganzen Erdkreis gerettet zu haben, zuerkannt hat. Daß ich so viel Werth darauf lege, geschieht nicht sowohl um meinetwillen (denn was ich gethan habe, ist nicht so unbekannt, daß es seines Zeugnisses, oder so zweifelhaft daß es seines

*) Die Ritter.

Lobes bedürfte) als der Republik wegen; weil es schlechtdenkende Leute gab, die sich Hoffnung machten, daß eine verschiedene Vorstellungsart über diese Dinge mich mit Pompejus entzweyen werde. Statt dessen hab' ich mich in eine so vertraute Verbindung mit ihm gesetzt, daß jeder von uns beyden sowohl in seinen besondern als öffentlichen Verhältnissen dadurch desto sicherer und fester steht. Sogar den großen Widerwillen, der unsrer ausgelaßnen verweichlichten Jugend gegen mich beygebracht worden, hab' ich durch eine gewisse Artigkeit in meinem Benehmen mit ihnen, so umgestimmt, daß bey ihnen allen jetzt Niemand mehr gilt als ich. Kurz, ohne daß ich mir eine zu große Popularität oder einen Nachlaß von meinen Grundsätzen vorzuwerfen hätte, thue ich nichts, das irgend Jemanden gegen mich erbittern könnte; und mein ganzes Bettragen ist so getempert, daß ich zwar in Ansicht der Republik immer derselbe bin, aber, weil mir die Unzuverläßigkeit der Gutgesinnten, die Unbilligkeit der Mißgünstigen, und der Haß, den mir die Bösen geschworen haben, nur zu wohl bekannt ist, meine Privatverhältnisse mit mehr als gewohnter Vorsichtigkeit und Aufmerksamkeit behandle; doch so, daß mir, ungeachtet der neuen Freundschaften, in die ich mich verwickelt habe, jener schlaue Sicilianer Epicharmus sein altes Liedchen öfters in die Ohren flüstert:

„Sey wach, und hüte dich zu leicht zu glauben!
„Des Geistes Nerven kräftigt nichts wie dies."

Und so hättest du denn, was du, denk' ich, brauchst, um dir von der Art wie ich lebe einen richtigen Begriff zu machen.

In der Angelegenheit, worüber du mir so oft schreibst 103), kann ich gegenwärtig nichts Behufliches thun. Der bewußte Rathschluß erhielt die Mehrheit durch den Eifer, womit die Pedarier 104) die Sache durchsetzten, ohne daß ein Einziger von Uns Theil daran hatte. Denn daß du meinen Nahmen unter denen findest, die beym Eintragen ins Protocoll zugegen waren 105), bezog sich, wie du aus dem Decret selbst sehen kannst, auf eine andere, zugleich in den Vortrag gekommene Sache. Die Clausel, die freyen Völker betreffend 106), wurde von P. Servilius dem Sohn, einem von den zuletzt Stimmenden, ohne Ursache beygefügt: aber dermahlen läßt sich nichts daran ändern; und daher haben auch die dabey Interessierten ihre Zusammenkünfte, die Anfangs sehr häufig waren, schon lange eingestellt *). Solltest du indessen durch deine Liebkosungen ein Sümmchen von den Sicyoniern herausgedrückt haben, so wünschte ich daß du mich's wissen ließest.

Ich habe dir eine Griechisch von mir verfaßte

---

*) Die etwas dunkle Stelle: „conventus, qui initio celebrabantur, jamdin fieri desierunt" kann keinen andern Sinn haben als diesen.

Geschichte meines Consulats zugeschickt. Findest du etwas darin, was einem Attiker wie du nicht Griechisch und gelehrt genug dünkte, so werde ich nicht sagen, was Lucullus dir, wenn ich nicht irre, zu Panormum von seinen historischen Aufsätzen sagte: er habe absichtlich hier und da einige Barbarismen und Soldcismen eingestreut, damit man desto gewisser seyn könnte daß sie einen Römer zum Verfasser hätten. Wenn bey mir sich etwas dergleichen finden sollte, so hätte sichs wider mein Wissen und Wollen eingeschlichen. Sobald ich mit der Lateinischen Geschichte fertig bin, werde ich sie dir ebenfalls schicken. Auch hast du noch eine dritte in Versen zu erwarten; denn da ich mich nun einmahl selbst loben will, so soll es auf jede mögliche Art geschehen. Hüte dich mir das Griechische Sprüchwort, wer wird seinen Vater loben? entgegen zu rufen! Wofern die Welt irgend etwas Größeres aufzuweisen hat, so soll dieses gelobt, und ich gescholten werden, daß ich etwas Geringeres zum Gegenstand meines Lobes genommen habe 107). Doch im Grunde ists ja bey dem, was ich schreibe, nicht um eine Lobrede, sondern um bloße historische Wahrheit zu thun.

Mein Bruder Quintus rechtfertigt sich in einem Brief an mich sehr angelegentlich, und versichert, nie zu irgend Jemand etwas Nachtheiliges von dir gesprochen zu haben. — Doch wir müssen beysammen seyn, um einen so zarten Gegenstand mit der möglichsten Behutsamkeit zu erörtern; mache nur daß wir uns endlich einmahl wieder sehen.

Der Cossinius, dem ich diesen Brief mitgebe, scheint mir ein sehr guter und gesetzter Mensch zu seyn, der dir äusserst ergeben und ganz so ist, wie ihn dein Brief mir angekündigt hatte. Am 15ten März.

24.
An Atticus.

L. 20. i. J. 693.

Als ich am 12ten May aus meinem Pompejanum nach Rom zurückgekommen war, brachte mir unser Freund Cincius den Brief, den du ihm am 13ten Februar mitgegeben hattest. Auf diesen soll nun Gegenwärtiges die Antwort seyn.

Vor allem freut's mich, daß du so klar siehest wie ich von dir denke; aber was mir die allerlebhafteste Freude macht, ist die ungemeine Mäßigung, die du in den Dingen gezeigt hast, die, meines eignen Bedünkens, von mir und den Meinigen mit zu viel Härte und Mißmuth behandelt worden waren; eine Mäßigung, die in meinen Augen ein eben so starker Beweis deiner Liebe zu mir, als deines großen Geistes und deiner Weisheit ist.

Nachdem du dich nun so mild, so ausführlich, so verbindlich und freundschaftlich gegen mich erklärt haſt, daß ich nicht nur nichts mehreres verlangen kann, ſondern weder von dir noch irgend einem Andern ſo viel Nachgiebigkeit und Sanftmuth erwarten durfte: ſo dünkt mich itzt das Schicklichſte, dieſer Dinge, bis wir wieder zuſammen kommen, gar nicht mehr zu erwähnen; da wir uns dann, nach Erforderniß der Umſtände, am beſten mündlich darüber werden beſprechen können.

Was du mir über die öffentlichen Angelegenheiten ſchreibſt, zeugt gleich ſtark von deiner Liebe zu mir und von deiner Klugheit; und beweiſet mir daß deine Art über dieſe Gegenſtände zu denken, meinen Maßregeln nicht entgegen iſt. Auch nöthigen mich dieſe keineswegs, weder etwas von meiner Würde aufzuopfern, noch mich in den Schutz eines Andern zu begeben, ohne auf meine eignen Kräfte dabey zu rechnen; und in der That hat der, von dem du ſchreibſt*), keinen Zug von Größe und wahrem Adel, nichts, was nicht kleinlich und gemein wäre, in ſeinem Charakter. Gleichwohl iſt die Parthey, die ich genommen habe, mir in meinen Verhältniſſen vielleicht nicht unnützlich geweſen; und wahrlich war es der Republik noch viel nützlicher als mir, die Ausfälle der Uebelgeſinnten auf mich dadurch zu dämpfen, daß ich durch das große Vermögen und Anſehen dieſes Mannes, und die Gunſt, worin er beym Volke ſteht, der öffentlichen Meinung von mir einen neuen Schwung gegeben,

*) Pompejus.

und, indem ich ihn zu meinem Lobredner gemacht, die Hoffnungen der Bösen vereitelt habe. Hätte ich, um dies zu bewirken, mich zu irgend einem schlechten Schritt bequemen müssen, so ist nichts in der Welt, das ich für ein solches Opfer hoch genug geschätzt hätte: aber ich benahm mich in diesem allem so, daß, anstatt daß Ich, durch meine Anhänglichkeit an Ihm, in den Augen der Welt verlohren hätte, Er vielmehr, indem er sich für mich erklärte, an Wichtigkeit zu gewinnen schien.

In allem übrigen betrage ich mich so, und werde mich immer so betragen, daß Niemand Ursache finden soll, das, was ich um die Republik verdient habe, einem glücklichen Zufall beyzumessen. Ich werde die mir ergebenen wackern Männer, auf welche du zielest *), und das, was du meine Sparta nennst 108), nicht nur nie verlassen, sondern wenn ich auch je von ihr verlassen werden sollte, dennoch bey meinen alten Grundsätzen fest beharren. Nur wünschte ich du möchtest bedenken, daß ich seit dem Tode des Catulus der einzige bin, der auf diesem Wege der Optimaten ohne Schutz und Begleitung einhergeht; denn, wie der Dichter, — Rhinton **), dünkt mich, — sagt:

Die einen taugen nichts, die andern kümmert nichts.

Wie mißgünstig mir besonders unsre Fisch-

*) Vielleicht sind die Römischen Ritter gemeint.
**) Ein alter komischer Dichter von Tarent, aus der Zeit, da diese Stadt noch eine unabhängige Republik war.

teichler sind, will ich dir ein andermahl schreiben, oder es auf unsre nächste Zusammenkunft versparen. Indessen soll mich doch nichts vom Senat losreissen: theils weil es so recht ist; theils weil es mein eigner Vortheil mit sich bringt; theils weil es mir keineswegs leid ist, daß ich so viel bey ihm gelte.

Was die Sicyonier betrift*), so ist, wie ich dir bereits geschrieben habe, vom Senat wenig zu hoffen; denn es ist dermahlen niemand da, der sich über das Decret beschwerte. Wenn du also auf Abänderung desselben warten wolltest, könntest du lange vergebens warten. Besser du versuchst es auf irgend einem andern Wege. Wie die Sache verhandelt wurde, achtete Niemand darauf wer dabey betroffen sey, und die Pedarier eilten was sie konnten zum Schluß. Das Decret zu cassieren, ist noch zu früh; sowohl weil Niemand Beschwerde dagegen führt, als weil Viele, die Einen aus bösem Willen, die Andern in der Meinung daß es der Billigkeit gemäß sey, Freude daran haben.

Dein Freund Metellus ist ein vortrefflicher Consul. Das einzige habe ich an ihm auszusetzen, daß er nicht gerne hört, es sey in Gallien wieder ruhig. Es ist ihm, denke ich, um die Ehre des Triumphs; ich wollte sie wäre ihm gleichgültiger. In allem übrigen benimmt er sich man kann nicht besser. Des Aulus Sohn hingegen führt sich so

*) S. den vorgehenden Brief.

auf, daß sein Consulat kein Consulat, sondern — eine häßliche Brausche im Gesicht unsers Magnus *) ist.

Von meinen Schriften habe ich mein griechisch geschriebenes Consulat dem Cossinius für dich mitgegeben. Ich denke du findest einiges Vergnügen an meinen Lateinischen Schriften, aber um mir diese Griechische nicht zu beneiden, müßtest du nicht selbst so sehr Grieche seyn. Sollten andere mit Etwas über diesen Gegenstand hervorrücken, so will ich dirs zuschicken; allein du kannst mir glauben, sobald die Leute mein Werk gelesen haben, vergeht ihnen, ich weiß nicht wie, alle Lust im ihrigen fortzufahren.

Vor kurzem, — um noch etwas von meinen Angelegenheiten beyzufügen, — hat mir L. Papirius Pätus **), ein Mann von guten Grundsätzen und mein sehr warmer Freund, mit den Büchern, die ihm Servius Claudius hinterlassen, ein Geschenk gemacht. Auf die Versicherung deines Freundes Cincius, das Cincische Gesetz erlaube mir es anzunehmen 109), erklärte ich mich, falls er mir die Bücher übermachen wollte, zur Annahme bereit. Wenn du mich also liebst und weißt wie sehr ich dich wieder liebe, so stelle alle deine guten Freunde, Clienten, Gastfreunde, Freygelaßnen und

---

*) Des Pompejus, der ihm zum Consulat verholfen hatte.
**) Derselbe, an welchen einige scherzvolle Briefe im 9ten Buch ad divers. geschrieben sind.

Sclaven an, dafür zu sorgen, daß ja kein Blatt davon verlohren gehe; denn ich habe sowohl die Griechischen, die Jener vermuthlich, als die Lateinischen, die er unfehlbar verlaßen hat, äusserst nöthig; weil ich alle Zeit, die mir von meinen Arbeiten im Forum übrig bleibt, täglich mehr dazu anwende, in dergleichen Studien auszuruhen. Du wirst mir einen Gefallen, einen sehr großen Gefallen, sag' ich, erweisen, wenn du dich dieser Sache so eifrig annimmst, als du immer zu thun pflegst, wenn du glaubst daß mir etwas sehr am Herzen liege. Auch empfehle ich dir die eignen Geschäfte des Pätus, derentwegen er sich dir bereits höchlich verbunden erkennt. Daß du uns endlich einmahl wieder besuchest, bitte ich dich nicht nur, sondern will dirs auch gerathen haben.

25.
An Atticus.

II. 1.   Im nehmlichen Jahre.

Auf einem Abstecher, den ich, um den Gladiatoren des Consuls Metellus aus dem Wege zu gehen, nach Antium machte 110), begegnete mir dein Sclave und brachte mir deinen Brief und deine griechische Geschichte meines Consulats. Mich freut sehr daß ich mein in derselben Sprache und über denselben Gegenstand geschriebenes Buch dem Cossinius einige Zeit vorher an dich mitgegeben;

hätte ich das deinige zuvor gelesen, du würdest gesagt haben ich hätte dich abgeschrieben. Zwar wollte michs, indem ich dein Werk begierig durchlas, bedünken, daß es etwas zu wenig gefeilt und nicht genug aufgeputzt *) sey; aber bald glaubte ich wieder zu sehen, daß es eben dadurch gewonnen habe, und, wie man von den Weibern zu sagen pflegt, gerade deswegen wohl rieche, weil es nach gar nichts roch. Zu meinem Buche hingegen hab' ich den ganzen Spezereykasten des Isokrates **) und alle Büchschen und Schächtelchen seiner Schüler, ja sogar einige Saftfarben vom Aristoteles aufgebraucht. Du hast es, (wie du mir in einem andern Briefe meldest) bereits zu Corcyra ***) flüchtig überlaufen, und seitdem ohne Zweifel vom Cossinius ein Exemplar erhalten, welches ich mich in der That nicht erkühnt hätte dir zuzuschicken, wenn ich es nicht zuvor nochmahls mit dem größten Fleiß und der ekelsten Aufmerksamkeit auf die geringsten Kleinigkeiten, so lange durchgegangen wäre, bis ich selbst damit zufrieden war. Und doch hatte mir Posidonius schon vorher von Rhodus aus geschrieben: meine besagte Denkschrift, (die ich ihm bloß in der Absicht zugeschickt hatte, daß er selbst ein zierlicheres Werk daraus machen sollte) hätte, anstatt ihm zum Schreiben Lust zu machen, ihn

*) „*horridula* atque *incompta*."
**) „totum Isocratis μυρoθηκιoν."
***) Corfu.

vielmehr gänzlich davon abgeschreckt. Was wirst du sagen? Ich habe die ganze Griechische Nation in eine solche Bestürzung gesetzt, daß ich mir alle die Schäcker, die mir immer mit Zumuthungen, ihnen Materien zum Ausarbeiten an die Hand zu geben, beschwerlich fielen, auf einmahl vom Halse geschaft habe. Wenn das Buch deinen Beyfall erhalten sollte, so wirst du dafür sorgen, daß es zu Athen und in den übrigen Städten Griechenlandes zu haben sey; denn mich dünkt, es sollte unsre Sachen *) in ein ziemlich vortheilhaftes Licht setzen können.

Von den kleinen Uebungsreden, die ich zum Behuf unsrer der Redekunst mit Eifer obliegenden jungen Leute aufsetze, will ich dir, weil du doch auch an solchen Kleinigkeiten Vergnügen findest, nicht nur die verlangten, sondern noch verschiedne andre überschicken. Du weißt, daß dein Mitbürger Demosthenes sich erst durch seine sogenannten Philippischen Reden und nachdem er jene ungeschmeidige Gerichtliche Gattung gänzlich aufgegeben, recht hervorgethan und das Ansehen eines wichtigen Staatsmanns erworben hat. Nach seinem Beyspiel schien es mir auch für mich schicklich, dafür zu sorgen daß einige Reden von mir unter dem Nahmen der Consularischen vorhanden wären. Die ersten dieser Reden sind die beyden, die ich

*) Eine bescheidene Formel, anstatt: mich und meine Großthaten.

über das Agrarische Gesetz, die eine am 1sten Januar im Senat, die andre an das Volk gehalten; die dritte für den Tribun Otto 111), die vierte für den Rabirius, die fünfte gegen die Söhne der von Sulla in die Acht Erklärten 112); die sechste, da ich die durchs Loos mir zugefallene Provinz in der Volksversammlung ausschlug; die siebente, mit der ich den Catilina aus der Stadt trieb; die achte, die ich am Morgen nach seiner Flucht an das Volk hielt; die neunte ebenfalls an das Volk an dem Tage da die Allobrogischen Gesandten ihre Aussage vor dem Senat gethan hatten; und die zehnte im Senat am fünften December. Zu diesen kommen noch zwey kurze, welche gleichsam Anhängsel der Rede gegen das Agrarische Gesetz sind. Diese ganze Sammlung soll nächstens in deinen Händen seyn; und weil du doch an meinen Schriften nicht weniger Freude hast als an meinen Handlungen, wirst du in diesen Büchern beides, was ich gesprochen und was ich gethan, beysammen finden. Wäre jenes nicht, so hättest du sie nicht verlangen sollen; von mir selbst würde ich mich dir nicht aufgedrungen haben.

Auf deine Frage, weßwegen ich so ernstlich auf deine Hieherkunft dringe, und die beygefügte Versicherung, daß du der Geschäfte, in die du verwickelt seyst, ungeachtet, nicht nur wofern es wirklich nöthig sey, sondern sobald ich es verlange, herbey eilen wollest, antworte ich: es ist eben nicht schlechterdings nöthig. Indessen dünkt mich doch, du hättest die Zeit deines Aufenthalts im Ausland besser zu Rathe halten können. Du bist gar zu lange abwesend, zumahl da die Orte, wo du dich aufhältst, so nahe sind. Wir leiden beide darunter; ich genieße deiner nicht, und du fühlst daß ich dir mangle. Jetzt habe ich zwar Ruhe; sollte aber die Wuth des **schönen Männchens** *) mehr Luft bekommen, so würde ich sehr auf deine Rückkunft dringen. Dermahlen hält ihn Metellus noch im Zügel, und wird es ferner thun. Alles mit Einem Wort zu sagen, Metellus ist ein ächtpatriotischer Consul, und (wie ich immer von ihm urtheilte) ein gebohrner Biedermann.

Clodius macht nun kein Geheimniß mehr daraus, daß er, kost' es was es wolle, Volkstribun werden will. Aber da die Sache im Senat zur Sprache kam, hab' ich dir den Menschen weidlich zusammengearbeitet, und ihn ernstlich dafür mitgenommen, daß er, der in **Sicilien** **) so oft versichert hätte, er sey um die **Aedilität** anzuhalten gesonnen, sich nicht schäme, seinen Wackelkopf aller Welt so laut anzukündigen, indem er sich zu Rom um eine Tri-

---

*) „*Furor Pulchelli.*" Der Familien-Zuname des Clodius war Pulcher (Schön) und da er sich nicht wenig auf seine Schönheit einbildete, so nennt ihn Cicero spottweise öfters im Diminutiv Pulchellus.

**) Wo er im vorherigen Jahre Quästor gewesen war. Ich folge hier der Lesart, welche Ernesti in den Text aufgenommen hat.

bunatsstelle bewerbe. Indessen hätten wir uns, sagte ich, darüber keinen großen Kummer zu machen; denn es werde ihm, wenn er ein Plebejer geworden, darum nicht desto erlaubter seyn die Republik zu Grunde zu richten, als es den Patriciern seines Gelichters unter meinem Consulat erlaubt gewesen sey 113).

Nach seiner Zurückkunft aus Sicilien hatte er sich in einer Volksversammlung ein gewaltiges Verdienst daraus gemacht, daß er, um zu verhindern daß man ihm nicht entgegen gehe, die Reise über die Meerenge bis Rom binnen sieben Tagen zurückgelegt, und sich sogar bey Nacht in die Stadt geschlichen habe. Ich sagte ihm: da sey ihm nichts Neues begegnet. Aus Sicilien in sieben Tagen nach Rom zu kommen, sey für ihn, der von Rom nach Interamna nur drey Stunden brauche, eine wahre Kleinigkeit; und bey Nacht habe er sich auch schon eingeschlichen, ohne daß man ihm entgegen gegangen sey, wiewohl sichs da mehr als jemahls gebührt hätte 114). Was willst du mehr? Ich thue mein Möglichstes, den leichtfertigen Menschen sowohl durch ernsthafte Reden im Senat, als durch das Lächerliche, das ich mit dergleichen Anspielungen auf ihn werfe, zur Bescheidenheit zurückzubringen. Dies geht so weit daß ich sogar im gemeinen Umgang nicht leicht einen Anlaß vorbeylasse, ihm mit lachender Miene derbe Stiche beyzubringen 115). Da wir unlängst einen Candidaten nach Hause begleiteten, fragte er mich: ob ich bey Fechterspielen den anwesenden Siciliern *) einen Platz zu verschaffen gewohnt sey? Ich sagte Nein. So will Ich es thun, versetzte er, wiewohl ich erst seit kurzem ihr Patron bin. Aber meine Schwester, die doch als Gemahlin des Consuls über einen so großen Platz im Amphitheater zu gebieten hat, giebt mir nur einen einzigen Fuß. Beklage dich nicht, sagte ich, über den einen Fuß deiner Schwester, da es ja nur auf dich ankommt, alle beyde aufzuheben. — Das ist kein sehr Consularisches Bonmot, wirst du sagen. Ich gesteh' es; aber mir ist auch nichts verhaßter als diese Consularin, die eine Furie in ihrem Hause ist und mit ihrem Manne in ofner Fehde lebt; ja nicht nur mit ihrem Manne, sondern sogar mit (ihrem ehmaligen Galan) Fabius, und das bloß weil sie nicht leiden kann, daß sie mir wohl wollen.

Das Agrarische Gesetz **) nach dessen Lage du dich erkundigst, scheint ganz kalt geworden zu seyn.

Da du mich wegen meines vertrauten Umgangs mit Pompejus, wiewohl im sanftesten Ton, ausschiltst, so wäre mir leid, wenn du glaubtest, die Absicht meiner Verbindung mit ihm sey, mir einen Beschützer an ihm zu verschaffen: aber die Umstände lagen so, daß die geringste Uneinigkeit zwi-

*) Deren Patron Cicero war.
**) Wovon in zwey vorhergehenden Briefen die Rede war.

schen uns die größten Mißhelligkeiten in der Republik nach sich ziehen mußte. Diesem Unheil habe ich mit so vieler Vorsicht vorzubeugen gewußt, daß ich, ohne von meiner Optimatischen Denkart im geringsten abzuweichen, ihm unvermerkt eine bessere einflößte, und ihn dahin brachte, etwas von seiner Unbestimmtheit und Veränderlichkeit abzulegen, die eine Folge des allzu großen Werthes ist, den er auf die Volksgunst legt. Wisse daß er, den so Viele gegen meine Handlungen einzunehmen suchten, weit rühmlicher von ihnen spricht als von seinen eignen. Er, sagt er, habe sich einige Verdienste um die Republik gemacht, aber mir sey sie ihre Rettung schuldig. Wie viel Vortheil Ich davon habe, daß er so spricht, weiß ich nicht; aber das weiß ich, daß die Republik Vortheile davon hat. Und wenn ich nun auch Cäsarn, der itzt mit sehr günstigen Winden segelt, besser gesinnt mache, werd' ich der Republik etwa einen schlimmen Dienst geleistet haben?

Wenn ich auch keinen einzigen Neider hätte, wenn mir, wie nicht mehr als billig wäre, Jedermann wohl wollte, so wäre doch eine Curart, welche die schadhaften Theile des Staats ausheilt, derjenigen, welche sie ausschneiden will, vorzuziehen. Nun aber, da jene Reiterey*), der ich einst, unter deiner Fahne und Anführung,

*) „*Equitatus ille*" eine scherzhafte Wendung, statt, die Römischen Ritter.

den Capitolinischen Hügel zum Posten angewiesen hatte, den Senat verlassen hat; nun, da unsre ersten Männer im Staat, wenn sie Rothbärte in ihren Fischteichen haben, die auf den Wink herangeschwommen kommen, um ihnen aus der Hand zu fressen, den Himmel mit dem Finger zu berühren glauben und sich um alles übrige nichts bekümmern: dünkt es dich nicht, ich nütze genug, wenn ich es dahin bringe, daß diejenigen nicht schaden wollen, die es können? Gewiß du selbst liebst unsern Cato nicht mehr als ich. Und gleichwohl geschieht es zuweilen, daß er, mit den reinsten Gesinnungen und den edelsten Absichten, dem Gemeinwesen schadet. Denn er votiert, als ob er mitten in Platons Republik, und nicht in den Hefen des Romulus, lebte. Was kann gerechter seyn, als daß diejenigen vor Gericht gezogen werden, die, um das Recht in einer Sache zu sprechen, Geld genommen haben? dies behauptete Cato, und der Senat stimmte ihm bey; sogleich kündigen die Ritter dem Rathshause den Krieg an; mir nicht, denn ich hatte nicht beygestimmt. — Kann etwas unverschämter seyn, als die Asiatischen Zollpächter, die ihren Contract aufsagten? Und doch, um den Ritterstand bey gutem Willen zu erhalten, hätte man etwas über Bord werfen sollen. Cato widerstand und siegte. Was waren die Folgen? Als neulich ein Consul *) in Arrest geführt wurde,

*) Metellus, auf Befehl des Tribuns Flavius.

und bey den zeitherigen öftern Volksbewegungen, rührte keiner von Denen einen Finger, durch deren Zusammenlaufen ich und meine nächsten Nachfolger im Consulat die Republik zu beschützen pflegten. Wie? hör' ich dich rufen, sollen wir sie also dafür bezahlen daß sie ihre Schuldigkeit thun? — Und was wollen wir thun (antworte ich) wenn kein anderes Mittel ist? Sollen wir uns etwa den Freygelaßnen oder wohl gar den Sclaven verdingen? — Doch, nichts weiter über diesen Punkt.

Favonius hat bey meiner Zunft mehr Gunst gefunden als bey seiner eignen; die des Luccejus hingegen war ihm nicht geneigt. Von seiner Anklage des Nasica hat er wenig Ehre; sie war so martig und plump (wiewohl übrigens anspruchlos genug) daß man hätte denken sollen, er habe zu Rhodus, anstatt unter dem berühmten Molo, in einer Mühle gearbeitet. Auf mich war er etwas ungehalten, jedoch in sehr gemäßigten Ausdrücken, daß ich als Vertheidiger des Beklagten aufgetreten war. Nun will er sich, zum Heil der Republik, um das Tribunat bewerben 117).

Wie es um Luccejus *) steht, will ich dir schreiben, sobald ich Cäsarn gesehen habe, der in zwey Tagen **) hier seyn wird.

Daß du an den Sicyoniern zu Schaden kommst, magst du dem Cato und seinem Nachets

---

*) Vermuthlich um seine Hoffnung das Consulat zu erhalten.
**) Aus Lusitanien, wo er Proprätor gewesen war.

ferer Servilius verdanken. Was soll ich sagen?
Nicht wenige gute Bürger leiden durch diesen Streich.
Aber da es nun einmahl (den Verfechtern des strengen Rechts) so beliebt hat, müssen wir's uns gefallen lassen. Dafür werden wir *) auch, wenn
es in der Folge zu Mißhelligkeiten kommen wird,
hübsch allein gelassen werden.

Meine Amalthea erwartet dich und bedarf
deiner. Mein Tusculanum und Pompejanum
macht mir großes Vergnügen; das schlimme ist nur,
daß sie mich, — dem so viele reiche Capitalisten
die Erhaltung ihres Vermögens zu danken haben, —
bis über die Ohren in Schulden gesteckt haben 118).

Gallien hoffen wir werde ruhig bleiben.

Meine Uebersetzung der Wetterzeichen des
Aratus soll zugleich mit den kleinen Reden nächstens in deinen Händen seyn.

Melde mir indessen, um welche Zeit du eigentlich zurückzukommen gedenkest. Pomponia **)
läßt mir sagen, du werdest im Monat Sextilis
(Julius) zu Rom seyn. Dies stimmt mit dem, was
du mir in deinem letzten von deiner Abreise schreibst,
nicht zusammen.

Daß Pätus mir mit allen von seinem Bruder
hinterlassenen Büchern ein Geschenk gemacht, hab
ich dir bereits gemeldet. Ob mir dies Geschenk zu
Gute kommen wird, steht nun bloß bey dir. Wenn

---

*) Die Parthey des Senats.
**) Die Schwester des Atticus und Cicero's Schwägerin.

du mich lieb hast, so trage ja Sorge daß die Bücher wohl erhalten werden, und schicke sie mir je bälder je lieber. Du kannst mir keinen größern Gefallen erweisen. Laß dirs, ich bitte dich nochmahls, recht angelegen seyn daß die Griechischen sowohl als die Lateinischen, besonders die letztern, wohl erhalten in meine Hände kommen. Ich werde das kleine Geschenk von dir selbst zu empfangen glauben.

Dem Octavius 119) habe ich geschrieben. Daß ich dich ihm nicht mündlich empfahl, kam bloß daher, weil ich mir nicht vorstellte, daß deine Geschäfte mit seiner Provinz in Beziehung ständen, und in der That noch weniger, daß du Geschäfte dieser Art 120) haben könntest. Nun aber hab ich ihm so nachdrücklich geschrieben als es meine Schuldigkeit war.

26.
An Ebendenselben.

II. 2.   Gegen Ende des Jahrs 693.

Trage Sorge, ich bitte dich, Lieber, zu unserm Neffen Cicero; ich glaube mich mit ihm krank zu fühlen 121). Hier *) unterhalt' ich mich mit den Pellenern des Dicäarchus 122); wirklich hab' ich einen mächtig großen Stoß von seinen Schriften vor mir aufgebaut. Welch ein großer Mann!

*) In seiner Tusculanischen Villa, wo er sich seit einiger Zeit aufgehalten zu haben scheint.

Wie viel mehr ist von ihm zu lernen als von Procilius *). Seine Korinther und Athener glaube ich zu Rom zu haben. Lies sie auf mein Wort; es ist ein bewundernswürdiger Mann. Wenn Herodes Menschenverstand hätte, würde er lieber ihn lesen als einen einzigen Buchstaben selbst schreiben. Dieser Herodes hat mich mit einem Briefe heimgesucht; dir ist er, wie ich sehe, sogar auf den Leib gerückt. Lieber wollte ich mich selbst gegen den Staat verschwören, als der Verschwörung widerstanden haben, wenn ich sein Geschreibsel lesen müßte 123).

Was du mir von Lollius sagst, kann nicht dein Ernst seyn; über den Vinius bin ich gänzlich deiner Meinung 124). Aber was sagst du dazu, daß der erste Januar immer näher rückt und Antonius immer noch nicht kommt, da doch seine Richter bereits zusammengetrieben werden 125)? Wenigstens schreibt man mir, der Tribun Nigidius habe in öffentlicher Versammlung gedroht, wenn einer von den Richtern abwesend seyn sollte, würde er ihm Füße machen. Solltest du über die Ankunft des Antonius etwas Näheres erkundigt haben, so schreibe mirs; und, da du doch nicht hieher kommst, so speise am letzten December bey

---

*) Ein unbekannter Autor, der, wie es scheint, ebenfalls über Länder und Völker und Naturgeschichtliche Gegenstände geschrieben hatte. Sein Nahme kommt noch im Plinius (VIII. 2.) vor.

mir zu Rom *); aber daß ich ja sicher auf dich rechnen kann!

***

27.
An Atticus.

II. 3.   Im December 695
                              bald nach dem vorigen.

Vor allem bin ich dir ja wohl einen schönen Dank für deine saubere Neuigkeit schuldig? Valerius ist also von Hortensius vertheidiget und von den Richtern losgesprochen worden! Man erwartete auch nichts anders, als daß sie es dem Sohn des Aulus zum Gefallen thun würden. Doch muthmaße ich, daß auch der Obergewaltige (wie du schreibst) aus purem Uebermuth die Hand im Spiele gehabt habe. Ich muß gestehen, seine Soldatenstiefeln und seine kreideweißen Bäuder um die Beine haben mir nie recht gefallen wollen. Was eigentlich an der Sache ist, werden wir erfahren, wenn du mich besuchst 126).

Du tadelst meine Fenster daß sie zu enge seyen; weißt du auch daß dein Tadel nichts geringers als die Cyropädie trift? Als ich meinem Baumeister Cyrus eben denselben Einwurf machte, sagte er mir: Aussichten in Gärten und Lustwälder thäten aus weiten Oefnungen keine so angenehme Wir-

---

*) Wohin Cicero von seiner Villeggiatura zurückkommen mußte, um am ersten Tag des Jahrs 694 beym Amtsantritt der neuen Consuln gegenwärtig zu seyn.

kung als aus engen. "Denn (sagte er) gesetzt "das Auge sey A, der Gegenstand, der ge= "sehen werden soll, B, C, die Strahlen D und E u. s. w. — Denn du schenkst mir wohl den Rest der Demonstration. Freylich wenn Bil= der, die aus den Gegenständen ausfließen, (wie ihr andern Epikuräer wähnt) die Ursache des Sehens wären, möchten sie allerdings Mühe haben durch enge Oefnungen durchzukommen: hingegen macht sich der Ausfluß der Strahlen so leicht und artig daß es eine Lust ist. Solltest du noch mehr zu tadeln finden, so wollen wir dir die Ant= wort nicht schuldig bleiben; es müßte dann etwas betreffen, das ohne Kosten geändert werden könnte 127).

Ich komme nun auf den bevorstehenden ersten Januar und auf die dermahlige Lage unsrer Re= publik, worüber wir nach Art der Sokratiker, für und wider disputieren, aber auch, wie Jene zu thun pflegten, zuletzt unsre wahre Meinung sagen wollen.

Das erste was in Bewegung kommen wird, ist eine Sache von sehr großer Ueberlegung, das Agra= rische Gesetz nehmlich (welches der neue Consul Cäsar zu Stande zu bringen fest entschlossen scheint.) Hier liegen nun drey Wege vor mir, zu deren einem ich mich entschließen muß: entweder mich tapfer entgegen zu setzen, oder ruhig zu bleiben, oder es zu unterstützen. Das erste würde einen nicht leichten aber sehr rühmlichen Kampf kosten; das andere hieße soviel als nach Solonium oder Antium zu gehen 128); das dritte ist, was Cäsar, wie ich höre, ganz unfehlbar von mir erwartet. Denn Cornelius Balbus, einer seiner Vertrauten, ist ausdrücklich zu mir gekommen, um mich zu versichern, Cäsar sey entschlossen nichts ohne meine und des Pompejus Beystimmung zu thun, und werde sich angelegen seyn lassen, auch den Pompejus und Crassus zu Freunden zu machen. Wenn ich diesen Lockungen Gehör gäbe, was wären die Folgen? Mit Pompejus bin ich bereits aufs engeste verbunden; will ich es auch mit Cäsarn seyn, so sehe ich mich auf einmahl mit meinen Feinden ausgesöhnt, habe nichts mehr vom Pöbel zu befürchten und verschaffe mir Ruhe im Alter. All das wäre nicht übel, klänge mir nur der Zuruf aus dem dritten Buch des bewußten Gedichts *) nicht so stark in den Ohren:

> Auf dann! verfolge den Weg, den du von frühester Jugend,
> Den du mit Muth und Kraft als Consul gegangen, und mehre
> Stets den erworbnen Ruhm und den süßen Beyfall der Guten 129)!

Da mir in einem Buch, das so voll von Optimatischen Grundsätzen und Gesinnungen ist, Calliope selbst diesen Weg vorgeschrieben hat:

---
*) über sein Consulat, worin dieser Zuruf der Muse Calliope in den Mund gelegt war.

so dünkt mich nicht zweifelhaft, ich werde immer (mit dem Homerischen Hektor) glauben:

Ein Wahrzeichen nur gilt: das Vaterland zu erretten *).

Doch diese Dinge sollen für unsre Promenaden an den Compitalien 130) aufbehalten bleiben. Vergiß nur nicht am Tage vor dem Feste gewiß zu kommen. Ich werde das Bad eigens für dich heitzen lassen. Terentia ladet Pomponien ein, auch wollen wir deine Mutter dazu bitten. Bringe mir doch den Theophrast über die Ehrliebe aus meines Bruders Büchersammlung mit 131).

*) Ilias XII. 243 nach der Vossischen Uebersetzung.

Erläuterungen.
zum
Ersten Buch der Briefe.

1. Brief.

1) Pomponia, eine Schwester des Atticus, war mit dem jüngern Bruder unsers Cicero, Quintus, vermuthlich seit noch nicht langer Zeit, verheurathet. Die Sinnesarten dieses Ehepaars scheinen nicht sonderlich in einander gepaßt zu haben. Quintus war, (wie wir aus seines Bruders Briefen an ihn ersehen werden) von einem fröhlichen, sorglosen, aber raschen und leicht auffahrenden Temperament; Pomponia hingegen sehr reitzbar, eifersüchtig über ihre Rechte und Ansprüche, leicht zu beleidigen, aber wenn sie sich beleidigt glaubte, nicht so leicht wieder zu besänftigen; was Jenem dann um so unangenehmer fallen mochte, weil er (wie alle leicht aufbrausenden Männer) keinen Vorsatz zu beleidigen hatte, und sobald der Sturm bey ihm vorüber war, verlangte, daß nun auch auf dem Gesicht und in dem Benehmen seiner Gemahlin keine Spur davon zu sehen seyn sollte. Zwischen so schlecht zusammengestimmten Gemüthern konnte es in den häuslichen Verhältnissen an Veranlassungen zu häufigen kleinen Mißverständnissen und Zwistigkeiten nicht fehlen, und Cicero sowohl als Atticus hatten daher immer genug zu

thun, um die Sachen zwischen beyden Theilen auf einem leidlichen Fuß zu erhalten.

2) Worin dieses Geschäft eigentlich bestanden, ist unbekannt, und kann uns nichts verschlagen. Vermuthlich betraf es eine Summe Geldes, welche Atticus schuldig und an einen gewissen Acutilius zu bezahlen angewiesen war. Atticus war dazu bereitwillig, nur verlangte er von Acutilius gerichtliche Sicherheit, daß sonst Niemand dieser Schuld halber weitere Ansprüche an ihn machen könne; und diese ihm zu geben weigerte sich Acutillus.

3) Der Peducäus, von welchem hier und in mehrern Briefen an Atticus die Rede ist, war der Sohn des ehemaligen Prätors Sextus Peducäus, unter welchem Cicero im Jahr 675 Quästor in Sicilien gewesen war. Er scheint ein Vertrauter und Geschäftsträger des Atticus gewesen zu seyn.

4) Daß der Mann, den Cicero hier zu nennen Bedenken trägt weil ihn Atticus selbst nicht genannt hatte, Luccejus hieß, sehen wir aus dem 7ten Brief an Atticus. Vielleicht war es eben derselbe, von welchem im 17ten Briefe des 1sten Buchs an Atticus die Rede, und an welchen der 12te Brief im 5ten Buche ad Divers. (edit. vulg.) geschrieben ist. Die Ursache seines Unwillens gegen den Atticus, seinen ehemaligen Freund, ist unbekannt; aber aus der Mühe, welche sich Cicero gab, sie wieder auszusöhnen, läßt sich schließen, daß es ein Mann von Bedeutung war.

5) Dieser Tadius, und das Geschäfte, dessen in diesem Paragraph erwähnt wird, ist eben so unbekannt, als das junge Frauenzimmer, von welchem die Rede ist. Die Ausleger scheinen nicht recht zu

wissen, was sie aus dem Handel zwischen Tadius und den Vormündern dieses Mädchens machen sollen; auch ist nicht klar, wie und warum Atticus Antheil an der Sache nahm; daß er aber dabey interessirt gewesen seyn müsse, erhellet aus einer Stelle des 4ten Briefes an Atticus, (des 8ten der Gräbischen Ausgabe) wo Cicero schreibt: „Tadius bezeige große Zufriedenheit darüber, daß Atticus die Sache gütlich abgemacht habe." Das Object des Streits war, wie es scheint, ein in Epirus oder einem andern Theil der Provinz Macedonien gelegenes Grundstück, welches einen Theil der väterlichen Erbschaft der ungenannten Unmündigen ausmachte, und welches die gesetzmäßigen Vormünder desselben reclamirten. Der Vater des Mädchens war nehmlich verstorben, ohne seiner unmündigen Tochter testamentliche Vormünder gesetzt zu haben, und aus zufälligen Ursachen mochten etliche Jahre verflossen seyn, bis das Mädchen (Kraft des in einem solchen Falle eintretenden Gesetzes) gesetzliche Vormünder bekommen hatte, und bis diese, in Berichtigung der ganzen Erbschaft, zu jenem Grundstücke, worüber jetzt gestritten wurde, gekommen waren. Tadius hatte dasselbe während der Zeit, da die junge Erbin ohne wirkliche Vormünder war, auf irgend eine, an sich selbst rechtmäßige Art an sich gebracht, und hatte keine Lust es wieder her zu geben, da die nunmehrigen Vormünder es der Erbschaftsmasse wieder vindicieren wollten. Unter diesen Umständen hatte er sich, — vermuthlich als ein Freund oder Client von Cicero und Atticus, — an den letztern (der als ein ansehnlicher Güterbesitzer im Epirus, und seiner übrigen Verhältnisse wegen ein vielvermögender Mann in der

Provinz war) gewendet, um ihn um seine guten
Dienste bey der Ortsobrigkeit oder bey dem Proconsul selbst zu bitten, und hatte von Atticus (der
vielleicht nicht hinlänglich von allem unterrichtet
war) die Antwort erhalten: er sehe nicht, was für
Schwierigkeiten die Sache habe, da Tadius sich
schon in verjährtem Besitz des Gutes befinde. Diese
Antwort veranlaßte den Tadius, mit Cicero von
der Sache zu sprechen, und dieser bezeigt in dem
gegenwärtigen Briefe, seine Verwunderung, wie
dem Atticus unbekannt seyn könne, daß gegen die
Rechte und Ansprüche einer unter gesetzlicher Vor-
mundschaft stehenden Person auch ein verjährter
Besitzstand ohne Rechtskraft sey. Da Atticus hie-
gegen nichts einzuwenden hatte, so schlug er in der
Folge eine gütliche Uebereinkunft vor, welche von
Tadius mit Freuden angenommen, und vermuthlich bey dem, was Atticus zu dessen Gunsten in der
Sache thun wollte, zum Grunde gelegt wurde.

6) Atticus besaß sehr große und einträgliche Güter
in der Gegend der Stadt Buthrotus in Epirus,
unweit der Insel Corcyra. Wahrscheinlich vergrös-
serte er seine ersten Besitzungen in diesem schönen
Lande, indem er nach und nach immer mehrere
dazu kaufte, und von einem solchen Kauf scheint
hier die Rede zu seyn.

7) Es finden sich in diesem Briefe mehrere ziemlich auffallende Spuren, daß der Brief des Atticus, auf welchen er die Antwort ist, in keiner sehr
gutlaunigen Stimmung geschrieben war. Atticus
scheint darin nicht nur über das Betragen seines
Schwagers Quintus Cicero im Nahmen seiner
Schwester sich beklagt, sondern dem Marcus selbst
Vorwürfe gemacht zu haben, daß er ihm nicht öfter

schreibe, seine Aufträge nicht eifrig genug besorge, sichs nicht angelegen genug seyn lasse, ihn mit seinem Freunde Luccejus wieder auszusöhnen, und dergleichen. Die glimpfliche und schonende Art, womit Cicero sich selbst rechtfertigt, und ohne dem mißlaunigen Freunde wirkliche Gegenvorwürfe zu machen, doch mit vieler Zartheit zu verstehen giebt, daß er ihm welche zu machen hätte, kurz der Ton des ganzen Briefes dünkt mich ein Muster zu seyn, wie Freunde in solchen Fällen einander behandeln sollen.

2. Brief.

8) Ob der Rabirius und Fontejus, die hier erwähnt werden, eben dieselben sind, welche Cicero in zwey noch vorhandenen Reden vor Gericht vertheidigte, ist eben so gleichgültig als ungewiß, und thut nichts zur Sache. Aber wie Corradus die Summe von HS cccIɔɔɔxxx, d. i. Hundert und dreyssig tausend Sesterzien, welche Fontejus für das Rabirische Haus zu Neapel gab, so ungeheuer finden konnte, daß nicht einmahl Könige (wie er sagt) geschweige Privatleute so theure Häuser zu kaufen pflegten, ist unbegreiflich; es wäre denn, daß er sich irriger Weise eingebildet hätte, das Zeichen HS bedeute hier nicht Sestertios, sondern *Sestertia*, d. i. Tausend Sesterzien, in welchem Falle jene Summe freylich nicht weniger als Hundert und dreißig Millionen Sesterzien oder Sechs und eine halbe Million Gulden machte.

Da ich in Würdigung der Römischen Currentmünze gegen die unsrige von der gewöhnlichen abweiche, so ist nöthig, daß ich bey dieser ersten Gelegenheit ein für alle Mahl von der Meinigen Rechenschaft gebe. Ich lege zum Grunde, daß der

Sestertius der vierte Theil des Denarius, und der Denarius (bis auf einen sehr geringen Bruch) an Werth der Attischen Drachme gleich war. Hätte ich meinen Lesern einen auf Drachmen gestellten, etwas ansehnlichen Wechsel in römischen Denarien zu bezahlen, so würde es allerdings der Mühe werth seyn, den kleinen Bruch, um welchen der Denarius besser war als die Drachme, aufs genaueste auszurechnen. Da sie aber von dem Uebersetzer der Ciceronischen Briefe schwerlich mehr verlangen, als daß, so oft von einer gewissen Summe von Sesterzien die Rede ist, nach einer der Wahrheit nahe kommenden Würdigung, angegeben werde, wie viel diese Summe ungefähr in unserm heutigen Gelde betrage: so glaube ich keinen Tadel zu verdienen, wenn ich bey meinen Rechnungen als etwas Ausgemachtes annehme, daß der römische Denarius der griechischen Drachme gleich gewesen sey. Die Frage ist also nun, den Werth der griechischen Drachme in unserm Gelde zu bestimmen. Eisenschmidt (de Mensur. et pond.) welchem bisher gewöhnlich unter uns gefolgt wurde, berechnet sie auf 13 1/2 Kreuzer; die Engländer Greave (de Denario) und Arbuthnot (Tabb. antiqu. Numism.) auf etwas weniges mehr als Acht Englische *pence*; Rambach (im 3ten Theile seiner Ausgabe der Potterschen Archäologie) auf Fünf gute Groschen und 1 1/2 Pfenning. Da, meines Erachtens, unter allen Gelehrten, die sich mit diesem Geschäfte abgegeben haben, keiner mit größerer Sorgfalt und Genauigkeit zu Werke gegangen, als der berühmte Abbé *Barthelemy* (S. die seinem Voyage du jeune Anacharsis beygefügte Evaluation des Monnoies d'Athènes) so halte ich mich an seine eben so scharfsinnige als mühsame Berechnung, welche das Resultat giebt: daß eine Attische Drachme, vorausgesetzt, das sie 79 grains an Gewicht und 11 deniers, 12 grains an Feinheit des Silbers hatte, so viel als 18 Sols, folglich zehen Drachmen 9 Livres, oder drey kleine Thaler französ. Geldes, d. i. 54 Groschen in gutem deutschen Gelde werth waren. Diesem nach beträgt eine Drachme etwas weniges über fünf gute Groschen und vier Pfenninge, oder zwanzig Kreuzer nach dem Conventionsfuß, und ist also der Münze ziemlich gleich, die wir Kopfstück nennen. Da ich nun, wie gesagt, die attische Drachme und den römischen Denarius (wie er in der letzten Epoke der Republik beschaffen war) für gleich geltend annehme; so folgt daraus, daß ich vier Sesterzien für zwanzig Kreuzer Conventionsgeld rechne. Tausend Sestertii (oder Ein *Sestertium*) machen also 83 Fl. 20 Kr. nach dem Zwanzig Guldenfuß, oder gerade 100 Fl., wenn die Cölnische Mark fein zu vier und zwanzig Gulden gerechnet wird; und da diese letztere Art zu rechnen, meistens runde Summen giebt, so bediene ich mich derselben gewöhnlich in gegenwärtiger Uebersetzung, und also sind mir

    Sesterzien   Gulden, im 24 Fl. Fuß.
    10,000   =   1000
    100,000   =   10,000
    1000,000   =   100,000 u. s. w.

Diesemnach betragen die 130,000 Sesterzien, welche Fontejus für das vom Rabirius erkaufte Haus zu Neapel gab, nicht mehr als 13,333 Fl., welches, da hier von keinem schlechten Bürgerhause die Rede seyn kann, in einer so schönen, reichen und stark bevölkerten Stadt, wie Neapel schon damahls war, eher für einen zu geringen Kaufpreis angesehen werden und den Verdacht erregen könnte, daß sich durch Schuld der Abschreiber ein Irrthum in die Zahlen des Originals eingeschlichen habe.

4. Brief.

9) *pro Signis Megaricis.* Wahrscheinlich heissen diese Bilder Megarisch, weil sie aus einer Art von Muschelmarmor (λίθος κογχίτης) verfertigt waren, der (wie Pausanias sagt) in ganz Griechenland nirgends als im Megarischen Gebiete gebrochen wurde, sehr weiß und weicher als andre Marmorarten war, und aus welchem sich zu Megara viele Kunstwerke fanden. (Paus. in Attic. c. 44. §. 9.

Hermae tui Pentelici etc. Auf dem Berge Pentelikus wurde (nach Suidas) Marmor von fünferley Farben gebrochen, worunter der weisse dem Parischen gleich geschätzt, und meist zu Bildern und Hermen verarbeitet wurde. Hermen mit Köpfen von Bronze, welche man nach Belieben abnehmen und mit andern vertauschen konnte, scheinen bey den Römern Mode worden zu seyn, weil sie ein compendiarisches Mittel waren, sich neue Bildsäulen zu verschaffen, indem man den alten andere Köpfe aufsetzte.

10) Die Rede war schon in den zwey vorhergehenden Briefen, und ist es hier und in einigen folgenden, von einem Landsitze Cicero's in der reizenden Gegend des ehemaligen Städtchens Tusculum (unweit von dem heutigen Frascati) welchen er, vermuthlich vor nicht gar langer Zeit, an sich gebracht hatte, und mit dessen Verschönerung

und Auszierung er sich itzt um so viel eifriger beschäftigte, weil er dieses sein Tusculanum wegen der geringen Entfernung von Rom am öftesten besuchte, und es, wenn ihm einst vergönnt würde, sich von den öffentlichen Geschäften zurückzuziehen, zum Ruheplatz seines Alters bestimmte und dazu einzurichten suchte. Da weder seine Neigung ihn antrieb, noch sein beschränktes Vermögen ihm erlaubte, mit seinen reichern Nachbarn, einem Pompejus, Crassus, Hortensius und ihres gleichen, in Römischer Pracht und verschwenderischer Ueppigkeit zu wetteifern, so mußte sich sehr natürlich in einem Geiste, wie der seinige, der Gedanke erzeugen, in Anlage und Ausschmückung seines Lieblingsaufenthalts die edle Einfalt und den reinen Schönheitssinn seiner geliebten Griechen zum Muster zu nehmen. Auch geziemte es dem Einzigen unter den Römern, der den Griechen den letzten Vorzug vor ihren Besiegern und Oberherren, auf den sie bisher noch stolz gewesen waren, die Ueberlegenheit in der Geistesbildung und in der Kunst zu reden, mit dem glänzendsten Erfolg streitig gemacht, und nach ihrem eigenen Geständniß sogar entrissen hatte *), es geziemte ihm, sage ich, sie gleichsam dadurch zu trösten, daß er sie überall und bey jeder Gelegenheit für seine Lehrer und Vorbilder erkannte, sichs zur Ehre rechnete, alles was er war den großen Meistern in Wissenschaften und Künsten, die den Griechischen Nahmen einst verherrlichten, zu danken zu haben, und auch da, wo er vom Getümmel des weltbeherrschenden Roms

---

*) Eine hieher gehörige schöne Anekdote erzählt Plutarch in seinem Cicero §. 4. und aus ihm Middleton, Life of Cicero, Vol. 1. p. 45.

entfernt, im Schooße der Natur sich selbst lebte, sich mit Werken griechischer Kunst und Erinnerungszeichen an Athens glorreichste Zeit umringte, kurz, seinem Tusculanum so viel Aehnlichkeit als möglich mit jenem berühmten Academischen Hain zu Athen gab, wo einst Plato (der ihm *Philosophorum Deus* war) einen großen Theil seines der Erforschung des Einzigwahren gewidmeten Lebens zugebracht und geendigt hatte. So erkläre ich mir den leidenschaftlichen Eifer, womit Cicero in einer Reihe von Briefen den attischen Geschmack und Kunstsinn seines damahls in Athen sich aufhaltenden Freundes zu ächtgriechischer Auszierung desjenigen Theils seiner Villa auffodert, der, wiewohl er ihn bald Gymnasium, bald Palästra, bald Academie nennt, unter allen diesen Benennungen, immer eben derselbe war, nehmlich eine große bedeckte Halle (porticus) mit offnen Schattengängen, (Xystis) Ruheplätzen und Sitzen (exedris) umgeben, und sowohl zur Conversation und Deambulation mit Freunden, als zum einsamen Studieren und Meditieren bestimmt und eingerichtet.

11) Was für ein Lentulus dies war, ist uns unbekannt; wahrscheinlich kein Senator, sondern ein Negociant zu Rom *), der, (wie aus dem folgenden Brief erhellet) mehrere Schiffe eigenthümlich besaß und sie, wie es scheint, mit Speditionen von

---

*) Vielleicht der Sohn eines Freygelaßnen aus der edeln Familie dieses Nahmens. Denn die Freygelaßnen erhielten die Erlaubniß, den Nahmen ihrer ehemahligen Herren und nunmehrigen Patronen anzunehmen, und daher kams, daß Rom von Plebejern mit vornehmen Nahmen wimmelte.

Rom nach Griechischen Seestädten, und von diesen wieder nach Rom, beschäftigte.

5. Brief.

12) „*Chiliust te rogat* — Ευμολπιδων πατρια." Dieser Chilius war ein Dichter, und (wie sich aus einer Stelle im 20sten Briefe schließen läßt) damahls ein Hausgenosse Cicero's. Allem Ansehn nach arbeitete er an einem Gedichte, wozu er Nachrichten vom Ursprung und der ältesten Geschichte der Eumolpiden nöthig hatte, die er von ihnen, als Abkömmlingen des berühmten Stifters der Eleusinischen Mysterien, Eumolpus, durch Vermittlung des Atticus, aus der reinsten Quelle schöpfen zu können hoffte.

6. Brief.

13) „Wenn es gleich nicht so vornehm klingt," — will Cicero hinzugedacht wissen, um seinem Attischen Freunde scherzweise zu verstehen zu geben: das „wie ich im Ceramikus war," womit Atticus seinen Brief angefangen hatte, klinge, als ob er sich auf den Vorzug in Athen zu leben gar viel zu Gute thue.

14) Hermeraclä (ein aus Hermes und Heracles zusammengesetztes Wort) waren vermuthlich Hermen mit einem Doppelkopf, der von vorn den Merkur, von hinten den Herkules vorstellte. Hermes, als der Erfinder der gymnastischen Leibesübungen, und Herkules, als der größte aller Athleten und Stifter der Olympischen Kampfspiele, wurden von den Griechen als die Schutzgötter der Gymnasten und der Leibesübungen, die daselbst getrieben wurden, betrachtet, und ihre Bildsäulen, einzeln oder auch auf besagte Weise

vereinigt, waren wesentliche Zubehörden eines Gymnastums. Wenn gleich das Gymnasium in Cicero's Tusculanum vielmehr für geistige als körperliche Uebungen und Kampfspiele bestimmt war, so finde ich doch nicht unwahrscheinlich, daß es auch mit einer Art von Paláſtra versehen gewesen; damit auf den möglichen Fall, daß jüngere Freunde des Eigenthümers, zumahl Griechen, etwa Lust bekämen sich im Ringen zu üben, es an Gelegenheit dazu nicht fehlen möchte.

15) Hier ist vermuthlich von dem Vorsaal oder *Vestibule* des Wohnhauses die Rede, welches zur Tusculanischen Villa gehörte.

16) Dies erhält das gehörige Licht aus folgender Stelle in des Cornelius Nepos Leben des Atticus: usus est (Atticus) familia, si *utilitate* judicandum est, optima, si *forma*, vix mediocri. Nam in ea erant pueri litteratissimi, anagnostae optimi, et plurimi *librarii*, ut ne pedissequus quidem quisquam esset, qui non utrumque horum pulchre facere posset. Atticus beschäftigte nun einen großen Theil dieser geschickten Sclaven, schöne und correcte Abschriften von allen Büchern machen zu lassen, die in eine vollständige griechische und lateinische Bibliothek gehörten, um sie gelegentlich an gelehrte Bücherliebhaber zu verkaufen. Diese Art von Bücherhandel war um diese Zeit, da schöne und zahlreiche Büchersammlungen ein Gegenstand des Luxus der Großen und Reichen in Rom zu werden anfing, einer von den einträglichsten Handelszweigen, wodurch Atticus (der damahls seinen reichen Oheim Cäcilius noch nicht beerbt hatte) sein mäßiges väterliches Erbgut um so mehr gelten zu machen beflissen war, da er ohne

solche Hülfsquellen nicht im Stande gewesen wäre, seine Freunde, bey allen Gelegenheiten, so großmüthig mit seinem Gelde zu unterstützen, wie er, nach dem Berichte des besagten Nepos, auch damahls schon zu thun pflegte, da sein Capital sich noch nicht über 200,000 Fl. belief. — Cicero hatte ihn im 3ten Briefe an sein Versprechen, eine Büchersammlung für ihn zusammen zu bringen, erinnert. Auf dieses hatte ihm Atticus, wie es scheint, in dem Briefe, worauf der gegenwärtige die Antwort ist, geschrieben: er habe wirklich eine vollständige Bibliothek beysammen, die er ihm, nach Gefallen, ablassen könne.

17) *De comitiis meis.* Daß hier nicht von den Comitien, worin er das Consulat zu erhalten suchte, (wie Corradi und Muret sich irrig einbildeten,) sondern von seiner Bewerbung um die Prätur, und von der bevorstehenden Wahl der Prätoren für das Jahr 687 (wie Manutius behauptet) die Rede sey, hat Casaubon so klar gemacht, daß kein Wort mehr darüber zu verlieren ist.

18) Vermuthlich ein vertrauter griechischer Sclave des Atticus.

7. Brief.

19) Bosius ist gar zu gutmüthig, da er in dieser Stelle zu sehen vermeynt, Cicero habe den Atticus wegen des Todes seiner alten Großmutter gleichsam durch die Versicherung beruhigen wollen, illam ad supremum usque vitae diem in *amore erga nepotem et pietate erga Deos* perseverasse. Die besten Ausleger der Ciceronischen Briefe, Corradi, Casaubon, Gronov u. a. haben gesehen, was gar nicht zu verkennen ist, daß Cicero den Tod eines vor hohem Alter kindisch gewordenen

Mütterchens, — das, allem Ansehen nach, ohne Krankheit und Schmerzen wie ein Licht ausgieng, ohne daß irgend einem Menschen weh dadurch geschah, — für keine so tragische Begebenheit ansehen konnte, daß es ungebührlich gewesen wäre, in einem etwas scherzhaften Ton davon zu sprechen; zumahl da Atticus, wie es scheint, durch geäufferte unnöthige Besorgniß, daß die gute Dame vielleicht auf ihrem Krankenlager viel gelitten, ihn zu diesem Ton, der ihm ohnehin nur zu sehr natürlich und geläufig war, ein wenig gereizt haben mochte. — Die *Feriae Latinae* waren eine Art von alljährlichem Bundesfest, welches der König Tarquinius Superbus eingesetzt hatte, und woran sieben und vierzig theils schon zum alten Latium gehörige, theils von ihm besiegte und einverleibte Städte Theil nahmen, indem sie, durch ihre Abgeordneten, Opfergaben aller Art zu dem festlichen Opfer einsendeten, welches dem Jupiter auf dem Albanischen Berge mit grossen Ceremonien dargebracht wurde. Die Bestimmung der Zeit dieser Ferien hing damals von den Consuln ab; und da sie in diesem Jahr aus zufälligen Ursachen bis in den Spätherbst verschoben worden waren, mochte das gute alte Mütterchen öfters darüber gejammert haben, daß sie die schöne Procession (die sie vermuthlich aus ihrer Wohnung auf den Albanischen Berg ziehen sehen konnte) nicht mehr erleben würde.

20) L. Saufejus, dessen in diesen Briefen öfters gedacht wird, war ein vertrauter Freund des Atticus, und, wie er, der kalten Epikureischen Philosophie, der Antipode aller Sentimentalität, zugethan. Auch hier scherzt Cicero augenscheinlich, und es ist so viel als ob er gesagt hätte: Du be-

darfst hoffentlich keines kräftigern Trostes über einen so natürlichen Zufall, als den dir dein Freund und Bruder im Epikur, Saufejus, bereits dargereicht haben wird.

21) Ein Beyspiel, wie die Großen in Rom mit ihren Töchtern zu schalten pflegten! Die kleine Tullia konnte bey ihrem Verlöbniß mit dem jungen Piso nicht viel über 10 Jahre alt seyn. Dieser Piso stammte aus demjenigen Zweige des eblen Calpurnischen Geschlechts, der den rühmlichen, mit unserm deutschen Biedermann gleichbedeutenden, Beynahmen *Frugi* führte. Cicero spricht an mehrern Orten mit Wärme und Auszeichnung sowohl von dem Geist und Rednertalent als von den Gemüthseigenschaften und Tugenden dieses seines ersten Schwiegersohnes.

9. Brief.

22) d. h. den Comitien zur Wahl der Aedilen auf das Jahr 688.

23) S. unsern Chronolog. Auszug, vom Jahr 687. §. XIV.

24) Das Wohlgefallen, so Cicero über die von Atticus erhaltnen Hermeraklen bezeugte, und die mehrmahls wiederhohlte Aufforderung, ihm noch mehr Auszierungen dieser Art für seine Academie im Tusculano zu besorgen, veranlaßte seinen attischen Freund, von irgend einem damahligen Künstler in Athen eine Herme, worin Merkur und Minerva vereinigt waren, verfertigen zu lassen. Wie diese Vereinigung bewerkstelligt war, ob durch zwey Brustbilder auf einem vierwinklichten Stein, oder durch zwey mit dem Hinterhaupt an einander gewachsene Köpfe, oder durch Einen Kopf mit zweyerley Gesichtern, oder auf welche andere

Weise, würde, wie Paul Manutius meynt, schwerlich auszumachen seyn, wenn Fulvius Ursinus nicht eine alte Münze aufgefunden hätte, worauf die eine Seite das Brustbild des Kaisers Hadrianus, die andere eine mit Helm, Schild und Speer bewaffnete Minerva, deren Schenkel und Füße zu einer Art von Herme zusammengewachsen scheinen, darstellt. Dies, glaubt Manutius, beantworte die Frage, wie die Hermathena in Ciceros Gymnasium ausgesehen haben möge, so befriedigend als man nur wünschen könne; und wir setzen hinzu, daß sich eben dies auch auf die Gestalt der Hermeraklen anwenden lasse. Allein, nachdem Visconti in der sogenannten stanza miscellanea des Capitolinischen Museums, unter den daselbst befindlichen Antiken eine Hermathene mit einer Doppelbüste von Merkur und Minerva gesehen zu haben versichert *), so bleibt den Liebhabern wenigstens freye Wahl, ob sie sich das mehr besagte Bild in dieser oder jener Gestalt vorstellen wollen; wiewohl der Umstand, daß Visconti's Hermathena aus Marmor gearbeitet, Ursinis hingegen nur auf eine Münze geprägt ist, den Ausschlag für jene zu geben scheint.

10. Brief.

25) Cornificius war vermuthlich eben der, von welchem, als einem Secretär (Scriba) des Verres in der zweyten Verrina cap. 57 Erwähnung geschieht; ein Mensch von dunkler Herkunft, ohne Talent und Verdienste; und also ein Candidat um das Consulat, über den man entweder lachen

*) „Museo Pio Clementino T. III. tavola XXXVII. p. 48. nota d.

oder seufzen mußte; jenes, wenn man bloß auf
seine Person sah; dieses, wenn man bedachte, wie
heillos es um die Republik stehen müsse, da ein
solcher Wicht die Unverschämtheit haben durfte, um
die höchste Staatswürde anzuhalten, und nicht ohne
Hoffnung war, sie erlangen zu können. Cäsonius
muß indessen noch schlechter gewesen seyn, da Cicero
für gewiß nimmt, Atticus werde sich aus Unwillen
vor die Stirne schlagen, wenn er hören werde, daß
man auch diesen unter den Mitwerbern nenne.
Gleichwohl war der Mensch zugleich mit Cicero
Aedilis gewesen.

26) Dies ist, denke ich, der wahre und offen
genug daliegende Sinn der Worte „illud suum
regnum judiciale. A. Aquillius Gallus, von dem
hier die Rede ist, war einer der größten damahligen Jurisconsulten in Rom *). Er hatte seit
vielen Jahren in diesem Fache mit bestem Erfolg
gearbeitet; es beschäftigte seine ganze Thätigkeit;
der Ruhm und das Ansehen, so er sich darin erworben, befriedigte seinen Ehrgeitz, und anstatt
auf Regierung der ganzen Römischen Welt Anspruch
zu machen, genügte ihm an der Ehre, unter den
Rechtsgelehrten dieser Zeit gleichsam König zu
seyn.

27) Catilina hatte als Prätor der Provinz
Africa sich so ungeheurer Ungerechtigkeiten und Erpressungen schuldig gemacht, daß die Provinz unmittelbar nach seinem Abzug Anstalt machte, ihn
zu Rom *Repetundarum*, d. i. auf Wiedererstattung des Geraubten anzuklagen. Wurde Catilina

---

*) Man sehe und vergleiche die prächtige Lobrede, die ihm
Cicero im 27 Cap. der Rede pro *Caecina* hält, mit dem
was er *de claris orator.* c. 42. von ihm sagt.

verurtheilt, so war er an den Consularischen Comitien des Jahrs 689 nicht wahlfähig: daß er aber verurtheilt werden müsse, wenn seine Richter nach Pflicht und Gewissen verführen, hielt Cicero für etwas ausgemachtes. Die Worte: Catilina, si judicatum erit *meridie non lucere*, certus erit competitor, sind also bloß eine von den scherzhaften Wendungen, die unserm Autor so geläufig sind: den Catilina (will er sagen) kann ich nur zum Mitbewerber haben, wenn seine Richter unverschämt genug seyn werden, ihn, ungeachtet die Beweise seiner Verbrechen sonnenklar am Tage liegen, dennoch frey zu sprechen. Der Ausleger Victorius hätte also sich selbst die Emendation des „non lucere" in *non liquere*, wodurch Cicero's Witz zur Plattheit wird, und dem guten Bosius eine lange und höchst überflüssige Rechtfertigung der gewöhnlichen Lesart ersparen können. Aber um (wie Lambinus) diese Stelle dunkel und vielleicht gar verdorben zu finden, muß man wahrlich die Sonne am hellen Mittag nicht sehen können.

28) Vermuthlich weil beyde dem Atticus bekannt genug dafür waren, daß Cicero sich vor ihnen nicht zu fürchten hätte.

29) Sallustius gedenkt des Curius, der hier vermuthlich gemeynt ist, als eines Mitglieds der Catilinarischen Bande, und eines der verworfensten Menschen dieser Zeit; der deswegen von den Censoren aus dem Senat gestoßen worden sey. Er muß aber Mittel gefunden haben, wieder hinein zu kommen, weil Cicero, wenn auch nur scherzweise, es nicht für unmöglich hielt, ihn dem Thermus und Silanus vorzuschieben. Stellen, wie diese, können nach den 2000 Jahren, die seit der Zeit,

da diese Menschen lebten, verflossen sind, nicht anders als dunkel und ohne Interesse für die Leser seyn. Thermus und Silanus mögen, weil Cicero so verächtlich von ihnen spricht, allerdings schlechte Menschen gewesen seyn; aber wenigstens waren sie aus demselben Hölze, woraus man in diesen Zeiten die ersten Magistrate der weltbeherrschenden Stadt schnitzte, und ihresgleichen gab es in solcher Menge, daß ein wenig mehr oder weniger Schlechtigkeit nicht viel zu bedeuten hatte. Wofür hätte man also einem Thermus und Silanus den noch schlechtern oder wenigstens eben so schlechten Curius zum Consulat vorziehen wollen? Mich dünkt, dies war es auch nicht, was Cicero sagen wollte; es scheint mir vielmehr eine bittre Reflexion über die tiefe Verdorbenheit der Republik zu seyn, worin so manche verdienstlose und übelberüchtigte Menschen, worin sogar ein Curius, ein Catilina, nach der höchsten Staatswürde zu streben berechtigt waren, und, da es am Ende doch bloß auf das Uebergewicht des bestechlichsten und ruchlosesten Theils des Römischen Volks ankam, sich sogar mit einem glücklichen Erfolg schmeicheln konnten. — Man bemerke übrigens 1) daß Thermus (so wie Cicero gewünscht hatte) wirklich neben Luc. Cäsar zum Consul für das Jahr 689, und Silanus drey Jahre später in Cicero's eignem Consulat zu seinem Nachfolger für das Jahr 691 erwählt wurde; 2) daß die ersten Nahmen dessen, welchem Cicero hier bloß seinen angebohrnen Zunahmen Thermus giebt, Cajus Minutius war; und daß, nachdem er durch Adoption in die Patricische Familie der Marcier übergegangen, sein legaler Nahme C. Marcius Figulus war, unter welchem er denn auch in Pighi's *Fastis Magistratuum Romanorum* aufgeführt ist; wiewohl er in dem Verzeichniß der Consuln zu Anfang des 37sten Buchs des Dio Cassius Q. Marcius Thermus heißt; und 3) daß beyde in ihrem Consulat zwar nichts Merkwürdiges, aber auch nichts, was die Verachtung, womit Cicero von ihnen spricht, rechtfertigen könnte, gethan haben.

30) Die Rede ist hier von derjenigen Gallischen Provinz, welche disseits der Alpen lag, und wieder in Cispadanam (disseits des Po) und Transpadanam (jenseits des Po) getheilt war. Alle Einwohner der Städte disseits des Po waren Römische Bürger und hatten als solche, das Recht, in den Comitien zu Rom ihre Stimme zu geben. Die Transpadanischen Städte hingegen genoßen bloß das sogenannte *Jus Latii*, Kraft dessen nur diejenigen von ihren Bürgern, welche die ersten Magistratswürden ihres Orts bekleideten, eben dadurch auch das Römische Bürgerrecht erhielten. Die wahre Ursache, warum Cicero für nöthig hielt diese Provinz in eigner Person zu bereisen, und einige Monate darauf zu verwenden, war wohl keine andere, als weil er sich des guten Willens der näher bey Rom gelegnen Städte schon versichert hielt, in jenen Gallischen hingegen weniger bekannt war, aber sich doch schmeicheln durfte, daß er durch seine persönliche Gegenwart gerade so viel Freunde unter ihnen gewinnen werde, als Menschen ihn kennen lernen würden. Auf diese Weise konnten also diese Gallier bey seiner künftigen Wahl allerdings den Ausschlag geben, und dies ist es vermuthlich, was er mit dem Ausdruck, „Gallia multum videtur in suffragiis posse," sagen wollte.

31) Daß unter der Mannschaft des Pompejus (Manus Pompeji) die große Anzahl der Freunde und Anhänger dieses damahls auf der höchsten Stufe seines Ansehens stehenden Imperators, die theils unter ihm dienten, theils sich in seinem Gefolge befanden, gemeynt sey, versteht sich eben so von selbst, als daß diese ganze Stelle, besonders der Auftrag, „den Pompejus zu versichern, „Cicero werde ihm nicht zürnen, wenn er nicht „in eigner Person seinen Comitien beywohne,‟ scherzweise zu nehmen ist, und ohne die platteste Albernheit weder von Cicero anders gemeynt, noch von Atticus anders verstanden werden konnte. Cicero liebte diese Art zu scherzen so sehr, daß sie ihm beynahe mechanisch wurde, und seine vertrautern Briefe, zumahl die an Atticus, wimmeln von Beyspielen dieser Art.

32) Quintus Cäcilius, Oheim des Atticus von mütterlicher Seite, wird von Cornelius Nepos im Leben des Atticus als ein Mann beschrieben, mit dem es beynahe unmöglich war zu leben. Er war, was die Römer einen Foenerator nannten, d. i. einer von den Menschenfreunden, welche immer ansehnliche Summen bereit liegen hatten, um ihren geldbedürftigen Nebenmenschen, ohne Ansehen der Person, gegen verhältnißmäßige Provision und Procente, auch vollständige Sicherheit des Capitals es sey durch Pfandverschreibungen, Faustpfänder, oder tüchtige Bürgen, auf kurze Frist, mit den benöthigten Geldern auszuhelfen. Mit einem Wort, er war ein Wucherer von der hartherzigsten und filzigsten Gattung; und da dies in der Hauptstadt der damahligen Welt, und in einer Zeit, wo grenzenlose Ambition, Ueppigkeit, Lüderlichkeit

und Verschwendung unaufhörlich die bringendsten
Geldbedürfnisse verursachen müßten, eine der ein=
träglichsten Professionen war, so hatte er, im Lauf
eines langen ehe= und kinderlosen Lebens, ein sehr
ansehnliches Vermögen zusammengescharrt, zu wel=
chem sein Neffe Atticus sich die nächste Hoffnung
machen konnte, und daher auch sein Möglichstes
that, ihm seine Gewogenheit abzuverdienen.
Da nun Cicero als ein vertrauter Freund des Atti=
cus bekannt war, so glaubte Cäcilius, auf der einen
Seite, eine Art von Recht an die guten Dienste
desselben zu haben, und Atticus, auf der andern,
konnte sich schmeicheln, daß Cicero aus Freundschaft
gegen ihn, einem Manne, an dessen Gunst ihm
so viel gelegen war, sich gefällig erweisen werde?
Daher das störrige und unartige Benehmen des
Cäcilius gegen Cicero, als er sich in seiner sichern
Erwartung getäuscht fand, und die Verlegenheit
des letztern, sich bey seinem Freunde wegen eines
Mangels an Rücksicht zu entschuldigen, der, in der
Regel, kaum eine Entschuldigung zuließ. Denn,
nach Römischer Sitte, wurden Gefälligkeiten dieser
Art unter die Pflichten (Officia) gerechnet, die
ein Freund dem andern um so mehr schuldig
war, da es überhaupt in der Natur der Freund=
schaft liegt, daß in Fällen, wo das Interesse des
Freundes mit dem unsrigen in Zusammenstoß ge=
räth, dieses jenem weichen soll.

33) Wiewohl Cicero sich über die Sache selbst,
wovon die Rede ist, nur sehr kurz und nicht allzu=
deutlich ausdrückt, so ist doch klar genug, daß es
mit dem Kauf, wodurch die mit einander einver=
standnen Gebrüder, P. Varius und Caninius

Satrius *), die Gläubiger des erstern ihres Anspruchs an seine liegenden Güter verlustig zu machen
suchten, nicht richtig, und Satrius in der größten
Gefahr war, wenn die Sache gerichtlich untersucht
würde, eines böslichen Betrugs schuldig erfunden
zu werden. Der alte Cäcilius hatte also das Recht
auf seiner Seite, und da die Summe, um welche
er betrogen werden sollte, wie es scheint, beträchtlich war: so war nichts natürlicher, als daß er den
Cicero zu seinem Sachwalter zu haben wünschte,
und von dem vertrauten Freunde seines Neffen keine
abschlägige Antwort erwartete. Aber Cicero hatte
zwey, in seinen Augen sehr gewichtige, Beweggründe, ihm seine Dienste in diesem Rechtshandel
zu verweigern. Der eine und minder bedeutende
war, daß Satrius unter die Leute, welche freyen
und täglichen Zutritt in seinem Hause hatten, gehörte, und ihm und seinem Bruder viel gute Dienste

*) Diese beyden Nahmen haben den Auslegern viel zu
schaffen gemacht. Wer sind diese Menschen? und wie
kommen sie, wenn sie Brüder waren, zu so ganz verschiednen Nahmen? Die letzte Frage beantwortet Casaubonus
hinlänglich. Die Römer, sagt er, pflegten auch Geschwi-
sterkinder Brüder zu nennen, und diese beyden konnten
Söhne zweyer Schwestern seyn. Auch konnte einer von
ihnen durch Adoption einen andern Geschlechtsnahmen
bekommen haben. Die erste Frage ist weniger leicht zu
beantworten. P. Varius ist ganz unbekannt, aber Ernesti's Vermuthung, daß er ein Geldverleiher (Foenerator) gewesen, wahrscheinlich genug. Unter den römischen
Familien ist eine *Cuninia* bekannt, und wir werden in der
Folge dieser Briefe einen Volkstribun dieses Nahmens
kennen lernen. Der Satrius, von dem hier die Rede
ist, konnte durch Adoption in diese Familie gekommen
seyn. Aus seinem Verhältniß mit Männern, wie Cicero
und Domitius, ist zu schließen, daß er wenigstens ein
rechtlicher Mensch, und vielleicht (wie Causabon vermuthet) der nehmliche Caninius gewesen, der in Cicero's
Briefen an Trebatius öfters genannt wird.

geleistet hatte; der andre und entscheidende, daß er ein sehr begünstigter Client eines damahls in Rom viel vermögenden Senators, des L. Domitius Ahenobarbus *) war, auf dessen Freundschaft und thätige Verwendung Cicero bey seiner Bewerbung um das Consulat seine größte Hoffnung setzte, den er aber vor den Kopf gestoßen haben würde, wenn er dem ohnehin in Rom sehr verhaßten Cäcillus gegen seinen Schützling hätte dienen wollen. So schlimm stand es denn doch nicht um Cicero, daß er (wie er hier zu verstehen giebt) ohne den Beystand dieses Domitius alle Hoffnung hätte aufgeben müssen; gleichwohl, da sein Alles auf dem Spiele lag, war ihm nicht zuzumuthen, sich wissentlich eines Freundes wie Domitius zu berauben; und, wenn gleich der störrige alte Geldmäkler nicht zu verständigen war, so durfte er sich doch darauf verlassen, daß sein edeldenkender Freund Atticus eine Entschuldigung von dieser Wichtigkeit für vollgültig annehmen werde.

11. Brief.

34) Der Text sagt bloß: L. Caesare, C. Marcio Figulo coss.; daß aber consulibus *designatis* zu verstehen sey, und dieser Brief also bald nach Erwählung der besagten Consuln, folglich noch im Jahr 688 geschrieben worden, haben die gelehrtesten Commentatoren hinlänglich dargethan, und es erweiset sich schon allein durch den Umstand, daß der Criminalprozeß des Catilina, worin Cicero um

---

*) Das Geschlecht der Domitier (welches sich in zwey Aeste, die Calvinos und Ahenobarbos theilte) war zwar nur Plebejisch, aber edel, d. i. durch Consularische und Prätorische Vorfahren seit mehr als zweyhundert Jahren ausgezeichnet.

diese Zeit seine Vertheidigung zu übernehmen gedachte, noch unter dem Consulat des Torquatus und Cotta, also im Jahr 688, verhandelt wurde.

35) Diese Stelle ist äusserst merkwürdig. Sie läßt uns einen Blick in das Innere unsers Cicero thun, der uns nicht wenig überraschen müßte, wenn dieser ausserordentliche Mann nicht in den Zeiten der tiefsten sittlichen Verdorbenheit der Römer gelebt hätte, wo sogar ein Cato sich nicht immer ganz rein von der allgemeinen Ansteckung zu erhalten vermochte. Noch vor kurzem (im vorhergehenden 10ten Briefe) schien Cicero überzeugt, daß man, um den Catilina loszusprechen, das Daseyn der Sonne am hellen Mittag läugnen müßte. Jetzt entdeckt er dem Atticus ungescheut, und als ob er sich dessen, was er ihm vor wenigen Wochen geschrieben, nicht mehr erinnerte: er gedenke die gerichtliche Vertheidigung dieses nehmlichen Catilina auf sich zu nehmen. Die Sache des notorischen Bösewichts hatte sich freilich binnen dieser Zeit nicht gebessert; aber die Verhältnisse waren, wie es scheint, nicht mehr dieselben. Catilina hatte einen starken Anhang; er wurde von vielen Patriciern, sogar von Cäsar und Crassus begünstigt; es war also nicht nur nicht unmöglich, sondern sogar nicht unwahrscheinlich, daß er, falls er losgesprochen würde, ein glücklicher Mitwerber um das Consulat werden könnte. Ihm war also unendlich daran gelegen, den beredtesten und geschicktesten aller damahligen Sachwalter, in einem so verzweifelten Handel als der seinige war, zum Patron zu haben; und vermuthlich hatte er dem Cicero deswegen Vorschläge thun lassen, welche dieser um so weniger von der Hand weisen wollte, da bey Ver-

theidigung eines Angeklagten das Recht oder Unrecht seiner Sache wenig oder gar nicht in Betrachtung kam. Daß Cicero sich der Sache wirklich schon angenommen habe, ist ziemlich deutlich aus den Worten zu schließen: I*j*dices *habemus* quos *voluimus*, summa accusatoris voluntate. Also sogar der Ankläger war schon gewonnen, und auf die selbstgewählten Richter konnte man sicher rechnen. Ich wage also nichts, sagt der kluge Mann (der sich vermuthlich selbst lächerlich vorgekommen wäre, wenn er damahls, da es um nichts geringers als um die oberste Regentenstelle in der Römischen Welt galt, dem strengen Sittengesetz der Stoa zu gefallen, sich irgend ein zweckmäßiges Mittel hätte verbieten wollen) ich wage nichts, sagt er; denn entweder bringe ich es dahin, daß Catilina losgesprochen wird, und in diesem Falle darf ich hoffen, daß er sich über die Art unsrer gemeinschaftlichen Bewerbung mit mir vergleichen (d. i. daß er mich durch seine Freunde, so wie ich ihn durch die meinigen, unterstützen) werde; sollt' es aber anders ausfallen, so werde ich mich in das Unglück, einen Mitwerber wie Catilina losgeworden zu seyn, zu schicken wissen. Die Betrachtungen, (pro und contra) die sich einem jeden Unbefangenen bey Erwägung einer solchen Handlungsweise aufdringen, überlassen wir den Lesern selbst, und bemerken nur noch, daß aller Wahrscheinlichkeit nach, bald darauf Umstände eingetreten seyn müssen, wodurch die politischen Verhältnisse zwischen Cicero und Catilina sich wieder verrückten. Denn es findet sich nicht nur in Cicero's Schriften selbst keine Spur davon, daß er eine Vertheidigungsrede für den Catilina gehalten, sondern das Gegentheil wird auch vom Asconius (ad Orat. Cic. in toga candida hab.) mit starken Gründen gegen den Geschichtschreiber Fenestella behauptet, der vielleicht keinen andern Grund für sein Vorgeben hatte, als diesen Brief des Cicero.

36) Es ist nicht zu zweifeln, daß unter den vornehmen Freunden des Atticus, welche zu Cicero's Gunsten zu bearbeiten die persönliche Gegenwart des Atticus in Rom so nothwendig machte, Crassus und Cäsar, vielleicht auch Lucullus und Hortensius gemeynt sind. Die beyden ersten hatten bey allen ihren öffentlichen Handlungen einen Zweck, der weder mit Cicero's politischen Grundsätzen, noch mit seinem Ehrgeitz verträglich war; Lucullus hatte vermuthlich noch nicht vergessen, mit welchem Eifer Cicero zu Gunsten des Pompejus gegen ihn gearbeitet hatte, als er vor zwey Jahren aus Asien zurückberufen und die Vollendung des Mithridatischen Kriegs dem letztern aufgetragen wurde; und Hortensius, ungeachtet der politischen Freundschaft, die zwischen ihm und Cicero zu bestehen schien, mochte schwerlich große Lust haben, den Einzigen, der ihm die Oberstelle unter den Rednern seiner Zeit streitig machte, zu einer Würde befördern zu helfen, die ihn auch im Senat zu seines gleichen machte. Der Einfluß, welchen Atticus auf diese Männer hatte, und seine ausserordentliche Geschicklichkeit in Negotiationen dieser Art, machte also seinen unmittelbaren Beystand in den 6 oder 7 Monaten, welche den Consularischen Comitien des Jahrs 689 noch vorhergingen, von der äussersten Wichtigkeit für Cicero. Atticus selbst war davon so überzeugt, und hatte die Sache seines

Freundes so sehr zu seiner eigenen gemacht, daß er nicht nur auf die bestimmte Zeit zu Rom eintraf, sondern auch während der Jahre 689, 90 und 91 immer daselbst verweilte, und während dieser ganzen Zeit alle seine Thätigkeit und allen seinen Credit dazu verwendete, ihm so wohl bey seiner Bewerbung um das Consulat, als während der Verwaltung desselben, die wesentlichsten Dienste zu leisten. Natürlicher Weise hörte während dieser Zeit der Briefwechsel zwischen den beyden Freunden auf, und wurde nicht eher wie es scheint, als im Jahr 692, als Atticus nach Griechenland zurückgekehrt war, wieder angeknüpft.

12. Brief.

37) Aus unsrer, im §. 18 des Chronol. Ausz. enthaltnen Darstellung der Begebenheiten und Verhältnisse, auf welche hier gedeutet wird, erhellet, daß Cicero unter den alten Feinden, zur Zeit neuen Freunden des Pompejus, schwerlich Jemand anders meinen kann, als den Cäsar, der aus geheimen politischen Absichten neuerlich den Freund und Bewunderer des Pompejus machte, aber (wie Cicero zu verstehen geben will) seinen Verdruß über die glänzenden Siege und Eroberungen des einzigen Mannes, der seinem Streben nach der Alleinherrschaft Schranken setzte, nicht so gut verbergen konnte, um die Spuren desselben einem so scharfsichtigen Beobachter wie Cicero zu verhehlen.

Daß Cicero statt des Singularis sich der mehrern Zahl bedient, war etwas Gewöhnliches, wenn man, (wie vermuthlich hier der Fall war) die Einzelne Person, auf die man zielte, nicht gar zu deutlich bezeichnen wollte.

38) Cicero hatte (wie man sich aus dem Chr. Ausz. erinnern wird) an alle Staats- und Kriegs-Beamten der Republik, also auch an den damahls in Asien commandirenden Oberfeldherrn Pompejus, einen ausführlichen Bericht über die Catilinarische Verschwörung abgehen lassen. Das Wenigste, was er von dem letztern erwarten mußte, war, daß er in seinem officiellen Schreiben an den Senat, der großen Verdienste, welche Cicero sich in jener Sache um das Vaterland gemacht, rühmliche Erwähnung thun würde. Dies war aber nicht geschehen, und Cicero konnte oder wollte sich keinen andern Grund eines ihm so schmerzlichen Stillschweigens denken, als daß Pompejus, aus politischen Rücksichten, seines Consulats lieber gar nicht habe erwähnen, als die heimlichen, und zum Theil bereits erklärten Feinde Cicero's vor den Kopf stoßen wollen, wenn er mit Beyfall davon gesprochen hätte.

39) Dieser Brief an Pompejus ist, als Composition betrachtet, in Rücksicht sowohl auf den Mann, der ihn schrieb, als an welchen er geschrieben ist, kein kleines Kunstwerk in meinen Augen. Wenn dies auch meinen Lesern einleuchten soll, wird es nöthig seyn, daß sie sich an den Platz dieser Männer stellen, und sich in ihre Verhältnisse zu einander, und in die eigene Art wie jeder von sich selbst und von dem andern urtheilen mußte, so lebendig hineindenken, als ihnen nur immer möglich ist. Beyde, Pompejus und Cicero, standen, zur Zeit da dieser Brief geschrieben wurde, auf dem höchsten Gipfel ihres Ruhms und Ansehns in der weltbeherrschenden Republik; also, in sofern, in eben derselben Linie: aber jener an der Spitze eines siegreichen ihm gänzlich ergebenen Kriegsheers

und einer bisher allesvermögenden Parthey in Rom; dieser, an der Spitze eines immer hin und her schwankenden und zum Theil aus schlechtgesinnten Gliedern bestehenden Senats, von wenigen unzuverlässigen Freunden, aber vielen heimlichen, ja bereits erklärten Feinden umgeben. Es war schwer stolzer als Pompejus, eitler als Cicero zu seyn. In Rücksicht auf Genie und Energie des Geistes war der letztere dem erstern weit überlegen; dafür aber gab die Verschiedenheit der Laufbahnen, welche Jedem von ihnen zu dem Höchsten führten, wornach beyde strebten, dem Pompejus in den Augen der Zeitgenossen nicht sowohl einen Vorzug als einen Vortheil, welchen alle Talente und Verdienste Cicero's nicht überwiegen konnten. Dieser war unstreitig der größte Redner, und wenigstens Einer der einsichtsvollsten, klügsten und gewandtesten Staatsmänner seiner Zeit: aber Pompejus hatte sich der Welt, von früher Jugend an bis zum sechs und vierzigsten Lebensjahre, als einen sehr großen, und unstreitig als den glücklichsten aller Feldherren vor und nach ihm, gezeigt. Was er, binnen dieser Zeit an der Spitze der Römischen Legionen gethan hatte, ging bis zum Wunderbaren und Unglaublichen. Cicero selbst konnte noch vor wenig Jahren in dem ganzen Reichthum seines Geistes, in seiner unerschöpflichen Beredsamkeit und in der kraftvollsten und pompösesten aller Sprachen nicht Mittel genug finden, die Größe der Thaten zu schildern, welche dieser wundervolle Mann bereits verrichtet habe, bevor noch die glorreiche Beendigung des Mithridatischen Krieges seinem Ruhm die höchste Krone aufsetzte. Was hatte nun der große Redner diesem allen entgegen zu setzen? Wie

wichtig auch die Verdienste seines von ihm selbst
in Prosa und Versen so enthusiastisch gepriesenen
und besungenen Consulats seyn mochten, was hatte
er denn am Ende gethan, was nicht unter gleichen
Umständen (einen gleich guten Willen für die Republik vorausgesetzt) hundert andre wackere Römer
an seinem Platze und mit seinen Hülfsmitteln auch
gethan hätten? Welch einen fatalen Schatten warf
hingegen die übereilte, das heiligste Recht Römischer Bürger so gröblich verletzende, schmähliche und
grausame Hinrichtung der vornehmsten Mitverschwornen Catilinas auf diese glänzende Stelle seines öffentlichen Lebens? In Rücksicht alles Angeführten war also die Partie zwischen beyden großen
Männern nicht gleich. Pompejus konnte seinem
Nebenbuhler um den ersten Platz in der öffentlichen
Achtung sein berüchtigtes *cedant arma togae!*
nicht eingestehen; der stolze Ueberwinder der mächtigsten Könige des Orients konnte den Unterdrücker
der unbesonnenen Zusammenverschwörung einer Rotte
verworfner und verzweifelter Menschen nicht für
Seinesgleichen erkennen; und Cicero selbst, —
wie hoch ihn auch das Bewußtseyn, Rom vom Untergang gerettet zu haben, und der glorreiche Nahme
Vater des Vaterlandes, der ihm dafür zu
Theil worden war, über alle seine Mitbürger erhob, — fühlte sich doch von dem blendenden Glanze
des allbewunderten Feldherrn verdunkelt, der in
drey Feldzügen die Grenzen der Römischen Herrschaft so weit ausgedehnt hatte, daß die Provinz
Asien, — vor drey Jahren noch der äusserste Theil
des Römerreichs gegen Osten, — jetzt in der Mitte
desselben lag *). Gleichwohl hatte er es, wenigstens

*) v. *Plinii* Hist. Nat. L. VII. c. 26.

seiner eignen Schätzung nach, um den großen Pompejus verdient, unter seinen Freunden eine der ersten Stellen einzunehmen; er, der so viel beygetragen, jenem die Gelegenheit, so große Dinge zu thun, zu verschaffen; er, der sich so oft in Verherrlichung derselben erschöpft, und noch vor kurzem, als Consul, dem Besieger des Mithridates und Tigranes eine noch nie erhörte öffentliche Ehrenbezeugung, eine **zehntägige religiöse Danksagung***), vom Senat bewirkt hatte. Wie tief mußte er sich nun durch das Stillschweigen gekränkt fühlen, womit Pompejus in seinem Schreiben an den Senat sein Consulat überging, gleich als ob nichts, das der Aufmerksamkeit eines Mannes wie er würdig wäre, darin geschehen sey. Das schlimmste war, daß seine Feinde und Neider diesem Stillschweigen statt der bloß **negativen** Wirkung, die es vielleicht thun sollte, eine **positive** gaben, indem sie es als wirkliche Mißbilligung dessen, was Cicero im letzten Monat seines Consulats gethan hatte, ausdeuteten. Ob dies wirklich die Meinung des Pompejus war, konnte an einem Manne, welchem Kälte, Zurükhaltung und Verschlossenheit zur andern Natur geworden waren, aufs Wenigste **zweifelhaft** scheinen: aber in der bedenklichen Lage, worin Cicero sich damahls schon befand, war diese Ungewißheit mehr als hinreichend, das Benehmen

*) *Supplicationem* ad omnia *pulvinaria*. Wenn der Senat, entweder um den Göttern für großes dem Staat wiederfahrnes Heil zu danken, oder in großen Nöthen ihre Hülfe zu erflehen, eine solche Supplication, auf einen oder mehrere Tage, verordnete, wurden in allen Tempeln der Stadt Rom die Götterbilder auf besondern hiezu bestimmten bepolsterten Sitzen (pulvinaria genannt) zur öffentlichen Verehrung ausgesetzt, und das Volk strömte hinzu, seine Andacht vor ihnen zu verrichten.

des Pompejus nicht nur kränkend für seine Eitelkeit, sondern sogar gefährlich für seine Ruhe zu machen. Denn er stand auf einem schlüpfrigen Boden, und ein Ungewitter drohte sich über ihm zusammenzuziehen, wo die schützende Freundschaft eines Mannes von so hohem Ansehen und Vermögen in der Republik, wie Pompejus, von der höchsten Wichtigkeit für ihn seyn mußte.

Dies ist die bestimmte Lage, worin Cicero sich befand, als er diesen Brief an Pompejus schrieb. Wie sollte er sich nun in dem so ganz unerwarteten Fall, worein ihn dieser gesetzt hatte, gegen ihn benehmen? Auf der einen Seite fühlte er sich durch das Stillschweigen des Pompejus an einem zu empfindlichen Theile verwundet, als daß er hätte über sich gewinnen können, es ungeahndet zu lassen; auf der andern lief er Gefahr, durch eine zu stark ausgesprochene Empfindlichkeit den Riß in ihrer bisherigen Freundschaft noch größer zu machen. Es war keine leichte Aufgabe, die Schonung und Zurückhaltung, die ihm die Klugheit gebot, mit dem, was er sich selbst schuldig zu seyn glaubte, zu vereinigen; die Anmaßungen des stolzen Pompejus anzuerkennen, ohne seiner eignen Würde zu viel zu vergeben; und ihn dahin zu bringen, daß er sein Unrecht wenigstens sich selbst gestehen müsse, ohne ihn durch beleidigende Vorwürfe in die Versuchung zu setzen, sich die Sorge, es zu vergüten, durch neue noch größere Kränkungen zu ersparen. Ich glaube diejenigen Leser, die an Betrachtungen dieser Art Gefallen finden, auf den Punct gestellt zu haben, aus welchem sie nun selbst urtheilen können, ob Cicero diese Aufgabe so glücklich, wie es mir scheint, gelöset habe; und indem ich die Analyse dieses Briefes, der seine stärkste Wirkung bloß durch leise Andeutungen thun sollte, ihrem eignen Scharfsinn überlasse, will ich sie nur noch auf den feinen Kunstgriff am Schluß desselben aufmerksam machen, womit Cicero, falls ihm auch im Vorhergehenden ein dem Pompejus mißfälliges Wort entschlüpft seyn sollte, alles dadurch wieder gut macht, daß er in der Parallele, worin er jenen neben den jüngern Scipio Africanus und sich selbst neben dessen Freund Lälius stellt, mit einer ihm eben nicht gewöhnlichen Bescheidenheit auf das schöne Verhältniß deutet, das zwischen ihnen bestehen würde, wenn Pompejus, wiewohl ein viel größerer Mann als Africanus, ihm nur so viel zugestehen wollte, daß er nicht viel weniger als Lälius sey, welcher, ohne Ansprüche an militärische Verdienste zu machen, für den weisesten Mann seiner Zeit gegolten, und mit Scipio, dem größten Feldherrn derselben, bis an dessen Tod, in der innigsten Freundschaft gelebt hatte.

13. Brief.

40. Cäcilius Metellus Celer, ein Mann von ausgezeichnetem persönlichen Werth, und aus einem Geschlecht entsprossen, das an Adel und Menge Consularischer Ahnen und Verwandten damahls allen andern vorging, war im Jahr 690, als Cicero Consul war, erster Prätor gewesen. Der gegenwärtige Brief an ihn ist die Antwort auf einen äufferst heftigen, worin Metellus (dermahlen Statthalter im Cisalpinischen Gallien) über vermeintlich von Cicero, sowohl in seiner eignen als in seines Bruders Nepos Person, erlittene Beleidigungen, sehr bittere und sogar mit Drohungen

verbundne Beschwerden führt. Dieser Brief des
Metellus befindet sich zwar in der Sammlung der
Ciceronischen Briefe; ich habe aber eine Uebersetzung
desselben für unnöthig gehalten, weil Cicero in seiner Antwort alle Klagpuncte des Metellus wörtlich
wiederholt, und der Brief des letztern also in der
Antwort des erstern vollständig genug enthalten ist,
um den Leser in den Stand zu setzen, zu urtheilen
auf welcher Seite sich das meiste Recht befand.
Allem Ansehn nach war Celer durch einseitige,
verfälschte und in ein gehässiges Licht gestellte Berichte, theils über das, was zwischen seinem Bruder Nepos und Cicero im Senat vorgefallen, theils
über den vermeinten Antheil, welchen der letztere an
den scharfen Proceduren des Senats gegen den erstern *), gehabt haben sollte, gegen Cicero (mit
welchem er noch vor kurzer Zeit in bestem Vernehmen gestanden) aufgebracht worden, und hatte sich
in der ersten Hitze für berechtigt gehalten, ihn die
ganze Schwere des Unwillens eines von einem Arpinatischen Emporkömmling beleidigten Metellus fühlen zu lassen. Cicero, dessen Sache es
sonst nicht war, in einem solchen Tone ungestraft
mit sich sprechen zu lassen, hatte diesmahl wichtige
Ursachen, sich in seiner Antwort in den Schranken
der größten Mäßigung zu halten. Metellus Celer
war damahls ein vielbedeutender Mann in der Parthey des Senats, welcher Cicero selbst eifriger als
jemahls zugethan war; und wiewohl dieser noch
weit entfernt gewesen zu seyn scheint, seine Lage
für so gefährlich zu halten, als sie wirklich war, so
sah er doch zu gut ein, wie viel ihm daran gelegen
sey, jenen zum Freunde zu behalten, als daß er

*) S. Chronol. Ausz. §. 18.

nicht alles hätte anwenden sollen, ihn wieder zu besänftigen und das gute Verhältniß, das zwischen ihnen vorgewaltet hatte, mit Aufopferung einer unzeitigen und unpolitischen Empfindlichkeit, so schnell als möglich wieder herzustellen. Mit welcher Gewandtheit und Feinheit er hieben zu Werke geht, mit wie vieler Schonung, und doch zugleich mit welchem Anstand, er die Vorwürfe des Metellus von sich ablehnt und so sanft als möglich auf ihn selbst zurückfallen macht, nicht um ihm weh zu thun, sondern bloß um ihn fühlen zu lassen, daß er theils von einseitigen Berichten, theils von dem löblichen Affect der brüderlichen Liebe verleitet worden sey, einen bewährten Freund zu verkennen und zu mißhandeln, — alles dies wird ein aufmerksamer Leser, nicht ohne Bewunderung des Talents, welches auch im Briefsteller überall den großen Redner verräth, von selbst aufzufinden wissen.

41) Die beyden Gallien (die Cisalpinische und Narbonensische) waren Consularische Provinzen, und der Prätor Metellus konnte also an keine derselben Anspruch machen, wenn Cicero bey seiner Erhebung zum Consulat seinem Recht an eine consularische Provinz nicht öffentlich entsagt hätte.

42) Die Consuln und Prätoren mußten zwar jedesmahl um ihre Provinzen losen; aber das Loos war so gefällig, daß es immer dem zufiel, dem die Provinz, abgeredeter maßen, zugedacht war. Daß dies auch beym Metellus damahls der Fall gewesen sey, ist aus dem, was Cicero hier zu verstehen giebt, ungeachtet der vorsetzlichen Dunkelheit dieser Stelle, deutlich genug.

43) Die erste dieser Damen (die Gemahlin des Metellus) ist die berüchtigte Quadrantaria,

die älteste Schwester des Clodius, deren man sich aus dem letzten Paragraph des Chronol. Ausz. erinnern wird. Mucia, damahls noch die Gemahlin des Pompejus, war eine Halbschwester der beyden Metellus, aus einer zweyten Ehe ihrer Mutter mit einem Mucius Scävola.

44) Diese Worte scheinen mir so viel zu seyn, als ein ironisches Lächeln über die seltsame Stelle in dem Fehdebriefe des Metellus, wo dieser sich die Beleidigungen, deren er den Cicero beschuldigt, so tief zu Herzen gehen läßt, daß er in die Worte ausbricht: itaque *in luctu et squalore* *) sum, qui Provinciae, qui *Exercitui praesum*, qui *bellum gero!* Das hieß doch die Sache gar zu tragisch genommen! Denn was für ein großes Unglück hätte denn am Ende das ärgste, was Cicero gegen seinen Bruder gesprochen und geschrieben hatte, nach sich gezogen? Die strengen Beschlüsse, die der Senat in der ersten Hitze des Unwillens über seine aufrührischen Schritte gegen ihn genommen hatte, waren wieder zurückgenommen worden, und würden, da Nepos sich auf den Schutz des Pompejus verlassen konnte, in jedem Fall ohne Wirkung geblieben seyn. Was für Ursache hatte also der Proconsul, an der Spitze seiner Armee in Trauerkleis

---

*) Diese Redensart die den Römern ziemlich gewöhnlich war, wenn sie einen hohen Grad von Leidwesen über etwas ausdrücken wollten, bezieht sich auf die römische Sitte, nicht nur in gewöhnlichen Trauerfällen, sondern in jeder ausserordentlichen Calamität, (z. B. wenn man eines Verbrechens auf Ehre, Leib und Leben angeklagt war) nicht anders als in schwarzen Kleidern, ungekämmt und ungewaschen, in und ausser dem Hause, zu erscheinen, Haare und Bart wachsen zu lassen, kurz durch alle mögliche Zeichen des größten Kummers und Jammers das öffentliche Mitleiden zu erregen.

dern zu erscheinen und Haare und Bart wachsen zu laſſen? Wahrlich keine größern als Cicero hatte, gegen ſeine Händel mit dem Tribun Metellus Nepos den Schutz der Legionen des Proconſuls Celer aufzufodern. Dies letztere kann er unmöglich im Ernſt geſagt haben. Ich kann daher die Worte Cicero's: mihi etiam tuo atque *exercitus tui* in ejusmodi causa *auxilio* utendum fuisse, — für nichts anders halten, als für einen etwas bos­haften Scherz über das vom Metellus hier zur Un­zeit angebrachte „qui exercitui praesum etc." (wodurch er ſich eine vornehme militäriſche Miene gegen den friedſamen Cicero geben zu wollen ſchien) und über ſeinen *luctus* und *squalor* im Ange­ſicht ſeines Kriegsheers, welches mit ihren Privathändeln nichts zu ſchaffen hatte, und bey dieſer Gelegenheit gar nicht hätte genannt werden ſollen. Cicero iſt dafür bekannt, daß ihm Alles eher möglich war, als einen ſpöttelnden Einfall zu unterdrücken, zumahl wenn ihm der Anlaß dazu ſo nahe gelegt wurde, wie hier geſchehen war.

45) Das Mißverſtändniß zwiſchen Metellus Celer und Cicero, das zu dieſem Briefe Anlaß gab, war von keiner langen Dauer, und Celer (der im Jahr 693 das Conſulat auf eine ruhmwürdige Art ver­waltete) blieb bis an ſeinen im Jahre darauf er­folgten unzeitigen Tod, ein treuer Freund der Re­publik und Cicero's, mit welchem er durch gleiche politiſche Grundſätze verbunden war. Sogar Me­tellus Nepos ſöhnte ſich im Jahr 695 mit Cicero aus, und das gute Vernehmen zwiſchen ihnen ſcheint von dieſer Zeit an ununterbrochen fortgedauert zu haben, ſo lange Nepos lebte.

14. Brief.

46) Eben derselbe, der im Jahr 690 Cicero's College im Consulat gewesen, und nun, vermöge einer mit ihm getroffenen Uebereinkunft, (S. Chronologischen Auszug 216) Proconsul in Macedonien war. Wie wenig Ursache Cicero zu haben glaubte, mit dem Betragen dieses verdienstlosen und doch von ihm so hoch begünstigten Mannes zufrieden zu seyn, davon ist der gegenwärtige Brief ein sehr laut redender Beweis: aber der wahre Grund seiner Unzufriedenheit scheint ein Geheimniß zwischen ihnen gewesen zu seyn, welches zu beider Ehre Geheimniß bleiben mußte. Indessen ging doch in Rom die Rede, die Verzicht, welche Cicero zu Gunsten des Antonius auf die Provinz Macedonien gethan, sey nicht ganz so uneigennützig gewesen, als er der Welt habe glauben machen wollen, und Antonius habe einen geheimen Vertrag mit ihm eingehen müssen, ihm einen Theil der Einkünfte abzugeben, die er aus dieser reichen Provinz ziehen würde. Daß Antonius wenig Lust zeigte, diesen Vertrag zu halten, wäre also wohl die wahre Ursache der Beschwerden gewesen, welche Cicero, in diesem Briefe an ihn selbst und in einigen folgenden an Atticus, über ihn führt. In der That wäre es, ohne Voraussetzung einer geheimen Ursache, nicht begreiflich, warum Cicero einen so verächtlichen Menschen, wie dieser C. Antonius war, bey allen Gelegenheiten so eifrig hätte in Schutz nehmen sollen; und aus seinem ganzen öffentlichen Betragen gegen ihn, geht klar hervor, daß die Faust, die er ihm in diesem Briefe macht, bloß eine Warnung seyn soll, wodurch er ihn zu Erfüllung seiner Verbindlichkeiten nöthigen will.

47) „Nam *comperisse* me, non audeo dicere." Dies bezieht sich auf folgenden Umstand. Cicero pflegte, so oft er als Consul dem Senat über die Entdeckungen, die er nach und nach von allen Schritten und Tritten des Catilina und seiner Mitverschwornen einzuziehen Mittel gefunden hatte, officiellen Bericht erstattete, sich des Ausdrucks « *comperi* » (ich habe von sicherer Hand erfahren) zu bedienen, ohne sich über die Quellen, woraus er seine Nachrichten geschöpft, heraus zu lassen. Diese Art, dem Senat, zumahl in Sachen von solcher Wichtigkeit, Bericht abzustatten, war nicht nur ungewöhnlich und unförmlich sondern auch von gefährlichem Beyspiel, fiel daher nicht wenigen Senatoren so stark auf, daß das Ciceronische *comperi*, Spottweise gebraucht, zu einer Art von Sprüchwort wurde, welches man aus dem Munde derer, die ihm übel wollten, häufig hörte. Gleichwohl hätte ihnen Vernunft und Billigkeit sagen sollen, daß Cicero in dem ausserordentlichen Falle, worin er sich damahls befand, berechtigt, oder vielmehr genöthigt war, sich hierin eine Ausnahme von der Regel zu erlauben. Denn da er seine zuverläßigsten Nachrichten bloß von solchen Personen erhielt, welche selbst in die Verschwörung verwickelt waren und ihm alles, was in den geheimen Zusammenkünften der Catilinarier vorging, von Zeit zu Zeit verriethen: so war es schlechterdings nothwendig, die Quellen, aus welchen er seine Erkundigungen schöpfte, geheim zu halten, und er sah sich gezwungen, in seinen Berichten sich immer des unbestimmten Ausdrucks: „er habe sie von sicherer Hand erfahren," zu bedienen, womit ihn nun, wie es scheint, auch Antonius (ein ehmaliger guter

Freund und Zechbruder Catilina's) bey jedem Anlaß lächerlich zu machen suchte.

48) Die Sache, worauf Cicero hier, ohne sich deutlich zu erklären, zielt, kann wohl keine andere seyn, als daß Pompejus, (der sich damahls noch an der Spitze eines großen Heers mit unbeschränkter Vollmacht in Asien befand) ernstlich damit umging, die Zurückberufung des Antonius aus der Provinz Macedonien zu bewirken, um ihn wegen der schreienden Ungerechtigkeiten, Erpressungen und schlechten Streiche, deren er sich schuldig gemacht, zu einer strengen Rechenschaft ziehen zu lassen.

15. Brief.

49) "*Teucris* illa lentum sane negotium." — Mehrere Commentatoren haben viel unnöthige Mühe und Gelehrsamkeit verschwendet, diese dunkle Stelle noch dunkler zu machen. Daß unter Teucris der nehmliche C. Antonius, an welchen der vorhergehende 14te Brief gerichtet ist, gemeynt sey, ist keinem Zweifel unterworfen; aber warum Cicero ihm (da er ihn doch, aus einer ihm gewöhnlichen Vorsichtigkeit, nicht bey seinem rechten Nahmen nennen wollte) gerade den Spottnahmen Teucris (Trojanerin) giebt, dies ist der Knoten, dessen Auflösung den gelehrten Herren so viel Noth verursacht. Wenn er nun aber auch nicht zu lösen seyn sollte, was wäre daran gelegen? Müssen denn alle Fragen beantwortet, alle Knoten gelöset werden? Indessen verschwindet, für mich wenigstens, alle Schwierigkeit, wenn ich die Meynungen des Bosius, Casaubonus und Montgaults zusammenschmelze. Cicero, sagen die beyden letztern, giebt dem Antonius seines unmännlichen Charakters wegen,

einen Weibernahmen; und die Trojanerin, sagt Bosius, ist ein Stich auf die schlechten Heldenthaten, welche er in einer Fehde mit den Dardaniern, einem kriegerischen Völkchen in der Thrazischen Landschaft Mösien, verrichtet hatte *). Die alten Trojaner wurden von den Dichtern auch Dardani und Teucri genennet. Das alles kann dem Cicero dunkel vorgeschwebt haben, aber es erklärt doch nichts, wofern man nicht voraussetzt, daß Cicero es mit seinen Scherzen nicht immer so genau genommen habe, als seine Ausleger. Er wollte den Antonius nicht bey seinem eignen Nahmen nennen, und indem er sich auf einen bezeichnenden Spottnahmen für ihn besann, fiel ihm vielleicht der Vers des Ennius

O verae Phrygiae, neque enim Phryges,

und bey den Phrygiern (einer schnellen Association verwandter Vorstellungen zu Folge) das Wort Teucris ein, worin in diesem Augenblick die Anspielungen auf den weibischen Charakter des Antonius, auf die Feigheit, die er vor kurzem in seinem Zuge gegen die Dardanier bewiesen, und auf die Identität der Nahmen Phryges, Dardani und Teucri, auf einmahl in seinem Kopfe zusammenflossen, — und so nannte er ihn in der Eile Teucris, ohne sich um die mehrere oder mindere Schicklichkeit dieses Spottnahmens zu bekümmern. So, denke ich, wollen wir's auch machen, wenn diese Auflösung des Knotens keinen Beyfall finden sollte.

50) Aus dieser Stelle und in der That aus dem ganzen Brief ist klar, 1) daß sich Cicero damahls in Geldverlegenheiten befand; (was ihm nicht sel-

*) Das Nähere hievon findet man beym Dio Cassius L. XXXVIII. 10.

ten begegnete), 2) daß er eine Foderung an Antonius zu machen hatte; 3) daß dieser, ohne die Schuld geradezu abzuläugnen, durch unaufhörliche Zögerungen und Ausflüchte zu erkennen gab, er halte es nicht für unmöglich, die Zahlung *ad graecas Calendas* *) aufzuschieben. Es ist nicht zu läugnen, daß das Gerücht von einem zwischen ihm und Cicero bestehenden geheimen Vertrag durch diesen Umstand einige Wahrscheinlichkeit erhält. Die hier genannten edelen Herren, Confidius, Axius und Seliclus, waren, wie es scheint, wohlrenommirte römische Wechsler und Geldmäckler, und, wiewohl der Commentator Junius kein Bedenken trägt, sie, (wir wissen nicht warum) für „abjecte und infame" Gesellen auszugeben, wenigstens nicht ganz so hartleibig, wie der Oheim des Atticus, Cäcilius, von welchem schlechterdings keine Baarschaft unter 1 vom 100 Monatlich zu erhalten war.

51) Dies ist, ohne Zweifel, der Sinn des räthselhaften „sed nescio an ταυτόματον ἡμῶν" im Text, welches (wie Lambinus bemerkt) eine Anspielung auf einen, vermuthlich zum Sprüchwort gewordenen, Vers des Menanders ist, und nur durch Hinzufügung der von Cicero ausgelaßnen Worte, κάλλιον βουλεύεται, die Deutlichkeit erhält, die ich ihm gegeben habe.

52) Cicero hatte in der That große Ursache über diesen Vorfall ärgerlich zu seyn, und die Unterdrückung so nachtheiliger Gerüchte noch mehr zu wünschen, als ihre Untersuchung. Daher liegt er seinem Freunde so sehr an, den fatalen Hilarus

---

*) Auf Sanct Nimmerstag ist das deutsche Aequivalent für dieses lateinische Scherzwort.

je bälder je lieber aus Griechenland fortzuschaffen. Hätte er sich in dieser Sache rein gewußt, so würde er vermuthlich anders geschrieben und andre Maßregeln genommen haben. Was ihn noch verdächtiger macht, ist, daß er, ungeachtet er den Atticus versichert, er könne den Antonius mit Ehre nicht in seinen Schutz nehmen, es gleichwohl bald darauf im Senat dahin brachte, daß diesem sein Proconsulat in Macedonien noch auf zwey Jahre verlängert wurde.

53) Der obige Brief an Pompejus hatte also, wie es scheint, gute Wirkung gethan, und den vorsichtigen Mann, der seine Ursachen hatte es mit Cicero nicht zu verderben, zu günstigen Aeufferungen vermocht, denen dieser, nach seiner sanguinischen Sinnesart, mehr innern Gehalt und Zuverläßigkeit beylegte, als sie (wie sich in der Folge zeigen wird) in der That hatten.

54) Diese Dame, des Clodius zweyte Schwester, hatte sich, während der Abwesenheit ihres Gemahls so übel aufgeführt, und besonders ihre Liebeshändel mit Julius Cäsar so unvorsichtig getrieben, daß Pompejus es seiner Würde schuldig zu seyn glaubte, ihr, ungeachtet sie ihm drey Kinder gebohren hatte, noch vor seiner Rückkunft aus Asien einen Scheidebrief zuzufertigen.

54) Denn nach den Gesetzen und Sitten der Römer waren die Sclaven eigentlich keine Menschen, sondern wurden bloß als ein Theil der fahrenden Habe ihrer Herren betrachtet. — Wie groß muß die Gewalt eines allgemeinen und von Kindheit an eingesognen Vorurtheils seyn, wenn weder die Humanität noch die Philosophie eines Cicero

selbst sich gegen den hier geäusserten Gedanken empörte!

16. Brief.

55.) Die beiden Geschlechtsnahmen Sestius und Sextius werden in den Handschriften und Ausgaben der alten römischen Autoren öfters verwechselt. Es waren zwey Aeste eben derselben Familie, wovon der eine Patricisch, der andere Plebejisch war. Jene nannten sich *Sestii*, diese *Sextii*. Dies behauptet wenigstens Manutius, und sucht es aus alten Steinschriften zu beweisen. Der P. Sestius, an welchen dieser Brief geschrieben ist, war damahls Quästor *) des Proconsuls in Macedonien, C. Antonius, und aus dem Tone des Briefs ist zu schließen, daß er zu Cicero's vertrautern Freunden gehörte.

56) Die Ursache, warum Sestius seinen Sinn geändert, und jetzt eben so ernstlich um Verlängerung seines Proquästorats in Macedonien anhielt, als er kurz zuvor um seine Abrufung angesucht hatte, ist eben so unbekannt als unerheblich, und mit den leeren Vermuthungen der Ausleger sich aufzuhalten, wäre Zeitverderb.

57) Sechs Prozent galten damahls für sehr billige Interessen, da sogar zwölf Prozent vor Gericht gültig waren. Die Ursache dieser großen Theurung des Geldes, da sich doch dessen so viel in den Cassen der Publikaner, Geldhändler und Capitalisten anhäufte, war, weil die jungen Leute von Familie zu ihren unmäßigen Verschwendungen, die Candidaten um die höhern Ehrenstellen zu ihren ungeheuren Ausgaben für Schauspiele und Spenden an das Volk, die minder Reichen unter den

---
*) Oder Proquästor, was hier gleich viel ist.

Größen (wie z. B. Cicero) zu Bestreitung eines standesmäßigen Aufwandes, und die wegen Staatsverbrechen Angeklagten zu Bestechung ihrer Richter, immer große Summen bedurften, und weil diese alle (wenige Crösusse vielleicht ausgenommen) ungeachtet ihrer zum Theil sehr großen Einkünfte, fast immer mehr ausgaben, als sie einzunehmen hatten. Dies war auch der Grund, warum die Gelder gewöhnlich nur auf einen Monat verliehen wurden, und die Zinsen also immer entweder monatlich bezahlt, oder als verzinsliches Capital von neuem auf einen Monat verschrieben werden mußten.

58) „Bonum nomen," ein guter Mann ist in der Kaufmanns-Sprache ein Mann der im Credit steht, ein sicherer Schuldner und guter Zahler zu seyn. Seine übrigen Eigenschaften kommen in keine Betrachtung. Da dies, in Verhältnissen dieser Art, Natur der Sache ist, so ist auch die Sprache der Altrömischen Geldmäckler binnen 2000 Jahren immer dieselbe geblieben.

59) Hier haben wir also Cicero's eignes unverwerfliches Zeugniß, wie sehr seine öffentlichen Handlungen von zufälligen Privatverhältnissen und Rücksichten abhingen, und wie wenig er, wenn diese sich veränderten, Bedenken trug, mit sich selbst in Widerspruch zu kommen. In dem unmittelbar vorgehenden Brief an Atticus, gesteht er, daß er den Antonius nicht vertheidigen könne, ohne seinen Credit und seine Ehre aufs Spiel zu setzen. Trotz dieser Gefahr vertheidigt er ihn im Senat „*gravissime ac diligentissime.*" Es muß also indeß etwas zwischen ihm und Antonius vorgegangen seyn, was ihn auf andere Gedanken brachte: dieser hatte sich nehmlich, (wie wir in der Folge sehen werden)

von neuem so kräftig zu Bezahlung seiner Schuld verbindlich gemacht, daß er bald darauf Wort zu halten genöthigt war. Aehnliche Beyspiele von Cicero's Unzuverläßigkeit und Gleichgültigkeit gegen die Vorwürfe, die er sich dadurch zuzog, werden uns in seinen Briefen häufig aufstoßen.

17. Brief.

60) Amalthea oder Amaltheion ist der Nahme, welchen Atticus seinem Landgute im Epirus, vermuthlich seines reichen Ertrages wegen, beylegte, mit Anspielung auf das Horn des Ueberflusses der Nymphe oder Ziege Amalthea, welche die Mythen der Griechen zu Jupiters Amme machten. Die Worte des Textes, „ego enim te arbitror, caesis apud Amaltheam tuam victimis, statim esse ad Sicyonem oppugnandam profectum," lauten, wörtlich übersetzt: „denn ich denke du seyest, nachdem du den Göttern auf deiner Amalthea geopfert, unverzüglich zur Belagerung Sicyons abgegangen." Cicero liebt, zumahl in seinen Briefen an Atticus, scherzhafte Wendungen, wovon in einer Uebersetzung (auch ohne Schuld des Uebersetzers) fast immer mehr oder weniger verlohren geht. Sicyon, im Peloponnesus (heut zu Tage Morea) an der Grenze der Landschaft Argolis gelegen, war ehmals eine ansehnliche Republik des freyen Griechenlandes gewesen, und hatte sich, durch ihre Lage am Korinthischen Meerbusen und die Betriebsamkeit ihrer Einwohner, unter dem Schutz der Römer wieder zu einer ansehnlichen Handelsstadt erhoben. Die Sicyonier machten, wie es scheint, Schwierigkeiten, den Atticus wegen einer beträchtlichen Forderung die er an sie hatte, zu befriedigen. Atti-

cus sah sich genöthigt, zu Betreibung dieses Geschäftes selbst nach Sicyon zu reisen, und Cicero, der diese Reise, in Rücksicht auf ihren Zweck, scherzweise eine Belagerung Sicyons nennt, vermuthet, er habe sich auf seiner Amalthea nicht länger, als zu Verrichtung des bey solchen kriegerischen Unternehmungen gewöhnlichen feierlichen Opfers nöthig war, d. i. nur kurze Zeit, aufgehalten.

61) Der Erste zum Stimmgeben im Senat vom Consul aufgerufen zu werden, war eine Ehre, welche gewöhnlich demjenigen unter den Consularen erwiesen wurde, der im abgewichnen Jahre erster Consul gewesen war; und er blieb so lange im Besitz dieses Vorzugs, bis die Consuln für das nächstkünftige Jahr erwählt waren; denn alsdenn gebührte er dem ersten designirten Consul. Cicero, der diese Ehre im Jahr 691 genossen, hatte, wie es scheint, erwartet, daß ihn der neuangehende Consul M. Pupius Piso auch in diesem Jahre zuerst aufrufen würde. Dieser hatte aber für gut gefunden, ihm nur den zweyten Rang unter den Consularen, den ersten hingegen seinem Verwandten Cajus Piso zu geben, der im Jahr 687 Consul, und nachher Proconsul im Narbonensischen Gallien gewesen war. Cicero will zwar dafür angesehen seyn, als ob er sich ganz und gar nichts daraus mache; aber der müßte nicht durch ein Sieb sehen können, dem es nicht in die Augen fiele, wie sehr er sich dadurch beleidigt fühlte. Wozu, wenn ihm die Sache gleichgültig war, so viel Aufhebens davon machen? Wozu so viele Worte, um die Vortheile des zweyten Rangs vor dem ersten darzuthun? Wozu die Bemerkung, daß der Senat seine Befremdung durch Murmeln zu erkennen gegeben?

Und die Erwähnung, daß Er gleichwohl den Vor-
rang vor zwey so angesehenen und verdienstvollen
ältern Consularen als Catulus und Hortensius
erhalten habe? Warum endlich, wenn ihm die
Sache nicht nur gleichgültig, sondern sogar angenehm war, den ihm vorgezogenen C. Piso offenbar
mit spöttischem Naserümpfen *pacificatorem Allo-
brogum* tituliren*)? Wie unbegreiflich mußte der
Mann von sich selbst eingenommen seyn, daß er
nicht erröthete, dem feinen Atticus eine solche Blöße
zu zeigen!

62) „Cavillator genere illo moroso, quod
etiam *sine dicacitate* ridetur, *facie* magis quam
facetiis ridiculus." — Facetiarum duo sunt
genera, sagt Cicero de *Oratore* L. II. c. 54
alterum aequabiliter in omni sermone fusum,
alterum *peracutum* et *breve*; illa a veteribus
cavillatio, haec altera *dicacitas* nominata est.
Diese Erklärung habe ich bey Uebersetzung dieser
Stelle vor Augen gehabt**), das Spiel aber mit
den Worten *facie* und *facetiis* durch ein Aehnliches zu ersetzen gesucht. Uebrigens wird der Leser

---

*) Die Allobrogen hatten während des Proconsulats dieses
Piso einige wenig bedeutende Unruhen erregt, auf deren
Stillung sich dieser schwerlich so viel einbildete, daß er
den Retter der ganzen Römischen Welt dadurch
verdunkelt zu haben hätte glauben sollen.

**) An einem andern Orte (Oratore. c. 26) setzt er die *face-
tias*, anstatt sie in cavillationem und dicacitatem zu theil-
len, der letztern entgegen, und bringt beyde unter den
generischen Begriff *sales*. „*Salium* duo genera sunt, unum
facetiarum, alterum *dicacitatis*." Er scheint also selbst
keinen ganz bestimmten Begriff von der Bedeutung dieser
Wörter gehabt zu haben; doch setzt er auch hier den Gebrauch der dicacitas „in *jaciendo mittendoque* ridiculo," —
in gleichsam Pfeilschnellem Abschießen der witzig-spitzigen
Gegenreden.

in dem Porträt, das Cicero hier von dem Consul Pupius Piso macht, den boshaften Mahler von selbst erkennen, der seinem Zerrbilde nur gerade so viel Aehnlichkeit giebt, daß man das Original, dem es gelten soll, errathen kann. Dieser Piso war bey weitem der verkehrte, verächtliche und widerliche Mensch nicht, wofür man ihn, dieser Schilderung nach, halten könnte. Cicero selbst macht im 67sten Capitel seines Brutus eine ungleich vortheilhaftere von ihm; worin einem jeden, der sie mit der gegenwärtigen vergleichen will, sogleich in die Augen fallen wird, daß es bey jener weder auf Verschönerung noch Verzerrung, sondern bloß auf Wahrheit der Darstellung abgesehen war. Piso, sagt er, habe sich in seiner Jugend unter den gleichzeitigen Rednern ausgezeichnet, und es allen, die vor ihm gewesen, an vertrauter Bekanntschaft mit der griechischen Litteratur zuvor gethan, u. s. w. An einem andern Ort und mehrere Jahre später (Orat. pro Plancio c. 5) nennt er ihn hominem nobilissimum, innocentissimum, eloquentissimum; und daß er auch nicht ohne militärische Verdienste gewesen sey, läßt sich daraus schließen, weil ihm, nach seiner Proprätur in Spanien, die Ehre des Triumphs zugestanden wurde.

63) Und was sollen wir, nach dieser sonderbaren Beichte, von Cicero's Politischem und Moralischem Charakter sagen? Er klagt darüber, daß die Wohlgesinnten im Senat sich von Clodius erbitten ließen, den Bemühungen des Consuls Piso für ihn, sich nicht mit Ernst zu widersetzen und ihren vorigen Beschlüssen den gehörigen Nachdruck zu geben. Er gesteht, daß er selbst Anfangs mit der größten Strenge auf die schärfste Untersuchung

dieses schändlichen Handels gedrungen habe, aber nun täglich immer lauer und gleichgültiger werde, ungeachtet er, wegen eben dieser Gleichgültigkeit der Patriotischgesinnten, besorge, es werde der Republik großes Unheil dadurch zuwachsen. Wer begreift diesen Widerspruch des Retters der Republik mit sich selbst? Warum wird er immer milder und milder, und erröthet nicht, dies seinem Freunde zu gestehen, ohne ihm die Bewegsgründe zu vertrauen, die von einer ganz ausserordentlichen Stärke gewesen seyn müssen, da sie stark genug waren, ihm das, was er der Republik und sich selbst schuldig war, so gänzlich aus den Augen zu rücken?

64) Daß in dieser merkwürdigen Stelle von Pompejus die Rede sey, — der vor kurzem aus Asien zurückgekommen war, um seinen Triumphs-Einzug in Rom zu halten und seinen Platz unter den obersten Consularen im Senat wieder einzunehmen, — ist keinem Zweifel unterworfen. Das Porträt, das Cicero hier von dem Manne macht, der vor wenig Jahren noch sein großer Held war, ist, wie man sieht, nicht geschmeichelt; und wie stark es auch von dem Bilde in der Rede pro *lege Manilia* absticht, — wo eben derselbe Mann in Colossaler Größe wie ein Gott da steht, der hier zu einem sehr kleinen, beynahe lächerlichen Wichtchen zusammenschrumpft, — so werden wir doch in der Folge dieser Briefe Belege genug finden, daß es nicht nur kein Zerrbild, sondern, Zug vor Zug, eben so wahr als kräftig gezeichnet ist. Aber woher dieser neue Widerspruch des großen Orators mit sich selbst? War Pompejus etwa ein anderer Mann geworden, als er vor fünf Jahren war, da ihn unser rheto-

rischer **Phidias** dem Römischen Volke als einen zweyten Jupiter Olympius mit allen Glorien, Blitzen und Blendwerken seiner magischen Beredsamkeit umgeben, erscheinen ließ? Nein! Pompejus war noch derselbe; aber die Umstände und Verhältnisse hatten sich geändert. Damahls hatte Cicero die höchste Stufe in der Republik, das letzte Ziel seines Ehrgeitzes, erst noch zu ersteigen: Jetzt war sie schon erstiegen; jetzt stand er mit dem großen Pompejus auf eben demselben Plan, und so wie es ehmals das Interesse seiner Ambition gewesen war, ihn so hoch als möglich über alle andere zu erheben, so war jetzt seiner Eitelkeit daran gelegen, den Nimbus, in welchen er selbst ihn gestellt hatte, weg zu blasen, und durch die Betrachtung der Menschlichkeiten und Gebrechen des ihm jetzt näher stehenden Halbgottes, sich selbst über alles zu trösten, was dieser durch den eigenen, unerborgten Glanz seiner Großthaten und seines beyspiellosen Glückes vor ihm voraus hatte. Jetzt betrachtete er den Pompejus sogar als seinen Schuldner; und wenn er sich auch, aus politischen Rücksichten, nicht entbrechen konnte, ihm noch die vorige Anhänglichkeit zu zeigen, so geschah es doch nur unter der stillschweigenden Bedingung: daß Pompejus ihm hinwieder alle Ansprüche, die er zu machen sich berechtigt hielt, zugestehen, seine hohen Verdienste um den Staat und um seine eigne Person anerkennen, ihm ein vollkommnes Vertrauen schenken, kurz sich so betragen sollte, daß Niemand an der Freundschaft und dem Einverständniß zweifeln könne, welche auf immer zwischen ihnen bestehen würden. An allem diesem aber hatte es der stolze, sich selbst genugsam scheinen wollende, durch sein Glück und seine Thaten übermüthig gemachte Pompejus fehlen lassen. Da nun keiner von beyden geneigt war, von seinen Forderungen etwas nachzulassen, und Cicero jenem das beleidigende Stillschweigen, worüber er sich im 12ten Briefe dieses ersten Buchs beklagt, nie vergessen konnte: so erklärt sich daraus nicht nur die auffallende Art, wie Cicero in diesem und mehrern folgenden Briefen von seinem vorgeblichen Freunde Pompejus spricht, sondern der ganze Verfolg der Begebenheiten, die durch die Ciceronischen Briefe beurkundet werden, wird uns zeigen, daß von dieser Zeit an keine andere als eine politische, immer schwankende und vom persönlichen Vortheil des Augenblicks abhangende Freundschaft zwischen ihnen statt fand; kurz, daß an Aufrichtigkeit und Festigkeit in ihrem gegenseitigen Verhältniß zu einander gar nicht mehr zu denken war.

65) Daß sich hier in der Angabe der Kaufsumme offenbar eine Unrichtigkeit in den Originaltext eingeschlichen, und daß HS tricies septies, d. i. 3,700000 Sesterzien gelesen werden müsse, hat Manutius ausser allen Zweifel gesetzt. Der Consul Messalla hatte das ehemalige Autronische Haus nicht nur um 200,000 Sesterzien höher bezahlt, als Cicero das seinige, sondern eben sowohl mit dem Gelde seiner guten Freunde, wie Cicero. Dieser bezeigt also hier, in einem scherzenden Tone, seine Freude darüber, daß ein so edler und allgemein geachteter Patricier, wie Messalla, ihn von dem öffentlichen Tadel, so zu sagen, abgelöset habe, da er durch sein Beyspiel bewiesen, daß Männern, wie sie, ganz wohl gezieme, in einem solchen Falle die Casse ihrer Freunde in Anspruch zu nehmen.

18. Brief.

66) Es ist wohl kaum nöthig, den Leser auf die verdeckte Ironie im Ton dieser ganzen Stelle aufmerksam zu machen, wo Cicero zwar nur kurz und schlicht zu erzählen scheint, was Pompejus im Senat und zum Volke gesprochen; aber deutlich genug zu verstehen giebt, daß er mit seiner in allgemeinen Formeln bezeugten Verehrung des Senats im Grunde nichts gesagt habe. Denn was von ihm verlangt und erwartet wurde, war: daß er sich über die Rathschlüsse, wovon die Rede war, besonders und bestimmt erklären sollte. Dazu aber hatte der Mann keine Lust, der alles bloß auf sich selbst bezog, und es zwar mit der Senatorischen Parthey so wenig als mit der Populären verderben, aber sich auch von keiner die Hände binden lassen, oder sich so in ihr Interesse verwickeln wollte, daß sein eigner Zweck, nehmlich durch seine öffentliche Autorität und seine geheimen Intrigen über beyde zu herrschen, dabey hätte gefährdet werden können. Daß übrigens Cicero die vornehme Miene, die Pompejus sich gegen ihn gab, (da er die ihn selbst und sein Consulat betreffenden Senatsschlüsse mit den Worten „auch über diese Dinge" abfertigte) etwas lustig gefunden habe, scheint er bloß dadurch, daß er sie anführt, genugsam angedeutet zu haben.

67) Cicero bedient sich hier einiger rhetorischen Kunstwörter, deren Uebersetzung desto schwieriger wird, weil sogar ihre Bedeutung problematisch ist. Was versteht er unter καμπαι *). διθυραμβατα, κατασ-

---

*) Daß man, wiewohl alle Handschriften καμπαι haben, καμπαι lesen müsse, scheint mir, mit Bosius und Casaubonus, etwas ausgemachtes.

was? Ich weiß wohl, daß Ihm *campe* und *catasceue* etwas anders hieß, als was wir unter Wendung und Einkleidung verstehen; aber da keine gleichbedeutende deutsche Wörter aufzutreiben waren, mußte ich entweder zwey Lücken lassen, oder mich mit diesen wenigstens nicht unschicklichen Stellvertretern behelfen. Einem Worte für *enthymema* hab' ich überall vergebens nachgefragt; sogar Campe *) hatte mir in der Eile nichts bestimmteres dafür zu geben, als unvollkommner oder abgekürzter Vernunftschluß, welches in der Denkkunst (Logik) ganz brauchbar seyn mag, hier aber, wo es um ein Wort, das die Rhetorische Bedeutung jenes Kunstwortes bezeichne, zu thun ist, unbrauchbar war. Ich entschloß mich endlich, wo möglich, ein eignes deutsches Wort dafür zu schmieden, und studierte zu diesem Ende, mit vieler Anstrengung meines alten Kopfs, die Erklärung, welche Cicero im 13ten und 14ten Capitel seiner Topica ad Trebatium davon giebt. Da mir (wie ich mit Schaamröthe gestehen muß) die Sache aus seiner Erklärung nicht sonderlich klar werden wollte, nahm ich die Beyspiele die er anführt, zu Hülfe — „Eam, quam nihil accusas, damnas; bene quam meritam esse autumas, dicis male mereri." — „Id quod scis, prodest nihil: id quod nescis, obest," — fand aber, daß sie mir zu keiner deutlichern Ansicht der Sache verhalfen. Ich klopfte nun beym Quintilianus an **), und erhielt auch von diesem einen Unterricht, der mich wenig klüger machte. Endlich nahm ich die Erklärungen beyder Meister zusam-

*) Wörterbuch I. Th. S. 332.
**) Instit. Orat. L. V. c. 14. u. 16.

men, und alles, was ich davon begreifen konnte, lief darauf hinaus: das Wort Enthymema werde von den Griechischen Dialektikern und Rhetorn in mehrern Bedeutungen genommen; gewöhnlich bezeichne es einen unvollkommnen Syllogismus, und derjenige, welchen die Lehrer der Redekunst vorzugsweise, als den scharfsinnigsten, *enthymema* nennten, sey unter den sieben vornehmsten Arten dieser Schlüsse, welche von den Dialektikern aufgezählt würden, die dritte nehmlich diejenige, vermittelst deren etwas *ex pugnantibus* oder *contrariis* gefolgert oder bewiesen werde. Diese Art zu beweisen, sagte mir Quintilian, habe eine ganz vorzügliche Stärke, (ex pugnantibus fortior multo probatio est.) und setzte hinzu: tale est *Ciceronis* pro *Milone*. (Cap. 29) „Ejus „igitur *mortis* sedetis *ultores*, cujus *vitam*, „si putetis per vos restitui posse, *non velitis*" — d. i. „Ihr sitzt hier, den Tod eines „Mannes zu rächen, dem ihr das Leben, wenn „es auch bloß auf euern Willen ankäme, nicht „wieder geben möchtet." — Wie dankte ich den Dis Manibus Quinctilianis für dieses Beyspiel! Nun ging mir auf einmahl Licht auf. Hier haben wir den unvollkommnen Syllogismus leibhaftig in seinen zwey Sätzen vor uns stehen: „Ihr Richter sitzt hier den Tod eines Menschen zu rächen." — „Ihr würdet ihm das Leben nicht wieder geben, wenn es gleich von euerm bloßen Willen abhienge." — Wie könnten nun die Richter aus diesen einander widerstreitenden Sätzen (wenn es bloß auf ihr Gefühl ankäme) einen andern Schluß ziehen als diesen: es wäre also widersinnig, wenn wir seinen Tod rächen wollten? Dieses Beyspiel machte mir dann auch die von Cicero angeführten verständlicher, und ich glaubte nun deutlich genug zu sehen: das, was die alten Redekünstler Enthymema nannten, wäre im Grunde nichts, als eine spitzfindige Art von dialektischem Kunststück, wo der Verstand des Zuhörers, er sey Gegner oder Richter, durch Ueberraschung zu einem übereilten Schluß genöthigt wird, der sich auf wirkliche oder vermeynte Anschauung eines Widerspruchs gründet, worin er mit sich selbst stehen würde, wenn er diesen Schluß nicht machen wollte. Dieses rhetorische Blendwerk konnte, zumahl wenn es durch alle Künste des lebendigen Vortrags verstärkt wurde, seine Wirkung auf Zuhörer, die von den Subtilitäten der Griechischen Dialektik wenig oder keine Kunde hatten, selten verfehlen. Es war eine Art von Netz das ihnen der behende Redner über den Kopf warf, woraus sie sich, weil er ihnen keine Zeit dazu ließ, nicht gleich herauswickeln konnten. Denn sobald sie nur so viel Zeit gehabt hätten, um den allgemeinen Satz, worauf der Schluß sich gründete, gehörig zu fassen, hätten sie sehen müssen, daß er nur in dem Falle gültig seyn könne, wenn kein positives Gesetz den Willen der Richter bestimme; und daß es in dem vorliegenden Falle nicht darauf ankomme, ob das Leben des Ermordeten etwas Wünschenswürdiges, sondern ob der Mörder ihm das Leben zu nehmen berechtigt gewesen sey. Die von Cicero angeführten Beyspiele sind zwar nicht so klar wie dieses, weil uns die Thatsachen unbekannt sind, worauf sie sich beziehen; aber soviel scheint doch richtig zu seyn: erstens, daß z. B. die beyden Sätze, „was du weißt, hilft dir nichts, und was du nicht weißt, ist dir nachtheilig," nur dann etwas gelten können, wenn sie so scharf bewiesen worden sind, daß der Gegner nichts Erhebliches einwenden kann; und zweytens, daß sie, selbst unter dieser Voraussetzung, nur gegen den Sachwalter, aber nichts gegen die Sache beweisen würden. Da mir nun die Art von Enthymemen, wovon die Rede ist, ihre ganze anscheinende Beweiskraft von einer behenden Ueberraschung der Urtheilskraft des Hörers zu erhalten scheinen: so habe ich, in der Unmöglichkeit ein schickliches deutsches Wort für sie zu finden, am besten zu thun geglaubt, sie Ueberraschungen zu nennen; nicht als ob ich dieses Wort als deutsches Aequivalent für das Griechische enthymema in Vorschlag bringen wolle; sondern weil es mir in dem vorliegenden besondern Fall am geschicktesten schien, in Gesellschaft mit den drey andern (Perioden, Wendungen, Einkleidungen) eine mehr oder minder klare Vorstellung dessen, was Cicero in dieser Stelle sagen zu wollen scheint, in dem Leser zu erregen. Und nun genug, und vielleicht schon zu viel zu meiner Entschuldigung, daß ich diesen Knoten am Ende doch nur mit dem Messer aufzulösen wußte. — Mongault, der die Unmöglichkeit fühlte, diese Griechischen Kunstwörter in seine Sprache überzutragen, übersetzte: si jamais *les secrets de mon art* et les *figures de Rhétorique* m'ont été de quelque secours, und ich hätte vielleicht am besten gethan, seinem Beyspiele zu folgen.

68) „Duce *filiola Curionis.*" Unter dieser abwürdigenden Bezeichnung ist eben derselbe C. Curio gemeynt, der einige Jahre später, anfangs als Widersacher, hernach als eifriger Anhänger

Cäsars, sein Möglichstes zur Verwirrung und zum Sturz seines Vaterlandes beytrug. Er war um diese Zeit, wie es scheint, dem Clodius eben das, was einige Jahre später M. Antonius ihm war. Vellej. Paterculus macht mit wenigen Zügen ein Bild von ihm, dem in dieser letzten Epoche der Republik nur zu viele junge Männer seines Standes in Rom ähnlich sahen: vir nobilis, eloquens, audax, *suae alienaeque* et *fortunae* et *pudicitiae* prodigus.

69) Wenn die Römischen Bürger versammelt wurden, um über eine Rogation, d. i. ein vorgeschlagenes Gesetz zu stimmen, so wurde dasselbe, nachdem es bereits an drey Markttagen öffentlich angeschlagen worden war, von einem Herold mit lauter Stimme verlesen. Der präsidirende Consul oder Prätor, fragte hierauf (rogabat) das Volk, mit der Formel *velitis*, *jubeatis*, Quirites, ob sie es genehmigen oder verwerfen wollten. Nun wurden die 193 Centurien, in welche das sogenannte Volk vertheilt war, aufgerufen sich in Ordnung zu stellen. Diesem zu Folge begaben sie sich in einen großen, mit Brettern verschlagenen Platz, septum oder *Ovile* genannt, in welchen eine Centurie nach der andern über eine schmale Brücke (pons oder ponticulus) gehen mußte. Am Eingang der Brücke erhielt jeder Bürger von dazu angestellten Personen, *Diribitores* genannt, zwey Täfelchen, deren eines mit V. R. das andere mit A. bezeichnet war. Jenes bedeutete, *Vti Rogas*, ich billige das vorgeschlagene Gesetz; dieses, *Antiquo*, war so viel als, ich verwerfe es. Jeder zu der Centurie gehörige Bürger, warf nun nach Belieben eines von den beyden Täfelchen in einen dazu bestimmten,

am Eingang des *Ovile* stehenden Kasten, und sobald die ganze Centurie auf diese Weise votiert hatte, nahmen die *Custodes*, die darauf zu sehen hatten, daß alles ordentlich dabey zugehe, die Täfelchen heraus und zählten die Stimmen, indem sie dieselben mit Puncten auf einer Tafel bemerkten. Was nun die Mehrheit beschlossen hatte, wurde durch einen Herold als der Wille der ganzen Centurie ausgerufen, und dem auf seinem Tribunal in seiner sella curuli sitzenden Präsidenten der Versammlung durch den *Rogator* der Centurie angezeigt. In dieser Weise wurde eine Centurie nach der andern zum Abstimmen aufgerufen, bis durch die Mehrheit entschieden war, ob die Quiriten das Gesetz sanctionirt oder verworfen hätten. Die Diribitoren, Custoden und Rogatoren waren gewöhnlich Männer von Rang, und Beförderer des vorgeschlagenen Gesetzes. Diesmahl aber muß die mächtige Cabale, die zu Rettung des Clodius alles zu versuchen entschlossen war, Mittel gefunden haben, Diribitoren von ihrer eigenen Parthey anzustellen; da es sich sonst nicht begreifen ließe, wie unter den auszutheilenden Täfelchen kein einziges Vti Rogas gewesen seyn sollte. Aber die Freunde des Clodius (sollte man denken) hätten doch auch die Unmöglichkeit einsehen sollen, daß ein so grober Betrug nicht gleich beym Votiren der ersten Centurie entdeckt werden müßte. Daß dies hier wirklich geschehen sey, sehen wir aus dem Erfolg.

70) So hieß ein Platz in der eilften Region der Stadt Rom, am Eingang des Tuscischen Platzes, zwischen dem Circus Maximus und dem Aventinischen Hügel, wo die Buchhändler und ein-

Menge andrer Professionisten ihre Buden und Waarengewölbe hatten, aus deren Vermiethung die Eigenthümer ansehnliche Zinsen zogen. Zu den Zeiten des alten (fabelhaften) Königs Evander war hier ein Hain, und in demselben das Grab eines gewissen Argus, der ein Gastfreund dieses kleinen Fürsten gewesen, und da er einen Anschlag gegen das Leben desselben gemacht, von ihm mit Hülfe des Herkules umgebracht worden seyn soll; eine alte Sage, auf welche sich zwey Verse im 8ten Buche der Aeneis beziehen:

Nec non et sacri monstrat (Evander) nemus *Argileti*,
Testaturque locum, et *letum* docet hospitis *Argi*.

19. Brief.

71) Diese Stelle, worin die Folgerichtigkeit zwischen dem Vorgehenden und Nachfolgenden nicht sogleich in die Augen fällt, wird auf einmahl verständlich, wenn man weiß, daß Cicero, als er dem Atticus so nachdrücklich ans Herz legte: „efficie ut *ab omnibus* et laudemur et amemur," in der Meinung stand, Atticus werde während der Statthalterschaft des Quintus Cicero, seines Schwagers, die Stelle eines Legaten bey ihm vertreten, wie Quintus gewünscht, und Atticus selbst ihn anfangs hatte hoffen lassen. Die meisten, ansehnlichsten und reichsten Städte in der Provinz Asien*), welche dem Quintus in seiner Prätur durchs Loos zugefallen war, waren ursprünglich Griechische Colonien, welche Sprache, Sitten, Religion, Künste und Wissenschaften der Griechen in die zu dieser

---

*) Diese Provinz begriff damahls die Landschaften Phrygien, Jonien, Carien und Lydien, in sich, und war unter den Prätorischen Provinzen die beträchtlichste.

Provinz gehörigen Länder gebracht hatten. Unter den *Omnibus*, von welchen Cicero gelobt und geliebt zu seyn wünscht, sind also hier eigentlich bloß die Asiatischen Griechen gemeynt, unter welchen er sich viele Feinde dadurch gemacht zu haben besorgte, daß er die Römischen Ritter (welche die Zölle und übrigen Einkünfte der Republik in Asien im Pacht hatten, und mit welchen die griechischen Handelsleute und Landeigenthümer fast immer im Streit lagen) bey allen Gelegenheiten in seinen Schutz genommen hatte, weil er sich überzeugt hielt, es sey der Republik unendlich viel daran gelegen, daß zwischen dem Senat und dem Ritterstand die möglichste Harmonie herrsche, und daß der letztere Ursache habe, sich durch sein eignes Interesse zur größten Anhänglichkeit an den erstern verbunden zu halten.

72) „Cum ille ad conciones confugisset." — *Concio* heißt, nach der Erklärung des alten Sprachlehrers Festus: „conventus et coetus populi ad oratorem audiendum, *non* tamen *quilibet*, sed is, qui a *Magistratu* vel *sacerdote publico per praeconem* convocatur. Dies letztere kann aber hier nicht der Fall seyn; denn Clodius bekleidete damahls noch keine Würde, die ihm das Recht gegeben hätte, das Volk durch einen Herold zusammen zu berufen. Ich glaube also diese Stelle richtig übersetzt zu haben. Clodius nehmlich nahm jede Gelegenheit wahr, wo er eine Menge Volks an einem Markttage oder sonst zufällig beysammen sah, um Reden an sie zu halten; oder verschaffte sich auch wohl, unter der Hand, durch Leute von seinem Anhang, absichtlich solche Gelegenheiten; als wozu er nicht nur von selbst verwegen genug

war, sondern sich auch auf die Nachsicht und Protection des Consuls Piso und ándrer Männer von großer Bedeutung, dabey verlaffen konnte.

73) Daß Cicero die Schlachten, die er der Clodischen Parthey lieferte, und von denen er hier (durch das von Atticus gebrauchte Wort *praeliari* veranlaßt) scherzweise in einem so prahlerischen Tone spricht, im Senat gefochten habe, scheint, vermöge des ganzen Zusammenhangs sich von selbst zu verstehen.

74) Die Rede ist von Q. Metellus, der im Jahr 644 Consul war, und wegen seiner Siege über den Numidischen König Jugurtha, zum Unterschied von so vielen andern Metellen, die in diesem Jahrhundert ihrem Geschlechtsnahmen einen hohen Glanz verschafften, den Beynahmen Numidicus erhielt. Er war einer der größten und tugendhaftesten Männer seiner Zeit. Die Anekdote, deren Cicero hier erwähnt, ereignete sich, da er von den Anhängern seines erklärten Feindes Marius wegen angeblicher Veruntreuung öffentlicher Gelder auf Wiedererstattung (repetundarum) angeklagt wurde. Die öffentliche Meinung von der Rechtschaffenheit des Metellus war so entschieden, daß seine Richter durch den geringsten Zweifel in die Richtigkeit seiner vorgelegten Verwaltungs-Rechnungen sich selbst zu entehren geglaubt hätten, und diese also, ohne sie nur anzusehen, aus einer Hand in die andere gehen ließen. S. *Cicero* in Orat. pro *Cornel. Balbo.* c. 5.

75) Ungeachtet des räthselhaften Tons, welchen Cicero hier zum Scherz affectirt, bezeichnet er doch den Kahlkopf gar zu deutlich, als daß man zweifeln könnte, daß kein Andrer als der reiche

Crassus gemeynt war; und er hätte, um ihn dem Atticus kenntlicher zu machen, nicht nöthig gehabt, den Zug „ex *Nannejanis* illum" hinzuzufügen, und dadurch, ohne Wissen und Willen, einigen armen Commentatoren so viele Noth zu verursachen, daß man ihre Krümmungen und Windungen nicht ohne Jammer ansehen kann. Gleichwohl hätten die Corradii, Bosii, Popmae, Gronovii u. s. w. am besten gethan, wenn sie es bey der ganz natürlichen Auslegung des Manutius hätten bewenden lassen. Bekanntlich hatte Crassus den Grund zu seinen unermeßlichen Reichthümern dadurch gelegt, daß er einen großen Theil der von dem Dictator Sulla versteigerten Güter der Proscribierten um geringen Preiß an sich gebracht. Von einem Nannejus findet sich zwar, auffer einer einzigen Stelle in der kleinen Schrift des Quintus Cicero de petitione consulatus, (die hier aber wenig Licht giebt *), nicht die geringste Spur. Indessen läßt sich, wenn man beyde Stellen zusammen nimmt, mit hinlänglicher Wahrscheinlichkeit errathen, daß unter den Proscribierten des Sulla auch ein oder mehrere Nannejus oder Nannius gewesen seyn müssen, deren Verbrechen (wie damahls sehr häufig der Fall war) bloß in ihrem großen Reichthum an Häusern und Gütern bestand. Meiner Vermuthung nach mochten der Liebhaber mehrere seyn, die sich bey Versteigerung der Besitzungen dieser Unglücklichen, in dieselben theilten, und, weil vielleicht Umstände dabey mit unter lie-

---

*) Es ist nicht unwahrscheinlich, daß entweder in diesem Briefe, statt Nannejanis, *Nannianis*, oder in der Stelle des Quintus, *Nanneji*, statt Nannii gelesen werden muß; denn Nannius und Nannejus scheint eben dieselbe Person zu seyn.

fen, die der Sache etwas sonderbar Verhaßtes und Schändliches gaben, mit dem Uebernahmen der **Nannejaner** belegt wurden. Unter diesen Käufern der Nannejischen Güter war nun auch Crassus gewesen, und, dies vorausgesetzt, dünkt mich klar genug, warum ihn Cicero ex Nannejanis illum nennt; wenigstens scheint mir diese Erklärung die ungezwungenste zu seyn. Uebrigens muß man gestehen, daß Cicero, indem er hier in diesem Tone von eben dem Crassus spricht, von dem er dem Atticus noch vor kurzem geschrieben hatte, „hic dies me valde Crasso adjunxit," (dieser Tag hat mich in große Verbindlichkeit gegen Crassus gesetzt) entweder sehr undankbar war, oder jene Worte bloß in **ironischem** Sinne verstanden wissen wollte; weil er nehmlich den Charakter des Crassus zu gut kannte, um die großen Complimente, womit ihn dieser damahls im Senat überschüttete, für aufrichtig zu halten, oder den mindesten Staat darauf zu machen. Warum Crassus, wiewohl einer der ersten unter den Häuptern der Republik, sich der Sache des bedrängten Clodius mit solchem Eifer angenommen, wird aus folgenden Ursachen sehr begreiflich: 1) Clodius stammte aus einem der angesehensten Geschlechter des Römischen Patriciats, und war mit den ersten Häusern verwandt; 2) Crassus war (wie Sallustius in seinem Catilina sagt) immer gewohnt gewesen, die heillosesten und gefährlichsten Menschen aus der Kategorie des Clodius in seinen Schutz zu nehmen, weil es 3) in seinen eigenen Plan (die höchste Gewalt im Senat entweder gelegentlich selbst an sich zu reissen, oder doch nur mit Pompejus und Cäsar zu theilen) gehörte, die Republik und besonders die

Stadt Rom, als den Brennpunkt des Reichs, soviel möglich immer in unruhiger Bewegung zu erhalten.

76) Die folgenden Pröbchen der witzigen und spitzigen Stachelreden, die in dieser Sitzung des Senats (der nächsten nach der Freysprechung des Clodius) zwischen diesem und Cicero gewechselt worden, können nicht wohl fehlen, die Leser in einiges Erstaunen zu setzen. Nach unsern Sitten zu urtheilen, schickte sich ein Wortwechsel, wie dieser, besser für einen Syrus und Sannio in einem Possenspiel, als für einen Consularen wie Cicero, und eine so auguste Zuhörerschaft wie der Römische Senat. Was vielen beynahe noch mehr auffallen wird, ist, daß derselbe Mann, der sich noch vor wenigen Augenblicken seinem Atticus in einem so ehrwürdigen und glänzenden Charakter darstellte, sich so viel darauf zu gute thut, einem leichtfertigen jungen Taugenichts wie Clodius, an muthwilligem Witz und raschen spitzigen Gegenreden überlegen zu seyn. Ihr Erstaunen wird endlich auf den höchsten Grad steigen, wenn sie sehen, wie der große Mann seiner Würde so gänzlich vergißt, daß er sich sogar unanständige Spöttereyen und obscöne Anspielungen auf Kosten der Gemahlin des Consuls Metellus, der sein Freund war, erlaubt, um nur jene Ueberlegenheit zu behaupten, und einen Gegner, der an Unverschämtheit nicht leicht zu übertreffen war, unter sich zu bringen. Aber es war nun einmahl eine von Cicero's Schwachheiten, über welche er zu seinem Unglück nie Herr werden konnte, auch für den größten Witzling und Spaßvogel seiner Zeit zu gelten, und in dem Talent sinnreicher Spöttereyen und überraschender stachlichter Antworten auf unversehene Angriffe dieser Art, unübertrefflich

zu seyn. In der That kenne ich auſſer dem Spötter
Lucian, keinen, der in dem, was wir mit den
Engländern Witz und Laune nennen, sich mit ihm
meſſen könnte; auch sind seine Briefe, besonders
die an Atticus, voll von Beyspielen, wie natürlich
und geläufig ihm der scherzhafte Ton und eine ge=
wiſſe Art von Jronie war, die zwischen Scherz und
Ernst abſichtlich in der Mitte schwebt; und ich
müßte mich sehr irren, wenn diese reiche Ader von
Witz und Laune, die durch den größten Theil sei=
ner Briefe fließt, nicht viel dazu beytragen sollte,
das Intereſſe zu erhöhen, das sie in so manchen
andern Rückſichten für alle gebildeten und Bildungs=
fähigen Leser haben müſſen. Daß übrigens einem
Manne, dem die Gabe zu scherzen und zu spotten
in einem so reichen Maße eigen war, und der sich
derselben sogar in seinen gerichtlichen Reden häufig
und mit gutem Erfolge zu bedienen pflegte, mit
unter, zumahl wenn es von einem Gegner, wie
Clodius, an ihn gebracht wurde, auch Scherze und
Spitzreden, die an die scurrile Gattung anſtreif=
ten, entwischen konnten, daran hatten wohl die
damahligen herrschenden Sitten mehr Schuld, als
Mangel an Geschmack und Zartgefühl, — und muß
unter die Menschlichkeiten gerechnet werden, welche
wir, wenn wir billig wären, gerade den größten
Menschen am leichteſten verzeihen würden.

77) Bajä, seiner anmuthigen Lage und seiner
warmen Bäder wegen von den üppigen Römern
und Römerinnen häufig besucht, stand damahls
wegen der zügellosen Freyheit der Sitten, die man
sich daselbst erlaubte, in so schlimmem Rufe, daß
es einem Jeden, dem an einem guten Nahmen
unter rechtlichen Leuten gelegen war, schon zum

Vorwurf gereichte, Bajä nur gesehen zu haben. Die Antwort, welche Cicero dem Clodius auf den Vorwurf, daß er zu Bajä gewesen, giebt: Falsum! sed tamen quid hoc? simile est quasi dicas *in Operto* fuisse, übersetzt Mongault unrichtig: il n'en est rien; mais après tout, cela est bien différent de se trouver aux mistères les plus sacrés et les plus interdits aux hommes; — denn simile ist von bien différent gerade das Gegentheil. Ich habe mich an die Worte Cicero's gehalten. Opertum war das gewöhnliche Wort, womit man den mit dichten Vorhängen verschloßnen Ort bezeichnete, wo die Mysterien der Bona Dea begangen wurden. Die Antwort Cicero's könnte, däucht mich, in einem zweyfachen Sinne genommen werden. Er kann sagen wollen: man wird dir eben so wenig glauben, daß ich zu Bajä gewesen, als wenn du mich beschuldigtest, mich hinter den Vorhang der Bona Dea eingeschlichen zu haben. Es kann aber auch heissen: und wenn ich auch zu Bajä gewesen wäre, wär' es denn mehr, als wenn ich hinter dem Vorhang der Bona Dea gesteckt hätte? Die Leser haben die Wahl; die Antwort ist in beyden Fällen gleich boshaft.

78) Diese Stellen denen deutlich zu machen, die ihren versteckten Sinn nicht errathen können, ist, ohne gegen die Gesetze der deutschen Züchtigkeit zu verstoßen, nicht wohl möglich. Die Naserümpfende Frage des hoffärtigen und mit Verachtung auf den novum hominem aus dem Landstädtchen Arpinum herabblickenden Patriciers: quid homini Arpinati cum aquis calidis? hat Mongault sehr gut umschrieben: il appartient bien à *un rustaut d'Arpinum* d'aller à des bains; und die Ant-

wort Cicero's: narra *patrono tuo*, qui *Arpinates aquas* concupivit, nosti enim *marinas*,— kann ebenfalls durch die Umschreibung des französischen Ueberseters einiges Licht erhalten: je m'en rapporte à ta soeur, qui se seroit bien accommodée de ce rustaut, comme les Pirates, qui vous prirent, s'accommodèrent de vous. Daß unter Patrono tuo seine Schwester Clodia gemeynt sey, die ihr Möglichstes gethan hatte seine Richter ihm günstig zu machen, ist eben so wenig einem Zweifel unterworfen, als daß Cicero hier auf die Bemühungen anspielt, welche sie sich gegeben haben soll, ihn zur Scheidung von seiner Terentia, und zur Heurath mit ihr zu bewegen. Auf diesen letzten Umstand beziehen sich also die Aquae Arpinates, so wie die Marinae auf eine Sage, die in Rom ging, daß Clodius, während er in Asien unter dem Lucullus diente, von Cilicischen Seeräubern gefangen und genöthigt worden, sich von ihnen (wie der Abbe Mongault sich ausdrückt) *d'une étrange manière* loszukaufen. Den Gebrauch des Wassers bey den Gelegenheiten, die der verehrliche Consular im Sinne hat, werden folgende Verse, womit Ovidius die siebente Elegie des 3ten Buchs seiner *Amores* beschließt, den Wißbegierigen hinlänglich bezeichnen:

Neve suae possent intactam scire puellae,
Dedecus hoc sumta dissimulavit aqua.

79) Clodius, indem er dem Cicero den in Rom verabscheuten Nahmen König (rex) gab, wiederholte bloß, was der Ankläger des von Cicero vertheidigten P. Sulla ein Jahr zuvor schon gethan hatte, da er ihn beschuldigte, daß er den König und Tyrannen in Rom spiele, und, weil er sich

alles für erlaubt hälte, unter mehrern gleiches Verbrechens Schuldigen, nach bloßer Willkühr die einen verdamme, die anderen lossprecke, und dergl. Torquatus hatte unter andern gesagt: Rom hätte einst zwey auswärtige Könige gehabt, den Numa, und den Tarquinius Priscus; Cicero sey nun der dritte, und er sey nicht gesonnen, dieses Königthum zu dulden. Cicero fand für gut, dem Torquatus ernsthaft und nachdrücklich zu antworten; aber dem Clodianischen Echo gleiche Ehre anzuthun, konnte ihm nicht einfallen. Er antwortete ihm mit einem Wortspiel, wozu der Umstand, daß eine der angesehensten Römischen Familien den Zunahmen Rex führte, den Anlaß gab. Q. Marcius Rex, der Gemahl der zweyten Schwester des Clodius, war, wie es scheint, vor kurzem gestorben, ohne diesen seinen Schwager in seinem letzten Willen zu bedenken, (oder in der Sprache der Römischen Rechtsgelehrten, zu honoriren) was nach Römischer Sitte für einen stillschweigenden Vorwurf der Unwürdigkeit des Vorbeygegangenen, und also für etwas Beschimpfendes galt. Meine Umschreibung sagt mehr als die Worte Cicero's: „cum Rex mentionem tui nullam fecerit;" aber ich war dazu genöthigt, wenn seine Gegenrede den darin liegenden Stachel für meine Leser nicht verlieren sollte. Auch habe ich den Manutius auf meiner Seite.

80) Ich glaube nicht, daß Cicero unter den Kraftwörtern: „sordes und faex urbis," das was Mongault canaille et vile populace nennt, sondern vielmehr den übelgesinntesten und verdorbensten Theil des Römischen Adels meynte; und alles unmittelbar darauf folgende, besonders der Ausdruck: „missus est sanguis invidiae sine dolore," (es

ist ein kleiner Aderlaß, der dem Neid wohl thut) scheint meine Meynung zu bestätigen.

81) „Illa concionalis hirudo aerarii, misera ac jejuna plebecula." — Hier bezeichnet Cicero die niedrigsten und dürftigsten Volksklassen (oder was Mongault oben la canaille genannt hatte) deutlich genug, um zu zeigen, daß er unter sordes et faex urbis einen ganz andern Theil des Römervolks gemeynt habe. Auch hier war eine Umschreibung nicht wohl zu vermeiden.

82) Dieser Sohn des Aulus ist der bald darauf wirklich zum Consul erwählte L. Afranius, ein Mensch ohne Herkunft und persönliche Vorzüge, dessen ganzes Verdienst darin bestand, daß er, als gewesener Legat des Pompejus, ein Geschöpf des letztern war, und ein zu allen Absichten desselben bereitwilliges Werkzeug zu seyn versprach. Pompejus glaubte einen so gefälligen und ganz von ihm abhängenden Consul für das nächste Jahr 693 nöthig zu haben, um mit dessen Hülfe alle Verordnungen, Einrichtungen und übrige willkührliche Verfügungen, die er als Oberfeldherr, nach Endigung des Mithridatischen Kriegs in Asien und in den neueroberten Ländern gemacht hatte, und durch welche ein großer Theil der Verfügungen seines Vorgängers Lucullus aufgehoben wurden, gegen die Lucullische Oppositionsparthey, beym Volke, welchem die endliche Entscheidung zukam, durchzusetzen. Daß er sich hierin betrog, wird die Folge zeigen. Cicero nennt diesen Afranius spottweise den Sohn des Aulus, weil sein Vater Aulus ein ganz unbekannter Mann war, und seinem Sohn also keinen Glanz mittheilen konnte.

83) Da Cicero ein großer Liebhaber von Wort-

spielen war, so bin ich nicht ungeneigt zu glauben, daß die Leseart, *Doterionis* histrionis similis, die wahre sey, und Cicero auf die Etymologie des Nahmens Doterion (der mit dem deutschen Gebhardt so ziemlich einerley ist) anspiele, welchen ein alter komischer Schauspieler geführt haben soll.

84) Die Parthey der Wohlgesinnten im Senat, welcher das Uebergewicht und die Anmaßungen des Pompejus nicht gleichgültig seyn konnten, scheint damahls mit den Freunden des Lucullus gemeine Sache gemacht zu haben, um der Erwählung des Afranius einen Riegel vorzustoßen. Eine der kräftigsten Maßregeln schien ein neues geschärftes Gesetz zu seyn, wodurch der Tribun Aufidius Lurco, in Einverständniß mit der Majorität des Senats, den Candidaten um die höchsten Staatsämter die Bestechung der Wähler wenigstens schwerer und gefährlicher als jemahls zu machen hoffte. Um nun aller Möglichkeit, dieses Gesetz zu vereiteln, zuvor zu kommen, dispensirte der Senat den Tribun Lurco von zwey ältern Gesetzen, von welchen es für unsre Leser genug ist zu wissen, daß die Gegenparthey sich ihrer hätte bedienen können, die Volksversammlung, an welcher Lurco sein Gesetz geben wollte, aufzulösen. Was aber Cicero, da er vom Tribun Lurco spricht, mit dem Einschiebsel „qui magistratum simul cum Lege Aelii iniit, und mit dem Scherz über die Lahmheit des Lurco eigentlich gewollt habe, gestehe ich nicht zu wissen. Wenn in jenem auch *salva* anstatt *simul* (wie Gronov vorschlägt) gelesen wird, so bleibt doch die Frage, was der Umstand, „daß Lurco sein Amt dem Aelischen Gesetz unbeschadet angetreten

habe," hier zur Sache thue, eben so unbeantwortlich, als der Witz über die Lahmheit des Tribuns und die ironische Anspielung auf einen Aberglauben des damahligen Pöbels, frostig, und nur der sonderbaren Laune, worin dieser ganze Brief geschrieben scheint, zu verzeihen.

85) "Sed heus tu, videsne consulatum nostrum — si hic (Afranius) factus erit, *fabam mimum* futurum?" Es ist unglaublich, welche unnöthige Pein diese zwey Wörte, fabam mimum oder faba mimum (wie einige Handschriften haben sollen) den Auslegern gemacht, und mit welchem Aufwand von Witz, Sagacität und Gelehrsamkeit Victorius, Bosius, Popma, Junius, Lambinus u. a. sich zermartert haben, um das Räthsel durch spitzfindige Hypothesen und Verbesserungen, deren eine immer gezwungener und ungereimter als die andere ist, aufzulösen. Nachdem ich lange ungewiß geblieben war, was ich mit dieser fatalen Bohne Mimus, oder Mimus Bohne anfangen sollte, schien mir endlich die Vermuthung des Casaubonus, daß Cicero auf ein Spiel der Römischen Knaben an den Saturnalien, einen von ihnen durchs Loos (wozu sie Bohnen gebraucht haben sollen) zum König zu erwählen, angespielt habe, wenigstens einen erträglichen Sinn zu geben, und in diesem Sinne übersetzte ich, "daß unser Consulat wenig mehr als das Bohnen-Königthum unsrer Kinder an den Saturnalien zu bedeuten haben werde. Als ich aber nach einiger Zeit wieder über diese Stelle kam, glaubte ich so viel Willkührliches und Erzwungenes in dieser Auslegung zu sehen, daß ich sie um so mehr wieder verwarf, weil ich mir unmöglich vor-

stellen konnte, daß Cicero, wenn er hier wirklich
an das Saturnalische Kinderspiel gedacht hätte, sich
auf eine so seltsame, sprachwidrige und widersinnische Art ausgedrückt haben sollte. In der Verlegenheit etwas besseres zu finden, habe ich mich endlich für die Meynung, daß Cicero fabulam (imo)
mimum geschrieben haben könnte) und daraus,
durch Eilfertigkeit und Unachtsamkeit der Abschreiber nach und nach fabam mimum geworden sey,
bestimmt, und das, was er dabey gedacht, in der
Uebersetzung so klar als möglich auszudrücken gesucht. Schon Corradus verfiel auf diese Leseart,
(die sich, wie Lambinus versichert, sogar in
einigen Handschriften befinden soll) fand aber
(warum, ist mir unbegreiflich) mehr Belieben an
der Vermuthung, daß sabae minimum gelesen
werden müsse, worin, für mich, gar kein Sinn ist.

86) Chilius und Archias waren zwey damahlige Griechische Dichter. Der erste scheint eine
Zeitlang Cicero's Hausgenosse gewesen zu seyn; der
andere (für welchen er im nehmlichen Jahre,
worin dieser Brief geschrieben wurde, die noch vorhandene, dem Dichter äusserst rühmliche Vertheidigungsrede hielt) war zu Rom in den größten
Häusern, vorzüglich in dem Lucullischen und
Metellischen, sehr wohl gelitten. Er hatte die
beyden Brüder Lucius und Marcus Lucullus in einem heroischen Gedichte besungen und ging nun
(wie Cicero zwischen Scherz und Ernst besorgt)
mit einem ähnlichen Werke, den Metellen, Celer und Nepos zu Ehren, um, welche bekanntlich
den Geschlechtsnahmen Cäcilius führten. Dieses
präsumtive Lobgedicht ist es nun, das er, mit
einer Art von Witz, der ihm ungemein geläufig war,

(einem Spiel mit dem Nahmen Cäcilius) Caecilianam fabulam nennt. Statius Cäcilius nehmlich (der als ein Freygelaßner des Cäcilischen Hauses den Geschlechtsnahmen seiner Patronen führen durfte) war einer der beliebtesten Comödienschreiber des 6ten Jahrhunderts der Stadt Rom gewesen. Eine Comödie von diesem Dichter war also eine fabula *Caeciliana*, im eigentlichen Sinne beyder Worte: mit welchem Grunde aber nennt Cicero das Gedicht auf die Cäcilier, womit Archias umgeht, eine fabulam Caecilianam? Weil Cäcilier der Inhalt sind. Aber warum fabulam? Weil eine Comödie eine Art von Gedicht ist. Aber ist denn darum jedes Gedicht eine Comödie? — Wenn also hier nicht (wie ich vermuthe) ein leises Persifflage im Hinterhalt liegt, wodurch Cicero einer kleinen Anwandlung von Neid über den Vorzug, den der Dichter Archias den Metellen über ihn giebt, Luft macht, so muß ich gestehen, daß nichts frostigeres seyn kann, als ein Wortspiel dieser Art.

21. Brief.

87) Es ist, zumahl wenn man sich einer hieher gehörigen Stelle des ersten dieser Briefe erinnert, leicht zu errathen, daß Cicero seinem Freunde mit möglichster Schonung zu verstehen giebt, daß seine Schwester Pomponia (die Gemahlin des Quintus) einen großen Theil der Schuld an dem Mißverhältniß zwischen beyden Schwägern trage. Die Gewohnheit, wenn bey unangenehmen Gelegenheiten die Rede von sehr nahen Verwandten war, sich der unbestimmtern Worte, die Meinigen und die Deinigen, und der mehrern Zahl zu bedienen, wiewohl einzlene Personen gemeynt waren, scheint

bey den Römern (wie wir schon anderswo bemerkt haben) allgemein gewesen zu seyn. Die Meinigen und die Deinigen sagen also hier nichts anders, als mein Bruder und deine Schwester.

88) Der Senat hatte sein Möglichstes gethan, die Bestechung der Richter in der Sache des Clodius zu verhindern; viele derselben hatten sich dem ungeachtet bestechen lassen; Cicero hatte in der nächsten Rathssitzung, die auf die Lossprechung des Clodius folgte, heftig dagegen geeifert: und nun, da der Senat, sich selbst und seiner Pflicht getreu, eine Untersuchung gegen die bestochnen Richter (worunter, wie es scheint, die Meisten vom Ritterstande waren) beschlossen hatte, erröthet er nicht, ihn deswegen zu beschelten und ihm einen Vorwurf daraus zu machen, daß er, um gerecht und mit sich selbst übereinstimmend zu verfahren, sich den Unwillen des Ritterstandes zugezogen habe; ja er scheint sich noch was darauf zu gut zu thun, daß er sich des letztern, wiewohl in causa *non verecunda*, mit größtem Ernst und Eifer angenommen habe. Was sollen wir, nach einem solchen Geständniß, von Cicero's sittlichem Character denken? — Wenn wir so billig seyn wollen, ihn nicht mit dem Stoischen Weisen zu messen, nichts schlimmeres, als daß ein Staatsmann, der es mit der Republik wohl meynte, in einer Zeit, wo die Verdorbenheit der Grundsätze und der Gesinnungen so allgemein und unheilbar war, sich entweder von den öffentlichen Geschäften gänzlich zurückziehen, oder ein für allemal entschlossen seyn mußte, in Collisionsfällen sich immer für das zu bestimmen, was, seiner Ueberzeugung nach, in Rücksicht auf das allgemeine Beste das kleinere

Nebel war. Rechtschaffenheit fand, in den politischen Verhältnissen, worin Cicero stand, nur in standhafter Verfolgung des höchsten Endzwecks statt: in der Wahl der Mittel mußte, wenn der Zweck nicht verfehlt werden sollte, die Klugheit, und sie allein den Ausschlag geben. Cicero wurde durch seine ausserordentlichen Talente und eine Ruhmbegierde, die keine andern Grenzen als das Maß seiner Kräfte kannte, von früher Jugend an, zum Staatsmann, zum Mann der Republik bestimmt. Ein Pompejus, ein Cäsar, ein Crassus konnte er nicht seyn, wenn er auch gewollt hätte. An Ambition wich er indessen keinem von ihnen; er wollte, so gut wie jeder von diesen dreyen, der erste Mann im Staate seyn. Aber welche Vortheile hatten Jene über den Arpinater, der ohne Ahnen, ohne mächtige Verbindungen, ohne militärische Talente, und in sehr beschränkten Glücksumständen, den kühnen Gedanken faßte, ihr Mitbewerber um die Oberstelle in der weltbeherrschenden Roma zu seyn. Er mußte alles, was er werden wollte, durch sich selbst werden. Seltne Geisteskräfte, durch tägliche Uebung des größten Rednertalents auf einen ungewöhnlichen Grad erhöht, zeichneten ihn sehr bald unter seinen Mitbürgern aus. Die Verdienste, die er sich dadurch um Personen von allen Classen und Partheyen machte, oder sobald er wollte machen konnte, verschafften ihm die Gunst des Volks, und setzten ihn in Verbindung mit einem großen Theil der Optimaten; ein kluges, musterhaftes und unsträfliches Betragen in den Staatsbedienungen, durch die er bis zur höchsten Würde emporstieg, erwarb ihm allgemeine Achtung, und das Vertreuen aller Wohlgesinnten. Endlich stellte ihn sein Consulat auf eine Höhe und in einen Glanz, wozu noch kein andrer Römer gelangt war. Von dieser Zeit an hielt er sich nicht nur berechtigt, sondern sogar gegen die Republik verpflichtet, das Steuerruder derselben nicht wieder fahren zu lassen, oder, falls es ihm auch mit List oder Gewalt aus den Händen gewunden würde, sich dessen sobald als immer möglich wieder zu bemächtigen. Hiezu war die Behauptung seines Ansehns im Senat eine desto nothwendigere Bedingung, da er von der Volksgunst nichts größeres, als was er schon erlangt, zu erwarten hatte. Aber auch diese Stütze, die in Rücksicht der immer schwankender und schwächer werdenden Autorität des Senats weder sicher noch zulänglich genug war, bedurfte noch einer bedeutenden Verstärkung; und diese hatte Cicero sowohl dem Senat als sich selbst dadurch zu verschaffen gesucht, daß er während seines Consulats den Ritterstand mit Jenem aufs engeste zu verbinden beflissen war, und, indem er bey jeder Veranlassung die Wichtigkeit und Nothwendigkeit ihres wechselseitigen guten Vernehmens geltend machte, sich häufige Gelegenheit verschaffte, sowohl dem ganzen Ritterstand als einzelnen Gliedern und Compagnien desselben wichtige Dienste zu leisten. Dies wirft nun auf das Benehmen Cicero's in den Ereignissen, wovon hier die Rede ist, auf seinen Unwillen über den Senatsschluß, der den Rittern so empfindlich fiel, und auf den Eifer, womit er sogar bey einem ordnungswidrigen Gesuch sich ihrer annahm, so viel Licht, als wir nöthig haben, um einzusehen, daß sein Widerspruch mit sich selbst nur anscheinend ist, und daß er, indem er, selbst bey völliger Ueberzeugung daß ihre Erbitterung ungerecht und ihr Gesuch unverschämt sey, sie dennoch unterstützte, bloß einer Maßregel getreu blieb, die in seinen Augen, für die Erhaltung des Staats und seines eignen Ansehns in demselben gleich wesentlich war.

89) Eben derselbe L. Luccejus, von dessen Mißverständniß mit dem Atticus in einigen vorgehenden Briefen die Rede ist. Seine Hoffnung das Consulat zu erhalten, gründete sich auf eine Uebereinkunft mit Cäsar, vermöge welcher Luccejus, der sehr reich, aber dem Volke wenig bekannt war, den wählenden Centurien die in seinem eignen und Cäsars Nahmen versprochnen Gelder auszahlen lassen, dieser hingegen seine Popularität für ihn geltend machen sollte. Aber die Optimaten, die von Cäsarn alles fürchteten, wenn er einen ihm gänzlich ergebenen Collegen bekäme, vermochten den Calpurnius Bibulus, der als ein eifriger Patriot und Gegner Cäsars bekannt war, den Centurien eben so viel zu versprechen, und schossen die dazu erforderliche Summe mit desto wenigerem Bedenken zusammen, da Cato selbst erklärt hatte: das Beste der Republik, als das höchste Gesetz, mache diese Ausnahme von den Gesetzen gegen die Bestechung in vorliegendem Falle rechtmäßig. Das Volk nahm also von beyden Partheyen; Luccejus fiel durch, und Bibulus wurde mit Cäsarn zum Consul für das Jahr 694 erwählt. S. *Sueton.* in Julio Caesare, c. 19.

22. Brief.

90) Ich habe mich genöthigt gesehen, hier eine Lücke zu lassen, die ich nur durch diese Note aus-

füllen kann. Die Worte des Textes lauten: „*Metellus non homo*, sed *littus* atque äer et *solitudo mera.*" Was heißt das? Wie kommt ein Metellus da, wo von einem vertrauten Herzensfreunde die Rede ist, zwischen den Bruder Cicero's und seinen Atticus? Unmöglich kann Cicero in diesem Zusammenhang seiner Gedanken an den einen oder den andern der beyden Gebrüder Metellus gedacht haben. Aber, wenn wir auch mit Malaspina, Lambinus u. a. dieses Wort und das voran gesetzte Colon wegstreichen, *amantissimus mei* lesen, und die folgenden Worte non homo etc. auf den Bruder Quintus beziehen: wer kann sich einbilden, daß Cicero, um die Verschwiegenheit und Zuverlässigkeit seines Bruders zu bezeichnen, sich einer so seltsamen Wendung und so unschicklicher Metaphern bedient haben sollte? Nichts davon zu sagen, daß sie nicht einmahl zu dem Charakter des Quintus, wie wir ihn aus diesen Briefen kennen lernen, passen. Meines Erachtens ist es besser, anstatt sich mit gezwungenen Auslegungen den Kopf zu zerbrechen, offen zu gestehen, daß diese Stelle unheilbar ist. Wenn sie aber ja übersetzt werden soll, so dünkt mich Mongaults Auslegung: „je n'ai plus mon frère, qui m'aime si tendrement, et à qui je pouvois m'ouvrir de mes plus secretes pensées avec autant de sureté qu'aux rochers et aux campagnes les plus desertes," noch immer erträglicher als die von *Goujon de la Somme* (dem Herausgeber der neuen Ausgabe der Mongaultischen Uebersetzung) vorgeschlagene: „bien différent de Metellus, moins qu'homme à mon égard; aussi insensible que le roc et leger comme l'air, il ne m'offre rien qui puisse charmer l'ennui de ma solitude,"— für welche sich nicht der mindeste, auch nur scheinbare, geschweige haltbare Grund angeben läßt. S. die Erläuterung 45 zum 14 Briefe dieses Buchs, und das, was Cicero in dem nächstfolgenden Briefe von seinem Verhältniß zu Metellus sagt: „Metellus est Consul egregius, *et me amat*. Wie paßt dies zur Auslegung des ancien Jurisconsulte *Goujon?*

91) Es begegnet dem Cicero zuweilen (und an einem mit Geschäften, Sorgen und Verdrießlichkeiten aller Art so sehr überladenen Manne ist es kein Wunder) daß er vergessen zu haben scheint, was er einige Zeit zuvor geschrieben hatte. Der Leser wird finden, daß dies hier der Fall war, wenn er diese Stelle mit derjenigen vergleichen will, zu welcher die Erläuterung 63 im 17 Briefe gehört.

92) Die Anekdote, über welche Cicero hier scherzt, ist zu wenig bekannt, als daß es möglich wäre, das nöthige Licht über die Dunkelheit dieser Stelle zu verbreiten. Denn es ist nicht klar, warum das Opfer, das der Göttin Juventa zu Anfang des Jahrs dargebracht zu werden pflegte, nicht vor sich gehen konnte, weil Mummius die Gemahlin des M. Lucullus in seinen eignen Mysterien (in suis sacris, *pygiacis* nehmlich) initiirte. Den witzigen Contrast zwischen dem alten Paris und dem neuen (dem Mummius) erklären die Ausleger durch den Umstand, daß Mummius (nach dem Bericht des Plutarchus im Lucullus) während seines Tribunats sich mit großem Eifer dem Triumph des Luc. Lucullus (der unter dem Agamemnon gemeynt sey) widersetzt haben soll.

93) Allen Gesetzen gegen die Bestechung zu Trotz,

war nichts gewöhnlicher, als daß die Candidaten um die höhern Staatsämter, vor der Wahl Geld unter die Zünfte und Curien austheilen ließen, um sich ihren Wählern durch diese Freygebigkeit bestens zu empfehlen. Die Leute, die sich zu Vertheilung dieser Gelder gebrauchen ließen, hießen deswegen *Divisores*; aber wiewohl sie ihr Handwerk öffentlich trieben, so verband doch die öffentliche Meynung etwas so Verhaßtes und Verächtliches damit, daß der Nahme Divisor so ziemlich einem Schimpfnahmen gleichgeltend war. Cicero macht also dem Tribun Herennius ein schlechtes Compliment, da er ihn zum Sohn eines Divisors macht.

94) Wenn ein Patricier auf ordnungsmäßige Weise in eine Plebejische Familie übergehen wollte (was nur durch Adoption von einem Plebejer geschehen konnte) so mußte die Sache mit Vorwissen und Bewilligung des Senats von dem Consul in *Comitiis curiatis* vor das Volk gebracht und von diesem also in Curien darüber abgestimmt werden. Da die Absicht, warum Clodius aus dem Patriciat austreten wollte, kein Geheimniß seyn konnte, und mit Gewißheit voraus zu sehen war, daß die Senatorische Parthey, wenn sie auch nicht verhindern könnte, daß die Sache vor die Curien käme, in diesen gleichwohl die Oberhand behalten würde: so fand Clodius Mittel, den Tribun Herennius zu vermögen, daß er diese Adoptionssache dem Volke in einer Versammlung nach den Zünften (comitiis tributis) im Marsfelde vortragen sollte, wo nicht nur das gemeine Volk das Uebergewicht hatte, sondern auch bessere

Gelegenheit war, die Sache allenfalls durch tumultuarische Mittel durchzusetzen.

95) „Sed imminuit auctoritatem suam, quod habet *dicis causa* promulgatum illud idem de Clodio." — Daß Cicero sich hier etwas deutlicher hätte ausdrücken können, wird wohl Niemand in Abrede seyn. Ich habe mich in meinem Versuche, seinen Sinn zu treffen, von Malaspina und Bosius leiten lassen, und weiß wenigstens keinen bessern in diese dunkle Stelle zu bringen.

96) Von diesem Agrarischen Gesetz wird uns der nächstfolgende Brief das Nähere sagen.

23. Brief.

97) Seit der Einnahme und Zerstörung der Stadt Rom durch die Gallier im Jahre 363 fürchteten die Römer nichts so sehr als einen Krieg mit den Galliern; und wiewohl sie sich in der Folge einen ansehnlichen Theil des disseits und jenseits der Alpen gelegenen Galliens unterworfen hatten, so erhellet doch aus diesem Briefe, daß schon die ersten Unruhen, die zwischen den Helvetiern, Sequanern und Aeduern im Jahr 692 ausbrachen, und deren nähere Umstände wenig bekannt sind, hinlänglich waren, Rom in Schrecken zu setzen, und den Senat zu den ernstlichen Maßnehmungen, deren Cicero hier gedenkt, zu bewegen.

98) „Quid enim ego aliorum in me ἐπιφωνήματα expectem, cum haec domi nascantur?" — Was Cicero dem Atticus damit habe sagen wollen, ist nichts weniger als klar. Mongault übersetzt diese Stelle, im Sinn das Corradus: „car pourquoi attendrois-je que les autres me louent, puis-

que je le sais si bien faire moi-même?" als ob es eine scherzhafte Entschuldigung seyn sollte, daß er etwas ihm zu so großem Lob gereichendes angeführt habe. Es braucht nur ein wenig Ueberlegung, um zu sehen, daß Cicero dies unmöglich gedacht haben kann. Wozu hätte er, dem Selbstlob etwas so Gewöhnliches war, da er seinem vertrautesten Freund etwas berichtet, das im Senat vorgegangen, bloß darum, weil es ein auszeichnender Beweis von der großen Meynung war, die der Senat von ihm hegte, eine Art von Entschuldigung, „ne *nimis arroganter* dixisse videatur," für nöthig haben halten sollen? — Vielleicht erinnerte er sich, indem er dem Atticus diesen Hergang schrieb, wie eifrig er ihn in einem der vorgehenden Briefe aufgefodert hatte, sein Möglichstes zu thun, daß die Griechen in Asien recht rühmlich von ihm sprechen möchten. Vielleicht hatte er auch bloß die schmeichelhaften Ehrenbezeugungen im Sinn, die ihm in Gallien wiederfahren wären, wenn er die Gesandtschaft angenommen hätte. Mit diesem Rückblick sagt er nun, in dem scherzhaften Tone, der ihm so gewöhnlich ist: Warum sollte ich nun noch auf laute Beyfallsbezeugungen aus dem Auslande warten, da mir eine so hohe Auszeichnung zu Hause zuwächst? Die Vermuthung des Malaspina, daß Cicero *alienorum* statt aliorum geschrieben habe, wird beynahe zur Gewißheit, weil die Antithese, die er offenbar im Sinne hatte, durch *aliorum* so viel als verloren ginge.

99) Das in Vorschlag gebrachte Gesetz, wovon Cicero hier umständlicher spricht, betraf die Ländereyen, welche Pompejus den Veteranen, die ihm seinen Triumph über die Könige von Pontus und

Armenien erfechten geholfen, zur Belohnung versprochen hatte. Es war kein Geheimniß, daß Pompejus der wahre Urheber dieser Rogation, und der ihm gänzlich ergebene Tribun L. Flavius bloß das Werkzeug war, dessen jener sich bediente, um sie beym Volke durchzusetzen. Was Cicero im Sinne hatte, da er sagt, es sey an dieser Rogation nichts popular als der Urheber (Pompejus nehmlich, der bisher immer der Abgott des Volks gewesen war) scheint etwas räthselhaft zu seyn, erklärt sich aber hinlänglich aus den von Cicero vorgeschlagenen Verbesserungen desselben.

100) „Ille alter (Afranius) ita nihil est, ut plane quid emerit nesciat," — d. i. daß er sich nicht einmahl das Consulat, das er mit schwerem Geld erkaufen mußte, zu Nutze zu machen weiß.

101) Es verdient bemerkt zu werden, wie wenig Cicero damahls, da er von diesem Austritt des Clodius aus dem Patriciat als von einer unbedeutenden Sache sprach, sich träumen ließ, welche verderbliche Folgen sie für ihn selbst haben werde.

102) „Beatos homines (hos *piscinarios* dico amicos tuos.) Unter diesen piscinariis sind Lucullus, Hortensius, Marcius Philippus und einige andre von den reichsten und üppigsten Consularen gemeynt, welche, zum Vergnügen, und um ihre Tafeln zu allen Jahreszeiten mit allen Arten der köstlichsten Fische versehen zu können, große Fischbehälter und Teiche, theils in der Nähe von Rom, theils in der Gegend von Bajä angelegt hatten, und mit ächt Sybaritischem Raffinement untereinander wetteiferten, wer die größten, fettesten und wohlschmeckendsten Salmen, Aale, Lampreten, Muränen, Meerbutten u. s. w. in seinen Teichen ziehe.

Da sie, ihren Grundsätzen nach, zu den Wohlgesinnten oder zur Parthey des Senats gehörten, so nimmt es ihnen Cicero um so mehr übel, daß sie sich durch Liebhabereyen dieser Art zu einer ihrem hohen Rang und Ansehen in der Republik unanständigen Gleichgültigkeit und Unthätigkeit verleiten ließen, welche in ihren Folgen dem Staat nicht anders als höchst nachtheilig seyn könnten. Diese Männer sind es, denen er schon im vorhergehenden Briefe vorwarf, ihrenthalben möchte die Republik immerhin zu Grunde gehen, wenn ihnen nur ihre Fischteiche blieben.

103) Ohne Zweifel die nehmliche Anfoderung an die Sicyonier betreffend, deren schon im 17ten Brief gedacht wird.

104) Pedarii pflegten diejenigen Senatoren genannt zu werden, welche noch kein Curulisches Staatsamt bekleidet hatten, und, da sie sich gewöhnlich über die im Vortrag stehende Sache nicht vernehmen ließen, ihre Beystimmung zu der Meynung eines Vorsitzenden dadurch zu erkennen gaben, daß sie aufstanden und sich zur Seite desselben stellten, welches man *pedibus* in sententiam *ire* nannte. Sie hießen also *pedarii*, weil sie (wie Scheller sagt) gleichsam mit den Füßen votierten. Die Auslegung, welche A. Gellius von diesem Worte giebt, hat so entscheidende Gründe gegen sich, daß es sich der Mühe nicht lohnte, sie hier anzuführen.

105) Wenn ein Senatusconsultum, d. i. das, was im Senat über eine vorgetragene Sache durch die Stimmenmehrheit beschlossen worden war, schriftlich abgefaßt, oder (wie wir zu sagen pflegen) protocollirt wurde, so mußten, zu Beglau-

bigung der Redaction, einige Senatoren vom ersten Rang zugegen seyn, und ihre Nahmen wurden mit der Formel *scribendo affuerunt* unter das Decret gesetzt.

106) Da uns die Sache, wovon in dieser Verordnung des Senats eigentlich die Rede war, unbekant ist, weil die Briefe des Atticus nicht mehr vorhanden sind, die das nöthige Licht über diese dunkle Stelle verbreiten würden, so können uns auch die besten Ausleger nichts als Vermuthungen geben; was in diesen Briefen freilich oft genug der Fall ist. Die Verordnung betraf, wie es scheint, einen zwischen den freyen Einwohnern der unter Römischer Oberherrlichkeit stehenden Griechischen Provinzen und den Zollpächtern der Republik streitigen Punkt. Die Römer machten einen Unterschied zwischen freyen und verbündeten Städten, wiewohl sie beyden das Recht, sich selbst nach ihren eigenen Gesetzen zu regiren, zugestanden hatten: Jene (civitates liberae) waren von allen Abgaben an die Römische Schatzkammer befreyt; diese (Foederatae) hingegen waren es nicht. Allem Ansehen nach gehörten die Sicyonier unter die Befreyten, und gründeten auf dieses Vorrecht ihre Weigerung, dem Atticus zu bezahlen, was sie ihm, seiner Meynung nach, schuldig waren. Aus diesem Umstand ist klar, daß seine Anforderung keine Gelder betraf, die er ihnen geliehen hatte; denn in diesem Falle konnte ihnen ihre Befreyung von den öffentlichen Abgaben nichts helfen. Wofern nun Atticus, (wie sein Biograph Cornelius Nepos versichert) sich nie in Pachtung Römischer Staatseinkünfte eingelassen hätte, so bliebe hier keine andere Vermuthung übrig, als daß er von Publika-

nern, denen er Geld vorgeschoffen, mit der Rück-
zahlung an die Sicyonier angewiesen worden;
wobey dann vorausgesetzt werden müßte, daß es
wenigstens problematisch gewesen sey, ob die Sicyonier zahlen müßten oder nicht. Das letztere
gründeten diese, wie es scheint auf die Clausel,
welche dem Senatsdecret, wovon die Rede ist,
ohne Ursache, wie Cicero sagt, angehängt worden, und wovon er die Schuld auf den jungen
Servilius, einen Verwandten und Nachahmer
Cato's, schiebt. Aus dem ganzen Zusammenhang
scheint hervor zu gehen, daß Atticus in dem Briefe,
worauf dieser die Antwort ist, einige Verwunderung
darüber gezeigt haben mochte, daß Cicero die Abfassung eines ihm nachtheiligen Decrets nicht nur
nicht verhindert, sondern durch seine Unter-
schrift sogar habe sanctioniren helfen. In der That
merkt man diesem (wie mich dünkt) einige Verlegenheit an, sich gegen seinen Freund hinlänglich
zu entschuldigen; und wenn man sich an die Stelle
des Atticus setzt, so kann man sich schwerlich des
Gedankens erwehren, daß Cicero schon dadurch,
daß er an dieser Sache gar keinen Theil genommen, dem, was sein Freund von ihm erwarten konnte, kein Genüge gethan habe. Das Wahre
mochte wohl seyn, daß Cicero, der den Kopf von
ganz andern Dingen voll hatte, bey dieser Gelegenheit gar nicht an Atticus und seine Foderung
an die Sicyoner dachte, und das ganze Geschäft
als eine wenig bedeutende Kleinigkeit, der Mehrheit der Stimmen überließ.

107) Man muß gestehen, daß es nicht wohl
möglich ist, etwas Stärkeres und tiefer Gefühltes
von sich selbst zu sagen, als Cicero hier sagt, —

und wir wollen uns dieser Stelle wieder erinnern, wenn wir ihn, zwey Jahre später, die beynahe unbegreifliche Verzweiflung, welcher er sich in allen während seiner Verbannung geschriebenen Briefen überläßt, damit rechtfertigen sehen, daß Niemand einen Begriff davon habe, von welcher Höhe er so tief herabgestürzt sey.

24. Brief.

108) "Eam quam mihi dicis obtigisse σπαρταν," — eine Anspielung des Atticus auf das griechische Sprüchwort: "σπαρταν ελαχες, ταυτην κοσμει," dir ist Sparta zu Theil worden, (d. i. du bist zu Sparta gebohren) so mach' ihr auch Ehre!

109) Die Lex Cincia, welche im Jahr 549 von einem gewissen Tribun M. Cincius gegeben worden, und im Jahr 693 alt genug war, um ziemlich in Vergessenheit gekommen zu seyn, verbot allen Sachwaltern für gerichtliche Reden, es sey zur Anklage oder zur Vertheidigung, Geschenke anzunehmen, oder vielmehr sich nicht zur Uebernahme einer gerichtlichen Vertheidigung oder Anklage durch Geschenke dingen zu lassen; denn dies scheint der eigentliche Sinn der Worte des Gesetzes, welche Tacitus Annal. XI, 5 anführt, zu seyn: ne quis *ob causam orandam*, dona et munera capiat. Daß Cicero dieses Gesetzes hier bloß zum Scherz, und um ja kein Wortspiel, das ihm in die Hände lief, entwischen zu lassen, erwähnt, und den ehrlichen Cincius nicht zu fragen brauchte, ob ihm das Gesetz seines Nahmensgenossen erlaube, das Geschenk, wovon die Rede ist, anzunehmen oder nicht, fällt jedem wohl von selbst in die Augen.

110) Cicero war kein Freund von den Gladia-

torischen Spielen, welche hingegen der große Haufe der Römer so leidenschaftlich liebte, daß ihre Magnaten sich dem Volke durch nichts mehr empfehlen konnten, als wenn sie es mit dieser unmenschlichen Art von Schauspielen bedienten. Antium, wo Cicero einen eigenen Wohnsitz hatte, war damahls eine ansehnliche Seestadt an der Tyrrhenischen Küste, 38 Römische Meilen (von 1000 Schritten) von Rom entfernt, und die meisten Großen Roms hatten, ihrer reizenden Lage wegen, prächtige Häuser daselbst. Sie liegt dermahlen in Ruinen, und hat von dem, was sie war, nur den Nahmen Anzio behalten.

III) C. Roscius Otto, von welchem hier die Rede ist, gab im Jahr 686 als Tribun ein Gesetz, worin verordnet war, daß die Römischen Ritter, welche bisher in den Schauspielen unter den übrigen Plebejern, so wie sich's fügte, sitzen mußten, künftig vierzehn eigne Bänke, unmittelbar hinter denen, die vom Senat eingenommen wurden, haben sollten.

Vier Jahre darauf ließ der Römische Plebs sich in den Kopf setzen, daß durch diese den Rittern zuerkannte Auszeichnung seinen Ehren zu nahe getreten worden sey; und als Otto bey den Spielen, die zu Anfang des Consulats Cicero's gegeben wurden, im Theater erschien, wurde er vom Volk ausgepfiffen; die Ritter hingegen standen alle auf und klatschten ihm aus Leibeskräften zu. Darüber entstand ein so großer Tumult, daß Cicero sich genöthigt sah ins Mittel zu treten, und, indem er diese Gelegenheit, sich ein nicht geringes Verdienst um den ganzen Ritterstand zu machen, begierig ergriff, das Volk auf der Stelle in den Tempel

der Bellona zu verſammeln, wo er aus dem Stegr
reif eine Rede zu Gunſten der Ritterſchaft hielt,
die von ſolcher Wirkung war, daß das Volk ſo=
gleich ins Theater zurückkehrte, und, zu Bezeugung
ſeiner Zufriedenheit, dem Otto nun eben ſo ſchwär=
meriſch applaudirte, als es ihn zuvor ausgeziſcht
hatte. Dieſe Rede war es, die in der Sammlung
der Conſulariſchen Reden Cicero's die 4te Stelle
einnahm, aber ſo wie die 5te und 6te nicht auf
uns gekommen iſt.

112) Sulla hatte als Dictator durch ein förm=
liches Geſetz die Söhne der Proſcribirten von der
Parthey des Marius und Cinna auf immer von
allen Staatsämtern ausgeſchloſſen. Dieſe Unglück=
lichen, die zu Rom viele und bedeutende Freunde
hatten, gaben ſich unter Cicero's Conſulat große
Mühe, daß dieſes Geſetz aufgehoben werden möchte;
und es würde ihnen auch wahrſcheinlich geglückt
haben, wenn ſich Cicero nicht aufs nachdrücklichſte
entgegengeſetzt und (wie er in ſeiner Rede gegen
Piſo ſelbſt ſagt) die Eingebungen ſeines Gefühls
dem allgemeinen Beſten der Republik aufgeopfert
hätte. Denn, wie hart und ungerecht auch jenes
Geſetz an ſich war, ſo konnte man doch mit Ge=
wißheit voraus ſehen, daß die Söhne der Proſcri=
birten, ſobald ſie zu den höchſten Staatsämtern
zugelaſſen worden wären, auch alle übrigen Sulla=
niſchen Geſetze und Anordnungen vernichtet, und
dadurch nicht nur das Uebergewicht der Optima=
ten über die Volksparthey vollends aufgehoben,
ſondern die ganze Republik in die größte Verwir=
rung geſetzt und allen Umſtänden nach ihren gänz=
lichen Untergang ſehr beſchleunigt haben würden.

113) Die Republik zu Grunde richten und

den Cicero zu Grunde richten, waren in Cicero's Vorstellungsart völlig gleichbedeutende Redensarten; und daß sein Untergang den Ruin der Republik wirklich zur Folge haben würde, leuchtete bald nach seiner Verbannung allen, denen an der Erhaltung der Grundverfassung Roms gelegen war, so deutlich ein, daß sie sich in ziemlich kurzer Zeit vereinigten, nicht eher zu ruhen bis sie seine Wiederherstellung bewirkt hätten. Cicero irrte also bloß darin, daß er, da er seinen Untergang von dem der Republik in seinen Gedanken gar nicht trennen konnte, sich eingebildet zu haben scheint, beydes müßte, auch der Zeit nach, unmittelbar verknüpft seyn und in eben demselben Augenblick erfolgen. Hierauf gründete sich die Meynung von seiner persöhnlichen Sicherheit, deren er damahls noch so gewiß gewesen zu seyn scheint, daß er dem Clodius nicht nur getrost die Stirne bot, sondern ihn sogar bey jeder Gelegenheit herausfoderte und ohne alle Noth durch die empfindlichsten Beleidigungen gegen sich erbitterte.

114) Clodius hatte in seinem berüchtigten Prozeß den Beweis seiner Unschuld hauptsächlich darauf gegründet, daß er zu der Zeit, da er sich in Cäsars Haus eingeschlichen und die nächtlichen Mysterien der Bona Dea entheiligt haben sollte, nicht zu Rom, sondern zu Interamna gewesen sey, welches über 9 bis 10 deutsche Meilen von Rom an der Gränze von Campanien lag. Cicero hingegen bezeugte vor Gericht, daß er drey Stunden vor der Zeit, da jene Mysterien begangen wurden, in seinem eignen Hause mit Clodius gesprochen habe, und dieser also drey Stunden später unmöglich zu Interamna habe seyn können.

115) Es ist schwer zu begreifen, wie ein Mann von Cicero's Verstand und Menschenkenntniß nicht gesehen haben sollte, daß keine Wunden unheilbarer sind, als die durch solche Stiche beygebracht werden. Indessen läßt sich daraus, daß er sich so boshafte Spöttereyen öffentlich erlaubte, und aus dem Vergnügen womit er sie seinem Freunde mittheilt, auf die Höhe schliessen, von welcher er auf den Clodius herabsah, und wie weit er entfernt war, diesen für einen so gefährlichen Gegner zu halten, als er ihn ein Jahr nachher, zu spät für seine Ruhe und für seinen Ruhm, kennen lernte.

116) Die Volkstribunen in Rom maßten sich, in gewissen Fällen, eben die Gewalt über die Consuln an, welcher die Ephori zu Sparta sich über die Könige bemächtigt hatten; doch übten sie ein so verhaßtes Vorrecht nur selten aus. Der Tribun Flavius hatte sich dessen unverständiger Weise gegen den allgemein hochgeschätzten und beliebten Consul Metellus Celer erkühnt, in Hoffnung den Senat dadurch von seinem entschloßnen Widerstand gegen die mehr erwähnte Agrarische Rogation abzuschrecken. Aber die Standhaftigkeit des Senats, der dem Consul ins Gefängniß folgte und seine Sitzung darin fortsetzen wollte, vereitelte die Absicht des gewaltthätigen Tribuns; und Pompejus (die verborgene Triebfeder dieser heftigen Maßregel) fand für gut, den von seinem Winken abhängenden Flavius zu bedeuten, daß er den Consul wieder in Freyheit setzen und auf eine bessere Gelegenheit, sein vorgeschlagenes Gesetz durchzutreiben, warten sollte.

117) Der Ton dieses ganzen Paragraphen scheint Verdruß zu seyn, der sich hinter Jronie und

Spott verstecken möchte. Der Senator Favonius, ein großer Bewunderer und Nachahmer Cato's, der bey allen Gelegenheiten die strengste Gesetzlichkeit noch weiter trieb als Cato selbst, hatte sich auch in den vorgedachten Angelegenheiten der Römischen Ritter, denen, die es mit den letztern nicht verderben wollten, mit seiner gewöhnlichen Hitze widersetzt, und trieb seinen etwas cynischen Catonissmus nun weiter als jemahls, nachdem er in seiner Bewerbung um die Prätur durchgefallen war. Scipio Nasica (der nachmahlige Schwiegervater des Pompejus) war ihm, wie es scheint, vorgezogen worden, und Favonius hatte ihn darauf, wahrscheinlich de Ambitu, angeklagt. Diese Stelle ist entweder durch die Abschreiber beschädigt, oder klingt doch wegen der Unbestimmtheit des Worts *inhonestus* und des Doppelsinnes, der (nach Gronovs Vermuthung) in dem Worte modeste liegt, etwas räthselhaft. Das Wortspiel mit *Molo* und *Mola* ließ sich glücklicher Weise im Deutschen andeuten, und das, was Cicero vermuthlich damit sagen will, schien mir auch zum rechten Verstand jener beyden Worte behülflich zu seyn. Er spottet nehmlich über die Rednerey des plumpen Favonius, die dem berühmten Rhetor Molo zu Rhodus, seinem Meister, wenig Ehre mache, weil er, um mit Nachdruck zu reden, grob und unartig, und um recht einfach und anspruchslos zu scheinen, matt und geistlos werde. Wenn es dies nicht ist, was Cicero meynte, so gestehe ich, daß ich das Räthsel unaufgelößt lassen muß. Die Worte: nunc tamen *petit* iterum, können schwerlich etwas anders sagen, als daß Favonius, wiewohl er bey der Prätorwahl durchgefallen, nun um das Tribunat anzuhalten gedenke. Auch hier ahnet Mongault (sehr richtig dünkt mich) einen heimlichen Spott darüber, daß der ehrliche Mann von solcher Wichtigkeit zu seyn glaubte, daß die Republik (welche freylich von dem bevorstehenden Consulat Cäsars wenig Gutes hoffte) wofern Er nicht vor den Riß stünde, Gefahr liefe gar zu Grunde zu gehen.

118) Cicero hatte es seiner Würde gemäß gehalten, sich, so viel ers nur immer möglich machen konnte, mit den Größten und Edelsten der Republik auf gleichen Fuß zu setzen, und sich daher, ausser einem prächtigen Palast in Rom, mehrere schöne Landsitze zu Tusculum, Pompeji, Formiä, Cumä, Puteoli, Antium, Astura u. s. w. nach und nach anzuschaffen. Da es nicht in seinem Charakter lag, sich durch schlechte oder unerlaubte Mittel zu bereichern, so war es natürlich, daß er darüber in Schulden und zu Zeiten in einige Verlegenheit gerathen mußte. Das Spiel mit der dreyfachen Bedeutung des Worts *aes*, welches Kupfer und Geld, und, wenn es in der ersten Bedeutung mit dem Beywort *corinthium* verbunden wird, eine von den Römern sehr hochgeschätzte Art von Kupfer oder Erz, in der zweyten aber, mit *alienum* verbunden, Schulden bedeutet, ist (wie beynahe alle solche Wortspiele) unübersetzlich. Cicero sagt: Tusculanum et Pompejanum valde me delectant, nisi quod me, illum ipsum vindicem *aeris alieni*, aere non *Corinthio*, sed hoc *circumforanco* obruerunt. Diese Art von Witz mag wohl, wie Mongault bemerkt, etwas frostiger Natur seyn: aber wie hätte Cicero, der ein ganz eignes Talent dafür besaß, dem Vergnügen, in drey Zeilen

ein ganzes Nest voll Wortspiele und Anspielungen auf Einmahl auszunehmen, widerstehen können?

119) Der hier gemeynte Octavius, damahls Proprätor in Macedonien, ist eben derselbe, welchen Cicero seinem Bruder Quintus in einem der folgenden Briefe zur Nachahmung empfiehlt, und dessen Sohn der nachmahlige Cäsar Octavianus Augustus war.

120) „Neque te in *tocullionibus* habebam." Cicero scherzt (wie wir schon gesehen haben und noch öfter sehen werden) gern mit seinem Atticus über Alles, nicht selten über sich selbst, und gelegentlich auch über ihn. Atticus hatte in Macedonien beträchtliche Summen auf Zinsen ausgeliehen; scheint es aber mit bösen Zahlern zu thun gehabt zu haben, und ersucht daher seinen Freund, ihn dem Proprätor Octavius, dieser Angelegenheiten halben, nachdrücklich zu empfehlen. Da Cicero wußte, daß Atticus gewöhnlich seine Capitalien nicht auf diese kleinliche Art wuchern ließ, so schmiedet er zum Scherz ein neues, bey keinem andern lateinischen Autor vorkommendes Wort für den gegenwärtigen Fall, indem er aus dem Griechischen Worte τοκος, (usura, Zins) das Diminutiv τοκυλλιον, Zinschen, und aus diesem das lateinisch klingende *tocullio* macht.

26. Brief.

121) Diese Stelle hat unter den Händen der Abschreiber sehr gelitten. Sie lautet im vulgaten Text: „ei (nehmlich dem jungen Quintus Cicero, ihrem beyderseitigen Neffen) *nos ϑ... videmur*" und ist, wie man sie auch drehen und wenden mag, reiner Unsinn. Muretus fand in einer

ziemlich alten Handschrift: cum, amabo te, Ciceronem nostrum *cinos cunoctia* videmur, — und vermuthet, Cicero habe geschrieben: cura amabo te Ciceronem nostrum, cui nos ϲυνοϲιν videmur. Da diese Leseart einen natürlichen und völlig passenden Sinn giebt, so habe ich sie ohne Bedenken aufgenommen.

122) Dicäarchus, aus Messina in Sicilien gebürtig, war einer von den berühmtesten Gelehrten der Aristotelischen Schule, und Verfasser einer großen Menge historischer, statistischer, und in verschiedne andre Wissenschaften einschlagender Schriften, deren Verlust um so mehr zu bedauern ist, da ein Mann wie Cicero sie und ihren Verfasser in so ausnehmend hohem Werthe hielt, wie diese und viele andre Stellen seiner Briefe und philosophischen Schriften bezeugen. Die drey hier erwähnten Bücher des Dicäarchus enthielten, wie es scheint, historisch-politische Betrachtungen über die Verfassung und Staatsverwaltung der Pallener, Korinther und Athener. Suidas gedenkt eines ähnlichen Werks von ihm über die Republik der Spartaner, welches zu Sparta so hoch geschätzt wurde, daß es, Kraft einer Verordnung der Ephoren, alle Jahre dem Volk öffentlich vorgelesen werden mußte.

123) „*Herodes*, si *homo* esset etc." — Alles was man von diesem Athenischen Gelehrten weiß, schreibt sich von dieser ihm nicht sehr schmeichelhaften Stelle, und von einem Paar andern, im 14ten und 15ten Buch der Briefe an Atticus her, woraus zu ersehen ist, daß der junge Cicero, während er in Athen den Studien obliegen sollte, seiner und eines gewissen Leonidas besonderer Aufsicht anvertraut war. Cicero, der Vater, mußte also

binnen der seit 693 verfloßnen sechzehn Jahre eine
bessere Meynung von Herodes bekommen haben,
als er damahls von ihm hatte, da er ihm allen
Menschenverstand absprach, weil er eine etwas
nüchterne und frostige Diatribe über Cicero's
Consulat und die Catilinarische Verschwörung geschrieben hatte. — Wie Mr. de Burigni in seinem
Mémoire sur la vie d'Herodes Atticus *) vermuthen konnte, daß Julius Atticus Herodes, der
Vater des Tiberius Claudius Atticus Herodes,
dessen Leben er beschreibt, vielleicht mit dem Herodes des Cicero ein und eben derselbe gewesen
sey, ist schwer zu begreifen. Die kleinste Aufmerksamkeit auf den Umstand, daß Julius Herodes noch
mehrere Jahre unter dem Kaiser Hadrianus
lebte, und also, wenn er mit dem Herodes, dessen
Aufsicht Cicero seinen Sohn anvertraute, eben dieselbe Person war, über zwey hundert Jahre gelebt
haben müßte, hätte doch hinlänglich seyn sollen,
eine so ungereimte Vermuthung zu unterdrücken.

124) „De *Lollio* sanus non es; de *Vinio*
laudo." Da nicht zu errathen ist, wer dieser Lollius und Vinius waren, und in was für einer
Beziehung sie zu Cicero und Atticus standen, so
ist und bleibt diese Stelle unverständlich und unerklärbar. Die Lesearten „de *lolio* oder de *oleo*
sanus non es, de *vino* laudo," sind zu ungereimt, und die Auslegungen des Corradus und
Junius zu lächerlich, um uns dabey aufzuhalten.

125) C. Antonius, Cicero's College im Consulat, hatte in den drey Jahren die Provinz Macedonien so gewaltig ausgedrückt, daß bey seinem

---

*) Im 51sten Band der Mémoires de l'Académie des In-
scriptions et Belles-Lettres, p. 226.

Abgang aus derselben eine Anklage auf Wiedererstattung zu Rom auf ihn wartete, mit welcher seine Feinde noch eine andere, wegen ihm angeschuldeter Theilnahme an der Catilinarischen Verschwörung, verbanden. Da der Beklagte sich wenig Gutes bewußt war, so begreift sich, warum er so lange als möglich auf sich warten ließ. Indessen mußte er doch endlich erscheinen, und Cicero, der seine Vertheidigung *) auf sich genommen hatte, that sein Bestes, ihn weiß zu brennen, konnte aber doch nicht verhindern, daß er zu einer lebenslänglichen Verbannung aus Italien verurtheilt wurde.

27. Brief.

126) Daß diese Stelle, von *evangelia* an, wie ein Räthsel klingt, ist nicht die Schuld des Uebersetzers. Wer der losgesprochene Valerius ist? Wessen und von wem er angeklagt worden? Wer der C. Atilius seyn könne, dessen Ansehen und Einfluß auf die Richter groß genug gewesen, um die Lossprechung des Valerius zu bewirken? Ob das Wort ευαγγελια (welches sowohl eine gute Nachricht, als das Botenbrod dafür, heissen kann) im Ernst oder im Scherz zu nehmen sey? Alles das sind Fragen, von welchen die vier ersten gar nicht, und die letzte nur durch Vermuthung, beantwortet werden können. Das einzige, was gewiß scheint, ist, daß unter dem verkappten Epikrates kein andrer als Pompejus gemeynt seyn kann; und daß Valerius, wer er auch gewesen sey, in einen schweren Handel verstrickt seyn mußte, weil er eines so vornehmen und mächtigen Vertheis

---

*) Aus Ursachen, worüber uns einige vorhergehende Briefe hinlängliches Licht gegeben haben.

digers wie Hortensius bedurfte, und dem ungeachtet nur durch den Credit und die Cabalen mächtiger Beschützer gerettet werden konnte. Da wir uns, um wenigstens so viel Sinn, als möglich ist, in dieses Räthsel zu bringen, mit Rathen behelfen müssen, so scheint mir 1) aus dem ganzen Zusammenhang klar, daß das Wort ευαγγελια in ironischem Sinne genommen werden müsse; und 2) daß Ernesti's Vorschlag, statt C. Atilio, *Auli filio* zu lesen, zur Auflösung des Knotens nicht wenig beytrage. Dies vorausgesetzt, vermuthe ich, die Rede sey von einem schweren Prozeß, in welchen ein Client des Consuls Afranius verwickelt war, und der so beschaffen war, daß er nur durch den Credit eines von Pompejus selbst unterstützten Consuls gewonnen werden konnte. Das Ironische der Wendung, womit Cicero von der Sache spricht, springt nun in die Augen, und bedarf, da wir seinen Haß gegen Afranius, und seine Unzufriedenheit mit Pompejus aus den vorgehenden Briefen kennen, keiner weitern Erklärung, so wie meine in diesem Sinne gemachte Uebersetzung keiner andern Rechtfertigung. Daß ich, anstatt den Uebernahmen Epikrates beyzubehalten, ihn durch einen völlig gleichbedeutenden (Obergewaltiger) verdeutscht habe, wird hoffentlich nicht mißbilligt werden. Zur Erläuterung der Worte: etenim mihi *caligae* ejus, ut *fasciae cretatae*, non placebant," worüber einige Ausleger so viel Albernes sagen, bedarf es nichts weiter als daß es bitter scherzende Anspielungen auf die stolzen Anmassungen des Pompejus sind, der sogar in Kleinigkeiten sich durch etwas Eigenes auszeichnen und von dem Allgemeinüblichen dispensieren wollte. Die Römischen Soldaten trugen eine eigne Art von Halbstiefeln, aber nur im Felde; Pompejus trug sie, wie es scheint, auch zu Rom, sogar im Senat und in den Comitien. Eben so bekleidete er, gegen die allgemeine Gewohnheit der Römer, seine Beine mit weissen Binden. Er mußt'e es, sagte er, seiner Gesundheit wegen thun. Aber mußten denn diese Binden gerade mit Kreide weiß gemacht seyn? Favonius legte ihm dies für eine Affektation aus, den König unter den Römern zu spielen; als ob er sie dadurch auf die Zeit, wo er die weisse Binde um die Stirn legen würde, gleichsam habe vorbereiten wollen. Was ist daran gelegen, sagte er, welchen Theil des Leibes er mit dem Zeichen der königlichen Gewalt bekleidet? An einem Cyniker, wie Favonius, mochte ein solches Gekläffe (wie es Ammianus nennt) hingehen; aber daß sogar ein Cicero die Beinbekleidung des Pompejus, bloß der Weisse wegen, anstößig fand, verräth einen hohen Grad von böser Laune über die politische Rolle, welche Pompejus damahls spielte. — Durch die Redensart: *lascivum fuisse* (Pompejum) wollte Cicero, wie mich dünkt, den Sinn des Griechischen ὑβρίζειν ausdrücken, als ob Pompejus keine andere Ursache gehabt habe, sich der schlimmen Sache des Valerius so eifrig anzunehmen als den Uebermuth etwas Unrechtes zu thun, um zu zeigen, daß ihm alles erlaubt sey.

127) Das Humoristische und Drollichte dieser ganzen scherzhaften Stelle geht in der Uebersetzung größten Theils verlohren; z. B. gleich Anfangs das doppelte Wortspiel mit κυρουπαιδεια, dessen ohnehin schon schwacher Geist entweder o h n e Erklärung oder unter der Erklärung verdünstet. Der Held

der Cyropädie des Xenophon hieß Cyrus, und so hieß auch ein berühmter griechischer Baumeister, dessen Cicero sich bey allem, was er in seinem Hause zu Rom oder auf seinen Landsitzen zu bauen hatte, bediente. Das Wort παιδεια aber heißt sowohl Erziehung oder Bildung, als Gelehrsamkeit, Kenntniß der Kunst die man treibt. Mongault übersetzt die Worte: „fenestrarum angustias quod reprehendis, scito, κυρου παιδειαν reprehendere" — Sachez qu'en trouvant mes fenêtres trop étroites, vous vous faites une affaire avec Cyrus; heureusement ce n'est qu'avec l'architecte — artig aber nicht treffend genug: denn das Ciceronische Wortspiel, weil es auf dem einzigen Wort κυρου παιδειαν beruht, läßt es ungewiß, ob der Tadel die Cyropädie Xenophons, oder seinen Helden, oder die Kunstkenntnisse des Baumeisters Cyrus treffe, und darin, daß Atticus, wiewohl nur auf einen Augenblick, durch diese Ungewißheit überrascht wird, liegt der ganze Spaß. Eine andre Drolligkeit, die in der Uebersetzung verlohren geht, liegt darin, daß, weil der Baumeister Cyrus, der (wie die meisten in Rom sich aufhaltenden Griechischen Gelehrten und Kunstverwandten) kein Latein verstand, dem Cicero auf griechisch demonstrirte, warum enge Fenster in Landhäusern einen angenehmern Effekt machten, als weitere, Cicero, um dem Atticus gleichsam auf Einmahl den Mund zu stopfen, den Meister selbst redend einführt, und ihn seine Demonstration auf griechisch in strenger mathematischer Form beginnen läßt: ἐστω ὀψις μεν A, το δε ὁρωμενον B Γ, etc. aber, da jetzt die wirkliche Demonstration folgen sollte, plötzlich abbricht, (als ob sich das übrige nun von selbst verstehe) und in seiner eignen Person, mit einer gelehrten Miene, die ganze Sache in einen Spaß verwandelt, indem er seinem Freunde zu verstehen giebt: wenn die Fenster in seinem Tusculanum auch wirklich zu eng wären, so käme der Tadel nun zu spät; seine Baulust habe ihm bereits mehr als zuviel gekostet, und Atticus würde daher auf alles, was er noch an seiner Villa auszusetzen haben möchte, immer mit Rechtfertigungen in diesem Geschmack bedient werden, es wäre denn, daß es Dinge beträfe, die sich ohne Kosten verbessern ließen.

128) D. i. soviel als mich von allen Staatsgeschäften gänzlich zurückzuziehen und freywillig aus Rom zu verbannen. Solonium bezeichnet nicht sowohl einen Ort als eine Gegend Latiums im Gebiet der Stadt Lanuvium (itzt Città indovina genannt) die es in Ansehung der großen Anmuth der Lage mit Antium selbst aufnehmen konnte, wo Cicero ein sehr schönes und oft von ihm besuchtes Haus, oder was wir in unsrer Art zu reden, ein Lustschloß nennen würden, besaß.

129) „Interea cursus, quos prima a parte juventae,
quosque adeo Consul virtute animoque petisti,
Hos retine atque auge famam laudesque bonorum."

130) Compitalia war der Nahme eines Festes, an welchem den Laren auf den Scheidewegen feierliche Opfer gebracht wurden. Den Ursprung dieses uralten Römischen Festes erzählt Plinius im letzten Capitel des 36sten B. seiner N. G. folgendermaßen: Tarquinio Prisco regnante tradunt repente in foco ejus apparuisse genitale e cinere masculini sexus, eamque quae insederat ibi, Tanaquilis reginae ancillam Ocrisiam captivam, consurrexisse gravidam; ita *Servium*

Tullium natum, qui regno successit: inde et in regia cubanti puero caput arsisse visum, creditumque *Laris familiaris* filium; ob id *compitalia* et ludos *Laribus* primum instituisse. Dieses Larenfest gehörte unter die ferias conceptivas, d. i. die keinen festgesetzten Tag hatten, sondern vom Prätor bestimmt und angekündigt wurden. Es dauerte nur einen Tag, und wurde damahls gewöhnlich zu Ausgang des Decembers gefeiert, einige Tage nach den Saturnalien, die mit dem 17ten anfingen und fünf Tage dauerten.

131) Die Entschließung, sich (dem Zuruf der Calliope zu folge) dem Agrarischen Gesetz des Tribuns Flavius ernstlich zu widersetzen, kostete ihn wahrscheinlich manchen Kampf mit sich selbst, und sein gerechtes Mißtrauen in seine eigene Standhaftigkeit scheint nicht gering gewesen zu seyn, da er den Theophrast zu Unterstützung seiner Ehrliebe herbey rufen muß.

Cicero's Briefe.

Zweytes Buch.

Alle in diesem zweyten Buche enthaltnen Briefe sind im Jahr der Stadt 694 unter den Consuln C. Julius Cäsar und M. Calpurnius Bibulus geschrieben.

I.

An seinen Bruder Quintus 1).

I. 1. Zu Anfang d. J. 694.

1. Wiewohl ich nicht zweifelte, daß eine Menge Eilboten und das Gerücht selbst meinem Briefe zuvorgekommen seyn würden, und du von Andern bereits vernommen habest, daß unsre Sehnsucht nach dir, und dein mühevolles Amt, um ein drittes Jahr verlängert worden sey; so fand ich doch für schicklich, daß du die Nachricht von diesem uns verhofften Strich durch unsre Rechnung auch von mir erhieltest, da ich in mehrern meiner vorigen Briefe, sogar nachdem die Andern schon alle Hoffnung aufgegeben, dir immer noch mit einer baldigen Ablösung schmeichelte; und dies nicht bloß, um dich so lange als möglich in einer dir so angenehmen Vorstellung zu unterhalten, sondern weil die Sache von mir selbst sowohl als von den Prätoren so eifrig betrieben wurde, daß ich in den guten Erfolg kein Mißtrauen setzte. Nun aber, da sichs so gefügt hat, daß weder die Prätoren *) mit ihrem Einfluß und Anhang, noch Wir mit unsern Bemühungen etwas ausrichteten, ist es zwar allerdings schwer nicht mißmüthig darüber zu seyn; doch

---

*) Denen daran gelegen war, daß die Provinz Asien erledigt würde.

follen Männer wie wir, in den größten Staatsangelegenheiten zum Handeln und zum Leiden gleich geübt und abgehärtet, uns durch einen Unfall dieser Art nicht zu Boden werfen laſſen; und da billiger Weiſe derjenige, der an einem Uebel Schuld iſt, ſich's auch am meiſten zu Gemüthe ziehen ſoll, ſo waltet gerade in dieſem ein Umſtand vor, weßwegen es mir viel unangenehmer ſeyn muß als dir. Denn daß du nicht ſchon im vorigen Jahre einen Nachfolger bekommen haſt, und daß ich hierinn auf deine ſchon bey deiner Abreiſe und nachher in mehrern Briefen geäuſſerten Wünſche keine Rückſicht genommen, iſt lediglich meine Schuld. Freilich wollte ich unſern Aſiaten einen Dienſt dadurch erweiſen, wollte der Unverſchämtheit einiger unſrer Geldausleiher Einhalt thun 2), wünſchte meinen Ruhm auch durch deine Verdienſte noch zu vergrößern: aber weislich that ich nicht daran; zumahl da ich hätte voraus ſehen ſollen, daß das zweyte Jahr ſehr leicht auch das dritte nach ſich ziehen könnte. Da ich nun hierin gefehlt zu haben geſtehe, ſo verſpreche ich mir dagegen von deiner Klugheit und Billigkeit, du werdeſt dir angelegen ſeyn laſſen, durch eine deſto ſorgfältigere Amtsführung mir den Vorwurf, nicht vorſichtig genug gehandelt zu haben, zu erſparen. Denn wenn du dich mit verdoppeltem Ernſt, beeifern wirſt, daß von allen Seiten gut von dir geſprochen werde; wenn du, nicht zufrieden durch Vergleichung mit Andern zu gewinnen, um auch dich selbst zu übertreffen suchest; kurz, wenn die edle Begierde, in allen Stücken mehr, als gewöhnliches Lob zu verdienen, dein ganzes Gemüth in Thätigkeit setzen und alle deine Gedanken und Sorgen beschäftigen wird: dann, glaube mir, wird dies Eine mühvolle Jahr, das dir noch aufgebürdet worden ist, an Freude, die es Uns, und an Ehre, die es noch unsern späten Nachkommen machen wird, eine lange Reihe von Jahren aufwägen.

Vor allem also bitte ich dich, die Segel nicht muthlos einzuziehen und dich nicht von der Größe deines Geschäfts, wie von einer auf dich her stürzenden Woge, überwältigen zu lassen, sondern dich aufrecht zu erhalten und entgegen zu stemmen, ja sogar von freyen Stücken den Geschäften entgegen zu gehen. Denn der Theil der Republik, den du zu verwalten hast, ist keiner von denen, wo ein Zufall den ganzen Erfolg einer Unternehmung entscheiden kann: hier muß Verstand und unverdroßner Fleiß beynahe alles thun. Wäre deine Statthalterschaft zu einer Zeit verlängert worden, wo du in einem schweren und gefahrvollen Kriege begriffen gewesen wärest, so würde mich der Gedanke nicht wenig ängstigen, daß mit ihr zugleich die Gewalt des Zufalls über uns verlängert worden sey. So aber ist in dem Theil des Staats, der dir anvertraut ist, dem Ungefähr wenig oder nichts überlassen, und alles scheint mir lediglich auf deine Tugend und Mäßigung anzukommen. Wir haben keinen Feind, der uns nachstellt, keine Schlachten, deren Ausgang immer ungewiß ist, keinen Abfall unsrer Verbündeten, keinen Mangel an Kriegsbedürfnissen, Sold und Lebensmitteln, keinen Aufruhr im Kriegsheer zu befürchten; lauter Zufälle, wodurch öfters auch die trefflichsten Feldherren*) genöthigt worden sind, der Uebermacht eines widerwärtigen Geschicks zu unterliegen: so wie der beste Pilot nicht sicher ist, alle seine Kunst von einem wüthenden Sturm vereitelt zu sehen. Du hast dich in deiner Provinz des vollständigsten Friedens, der höchsten Ruhe zu erfreuen; aber doch so, daß diese Stille dem schlafenden Steuermann eben so gefährlich werden könnte, als sie dem wachenden sogar angenehme Unterhaltungen gewähren kann.

Die Menschen, mit denen du es zu thun hast, gehören theils zu dem Volke, das unter allen auf dem ganzen Erdboden das humanste und gebildetste ist**), theils zu einer Gattung von römischen Bürgern, die entweder als Pächter des Staats in engestem Verhältniß mit mir stehen, oder, wenn sie durch glückliche Handels-Geschäfte zu großem Vermögen gekommen sind, die Erhaltung desselben meinem Consulat schuldig zu seyn glauben.

2. Aber gerade unter diesen (wirst du sagen)

―――――――

*) Wie z. B. Lucullus im Kriege mit dem Könige Mithridates; denn diesen scheint Cicero hier im Sinne gehabt zu haben.

**) D. i. zu den Griechen.

entstehen alle Augenblicke die größten Streitigkeiten, sind immer tausenderley Beschwerden und
Klagen anzuhören und zu untersuchen, oder die ver-
wickeltsten Rechtshändel auszumachen. — Sage ich
denn, daß es dir an Geschäften, die nicht immer
die angenehmsten sind, fehlen werde? Ich weiß
vielmehr recht gut, daß die deinigen von der wichtigsten Art sind, und mit großer Klugheit geführt
seyn wollen; aber erinnere dich, daß, meiner Meinung nach, das Beste von der Sache ist, daß die
Klugheit alles, das Glück nichts dabey zu thun hat.
Oder ist es denn so schwer, diejenigen, denen man
vorgesetzt ist, in Zaum zu halten, wenn man nur
immer von sich selbst Meister bleibt? Dies letztere mag freylich für manchen Andern eine sehr
schwierige Sache seyn, und ist es auch unstreitig;
aber dir war es immer ein leichtes, und mußt'
es auch seyn, weil dir eine gewisse Mäßigung natürlich zu seyn schien, wenn du auch ohne alle Bildung geblieben wärest, und dir also desto mehr eigen seyn muß, da du eine Ausbildung erhalten hast,
welche die Gebrechen des fehlerhaftesten Naturells
hätte vergüten können. Wie? Der Mann, der, wie
du, dem Reitz des Goldes und allen Arten von
Habsucht zu widerstehen vermag, sollte nicht über
einen unredlichen Kaufmann, oder einen allzuge-
winnsüchtigen Publicaner Meister werden können?
Das hat doch wohl keine Gefahr, sollt' ich denken.
Die Griechen wenigstens, wenn sie sehen wie du

dich beträgst, werden dich wie einen Mann aus ihren alten Chroniken*), oder wohl gar wie einen vom Himmel in die Provinz herabgefallenen Halbgott anstaunen.

Ich schreibe dies nicht, um dich zu erinnern wie du dich zu betragen habest, sondern da mit du froh seyest dich immer so betragen zu haben. Denn es ist schön und preiswürdig, mit unbeschränkter Gewalt drey ganzer Jahre lang in einem Lande wie Asien gestanden zu haben, ohne daß von so vielen reitzenden Lockspeisen, womit diese reiche Provinz angefüllt ist, von so vielen herrlichen Bildsäulen, Gemählden, Prachtgefäßen und andern Kunstwerken aller Art, von so vielen durch Schönheit und Talente ausgezeichneten Sclaven und Sclavinnen, von so vielen Gelegenheiten dich zu bereichern, auch nur Eine dich von der untadelichsten Rechtschaffenheit und Enthaltsamkeit abzuziehen vermocht hätte. Und was könnte wünschenswürdiger seyn, als daß eine in unsern Zeiten so seltene Tugend, anstatt in irgend einem dunkeln Winkel versteckt und verborgen zu bleiben, in den unbewölkten Asiatischen Sonnenschein gestellt, sich vor den Augen der volkreichsten und besuchtesten unserer Provinzen entfalte, und das durch zu den Ohren aller Völker und Nationen komme? Was ehrenvoller, als daß deine Amtsreisen in der Provinz 3) keinen Schrecken unter die Leute

---
*) D. i. wie einen neuen Aristides, Epaminondas, oder Phocion.

verbreiten, und die Länder nicht in kaum erschwing⸗
liche Unkosten setzen? daß allenthalben alles ruhig
bleiben würde, wenn nicht die Freude über deine
Ankunft alle Menschen in Bewegung setzte, weil
jede Stadt, die du besuchst, ihren Beschützer, nicht
ihren Tyrannen, jedes Haus, worin du absteigst,
einen gefälligen Gastfreund, nicht einen Plünderer,
in dir zu sehen versichert ist?

3. Uebrigens muß dich deine eigene Erfahrung
bereits belehrt haben, daß es in allem diesem kei⸗
neswegs genug ist, daß du selbst diese Tugenden
besitzest, sondern daß du in einem Amte, welches
die ganze Provinz in deine Obhut giebt, ein schar⸗
fes Auge auf alle dir untergeordneten Staatsdiener
haben, und nicht bloß für deine eigene Person,
sondern für sie alle, unsern Verbündeten, unsern
Mitbürgern und der ganzen Republik verantwort⸗
lich zu seyn glauben müssest. Ich gestehe gern, daß
du Männer zu Legaten hast, die aus eignem An⸗
trieb nie vergessen werden, was sie ihrer Würde
schuldig sind. Tubero, der erste unter ihnen an
Rang, Ansehen und Jahren, wird, da er unsre *)
Geschichte schreibt, in den Jahrbüchern, die er be⸗
arbeitet, nicht Wenige finden, die er zu Vorbildern
nehmen kann und wird. Allienus ist durch Zu⸗
neigung und Gleichförmigkeit der Sitten ganz der
Unsrige. Den Gratidius brauche ich kaum zu
nennen, da ich von ihm überzeugt bin, er lasse sich

*) die Römische.

seinen guten Ruf desto angelegener seyn, weil er aus brüderlicher Liebe zu uns auch für den Unsrigen besorgt ist 4). Was deinen Quästor 5) betrift, so hast du ihn nicht selbst auswählen können, sondern durchs Loos erhalten. Indessen ist es seine Pflicht, nicht nur aus eigner Bewegung in seinen Schranken zu bleiben, sondern auch deine Einrichtungen sich gefallen zu lassen und deinen Befehlen zu gehorchen. Sollte gleichwohl unter diesen Männern sich einer finden, der etwas schlechtdenkender wäre als zu wünschen ist, so magst du ihm immerhin durch die Finger sehen, so lange er bloß die Gesetze übertritt, die er für seine eigene Person zu beachten hat: nur wirst du ihm nicht erlauben, die Gewalt, die du ihm zu Behauptung seines Ansehns überlässest, zu gewinnsüchtigen Zwecken zu mißbrauchen. Meine Meynung ist ganz und gar nicht, daß du, zumahl in einer Zeit, wo allzu große Gelindigkeit auf der einen, und hoffärtige Anmassung auf der andern Seite zur Sitte geworden sind, allen kleinen Schlechtigkeiten nachforschen und einem Jeden gleichsam den Rock ausschütteln *) sollst: ich wünsche bloß, daß du keinem mehr vertrauest, als so weit du seine Zuverläßigkeit erprobt hast. Diejenigen, welche dir von der Republik selbst zu Gefährten und Gehülfen in den öffentlichen Geschäften

---

*) Einem den Rock ausschütteln war bey den Römern, die keine Taschen in ihren Kleidern hatten, was bey uns, einem die Taschen umkehren.

zugegeben worden sind, wirst du wenigstens in den Grenzen, die ich so eben gezogen, zu halten suchen.

4) Eine andere Bewandniß aber hat es mit den Leuten, die entweder als deine Hausofficianten und Bedienten, oder als zu deiner Aufwartung, wenn du öffentlich erscheinen mußt, gehörig, (die man daher zum Gefolge*) des Prätors zu rechnen pflegt) ganz allein von dir abhangen: denn in Ansehung dieser sind wir nicht nur für das, was sie thun, sondern sogar für alles was sie reden, verantwortlich. Glücklicher Weise hast du lauter Leute um dich, bey denen es dir leicht seyn wird, die Auswahl, wozu jeder am besten taugt, zu treffen, und die du, wenn ihre Aufführung dir wenig Ehre machen sollte, ohne die mindeste Schwierigkeit im Zaum halten kannst. Wenn es auch in den ersten Zeiten deiner Amtsverwaltung begegnet wäre**), daß der Eine oder Andere deine Gutmüthigkeit hintergangen hätte (denn die besten Menschen sind immer am ungeneigtesten andere für schlecht zu halten) so besorge ich nichts dergleichen in diesem dritten Jahre. Gewiß wirst du dich eben so rechtschaffen, aber noch vorsichtiger und aufmerksamer in diesem betragen, als in den beyden vorgehenden. Möge Niemand zweifeln können, daß deine Ohren nur dem, was sie selbst hören, offen stehen, nie dem, was ihnen von gewinnsüchtigen

---

*) „qui quasi *ex cohorte Praetoris* appellari solent."
**) Es war nur zu oft begegnet.

Menschen verstohlner Weise zugeflüstert wird. Dein Siegelring werde von Jedermann nicht als ein Geräthe *), sondern gleichsam als Du Selbst angesehen; nicht als ein Werkzeug eines fremden Willens, sondern als ein zuverläßiger Zeuge des Deinigen. Dein Accensus 6) sey das, was unsre Alten wollten daß der Accensus seyn sollte, indem sie diese Stelle als ein nicht bloß einträgliches, sondern mit Arbeit verbundenes Amt, nicht leicht einem andern als einem ihrer Freygelaßnen ertheilten, die damahls von ihren vorigen Herren noch beynahe eben so abhängig waren als in ihrem Sclavenstande. Laß deine Lictoren weniger die Diener deiner Strenge als deiner Gelindigkeit, und die Fasces und Richtbeile, so sie dir vortragen, mehr Zeichen deiner Würde als deiner Gewalt seyn 7). In der ganzen Provinz sey es etwas allgemein Anerkanntes, daß die Wohlfahrt, das häusliche Glück, der gute Nahme und das Eigenthum Aller, denen du vorgesetzt bist, dir theuer und heilig sey. Endlich sey es für alle, die sowohl Geschenke gegeben als genommen haben, etwas Ausgemachtes, daß sie, sobald du es erfährst, einen Feind an dir finden werden. Das Geben wird jedoch von selbst aufhören, wenn man sehen wird, daß durch die Leute, die viel bey dir zu vermögen vorgeben, gewöhnlich nichts von dir erlangt wird

Uebrigens will ich hiermit nicht gesagt haben,

*) Dessen sich nehmlich auch andere bedienen können.

daß ich dich allzu hart oder argwöhnisch gegen die Deinigen zu sehen wünsche. Wer unter ihnen in den zwey verwichnen Jahren nie in den Verdacht der Habsucht gekommen ist (wie ich dies von Cäsius, Chärippus und Labeo 8) nicht nur höre, sondern aus eigner Ueberzeugung glaube) diesen, und wenn du sonst noch einen ihres gleichen hast, magst du immerhin Alles, auch das Wichtigste anvertrauen, und kannst dich ihrer Treue versichert halten: hast du dich hingegen an einem bereits geirrt, oder etwas Unrichtiges an ihm bemerkt, so glaube ihm ja nicht wieder, und hüte dich, ihm irgend etwas, wobey dein guter Ruf betroffen ist, anzuvertrauen.

5) Hätte in der Provinz selbst Jemand, der uns zuvor unbekannt war, Mittel und Wege gefunden, sich auf einen sehr vertraulichen Fuß mit dir zu sezen, so siehe dich wohl vor, wie weit du dich auf ihn verlassen kannst. Nicht als ob es unter den Provinzialen*) nicht viele wackere Männer geben könne: indessen läßt sich dies wohl hoffen, aber das Urtheil, wer in diese Zahl gehöre, ist gefährlich. Gewöhnlich umwickelt sich der wahre Charakter eines jeden Menschen mit einer Menge von Hüllen und Schleiern, die ihn etwas ganz

*) Hierunter sind ohne Zweifel die in Asien angesessenen Römischen Bürger (Zollpachter, Geldausleiher, Negocianten aller Art) gemeynt; sonst würde er sie nicht (wie er sogleich thut) von den Griechen, den eigentlichen Eingebohrnen dieser Provinz, unterscheiden.

anders scheinen machen als er ist; Stirn, Augen, und Miene lügen öfters, die Zunge fast immer. Wie kannst du nun unter Menschen, die, aus Begierde Geld auf Geld zu häufen, sich alles versagen, was uns andern unentbehrlich geworden ist, solche zu finden hoffen; die dich, der so wenig mit ihnen gemein hat, von Herzen lieben, und sich nicht bloß ihres Vortheils wegen so stellen sollten? Mir, ich gesteh' es, scheint es kaum glaublich; zumahl wenn man eben diese Leute, die keines andern Menschen Freunde sind, immer in alle Prätoren so gewaltig verliebt sieht.

Hättest du, was denn doch nicht unmöglich ist, einen aus dieser Classe so kennen gelernt, daß er mehr an deiner Person als an deiner Würde hinge, dem magst du ohne Bedenken einen Platz unter deinen Freunden einräumen; bist du dessen aber nicht völlig gewiß, so giebt es keine Gattung von Menschen, vor deren Vertraulichkeit man sich mehr zu hüten hätte, weil sie mit allen Wegen und Schlichen Geld zu machen bekannt sind, Alles des Geldes wegen thun, und sich wenig um den Ruf eines Mannes bekümmern, mit dem sie nur eine kurze Zeit leben werden.

Aber auch mit den Griechen ist ein gewisser Grad von Vertraulichkeit sorgfältig zu vermeiden; ich nehme nur sehr wenige aus, die selbst dem alten Griechenland Ehre gemacht hätten. Sie sind größten Theils falsch, veränderlich, und durch lange

Knechtschaft in der Kunst zu schmeicheln und schön zu thun ausgelernte Meister. Mein Rath ist, dich gegen sie Alle leutselig und gefällig zu betragen, aber nur Männer von ausgezeichneten Verdiensten unter deine Freunde und Hausgenossen aufzunehmen. Zu große Vertraulichkeit mit ihnen ist immer etwas unzuverlässiges, denn sie wagen es nie, unsern Neigungen entgegen zu seyn; überdies sind sie immer eifersüchtig und neidisch, nicht nur auf unsre Landsleute, sondern auch auf die ihrigen.

6. Da ich dir in Ansehung aller bisher erwähnten Personen und Verhältnisse nicht genug Vorsicht und Aufmerksamkeit empfehlen kann, und darin vielleicht eher zu weit zu gehen scheinen mag, so kannst du leicht erachten, was in Rücksicht auf die Sclaven meine Gesinnung sey. Der Hauptpunkt ist, daß sie allenthalben, und in den Provinzen ganz vorzüglich, in strenger Zucht gehalten werden müssen. Hierüber wären eine Menge Regeln zu geben; aber das kürzeste und leichteste ist, daß sie sich auf deinen asiatischen Amts-Reisen eben so zu betragen haben, als zögen sie auf der Appischen Straße, und daß es ihnen gleich viel seyn muß, ob sie in Tralles oder Formiá ankommen *).
Ist unter deinen Sclaven einer, der sich durch un-

---

*) D. i. daß sie sich im erstern Fall eben so wenig herausnehmen sollen, als im letztern. Tralles war eine Stadt in Lydien; die andre in Latium, ohnweit Cajeta, itzt molo di Gaeta genannt.

gewöhnliche Treue auszeichnet, so magst du ihm in
deinen häuslichen und Privatgeschäften dazu Gelegenheit
geben; aber Dinge, die in deine Amtsverwaltung
einschlagen, und in irgend einem Bezug
mit dem Gemeinwesen stehen, soll er mit keinem
Finger anrühren. Denn vieles, was durch getreue
Knechte recht gut ausgerichtet werden könnte) darf
ihnen dennoch, bloß um Nachrede und Tadel zu
vermeiden, nicht überlassen werden 9).

Aber ich weiß selbst nicht, wie ich unvermerkt
in diesen lehrmeisterlichen Ton gerathen bin, was
doch Anfangs gar nicht meine Absicht war. Denn
wofür sollt' ich demjenigen Lehren geben wollen,
der, zumahl in diesem Fache, mir an Einsicht
nicht nur gleich, sondern durch Erfahrung, die er
vor mir voraus hat, noch überlegen ist? Indessen
glaubte ich doch, du würdest nur desto zufriedner
mit dir selbst seyn, wenn du die Richtigkeit der
Maximen, die du aus eignem Antrieb befolgest,
auch durch meine Beystimmung bekräftiget sähest.
Und so seyen und bleiben denn die Grundpfeiler
deiner Amtsführung, vor allem deine eigene Unsträflichkeit
und Enthaltsamkeit; sodann die Bescheidenheit
aller, die mit dir sind; eine äusserst sorgfältige
Auswahl der Provinzialen sowohl als der
Griechen, mit denen du vertrauten Umgang pflegst,
und eine sich immer gleich bleibende Zucht in deinem
Hause. Wenn alles dies in unsern alltäglichen
Privatverhältnissen anständig und löblich ist, so

muß es auf einer mit so großer Gewalt verbundenen Stelle, in einer Zeit, wo die Sittenverderbniß so allgemein, und in einer Provinz, die an verführerischen Lockungen so reich ist, nothwendig etwas Göttliches zu seyn scheinen. So ein durchaus gleichförmiges Betragen, und eine solche Disciplin kann in allen Anordnungen, die du machst, in allen Rechtsbescheiden, die du ertheilst, dieselbe Strenge behaupten, mit welcher du in jenen Fällen verfahren bist, die mir zu meiner großen Freude, einige Feindschaften zugezogen haben. Denn du wirst doch nicht glauben, daß mir das Gewimmer ich weiß nicht welches Paconius, der nicht einmahl ein Grieche, sondern wahrscheinlich irgend ein Myster oder Phrygier ist, sehr zu Herzen gehen werde, oder das Geschrey des rasenden und niederträchtigen Menschen Tuscenius, aus dessen unflätigem Rachen du den Gegenstand seiner schändlichen Begierde mit größter Billigkeit herausgerissen hast 10).

7. Diese und andere Beyspiele einer ungewöhnlichen Strenge, die du in deiner Provinz gegeben hast, würden wir indeß nicht leicht ohne die größte Unsträflichkeit behaupten können. Fahre also immer fort, dein Richteramt mit der strengsten Schärfe zu verwalten, in so fern du dir hierin nur immer gleich bleibst, und auf keinen Fall Gnade vor Recht gehen lässest. Aber auch dies würde wenig helfen, wenn nicht Alle, denen du irgend einen Theil dieses Amtes

überlässest, eben dasselbe thun. Uebrigens ist, so viel ich weiß, die Mannichfaltigkeit der Geschäfte eines Statthalters der Provinz Asien nicht sehr beträchtlich, da sie beynahe bloß in Handhabung der bürgerlichen Rechtspflege und der Landeshoheit bestehen, worin das Verfahren, zumahl in den Provinzen, leicht und einfach ist. Alles kommt darauf an, daß man durchaus mit einer Festigkeit und einem Ernst zu Werke gehe, die auch nicht dem leisesten Verdacht einer Partheylichkeit Raum lassen. Hiezu kommt noch Bereitwilligkeit, die Leute anzuhören, Milde im Bescheidgeben, Aufmerksamkeit auf das, was die Partheyen zu ihrer Rechtfertigung oder zu Begründung ihres Widerspruchs vorbringen. Dies war es, wodurch C. Octavius *) sich unlängst so beliebt machte. Bey ihm durfte sich der erste Lictor nicht rühren, der Accensus den Mund nicht auf thun; jedermann konnte reden so oft er wollte und so lang er wollte. Diese Gelindigkeit könnte vielleicht allzu weit getrieben scheinen, wenn sie nicht nöthig gewesen wäre, um der Strenge gleichsam zum Schirme zu dienen, womit er gegen die Sullaner **) verfuhr, die alles, was sie mit Drohung oder Gewalt an sich gebracht hatten, wieder heraus geben, und die ungerechten Verordnungen, die sie ehemahls als obrigkeitliche Personen ergehen ließen, nun in ihrem Privatstande gegen sich selbst

*) Als Prätor von Macedonien.
**) Anhänger des ehemahligen Dictators Sulla.

für Recht gelten laſſen mußten. Eine ſolche Strenge hätte ſehr hart ſcheinen müſſen, wenn ſie nicht durch die Humanität ſeines übrigen Benehmens gemildert worden wäre. Da eine ſolche Leutſeligkeit ſogar in Rom ein Mittel ſich beliebt zu machen iſt, in Rom, wo der Uebermuth der Menſchen ſo groß, die Freyheit ſo ungezügelt, die Anmaſſungen ſo grenzenlos ſind, und doch dieſem Allem von ſo vielen, die größte Gewalt und die wirkſamſten Hülfsmittel zur Hand habenden Magiſtraten, und von einem mit ſo hohem Anſehn bekleideten Senat das Gegengewicht gehalten wird: wie erfreulich muß ſie erſt an einem Statthalter in Aſien ſeyn, wo eine ſo große Menge von Bürgern und Angehörigen, ſo viele Städte, ſo viele ehemahlige Freyſtaaten, die Augen auf den Wink eines einzigen Menſchen geheftet haben, gegen welchen keine Hülfe ſtatt findet, kein Höherer, bey dem man ihn verklagen, kein Senat, keine Volksverſammlung, an die man von ihm appelliren könnte?

Es kündigt alſo einen ſehr großen Charakter an, — wiewohl es nicht Mehr iſt, als was man von einem Manne, der bey einer von Natur gemäßigten Sinnesart durch eine vorzügliche Cultur zur Selbſtbeherrſchung gebildet worden, billig erwarten darf, — wenn er ſich auf einem mit ſo großer Gewalt verſehenen Poſten ſo benimmt, daß ſeine Untergebenen keine Urſache haben, eine höhere zu vermiſſen.

8. So schildert uns der Philosoph Xenophon in jener berühmten Cyropädie, in welcher nicht sowohl eine wahre Geschichte zu schreiben, als das Ideal eines vollkommenen Regenten aufzustellen, seine Absicht war, so schildert er uns an seinem Cyrus den hohen Ernst der größten Weisheit immer mit der liebenswürdigsten Huld und Anmuth vereinigt. Und wohl hatte unser große Africanus*) Ursache, dieses Buch beynahe nie aus den Händen zu legen; denn es läßt sich schwerlich irgend eine Pflicht einer klugen und gemäßigten Alleinherrschaft denken, wovon es nicht Unterricht und Beyspiel enthielte. Wenn nun ein Cyrus, zum Thron gebohren, und gewiß, daß er nie in den Privatstand herabsteigen werde, jene Tugenden sich so sehr zu eigen machte: wie vielmehr Ursache haben diejenigen dazu, denen die höchste Gewalt nur verliehen wurde, um sie wieder zurück zu geben, und von eben den Gesetzen verliehen wurde, unter deren Herrschaft sie zurückkehren müssen?

Ueberhaupt dünkt mich, Alle Pflichten der Vorgesetzten treffen darin zusammen: daß die Untergebenen sich durch ihre Regierung so wohl befinden, als nur immer möglich ist. Daß dies von dem ersten Augenblick an, da du Asien betreten, dein angelegenstes Bestreben gewesen, und noch sey,

---

*) Scipio Africanus Minor (ein Sohn des L. Aemilius Paulus) der durch Adoption diesem Zweige der Scipionen eingeimpft wurde.

darüber ist überall und ohne Ausnahme nur Eine Stimme. Und wie sollte auch die Sorge für das Beste der Untergebenen nicht die erste Pflicht derer seyn, die unsern Verbündeten und Bürgern vorstehen, da sie selbst denen obliegt, die über Sclaven und stummes Vieh gesetzt sind? Wie ich sehe, wird allgemein anerkannt, daß du in diesem Stück die größte Aufmerksamkeit und Thätigkeit beweisest. Die Gemeinheiten, (sagt man) hätten nicht nur keine neuen Schulden gewirkt, sondern viele seyen durch dich sogar von alten und schweren Schuldenlasten frey gemacht worden. Mehrere verfallene, ja beynahe gänzlich verödete Städte, und unter diesen zwey vor Zeiten hochberühmte, Samus in Jonien und Halicarnassus in Carien, hättest du wieder hergestellt; man höre nirgends was von Aufruhr und Zwietracht; du sorgest dafür, daß die Räthe in den Städten überall mit den angesehensten und rechtlichsten Bürgern besetzt würden; die Straßenräubereyen in Mysien hätten aufgehört; den an vielen Orten ehemahls so häufigen Mordthaten sey Einhalt gethan; die ganze Provinz erfreue sich des vollkommensten Ruhestandes, und allenthalben seyen wirksame Vorkehrungen getroffen, nicht nur den Reisenden, Landleuten und Gutsbesitzern, sondern auch den Städten und Tempeln, wo sonst die meisten und größten Diebstähle und Einbrüche vorgefallen, die größte Sicherheit zu verschaffen; der Verläumdung,—dieser dem guten Namen, dem Vermögen und der Ruhe der Begüterten so gefährlichen Handlangerin raubsüchtiger Prätoren, — sey aller Zugang zu dir abgeschnitten; alle Auflagen und Erfodernisse für die öffentlichen Ausgaben würden auf die billigste und am wenigsten drückende Art vertheilt; nichts sey leichter als Zutritt zu dir zu erhalten; dein Ohr stehe den Beschwerden eines Jeden offen, und keinem, wie arm und unempfohlen er immer sey, werde der Zugang nicht nur zu deinem Tribunal, sondern in deine Wohnung und sogar in dein Cabinet verwehrt; kurz in deiner ganzen Regierung sey keine Spur von Härte oder Grausamkeit, sondern alles voll Milde, Sanftmuth und Humanität.

9. Welch eine große Wohlthat hast du der Provinz Asien nur dadurch schon erwiesen, daß du sie (nicht ohne dir hier viele Verdrießlichkeiten deswegen zuzuziehen) von dem ungerechten und drückenden Tribut der Beyträge, so sie den Aedilen liefern mußten, befreyt hast. Wenn schon ein Einziger von unsern Edlen sich öffentlich beklagt, du hättest ihn durch dein Edikt, „daß keine Geldbeyträge zu Schauspielen mehr beschlossen werden sollen," um zweymahl hundert Tausend Sesterzien ärmer [11] gemacht: welch eine Summe müßte die Provinz nicht zusammen bringen, wenn an Alle, die zu Rom öffentliche Schauspiele geben, eben so viel bezahlt werden sollte, wie in der That schon gewöhnlich zu werden anfing! Uebrigens habe ich

diese Wehklagen unsrer Junker bereits durch jene Entschließung zum Schweigen gebracht, von welcher mir unbekannt ist, wie sie in der Provinz aufgenommen worden, die mir aber in Rom viele Bewunderer und große Lobsprüche zugezogen hat, — daß ich nehmlich zu dem Tempel, den die Asiatischen Städte, als ein Denkmahl meines Consulats auf gemeine Kosten aufführen lassen wollten, meine Einwilligung versagte. Der Beschluß war mit allgemeinem Beyfall abgefaßt, und (wie die Worte des Protocolls lauteten) durch meine ausserordentlichen Verdienste um den Staat und deine der Provinz erwiesenen angemeinen Wohlthaten, hinlänglich begründet; das Gesetz war nicht entgegen, weil in diesem ausdrücklich vorbehalten war, daß zu Erbauung von Tempeln und öffentlichen Denkmählern Auflagen gemacht werden dürften; überdies wurde das, was gegeben werden sollte, nicht mir zu meinem Privatnutzen gegeben, sondern konnte, vermöge seiner Bestimmung, mit bestem Fug als eine dem Römischen Volke und den Göttern selbst gewidmete Stiftung betrachtet werden. Wiewohl also das Gesetz und der freye Wille derjenigen, die mir diese nicht unverdiente ehrenvolle Auszeichnung anboten, die Annahme derselben gerechtfertigt hätte: hielt ich doch für besser sie abzulehnen, und dies, ausser verschiedenen andern Bewegursachen, vornehmlich darum, damit diejenigen, denen die Provinz weder etwas zu geben schuldig war, noch vermöge des Gesetzes geben dürfte, den Verlust ihrer Ansprüche desto eher möchten verschmerzen können.

Und so laß denn ferner, wie du bisher gethan hast, alle deine Gedanken und Bestrebungen darauf gerichtet seyn, den Völkerschaften, welche der Senat und das Volk zu Rom deiner Regierung und Pflege anvertraut hat, alle mögliche Beweise zu geben, daß du sie liebest und glücklich zu machen trachtest. Hätte dich das Loos über rohe und barbarische Nationen, Africaner, Spanier oder Gallier gesetzt, so würde deine Humanität dir darum nicht weniger zur Pflicht machen, für ihre Erhaltung und ihren Wohlstand zu sorgen. Nun aber, da wir einem Volke vorstehen, das nicht nur selbst voller Humanität, sondern auch im Rufe ist, sie vielen andern mitgetheilt zu haben, liegt uns um so viel mehr ob, sie an denjenigen zu beweisen, von welchen auch Wir sie empfangen haben. Ich für meinen Theil schäme mich nicht zu gestehen, daß ich Alles was ich bin, diesen Studien und Künsten verdanke, die mir durch die Werke und die Schulen des alten Griechenlandes mitgetheilt wurden; und ich gestehe es um so williger, da mein Leben und meine Handlungen mich keinen Vorwurf, schlechten Gebrauch von dem Empfangnen gemacht zu haben, befürchten lassen. Es ist also, dünkt mich, nicht mehr als billig, daß wir, über die gemeinen Pflichten, die wir Allen Menschen schuldig sind, noch eine besondere Verbindlichkeit auf uns zu haben glauben, diese edle Menschengattung nun auch die Früchte des Unterrichts, den wir von ihr erhielten, genießen zu laſſen.

10. Plato, dem unter allen ihren Weiſen keiner an Genie und Wiſſenſchaft vorgeht, behauptete: die Staaten würden den höchſten Grad der Glükſeligkeit, deſſen ſie fähig ſind, erſt dann erreichen, wenn ſie entweder weiſe und gelehrte Männer zu Regenten erhielten, oder die Regenten ihr angelegenſtes Geſchäfte daraus machten, ſich der Weisheit und Wiſſenſchaft zu befleiſſen. Dieſe Verbindung der Macht mit der Weisheit, die Er für die einzige Quelle der öffentlichen Glückſeligkeit anſah, und die in ältern Zeiten vielleicht in unſrer ganzen Republik ſtatt fand, iſt jetzt unläugbar das glückliche Loos der Provinz Aſien; da die höchſte Gewalt in ihr einem Manne anvertraut iſt, der von ſeiner früheſten Jugend an den größten Fleiß und die meiſte Zeit darauf verwendete, ſeinen Geiſt mit nützlichen Kenntniſſen zu bereichern, und ſein Gemüth zu jeder die Menſchheit veredelnden Tugend ausbilden zu laſſen. Sorge alſo, daß deine Regierungslaſt nur deßwegen um ein drittes Jahr vermehrt worden zu ſeyn ſcheine, damit Aſiens Wohlſtand ein Jahr länger daure: und da dieſe Provinz glücklicher geweſen iſt, dich zu behalten, als wir, dich zurück zu bekommen, ſo thue nun auch dein Möglichſtes, daß die Theilnahme an ihrer Freude,

unsern Schmerz, dich noch so lange zu entbehren
lindern möge. Denn, wenn du, um jene ausseror=
dentlichen und meines Wissens beyspiellosen Ehren=
bezeugungen, womit sie dich überhäuft 12.), zu ver=
dienen, in der That mehr als irgend ein anderer
geleistet hast; so liegt dir, um so viel mehr, ob,
doppelten Fleiß anzuwenden, damit du derselben
würdig bleiben mögest. Wie ich über diese Art
von öffentlichen Auszeichnungen denke, habe ich dir
in einem meiner vorigen Briefe schon geschrieben.
Ich bin immer der Meynung gewesen, daß sie,
wenn zu gemein gemacht, ohne allen Werth,
und, bloß den Zeitumständen dargebracht, von
sehr geringem Werthe sind: werden sie hingegen
(wie bey dir der Fall ist) wirklichen Verdiensten
erwiesen, so, dünkt mich, legen sie dir keine kleine
Last auf, weil du sie durch verhältnißmäßige Be=
mühungen zu behaupten genöthigt bist. Da du nun
in diesen Städten, worin du deine Tugenden auf
Altäre gestellt und zum Rang der Götter erhoben
siehst, mit der höchsten Gewalt bekleidet bist: so
muß auch in allen deinen Verordnungen, Beschlüssen
und Handlungen dein Augenmerk darauf geheftet
seyn, was du einer so hohen und durch so ausser=
ordentliche Beweise dargelegten Meynung der Men=
schen von dir schuldig bist; und du wirst dich dieser
Pflicht nur dadurch entledigen können, wenn du für
Alle sorgen, allen Beschwerden abhelfen, und
durch den Eifer, womit du für die allgemeine

Wohlfarth arbeitest, beweisen wirst, daß du dir den schönen Nahmen „Vater von Asien" nicht nur geben hören, sondern wirklich verdienen wollest.

11. Aber sehr schwer werden dir die Ausführung deines guten Willens die Publicaner machen, denen wir uns nicht entgegensetzen können, ohne den ganzen, um uns hochverdienten, und durch uns auch der Republik zugewandten Ritterstand von uns und der Republik abwendig zu machen; aber auch nicht in Allem zu Willen seyn können, ohne diejenigen ganz zu Grunde gehen zu lassen, welche nicht nur zu erhalten, sondern ihren Wohlstand auf alle Weise zu befördern, unsre Schuldigkeit ist. Dies ist, die reine Wahrheit zu sagen, das Einzige, was deine Amtsverwaltung schwierig macht. Dich fremden Gutes zu enthalten, aller deiner Leidenschaften Herr zu bleiben, deine Angehörigen im Zaum zu halten, die Gerechtigkeit unpartheiisch und mit Billigkeit zu handhaben, Jeden, der dir etwas vorzutragen hat, gefällig anzuhören, und Niemanden freyen Zutritt zu versagen, das alles ist vielmehr rühmlich als schwer; denn es kostet keine besondere Mühe oder Anstrengung, und hängt lediglich von unserm Vorsatz und guten Willen ab. Wie hart aber das Verfahren der Publikaner unsern Verbündeten *) fallen müsse,

---

*) Alle Griechischen Völker und ehmahlige Freystaaten hatten, seit dem Verlust ihrer Unabhängigkeit, die Ehre, den Römern untern dem milden Nahmen *socii*, Verbündete, unterthan zu seyn.

habe ich von den Bürgern erfahren, welche neulich, da die Abschaffung der Einfuhrzölle in Italien in Bewegung war 13), nicht sowohl über den Zoll selbst, als über die mancherley Bedrückungen, so sie von den Einnehmern erdulden müßten, die bittersten Klagen führten. Seitdem ich diese gehört habe, kann ich mir leicht vorstellen, was man sich gegen unsere Verbündeten in den entferntesten Provinzen erlauben wird. Unter solchen Umständen dich so zu benehmen, daß du weder die Publicaner, (zumahl da sie zu ihrem Nachtheil gepachtet haben) vor den Kopf stoßest, noch unsre Asiatischen Angehörigen zu Grunde gehen lassest, dazu scheint eine beynahe göttliche Tugend, das ist, nicht weniger als die deinige, erfoderlich zu seyn.

Indessen sollte doch den Griechen gerade das worüber sie am empfindlichsten sind, daß sie Zölle zu entrichten haben, nicht so hart auffallen, da es nicht mehr ist, als was sie, vermöge ihrer eigenen Verfassung zu tragen hatten, bevor sie unter die Oberherrlichkeit des Römischen Volkes kamen. Der Nahme Publicaner aber sollte ihnen billiger Weise nicht so zuwider seyn, wenn sie bedächten, daß sie, ohne Hülfe unsrer Publicaner, nicht im Stande waren die Steuer zu bezahlen, die ihnen Sulla auferlegt 14) und auf dem billigsten Fuß unter sie vertheilt hatte. Und daß die ehmahligen Griechischen Steuer- und Zolleinnehmer in Beytreibung dieser Abgaben nicht gelinder verfuhren als unsre

Publicaner, läßt sich daraus schließen, daß noch unlängst die Caunier*) und die Einwohner aller der Inseln, welche Sulla den Rhodiern einverleibt hatte, beym Senat um die Erlaubniß eingekommen sind, ihre Abgaben nicht an die Rhodier, sondern unmittelbar an uns bezahlen zu dürfen. Ich sehe also nicht, warum Leute, die von jeher steuerbar gewesen sind, sich vor dem Nahmen Publicaner so mächtig entsetzen; noch warum diejenigen, die ohne Hülfe derselben ihre Steuern nicht entrichten können, so viel Widerwillen gegen sie zeigen; noch wie die Nehmlichen, die von freyen Stücken um Publicaner angesucht, auf einmahl nichts mit ihnen zu schaffen haben wollen. Ueberdies sollten die Asiaten bedenken, wie viele Drangsale und Leiden von auswärtigen Kriegen und einheimischer Zwietracht ihnen dadurch erspart worden sind, daß sie dem Römischen Reich angehören. Und da dieses Reich ohne Steuern und Zölle sich nicht erhalten könnte, sollten sie sich nicht billig gern gefallen lassen, den ewigen Frieden und das ruhige Leben, so sie genießen **), mit einem mäßigen Theil ihres Ueberflusses zu erkaufen?

12. Haben sie aber einmahl ihren Widerwillen gegen den Nahmen und das Geschäfte der Publi-

---

*) Die Bürger der Seestadt Caunus in Carien.
**) Cicero scheint vergessen zu haben, wieviel die Asiaten während der Kriege mit Mithridates auszustehen hatten.

raner überwunden, so wird dir deine Klugheit mehr als Ein Mittel an die Hand geben, ihnen auch das Uebrige viel erträglicher zu machen. So ist es z. B. nicht nöthig, sich in ihren Verträgen so genau an den Buchstaben des Censorischen Gesetzes 15) zu halten, sondern es können dabey mancherley Rücksichten, um ihnen das Geschäft zu erleichtern, und bequemer zu machen, genommen werden. Auch wird die öftere Erwähnung der Würde des Standes unsrer Publicaner *) und der großen Verbindlichkeiten, die wir ihm haben, vieles dazu beytragen, ein besseres Vernehmen zwischen ihnen und den Griechen herzustellen, diesen mehr Achtung und guten Willen gegen Jene beyzubringen, und dadurch die Dazwischenkunft deines Ansehens und den Gebrauch gewaltsamer Zwangsmittel immer unnöthiger zu machen. Endlich kannst du von Leuten, um die du dich so verdient gemacht und die dir alles schuldig sind, mit Recht verlangen, daß sie es uns durch ein gefälligeres Benehmen gegen die Publicaner möglich machen, das freundschaftliche Verhältniß, worin wir mit diesen letztern stehen, uns gestört erhalten zu können.

Doch wofür alle diese Ermahnungen zu Dingen, die du nicht nur aus eigner Bewegung, ohne Jemands Belehrung, bewerkstelligen kannst, sondern auch größten Theils bereits glücklich zu Stande gebracht hast. Denn ich erhalte tagtäglich Danksa-

*) des Ritterstandes.

gungen von den angesehensten und zahlreichsten Pachtungs-Gesellschaften, was mir desto angenehmer ist, da die Griechen das Nehmliche thun. Es ist wahrlich nichts leichtes, zwischen Menschen, die durch Interesse, Sinnesart und Nationalcharakter so weit auseinander sind, einen wechselseitigen guten Willen zu stiften! Also nochmahls, alles obige ist nicht geschrieben, als ob ich dir Lehren geben wollte, deren ein so kluger Mann wie du von Niemanden nöthig hat: sondern weil mir unter'm Schreiben die lebhafte Vorstellung deiner Verdienste so viel Vergnügen machte, daß es mich unversehens zu einer Weitläuftigkeit verleitete, die gar nicht meine Absicht war.

13. Nur über einen einzigen Punct werde ich nie aufhören dich zu ermahnen; denn ich will, so viel an mir ist, an dem Lobe, das dir gebührt, keine Ausnahme dulden. Alle Menschen, die aus deiner Provinz hieher kommen, und deine Tugend, Rechtschaffenheit und Humanität nicht genug rühmen können, stimmen darin überein, daß, den Jähzorn allein ausgenommen, sonst alles höchlich an dir zu loben sey. Dies ist freylich ein Fehler, der schon im gemeinen täglichen Leben für ein Zeichen eines unbedachtsamen und schwachen Kopfs gehalten wird; aber häßlicher kann schwerlich etwas seyn, als unumschränkte Gewalt, die mit einer herben Sinnesart ausgeübt wird. Ich will mich also nicht damit abgeben, dir hier zu Gemüth zu führen,

was die gelehrtesten Männer von jeher über die Zornsucht gesagt und geschrieben haben; theils weil dieser Brief ohnehin schon mehr als zu lang ist, theils, weil es der Bücher genug giebt, worin du das alles finden kannst. Aber, was einem Brief eigentlich zukommt, der Person nehmlich, an die man schreibt, zu wissen zu machen, was sie nicht weiß, das will und darf ich nicht vorbeygehen. Alle Leute sagen mir, es könne nichts liebenswürdiger seyn als du, wenn du nicht zornig seyest; sobald dir aber Jemand durch irgend etwas Schlechtes oder Verkehrtes die Galle rege mache, so geratheft du plötzlich in einen so heftigen Affect, daß Niemand den vorigen humanen Mann mehr in dir erkenne. — Da uns nun nicht sowohl eine besondere leidenschaftliche Ruhmgier, als der Drang der Umstände und unser Schicksal in eine solche Lage gebracht hat, daß die Menschen ewig von uns reden werden; so laß uns doch, so viel nur immer in unsern Kräften ist, zu verhüten suchen, daß man uns wenigstens kein gar zu auffallendes Laster nachzusagen habe.

— Ich will jetzt nicht auf etwas dringen, was vielleicht der menschlichen Natur, zumahl in unserm Alter, kaum zuzumuthen ist, daß du deine Sinnesart auf einmahl ändern, und einen Fehler, der bereits zu viele und tiefe Fasern darin getrieben hat, plötzlich mit der Wurzel ausreissen sollest. Ich ermahne dich bloß, — falls du nicht verhindern

kannst vom Zorn unversehens überrascht zu werden,
ehe die Vernunft ihm zuvor kommen konnte, — dich
im Voraus gegen ihn zu verwahren, und dich
täglich mit dem Gedanken zu beschäftigen, daß du
ihm widerstehen müssest, und daß in den
Augenblicken, da du dich am heftigsten aufgebracht
fühlst, nichts nöthiger sey, als die Zunge mit
aller Gewalt zurück zu halten; eine Tugend, die
mir zuweilen nicht geringer scheint, als sich gar
nicht zu erzürnen. Denn an letzterm ist nicht immer
Besonnenheit, sondern öfters bloß Mangel an Reitz-
barkeit Ursache; hingegen mitten im Zorn noch Herr
seiner Leidenschaft und seiner Zunge zu bleiben,
und in der heftigsten Gemüthsbewegung den Ausbruch derselben zurück zu halten und zu schweigen,
zeugt, wenn auch nicht von vollkommener Weisheit,
wenigstens von mehr als gemeiner Geistesstärke.
In diesem Stücke sollst du, wie man sagt, schon
sehr viel über dich selbst gewonnen haben; wenigstens höre ich nichts von solchen heftigen Aufbrau-
sungen, die in wörtliche, auch wohl gar thätliche
Beleidigungen ausbrechen, und sowohl mit der
Würde eines Regenten als mit der Humanität eines
Mannes von Erziehung und wissenschaftlicher Bildung schlechterdings unverträglich sind. Sich im
Zorne gar nicht besänftigen zu lassen, zeugt von
großer Härte; gar zu leicht wieder gut zu werden,
von großer Schwäche des Gemüths; indessen wäre

doch dieses, als das kleinere Uebel, immer noch jenem vorzuziehen.

14. Daß du dir im ersten Jahre so vielen Tadel dieses Fehlers wegen zugezogen, kann ich mir leicht daraus erklären, weil dir die so häufig vorkommenden Beyspiele von Unbilligkeit, Habsucht und Anmaßung etwas Ungewohntes waren und unerträglich schienen. Im zweyten Jahre zeigtest du dich schon um Vieles sanfter, weil Erfahrung und Vernunft, und (wie ich mir schmeichle) auch meine Briefe dich geduldiger und nachsichtlicher gemacht hatten. Dieses dritte Jahr muß nun so fehlerfrey seyn, daß Niemand von irgend einer Seite das geringste an dir auszustellen finden könne. Und hier sind es nicht mehr Ermahnungen oder Verhaltungsregeln, die ich an dich ergehen lasse, sondern die inständigen Bitten eines Bruders, daß du doch alle Kräfte deines Geistes, alle deine Gedanken und Sorgen unverwandt darauf gerichtet seyn lassest, von allen Seiten und von allen Menschen gelobt zu werden. Wäre unsre Lage eine von den alltäglichen, wo man wenig von sich zu reden macht, und mit der Mittelmäßigkeit auslangt, so würde nichts Ungemeines, nichts als was man auch an Andern gewohnt ist, von dir gefodert werden. So aber hat uns der Glanz und die Größe der Dinge, wozu wir von den Umständen aufgefodert wurden, in ein solches Licht gestellt, daß es uns, wofern wir nicht das größte Lob aus dieser Provinz zurück

bringen, kaum möglich seyn wird, dem schmählichsten Tadel zu entgehen. Denn so ist nun einmahl unsre Stellung in der Republik, daß uns alle Wohlgesinnten zwar günstig sind, aber auch das untadelichste Betragen und die eifrigste Thätigkeit für die gute Sache von uns fodern und erwarten; alle Uebelgesinnten hingegen (denen wir ewigen Krieg angekündigt haben) schon viel gewonnen zu haben glauben, wenn wir ihnen nur zum kleinsten Vorwurf Gelegenheit geben. Da du also deine Tugenden vor einer unendlichen Menge von Zuschauern, vor so vielen scharfurtheilenden Kennern und in einem Theater von unermeßlichem Umfang, darzustellen hast, das so schallend gebaut ist, daß man alle Worte und Zeichen von Beyfall oder Tadel, bis in Rom vernehmlich wiederhallen hört: so strenge doch, ich bitte dich, alle deine Kräfte an, daß du aller dieser Vorzüge nicht nur würdig zu seyn, sondern sie durch deine Kunst noch zu übertreffen scheinest. Und da der Zufall mir meinen Antheil an Verwaltung der Republik zu Rom, dir den deinigen in der Provinz angewiesen hat, so mache, daß, wenn ich in meiner Rolle keinem andern weiche, du in der deinigen allen andern vorgehest.

15. Auch bedenke überdies, daß es nicht darum zu thun ist, einen Ruhm zu erringen, den wir erst hoffen, sondern den zu behaupten, den wir schon errungen haben, und nach welchem wir lieber

gar nicht trachten mußten, wenn wir ihn nicht zu behaupten wüßten. Besäße ich in dieser Hinsicht irgend etwas Eigenes, woran du keinen Antheil hättest, so bliebe mir, auf der Höhe, die ich bereits erstiegen habe, nichts mehr zu wünschen übrig. Nun aber verhält sichs so zwischen uns, daß ich, wenn nicht alle deine Reden und Handlungen von dort aus mit den meinigen zusammenstimmeten, mit allen meinen so großen Arbeiten und Gefahren, an welchen allen du Antheil genommen hast, nichts gewonnen zu haben glauben würde. Da du mir aber mehr als irgend ein Anderer geholfen hast, uns einen großen Rahmen in der Welt zu machen, so wirst du dich auch mehr als andere beeifern, daß er nicht verlohren gehe. Dir ist nicht erlaubt, an dem Beyfall und den günstigen Urtheilen der Jetztlebenden dir genügen zu lassen, auch das Urtheil der Nachwelt muß dir wichtig seyn, wiewohl du es weniger zu scheuen hast, da es wahrer und von Neid und bösem Willen frey ist. Endlich mußt du auch bedenken, daß du nicht bloß für deinen eignen Ruhm arbeitest (obschon du ihn auch in diesem Fall nicht vernachläßigen dürftest, zumahl seitdem du das Gedächtniß deines Nahmens durch so ansehnliche Denkmähler verewigen zu lassen eingewilligt hast) sondern daß du ihn mit mir zu theilen und unsern Kindern zu hinterlassen hast. Jede Nachläßigkeit in diesem Stücke würde dir nicht nur als Verabsäumung dessen was du dir

selbst schuldig bist, sondern auch als Mangel an
Zuneigung für die Deinigen ausgelegt werden.

16. Alles dies soll nicht gesagt seyn, als ob
mein Zureden dich aus dem Schlaf wecken müßte,
sondern bloß um dich in deinem Lauf noch mehr
anzufeuern. Denn gewiß wirst du, wie du bisher
gethan, fortfahren, durch deine Unpartheylichkeit,
Mäßigung, strenge Gerechtigkeits-Pflege, und Un-
bestechlichkeit, allgemeines Lob zu verdienen. Aber
kannst du mir übel nehmen, wenn meine unbegränzte Liebe zu dir mich in der Begierde dich rühmen zu hören beynahe unersättlich macht?

Ich bin indessen überzeugt, da dir Asien nun so
bekannt, wie Jedem sein eignes Wohnhaus, seyn
muß, und zu deiner ausnehmenden Klugheit noch
so viele Erfahrung hinzukommt, daß nichts, was
zu einer ruhmwürdigen Verwaltung deines Amtes
gehört, deiner Einsicht entgehen könnte, und dir
nicht ohne daß du, von wem es auch sey, daran
erinnert werden müßtest, täglich in den Gedanken
liege. Aber, so wie mir, der deine Briefe lesend,
dich zu hören, und an dich schreibend, mit dir
zu reden glaubt, keiner deiner Briefe, wie lang
er auch immer seyn mag, für die Freude, die er
mir macht, lang genug ist: so verleitet mich wohl
auch das Vergnügen an dich zu schreiben, öfters
weitläufiger zu seyn als ich vielleicht sollte. Ich
schliesse also diese lange Epistel, indem ich ihren
ganzen Inhalt in die einzige Bitte und Auffode-

rung zusammenfasse: diesen letzten Theil deines Amtes und Geschäftes, nach dem Beyspiel guter Dichter und geschickter Schauspieler, mit so vorzüglichem Fleiß auszuarbeiten, daß das dritte Jahr deiner Regierung, gleich dem letzten Act eines guten Schauspiels, für dein schönstes und vollendetestes gelten möge. Dies wird dir desto leichter werden, wenn du dir einbildest, daß dein Bruder (dem du immer mehr als allen andern zu gefallen beflissen warst) dir immer zur Seite stehe, und von allem, was du reden und thun wirst, unmittelbarer Zeuge sey.

Und nun bleibt mir nichts übrig als dir die Sorge für dein Wohlbefinden, wenn du willst daß auch mir und allen den Deinigen wohl sey, aufs angelegenste zu empfehlen.

2.
An Atticus 16).

II. 4.

Du hast mir einen großen Gefallen erwiesen, daß du mir das Buch vom Serapion 17) übersichickt hast, wiewohl ich, unter uns gesagt, kaum den tausendsten Theil davon verstehe. Ich habe Befehl gegeben, daß dir das Geld dafür baar ausgezahlt werde, damit du es in deiner Hausrechnung nicht etwa unter die Rubrik der Geschenke bringest.

Weil eben die Rede von Geld ist, sey doch so gut, Lieber, und sorge dafür daß du mit Titinius

auf welche Art es immer gehen will, aufs Reine
kommest. Will er es bey dem was er so viel als
zugestanden hatte, nicht bewenden lassen, so dünkt
mich das Beste, ihm, was itzt schon zu theuer gekauft war, wieder zurückzugeben, falls es anders
mit Pomponiens Einwilligung geschehen kann;
will er sich aber auch dazu nicht bequemen, so
zahlen wir lieber was er verlangt, als daß irgend
etwas Unangenehmes daraus entstehe. Ich wünsche
gar sehr, daß du dieses Geschäft noch vor deiner
Abreise*), mit deiner gewohnten guten Art und
Sorgfalt, zu Ende bringest 18).

Clodius soll also zum Tigranes abgeschickt
werden, sagst du? Es wäre etwas für mich selbst
gewesen; doch kann ich es ganz wohl geschehen
lassen. Denn eine Gesandschaft ohne Auftrag
wäre mir doch lieber, und dazu ists noch immer früh
genug, wenn man meinem Bruder Quintus, wie
ich Hoffnung habe, seine Statthalterschaft abgenommen haben wird **), und wenn es entschieden
ist was aus diesem Priester der Bona Dea ***)
noch werden soll. Inzwischen wollen wir uns, gelaßnen, ja sogar frohen und zufriednen Muths, mit
den Musen ergötzen: denn nie wird mir in den
Sinn kommen den Crassus zu beneiden, oder

*) von Rom.
**) Dieser Brief ist also vor dem großen Brief an Quin-
tus geschrieben.
***) Clodius.

michs reuen zu laſſen, daß ich mir ſelbſt nicht untreu worden bin 19).

Was die Geographiſche Arbeit betrift, an die du mich erinnerſt, ſo will ich dich zu befriedigen ſuchen; aber für gewiß verſprech ich dir nichts. Es iſt ein großes Werk; indeß will ich doch, weil du mir's auferlegſt, darauf bedacht ſeyn, während meines dermahligen Landlebens irgend etwas dieſer Art zu Stande zu bringen.

Wenn du deines Orts etwas die Republik betreffendes ausſpüren kannſt, vornehmlich was für Conſuln du glaubſt daß wir bekommen werden, ſo mach es mir zu wiſſen; wiewohl meine Neugier eben nicht ſehr groß iſt. Denn ich habe mir recht feſt vorgenommen, mich itzt aller Gedanken über Staatsangelegenheiten zu entſchlagen.

Wir haben den Forſt meiner Terenzia in Augenſchein genommen; er iſt in ſo gutem Stande, daß wir, wenn ihm nicht die Eichen von Dodona fehlten, uns den Epirus ſelbſt zu beſitzen dünken würden 20). Gegen den erſten des künftigen Monats werden wir auf meinem Formianiſchen oder Pompejaniſchen Gute ſeyn. Du, wenn du mich nicht im erſtern treffen ſollteſt, ſey ſo gut und beſuche mich im letztern. Du wirſt mir große Freude damit machen, und für dich liegt es nur wenig auſſer dem Wege.

Wegen der Mauer hab' ich dem Philotimus befohlen, daß er ſie ohne weiteres ſo machen laſſe,

wie du es für gut befindest; doch, denk' ich, du
thätest wohl, den Vettius dazu zu nehmen. In
diesen Zeiten ist das Leben der besten Bürger selbst
etwas so unsicheres, daß es in meinen Augen schon
viel ist, den Uebungen auf dem Palatinischen
Hügel einen Sommer mehr zusehen zu können;
aber eben deswegen wäre mir nichts unangenehmer,
als daß der Genuß dieses Vergnügens Pomponien und meinem kleinen Neffen durch beständige
Furcht vor dem Einsturz meiner Mauer verkümmert
werden sollte 21).

3.
An Ebendenselben 22).

II. 5.

Allerdings wünsch' ich, und hab' es schon längst
gewünscht, Alexandrien und das übrige Aegypten
zu sehen; überdies gewänne ich dabey den zwiefa-
chen Vortheil, diesen Menschen, die meiner so herzlich überdrüßig sind, aus den Augen zu gehen, und
mir schmeicheln zu dürfen, daß sie mich endlich doch
vermissen und mit Vergnügen zurückkommen sehen
würden. Aber mir eine solche Gesandschaft zu einer Zeit wie diese und von solchen Menschen
geben zu lassen,

Schäm' ich mich vor den Troern, und ihren stattlichen
Frauen *).

*) Ilias VI. 442.

denn was würden unsre Optimaten, so viel oder wenig deren noch übrig sind, dazu sagen? Daß ich mich durch irgend eine große Belohnung von meiner vorigen Gesinnung hätte abbringen lassen, nicht wahr?

<blockquote>Wäre Polydamas nicht der erste, mit bitterem Tadel
Mich zu belasten *)? —</blockquote>

ich meyne unsern Cato, der mir ganz allein für Hundert Tausend gilt. Und wie würde die Geschichte unsers Siebenten Jahrhunderts von mir reden, vor welcher ich wahrlich eine ganz andre Scheu trage, als vor dem Geflüster der itzt Lebenden 23)? Doch wir wollen, dünkt mich, gelassen abwarten ob sie selbst an uns kommen. Wird mir die Gesandschaft angetragen, so steht es ja bey mir, sie anzunehmen oder abzuschlagen; und dann wollen wir uns bedenken. Auch im nicht annehmen ist etwas Ehrenvolles. Wenn also Theophanes etwa von der Sache mit dir reden sollte, so weise ihn ja nicht gänzlich ab 24).

Ueber folgende Puncte erwarte ich Briefe von dir: was Arrius 25) spricht? wie er sich dazu gebehrdet daß er (vom Crassus) im Stich gelassen worden ist? Was für Consuln im Werke sind? Ob Pompejus und Crassus, oder, wie man mir schreibt, Servius Sulpicius und Gabinius? Ob von neuen Gesetzen die Rede ist, und ob überall etwas Neues vorgeht? und, weil

*) Ilias XXII. 100.

Metellus Nepos in seine Provinz abgeht, wem wohl das (mit dem Tode seines Bruders Celer erledigte) Augurat zu Theil werden dürfte? Dieses ist noch das Einzige, womit ich von denen, die itzt Alles machen, ins Netz gelockt werden könnte [26]). Du siehst wie schwach ich bin. Und doch wozu sollten mir neue Ehrenstellen? mir, der sich auch dessen, was er schon hat, entäussern und nichts als mit Leib und Seele der Philosophie obliegen will? Dies, ich wiederhol' es, ist itzt meine wahre Gesinnung; wollte Gott, sie wär' es von Anfang an gewesen! — Aber nun, da mich die Erfahrung gelehrt hat, wie eitel diese vermeinten Herrlichkeiten sind, nun gedenke ich mit allen Musen Abrechnung zu halten. Schreibe mir indessen doch etwas Gewisseres über den Curtius, und ob Jemand an seine Stelle kommen soll [27]); und was es mit Clodius wird? Kurz, gieb mir, wie du versprachst, und soviel du Muße hast, von Allem Nachricht. Auch melde mir, an welchem Tage du von Rom abzugehen gedenkst, damit ich dich benachrichtigen könne, wo du mich antreffen wirst. Antworte mir sobald als möglich; ich erwarte deinen Brief mit Ungeduld.

4.

An Atticus.

II. 6.

Ich versprach dir in meinem Vorletzten, du solltest irgend ein Werk zu sehen bekommen, das während meiner dermahligen Abwesenheit von Rom entstanden wäre; aber nun stehe ich dir für nichts mehr. Ich finde ein so großes Behagen am Müßiggehen, daß ich mich gar nicht davon losreissen kann. Ich vertreibe mir also die Zeit entweder mit den Büchern, wovon ich zu Antium einen hübschen Vorrath habe, oder ich sitze am Ufer und zähle die Wellen; denn zum Fischen geht die See zu stürmisch. Vor dem Schreiben hab' ich einen ordentlichen Abscheu. Das Geographische Werk, womit ich mich zu beschäftigen gedachte, ist eine gar zu mühselige Arbeit. Dem Eratosthenes, an den ich mich halten wollte, wird so häufig von Serapion und Hipparchus widersprochen; wie würd' es erst gehen, wenn Tyrannion noch dazu käme [28])? Und wahrlich es kommen in dieser Wissenschaft eine Menge Dinge vor, welche schwer deutlich zu machen sind; überdies ist alles gar zu einförmig und erlaubt bey weitem keinen so blühenden Vortrag als ich gewähnt hatte, und — was der Hauptpunct ist, jeder Vorwand zum Nichtsthun ist mir gut genug. Ich stehe sogar an, ob ich mich nicht entweder hier *) oder zu Antium

---
*) Zu Formiä oder Tusculum.

ordentlich niederlassen, und diese ganze Zeit *) da zubringen soll; wenigstens möchte ich lieber Duumvir zu Antium seyn als zu Rom **). Du bist noch weiser, daß du dir ein Haus zu Buthrotum ***) angeschafft hast. Doch kannst du mir glauben, daß Antium und Buthrot einander viel näher sind als du dir vorstellst. Wer sollte denken, daß es so nahe bey Rom einen Ort gebe, wo viele den Vatinius 29) in ihrem Leben nie gesehen haben? wo, ausser mir, nicht ein einziger Mensch ist, dem es leid wäre, wenn die zwanzig Commissarien 30) alle sammt und sonders die Hälse brächen? und wo mir Niemand etwas in den Weg legt, Jedermann gewogen ist? Das nenn ich einen Ort, wo ein ehrlicher Staatsmann sein Wesen haben möchte! Zu Rom ist das nicht nur nicht erlaubt, es ekelt einem sogar davor. Ich gedenke also (weil du doch willst daß ich Etwas machen soll) Anekdoten zu schreiben, die ich dir allein

*) Des Cäsarschen Consulats.
**) Cicero spielt mit dem Doppelsinn des Wortes Duumviri. So hießen nehmlich die beyden ersten Magistrate in den Municipalstädten Italiens, und dies war die eigentliche Bedeutung des Worts. In dem verhaßten Sinn, worin es Cicero hier von Cäsar und Pompejus gebraucht, bedeutet es die Zweymänner, welche damahls eine willkührliche Gewalt in der Republik ausübten. Denn da Crassus nur darum in ihre Coalition aufgenommen war, um zu allen ihren Maßregeln Ja zu sagen, so war ihr anscheinendes Triumvirat im Grunde doch ein bloßes Duumvirat.
***) Im Epirus.

vorlesen werde, nach Art der *Theopompischen*, oder auch noch viel bessender 31). Denn dermahlen schränkt sich meine ganze Theilnahme am Staat darauf ein, die Bösen zu hassen, und auch dies ohne alle schwarze Galle; im Gegentheil, mit einer Art von wollüstigem Reitz ihre Thaten zu beschreiben.

Aber, um die Hauptsache nicht zu vergessen; ich habe in Betreff der Geldangelegenheit unsers Bruders Quintus an die Stadt-Schatzmeister geschrieben. Höre doch was sie sagen; ob einige Hoffnung ist, in Denarien bezahlt zu werden, oder ob wir uns mit Pompejischen Cistophoren 32) abfinden lassen müssen. Auch wirst du bestimmen was wegen der Mauer zu thun ist. Hab' ich noch etwas? — Ja; laß mich wissen, bis wann du von Rom abreisen zu können glaubst.

5.
An Ebendenselben.

II. 7.

Die Erdbeschreibung, (weil du doch immer auf diesen Punct zurückkömmst) wollen wir in ernstliche Ueberlegung ziehen.

Was die zwey verlangten Reden betrift, so hatte ich keine Lust sie aufzuschreiben; die eine, weil ich das Concept zerrissen habe, die andre weil sie einen Mann lobt, den ich nicht liebe 33). Aber auch darüber wollen wir sehen was sich thun läßt.

Kurz, Etwas soll zum Vorschein kommen, damit du nicht glauben müssest, ich hätte ganz und gar nichts gethan.

Was du mir vom Clodius schreibst, macht mir viel Vergnügen; trachte doch der Sache auf allen Spuren nachzugehen, um mir, wenn du kommst, mändlich mittheilen zu können, was du ausgegattert hast. Indessen schreibe mir immer was du bemerkst oder vermuthest, besonders ob er die Gesandschaft*) annehmen wird oder nicht. Ehe ich deinen Brief las, wünschte ich er möchte gehen; wahrlich nicht, um meinen Proceß mit ihm auf eine längere Frist hinaus zu schieben (denn ich fühle mich ausserordentlich kampflustig) sondern weil mich dünkte, falls er sich ja beym Volk in einige Gunst dadurch gesetzt hätte, daß er ein Plebejer geworden ist, wäre dies der rechte Weg sie wieder zu verlieren. „Das ist es also, warum du „dein Patriciat aufgegeben hast? Um zu gehen und „den Tigranes zu begrüßen? Pflegen denn etwa „die Könige von Armenien den Patriciern ihren „Gruß nicht zurück zu geben?" — Kurz ich hatte mich schon recht darauf gespitzt, ihn tüchtig mit seiner Gesandschaft herumzunehmen. Wenn er sie aber ausschlägt, und, wie du schreibst, die großen Männer, denen er seine Versetzung in den Pöbelstand zu danken hat, dadurch gegen sich aufbringt,

---

*) Von welcher im 2ten Br. d. B. die Rede war.

was für ein lustiges Spektakel werden wir zu sehen bekommen 34)!

Die Wahrheit zu sagen, man fährt nicht allzu säuberlich mit dem armen Menschen. Fürs erste, ist es nicht schmählich, daß er, der einst in Cäsars Hause der einzige Mann war *), itzt nicht einmahl einer von Zwanzigen seyn konnte? Zweytens wurde ihm eine andere Gesandschaft versprochen, eine andere gegeben; jene fette, wo Geld einzusäckeln war, wird, denk ich, für Drusus den Pisaurer oder den Tischfreund Vatinius aufgehoben; diese magere hingegen, die im Grunde nicht viel besser ist als Stadtverweisung unter einem anständigen Nahmen, wird dem gegeben, dessen Tribunat die Herren auf eine Zeit aufsparen wollen, wo sie es am besten benutzen zu können glauben 35). Ich bitte dich um alles, mache dem Menschen den Kopf so warm, bis er zu brennen anfängt. Unsre ganze Hoffnung beruht darauf daß diese Leute mit einander zerfallen; und dazu ist, soviel ich aus dem, was mir Curio sagte, schließen kann, bereits einiger Anfang gemacht. Arrius ist wüthend daß ihm das Consulat aus den Händen gewunden worden ist. Megabocchus und dieses blutdürstige junge Volk **) sind einander spinnefeind.

---

*) Wie er sich in daßelbe einschlich, als die Mysterien der Bona Dea darin begangen wurden.

**) Vermuthlich sind die nehmlichen gemeint, die er anderswo Commissatores conjurationis, barbatulos juvenes nennt,

385

Nun darf nur noch dieser Zwist wegen Besetzung des Augurats ernsthafter werden, so hoff' ich, ich werde dir eine Menge herrlicher Briefe über diese Dinge zu schreiben haben. Aber was das ist, möcht' ich genauer wissen, was du nur so ganz leise fallen lässest, "unter den Fünfmännern selbst fiengen einige an zu reden." — Was mag das seyn 36)? — Wenn du etwas damit sagen wolltest, so gehen die Dinge besser als ich gedacht hätte.

Uebrigens möchte ich nicht, daß du meine Nachfragen so nähmest, als ob ich von den Nachrichten, die du mir giebst, einen praktischen Gebrauch zu machen gedächte, und Lust hätte, noch eine Rolle in der Republik zu spielen. Es ist schon lange, daß ichs überdrüßig bin am Steuer zu sitzen, auch da es mir noch gestattet wurde. Nun aber, da ich genöthigt bin das Schiff zu verlassen, nicht als hätt' ich das Ruder weggeworfen, sondern weil es mir genommen wurde: wünsche ich den Schiffbrüchen dieser Leute vom Land' aus zuzusehen, und unter Dach, wie dein Freund Sophokles sagt,

> Bey heiterm Sinn den dichten Regen platzen
> Zu hören —

die noch übrigen Schmausbrüderchen des Catilina unter dem jungen Adel zu Rom; verschwenderisches, ruchloses und immer geldbürftiges Gesindel, das, um sich vor seinen Gläubigern zu retten, immer bey der Hand war, wenn es tumultuarisch in Rom zuging. Megabocchus ist ohne Zweifel Pompejus.

Was wegen der bewußten Mauer nöthig ist, bleibt dir heimgestellt. Den Fehler, der den Castricius betrift, will ich verbessern. Quintus hatte mir von 3500 Sesterzien geschrieben, und nun schreibt er deiner Schwester von 30,000 *).

Terentia läßt dich grüßen. Cicero **) bevollmächtigt dich dem Aristodemus das Nehmliche für ihn zu versprechen, wofür du dich für seinen Bruder, deiner Schwester Sohn, verbürgt hast ***). Was du mich der Amalthea wegen erinnerst, soll nicht vernachläßigt werden. Lebe wohl.

6.
An Atticus.

II. 8.

Während ich, nach Gewohnheit, gegen Abend auf einen Brief von dir warte, wird mir angesagt, die jungen Bursche ****) seyen von Rom zurückgekommen. Ich lasse sie rufen, frage ob sie Briefe haben? Sie sagen Nein. Was? keinen Brief vom Pomponius? Im Schrecken, den ihnen meine

---

*) Dies betrift eine uns ganz unbekannte häusliche Angelegenheit des Quintus. Die Zahlen in den Handschriften scheinen unrichtig zu seyn.

**) Sein einziger Sohn, damahls ein Knabe von 6 Jahren.

***) Die Rede ist ohne Zweifel von einem Griechischen Sprachlehrer, bey welchem die beyden jungen Ciceronen in die Schule gehen sollten.

****) In seinem Hause gebohrne Sclaven.

Miene und Stimme einjagt, gestehen sie, sie hätten einen Brief erhalten, er sey aber unterwegs verlohren gegangen. Du kannst dir vorstellen welchen Verdruß ich darüber hatte. Denn seit vielen Tagen bekam ich keinen einzigen Brief von dir, der nicht irgend etwas Nützliches oder Angenehmes enthielt. Wenn also in diesem verlohrnen Brief vom 15ten April etwas der Geschichte würdiges war, so eile michs wissen zu lassen; und enthielt er nichts als Scherz, so gieb mir auch diesen wieder. Wisse indessen, daß mir der junge Curio einen Besuch gemacht hat. Seine Reden stimmten völlig mit deinen Briefen überein. Er selbst scheint über alle Maßen

— die stolzen Könige zu hassen *).

Unsre jungen Leute, sagte er, seyen nicht weniger aufgebracht und wüßten es nicht länger zu ertragen. Gut für uns! Wenn etwas von diesen zu hoffen ist, so können Wir was anders thun. Ich mache mich an meine Geschichte **), — wiewohl, wenn du mich gleich für einen zweyten Saufejus 37) hältst, in der Welt kein solcher Müßiggänger lebt wie ich.

Nun muß ich dir auch sagen, wie ich meine Reisen zu machen gesonnen bin, damit du festsetzen kannst wo du mich besuchen willst. Auf meinem Gute zu Formiä gedenke ich am Feste der Pales

---

*) Im Text ein halber Vers des alten Ennius.
**) An die geheime Geschichte seiner Zeit, von welcher im vierten Briefe schon die Rede war.

(den 21. April) anzukommen. Von da — weil du doch glaubst, daß es sich nicht schicke in einer Zeit, wie diese, die wollüstigen Gegenden, wo Bajä liegt, zu besuchen, — werde ich am ersten May abreisen, um am dritten zu Antium zu seyn. Denn vom vierten bis zum siebenten werden Spiele da gegeben, welche Tullia sehen will. Von Antium denke ich mein Tusculanum zu besuchen, sodann das Arpinum, und am ersten Juny wieder in Rom zu seyn. Mache also daß ich dich entweder zu Formiä oder zu Antium oder in Tusculano sehe. Denen vorigen Brief stelle mir wieder her, und mahle noch etwas Neues hinzu.

7.
An Atticus.

II. 9.

Da mir der Quästor Cäcilius sagt, er schickt einen seiner Leute nach Rom, so schreibe ich dieses in Eile, um dir deine wundervollen Dialogen mit Clodius abzulocken; sowohl den, womit du heimlich thust, und sagst, die Antwort, die du ihm gegeben, wäre für einen Brief zu lang, als vornehmlich den, der erst noch gehalten werden soll, den nehmlich, den dir die Stieräugige*), wenn

---

*) illa βοῶπις, bekanntlich ein gewöhnliches Beywort der Juno in der Ilias, womit Cicero die älteste Schwester des Clodius ihrer grossen Junonischen Augen wegen zu bezeichnen liebt.

sie von Solonium zurückkommt, hinterbringen wird. Versichre dich, daß du mir kein größres Vergnügen machen kannst. Hält er nicht was er (dem Pompejus) meinetwegen zugesagt hat, dann bin ich im Himmel! Mag er dann sehen, der Mann, der sich so viel auf die Eroberung von Jerusalem zu gute thut, und sich damit abgiebt Patricier in Plebejer zu verwandeln, mag er sehen welchen schönen Dank er mir für meine reingoldnen Reden gegeben hat! Aber du sollst auch eine göttliche Palinodie zu sehen bekommen, darauf kannst du dich verlassen!

Und doch, was kümmert mich am Ende das alles? Bleibt der Taugenichts mit diesen Gewalthabern verbunden, so wird er keine Gelegenheit finden, sich gegen den Cynischen Consularen, (wie er mich nennt) ja nicht einmahl gegen unsre Fischteichgötter aufzublasen. Denn eine so unbedeutende Person, als ich vorstelle, seitdem ich meiner Senatorischen Macht beraubt bin, kann keines Menschen Neid erregen. Zerfällt er hingegen mit ihnen, so wär' es ungereimt, wenn er auch auf mich losrennen wollte. Aber mag er doch, wenn's ihn lüstet!

Diese Umwälzung der Republik hat sich wirklich weit artiger und mit viel weniger Gepolter gemacht als ich mir vorgestellt hatte. Allerdings hätte man verhindern können daß es nicht so schnell gegangen wäre. Daran hat freylich Cato viele Schuld; aber doch noch mehr die Schlechtigkeit derjenigen,

welche die Auspicien, und die gegen den Miß=
brauch der Gewalt der Tribunen und gegen die
Bestechungen, vorhandenen Gesetze gelten zu machen
verabsäumt; alle Mittel, wodurch der Staat sich
hätte helfen können, verschleudert, Königreiche wie
Meierhöfe an kleine Fürsten *) verschenkt 38), und
unermeßliche Summen unter etliche Begünstigte
ausgetheilt haben **). Ich sehe vorher wohin nun
der Neid fallen, und wo er sich fest anhängen wird.
Sage, ich sey weder durch die Erfahrung noch
durch Theophrasten klüger worden, wenn du
nicht in kurzem meine Zeiten zurückwünschen
hörst. Denn wenn damahls die Obergewalt am
Senat schon verhaßt war, was meynst du was
nun geschehen wird, da sie, — nicht etwa zum
Volke, sondern zu drey Männern, die weder
Maß noch Ziel kennen, übergegangen ist? Laß sie
also machen was sie wollen, Consuln und Tribu=
nen! mögen sie sogar den Kropf des Vatinius
mit dem Priesterlichen Purpur ***) umgeben! In
kurzer Zeit wirst du nicht nur die, welche nie ge=
wankt haben, sondern selbst den, der gefehlt hat,
unsern Cato, wieder in der Höhe sehen. Ich, für
meine Person, denke mir mit Philosophieren

---

*) Z. B. den Königstitel nebst Klein-Armenien an den Te=
 trarchen Dejotarus von Galatien.
**) Es ist klar, daß der Senat selbst hier gemeynt ist.
***) d. i. ihren Günstling den Tribun Vatinius (der
 vermuthlich einen dicken Hals hatte) zum Augur an dem
 Platz des verstorbnen Metellus Celer machen.

fortzuhelfen, wenn anders dein neuer Tischfreund Clodius mirs erlauben wird; nöthigt er mich aber, so werd' ich mich bloß meiner Haut wehren, und, wie es einem Philosophen von Profession zukommt,

 Rach' an jedem nehmen, der ungereizt mich beleidigt *).

Das Vaterland mag mir verzeihen; es hat, wo nicht mehr als ich ihm schuldig bin, doch gewiß mehr als begehrt wurde, von mir empfangen. Lieber will ich mich von einem andern übel führen lassen, als am Steuer sitzen, um so undankbare Passagiere gut zu führen. Doch über diese Dinge wird sich mündlich besser sprechen lassen.

Höre nun die Antwort auf deine Frage. Aus dem Formianum denk' ich am 3ten May in Antium zu seyn, und am 7ten von da nach dem Tusculanum abzugehen; sobald ich aber das erstere verlasse, (wo ich bis zum letzten April zu bleiben gedenke) werd' ich dir davon Nachricht geben. Terentia grüßt dich.

 Κικέρων ὁ μικρὸς ἀσπάζεται Τίτον Ἀθηναίον **).

*) Ilias XXIV. 343.
**) d. i. Cicero der kleine grüßt Titus den Athener. Vermuthlich hatte dies der kleine Cicero (der itzt beym Aristodemus Griechisch lernte) eigenhändig geschrieben,

8.
An Atticus.

II. 12.

Wie? Sie *) läugnen, daß Clodius wirklich zum Plebejer gemacht worden sey? Das nenn' ich doch die Könige spielen! das ist ja ganz unerträglich! Clodius soll nur ein Paar Leute zu mir schicken, die meine Aussage aufnehmen und besiegeln, und ich will schwören, daß unser Cnäus, dermahliger College eines Balbus 39), mir zu Antium selbst gesagt hat: er habe den Dienst des Augurs dabey verrichtet.

O der zwey lieblichen Briefe, die mir zu gleicher Zeit von dir gebracht wurden! Daß ich dir ein Bothenbrodt für ihren Inhalt schuldig bin ist gewiß, nur hab' ich nichts das dazu gut genug ist. Aber höre nur was mir begegnet ist. Wie ich von Antium ganz gemächlich in den Appischen Weg bey Trestaberna einlenke, läuft unversehens mein Curio 40), von Rom kommend, auf mich zu, und gleich darauf erscheint auch dein Bedienter mit Briefen. Curio fragt mich, ob ich nichts Neues gehört hätte? Ich sage nein. So wisse denn, sagt er, daß Clodius um das Tribunat anhält. — „Was du sagst!" — und daß Cäsar keinen ärgern Feind hat als ihn, und daß er nur Tribun werden will, um alles, was Cäsar gethan hat, zu cassiren. — „Und was sagt Cäsar

*) Pompejus und Cäsar.

dazu?" — Er läugnet geradezu, daß er die Adoption des Clodius habe bestätigen lassen. Und nun ließ er sich ganz offenherzig über den Haß heraus, den er selbst, Memmius und Metellus Nepos, Cäsarn gewidmet hätten. Ich umarmte den jungen Mann, entließ ihn und eilte zu deinen Briefen.

Wo sind die, die so viel Wesens aus der lebendigen Stimme machen? Wie viel besser als Curio's Reden haben mich deine Briefe belehrt von dem was vorgeht; von den Projecten die in der Arbeit sind und täglich ins Feinere ausgearbeitet werden; von dem was Clodius im Sinne hat; von der Wuth der Stieräugigen, ihn durch ihre Trompetenstöße immer noch mehr zu erhitzen; von dem Fahnenträger Athenion *); von den Briefen die an Pompejus geschrieben worden; von dem was dir Theophanes und Memmius gesagt. Und was lässest du mich erst von der Beschreibung des schwelgerischen Gastmahls erwarten, dessen du erwähnst! Mich hungert ordentlich, mehr davon zu wissen, und doch kann ich es auch geschehen lassen, wenn du mir dieses (Antisokratische) Symposium nicht zu lesen giebst; ich mag es noch lieber unmittelbar aus deinem Munde hören.

Du ermahnst mich noch immer zum Schreiben.

---

*) Mit diesem Nahmen des ehemahligen Anführers der empörten Sclaven in Sicilien scheint Atticus in seinem Briefe den Tribun Vatinius bezeichnet zu haben.

Freylich wächst mir, wie du sagst, die Materie dazu in die Hand; aber alles ist dermahlen noch in Gährung. So lange der Herbst dauert, steigen die Hefen; haben sich diese erst gesetzt, so wird was ich schreibe desto lauterer seyn. Wenn du also gleich vor der Hand nichts davon haben kannst, sollst du wenigstens der erste und eine Zeit lang der einzige seyn, dem ich's mittheile.

Du hast Recht daß du viel auf den Dicäarchus hältst. Er ist ein heller Kopf, und um ein gutes Theil ein beßrer Bürger als unsre Adicarchen 41). Ich schrieb diesen Brief in der zehnten Stunde an den Cerealien*), sobald ich den deinigen gelesen hatte, dachte ihn aber erst am folgenden Tag dem ersten, der mir in den Wurf kommen würde, mitzugeben. Terentia ergötzte sich sehr an deinem Brief; sie läßt dich schönstens grüßen, und Cicero der Philosoph grüßt den Staatsmann Atticus **).

9.
An Ebendenselben.
II. 10.

Bewundre meine Standhaftigkeit! Ich will die Spiele zu Antium nicht sehen ***)! In der That

---

*) Dem Feste der Ceres, das auf den 9ten April fiel.
**) Dieser scherzhafte Schluß des Briefs ist im Original griechisch. Er bedarf hoffentlich keiner Auslegung.
***) S. den 6ten Brief dieses Buchs.

käm es etwas seltsam heraus, wenn der Mann, der allen Verdacht, als ob wollüstige Genüsse einigen Werth bey ihm hätten, vermeiden wollte, sich plötzlich in einem andern Lichte zeigen und den Lustbarkeiten, zumahl so läppischen wie diese, ausdrücklich nachreisen wollte. Ich werde dich also bis zum 7ten May im Formianum erwarten. Laß nun auch du mich den Tag wissen, da wir dich sehen werden. Ich schreibe dies Briefchen zu Forum Appii, um 10 Uhr Morgens. Ein anderes habe ich kurz zuvor zu Trestaberna abgehen lassen.

10.
An Ebendenselben.
II. 11.

Ich kann dir sagen, ich komme mir wie von der ganzen Welt abgeschnitten vor, seitdem ich im Formianum bin. Als ich zu Antium war, verlief kein Tag, wo ich nicht besser wußte was zu Rom vorging, als die so selbst zu Rom waren. Denn aus deinen Briefen ersah ich alles, was nicht bloß in der Stadt sondern in der ganzen Republik, — nicht nur geschah, sondern auch künftig geschehen würde. Jetzt erfahre ich von dem allen kein Wort, als was meine Leute etwa von irgend einem vorbeygehenden Wanderer aufgefangen haben. Also, wiewohl ich dich nun selbst erwarte, packe diesem

Burschen, dem ich sogleich wieder zurück zu rennen befohlen habe, einen recht schweren Brief auf, mit dem Neuesten was geschehen ist, angefüllt, und mit dem was du davon denkst. Auch laß mich den Tag wissen, wo du von Rom abgehen wirst. Wir bleiben im Formianum bis zum 6ten May. Kommst du nicht vor diesem Tage, so sehe ich dich vielleicht zu Rom. Denn was sollt' ich dich in mein rauhes Arpinum einladen? Gleichwohl sag' ich wie Ulysses,

Rauh ist es zwar, doch nährt es treffliche Männer, und
Süßer's
Werd' ich, als diesen Boden, in meinem Leben nicht
sehen *).

Dies wäre dann für diesmahl alles. Lebe wohl.

II.
An Ebendenselben.

II. 13.

Entsetzlich! daß dir die Antwort die ich, auf deine mir so äusserst angenehmen Briefe, in der nehmlichen Stunde, da ich sie erhalten, zu Trestabernä abgehen ließ, von Niemand zugestellt worden seyn soll! Soll ich dir sagen wie es zuging? Das Paket, worein ich diesen Brief gethan hatte, wurde noch an demselben Tage in meinem Hause zu Rom abgegeben, und kam von da wieder an mich ins Formianum zurück. Ich habe Befehl

*) Odyssee IX. 27. 28.

gegeben, den dir bestimmten Brief dir wieder zuzuschicken, damit du daraus ersehest, wie angenehm mir damahls die deinigen gewesen sind.

Daß zu Rom, wie du schreibst, alles schweige, hatte ich mir eingebildet; aber, bey Gott, auf dem Lande spricht man desto lauter; unsre Bauern sogar finden euer Reich unerträglich. Wenn du in diese weitgethürmte Stadt der Lästrygonier *), Formiä meine ich, kommst, welches Gemurmel du da hören wirst! wie aufgebracht die Gemüther! Wie verhaßt unser Freund der Große, dessen Beynahme zugleich mit dem Beynahmen Crassus des Reichen veraltert ist! Du darfst mirs glauben, ich habe noch Niemanden angetroffen, der diese Dinge so gelassen trüge wie ich. Laß uns also philosophieren, mein Freund; ich kann dich auf Eid versichern, es geht über alles.

Sobald du die Briefe an die Sicyonier bekommen hast, so eile im Flug in's Formianum, von wo wir am 6ten May abzugehen gedenken.

12.
An Ebendenselben.

II. 14.

Wie sehr spannst du meine Erwartungen und mein Verlangen, das nähere von dem, was dir Bibulus gesagt hat, und von deiner Unterredung mit

*) Odyssee, X. 82.

der Stieräugigen, und von jenem wollüstigen Gastmahl zu vernehmen! Eile also was du kannst und stille den Durst meiner Ohren. Bey allem dem däucht mir, es sey dermahlen nichts was wir so sehr zu befürchten haben, als daß unser großer Sampsiceramus 42), wenn er endlich merkt, mit wie wenig Zurückhaltung alle Welt von ihm spricht, und wenn er sieht wie leicht sich, was zeither geschehen ist, wieder umstoßen läßt, irgend einen unbesonnenen Schritt thun möchte. Ich für meinen Theil fühle mich so nervenlos, daß ich in dieser Muße, worin ich nach und nach dahinschwinde, lieber unter einem Tyrannen leben, als mich, wär' es auch mit der besten Hoffnung, in ein Gefecht einlassen möchte.

Auf irgend eine Ausarbeitung, wozu du mich so oft ermahnst, zu denken, ist eine unmögliche Sache. Mein Haus hier ist eine wahre Basilica 43) und kein Landhaus, so sehr werde ich von den Formianern überlaufen. Wirklich müßt' es eine Basilica seyn um sie alle zu fassen; denn der Ort ist so volkreich, daß ich oft die ganze Aemilische Zunft*) beysammen zu haben wähne. Doch ich rede nicht vom großen Haufen; nach dem ersten Tagesviertel haben sich diese Leute alle wieder verlaufen. Aber da ist ein gewisser Cajus Arrius, mein nächster Nachbar oder vielmehr Hausgenosse,

*) Die Einwohner von Formiä waren in diese Zunft eingeschrieben.

der mich versichert, daß er bloß darum nicht nach Rom gehe, damit er ganze Tage hier mit mir philosophieren könne. Auf der andern Seite blokirt mich Sebosus, ein ehmahliger Hausfreund des Catulus, wie er vorgiebt. Wohin soll ich mich wenden? Beym Herkules, ich gienge auf der Stelle ins Arpinum, wenn das Formianum Dir nicht bequemer läge, — wo ich dich bis zum 6ten May erwarten will, aber keinen Tag länger; denn du siehst, was für Leuten meine armen Ohren herhalten müssen. Wer mein Gut bey Formiä wohlfeil kaufen wollte, müßte sich melden während diese Menschen bey mir sind. Wie soll ich dir nun unter solchen Umständen etwas Großes, etwas Nachdenken und Ruhe Erforderndes unternehmen können? Und doch! du willst es; ich werde dich zu befriedigen suchen, und wenigstens keine Mühe sparen.

13.
An Ebendenselben.
II. 15.

Ich sehe klar, es ist wie du schreibst; die Sachen sind in Rom nicht weniger ungewiß und unzusammenhängend als in deinem Briefe: und doch belustigt mich sogar dieses bunte Gemengsel von Reden und Meynungen. Mir ist, wenn ich deine Briefe lese, ich sey mitten in Rom und höre, wie bey Sachen von solcher Wichtigkeit gewöhnlich ist, bald dies bald jenes. Aber das kann ich mir nicht erklären, was sich zu Gunsten des Agrarischen Gesetzes sollte erfinden lassen, wogegen Niemand etwas einzuwenden hätte. Ich gestehe, der Consul Bibulus beweißt in seiner Beharrlichkeit, den Aufschub der Comitien zu bewirken, ein großes Gemüth; aber wozu dient es, als zu zeigen wie er denkt? der Republik ist damit nicht geholfen 44).

Man macht sich, wie es scheint, Hoffnung von Clodius 45); nun so werd' er dann Tribunus Plebis! wär es auch nur, damit du desto bälder wieder aus dem Epirus zurückkommest. Denn ich sehe keine Möglichkeit, wie du lange ohne ihn seyn könntest, zumahl wenn er etwa mit mir anbinden wollte. Daran ist wenigstens kein Zweifel, daß du eilends herbeyfliegen würdest, wenn so etwas sich ereignete. Wäre das aber auch nicht, so verspreche ich mir, es sey nun daß er die Republik vollends umzustürzen oder wieder aufzurichten gesonnen ist, ein herrliches Schauspiel, wenn mir nur vergönnt wird an deiner Seite zuzuschauen.

Indem ich dieses schreibe, kommt mir nicht Sebosus übern Hals? Ich hatte noch nicht völlig ausgeseufzt, so ruft mir Arrius sein Salve entgegen. Eben so gut hätt' ich zu Rom bleiben mögen, wenn ich unter solche Menschen gerathen mußte, um weit minder beschwerlichen zu entgehen! Es ist beschlossen, ich flüchte mich in

die väterlichen Berge, die Wiege meiner Kindheit *).

*) Daß dies im Original ein Hexameter ist, fällt ins Auge

Wenn ich ja nicht allein seyn kann, so will ich lieber mit Bauern leben, als mit solchen anspruchsvollen Kleinstädtlern. Indessen werd' ich doch, weil du mir nichts gewisses schreibst, bis zum fünften May im Formianum auf dich warten.

Terentia ist dir für deine unermüdeten Dienste in ihrem Proceß mit Mulvius *) höchlich verbunden. In der That weiß sie nicht, daß du das gemeine Interesse aller derer vertheidigst, welche im Besitz von Feldgütern sind, die dem Staat angehören. Indessen seyd ihr doch darin verschiednes Sinnes, daß du den Staatspächtern für die deinigen etwas bezahlst, Sie hingegen gar nichts geben will 46). Sie also, und der Erzaristokrat, mein Junge **), lassen dich grüßen.

14.
An Atticus.
II. 16.

Ich hatte eben zu Nacht gespeist und war nahe am Einschlafen, als mir dein Brief vom letzten April gebracht wurde, worin von den Campanischen Ländereien die Rede ist. Was soll ich dir

---

und ins Ohr; vielleicht ist er aus Cicero's eignem Gedicht über sein Consulat genommen.

*) Vermuthlich einem Geschäftsträger der Publicaner, zu deren Departement die Feldgüter der Terentia, wovon die Rede ist, gehörten.

**) ἀριστοκρατικώτατος παῖς.

sagen? Anfangs beunruhigte mich's so sehr, daß es mir den Schlaf nahm, wiewohl weniger aus Verdruß, als weil ich mir die Sache nicht aus den Gedanken schlagen konnte. Hier ist ungefähr, was mir beym Nachdenken darüber einfiel.

Das erste war, daß ich aus der Stelle in deinem Vorigen, wo du schriebst: „du hättest von einem seiner *) Vertrauten gehört, es würde etwas in Vortrag kommen, wogegen Niemand etwas einwenden könnte," etwas viel ärgeres gefürchtet hatte; denn dies schien mir nicht von solcher Art zu seyn 47). Sodann tröstete ich mich damit, daß, — da diese ganze Aecker-Austheilung sich auf das Campanische Land beschränken soll, und dieses, den Theil zu 10 Jaucharten **) gerechnet, nicht für mehr als 5000 Köpfe zureichen würde, — die übrige Menge, welche leer dabey ausginge, unfehlbar mißvergnügt gemacht werden müßte 48). Ausserdem, wenn irgend etwas ist, das die ohnehin gereizten Gemüther aller Wohldenkenden in Feuer und Flammen setzen müßte, so ist es gewiß dies. Denn, da die Zölle durch ganz Italien bereits aufgehoben sind, und nun auch die Campanischen Ländereyen vertheilt werden sollen, was für ein inländisches Einkommen, ausser dem Zwanzigsten 49), bliebe

*) d. i. Cäsars.
**) dena Jugera. Ein Jugerum hielt 240 Fuß in die Länge und 120 in die Breite: also 28,800 Fuß ins Gevierte. Zehen Jugera betrugen folglich ungefähr 60 Acker nach Sächsischem Maß.

uns dann übrig? Und brauchte es dann etwa mehr als eine einzige kleine Volksversammlung, um unter dem tumultuarischen Geschrey unsers Nachtrabs auch diesen vollends abzuschaffen?

Wo unser Pompejus eigentlich hinaus denkt, weiß ich nicht. So viel ist gewiß,

Er bläst nicht mehr auf Haberröhrchen, sondern
Mit vollen Backen aus ungeheuren Hörnern *),

seit er sich auf diese Seite hat ziehen lassen. Bisher suchte er unsern Vorwürfen immer mit sophistischen Wendungen auszuweichen. Er billige die Gesetze Cäsars, sprach er, seine Handlungen möge dieser selbst verantworten. Das Agrarische Gesetz habe seinen Beyfall gehabt: ob ein Tribunus sein Veto hätte entgegensetzen können oder nicht, gehe ihn nichts an. Er habe dahin gestimmt, daß die Sache des Königs von Aegypten **) endlich einmahl ausgemacht werde: ob Bibulus den Himmel beobachten werde oder nicht, darnach habe er nicht zu fragen gehabt. In der Sache der Asiatischen Publicaner ***) habe er dem Ritterstande gefällig seyn wollen: was geschehen würde, wenn Bibulus ins Forum herabkäme, habe er, da er kein Prophet sey, nicht wissen können 50). Wohl, mein edler Sampsiceramus! aber was wirst

---

*) Verse aus einem verlohren gegangenen Stücke des Sophokles.
**) Ptolemäus Auletes.
***) S. den 21sten Brief im 1sten Buche.

du nun sagen? Etwa, du habest uns für die Pachtgelder der Campanischen Ländereyen den Ersatz bereits auf dem Antilibanus angewiesen? Wie willst du daß wir uns damit abfertigen lassen sollen? — "Ich will euch, sagt er, mit Cäsars Legionen schon in der Zucht zu halten wissen." — Bey mir solltest du wahrlich mit diesen Legionen nicht so viel ausrichten, als mit der schnöden Undankbarkeit derjenigen, die man wohlgesinnt nennt, und von denen ich nicht nur keine Belohnungen, sondern nicht einmahl Worte, die ich für Zeichen einiger Erkenntlichkeit hätte nehmen können, erhalten habe. O! Gewiß wollt' ich irgend einen Weg zum Widerstehen finden, wenn ich mich dazu entschließen könnte. Aber ich habe eine andre Parthey genommen; und, da zwischen deinem Liebling Dicäarchus und meinem Freunde Theophrast ein so großer Streit darüber ist, ob (wie Jener behauptet) dem Praktischen Leben, oder (wie Dieser) dem Theoretischen, der Vorzug gebühre; so will ich an meiner Person beweisen, daß man es mit beyden zugleich halten kann. Dem Dicäarchus glaube ich bisher in vollem Maße genug gethan zu haben; nun will ich mich zu der andern Secte schlagen, die mir nicht nur erlaubt mich zur Ruhe zu setzen, sondern mir noch übel nimmt, daß ich nicht immer ruhig geblieben bin. Und so sey es dann beschlossen, o! mein Titus, mich mit ganzem Ernst der Philosophie und den Musen zu ergeben, und endlich einmahl dahin zurückzukehren, wovon ich mich nie hätte entfernen sollen 51).

Was den Brief meines Bruders Quintus betrifft, so gieng es mir damit wie dir; mir fiel der Homerische Vers dabey ein,

Vorn ein Löwe, hinten ein Drach' u. s. w. *).

Ich weiß nicht was ich sagen soll. In den ersten Perioden jammert er so kläglich über die Verlängerung seiner Statthalterschaft, daß es einen Stein erbarmen möchte; auf einmahl wird er wieder so behäglich, daß er mich bittet, seine Annalen zu durchsehen und herauszugeben. Doch wünschte ich, daß du auf das, was er mir über den Zoll von dem innern Handelsverkehr in seiner Provinz **) schreibt, besonders aufmerksam seyn möchtest. Er habe, sagt er, die Sache auf Anrathen seiner Regierungsbeysitzer an den Senat gewiesen. Er hatte nehmlich damahls meinen Brief noch nicht gelesen, worin ich ihm, nach eingezogener genauer Erkundigung und Untersuchung, geschrieben, man sey diesen Zoll nicht zu geben schuldig. Siehe doch, wenn ich bitten darf, ob etwa einige Griechen aus Asien bereits dieser Sache wegen nach Rom gekommen sind, und sage Ihnen was ich davon denke.

---

*) Ilias VI. 181.
**) Die Frage war, ob die Asiaten ihre Waaren bloß bey der Ein- und Ausfuhr in die Provinz und aus derselben, oder auch bey jeder Versendung von einer Stadt zur andern, zu verzollen schuldig seyen. Das letztere behaupteten die Römischen Zöllner, das erstere die Asiaten.

Wenn der Abgang meiner Stimme der offenbar guten Sache *) keinen Schaden beym Senat thun kann, will ich den Staatspächtern nicht entgegen seyn; wo nicht, so will ich, um aufrichtig mit dir zu reden, in dieser Sache lieber die ganze Provinz Asien und die Kaufleute, welche gar stark dabey interessiert sind, zufrieden stellen. Dies ist, denke ich, etwas, woran uns sehr gelegen seyn sollte. Doch überlasse ich dir die ganze Sache 52).

Sage mir, ich bitte dich, machen die Quästoren noch immer Schwierigkeiten wegen der Asiatischen Münze? Wenn, nachdem wir alles versucht haben, nichts anders zu erlangen ist, so muß ich mir dann freylich auch das Schlimmste gefallen lassen.

Ich erwarte dich auf meinem Arpinischen Gute, wo du dich auf eine bäurische Bewirthung gefaßt machen magst, da du dieses hier **), wo wir dir mit Seefischen aufwarten konnten, verschmäht hast.

15.
An Atticus.

II. 17.

Ich bin gänzlich deiner Meynung: Sampsiceramus verliert den Kopf ***); wir haben alles

---

*) Der Asiatischen Handelsleute nehmlich.
**) Das nahe am Meer liegende Formianum.
***) „turbatur.“

zu befürchten; es liegt am Tage daß er Anstalten
zur Alleinherrschaft macht. Denn was könnte diese
plötzliche Verschwägerung mit Cäsar *), was die
Vertheilung der Campanischen Ländereyen, was
diese Verschwendung des öffentlichen Schatzes, an=
ders bedeuten? Das Uebel wäre schon zu groß,
wenn dies auch das Aeusserste wäre; aber vermöge
der Natur der Sache, kann es nicht das Aeusserste
seyn. Denn was hätten sie von dem Allen, wenn
sie dabey stehen blieben? Sie wären nie so weit
gegangen, wenn sie sich nicht dadurch den Weg zu
weit schlimmern Dingen bahnen wollten. Große
Götter! — Doch wir wollen, (wie du schreibst) am
10ten May im Arpinum nicht zusammen kommen,
um über diese Dinge mit einander zu wimmern
(da hätten wir wahrlich Zeit und Mühe bey unsrer
Philosophie übel verlohren!) nein, wir wollen uns
ganz ruhig zusammen setzen, und mit kaltem Blut
unsre Gedanken darüber zusammentragen.

Was mich itzt tröstet, ist nicht sowohl, daß ich,
wie ehmals, auf beßre Zeiten hoffte, als daß ich
über nichts in der Welt so gleichgültig bin, als
über diese öffentlichen Angelegenheiten. Ja ich
läugne nicht, — denn es ist immer hübsch wenn

*) Pompejus, der sich noch vor seiner Wiederkunft aus
 Asien von seiner Gemahlin Mucia geschieden hatte, ver=
 mahlte sich um diese Zeit mit Cäsars Tochter Julia,
 wiewohl sie bereits mit Q. Servilius Cäpio versprochen
 war, welchen Pompejus nun mit einer seiner eigenen
 Töchter entschädigte.

man seine Fehler erkennt, — daß meine kleine Eitel,
keit, und was ich im Grunde doch wohl Ruhmsucht
nennen muß, sich sogar davon gekitzelt fühlt. Ehmals
plagte mich der Gedanke nicht selten, daß die Ver,
dienste des Sampsiceramus ums Vaterland in 600
Jahren größer scheinen möchten als die meinigen.
Dieser Sorge bin ich nun auf immer ledig. Denn
der liegt nun so zu Boden *), — daß in Verglei,
chung mit ihm sogar Curius zu stehen scheint 53).
Doch hievon mündlich, — wiewohl mirs vorkommt,
als ob du meine Ankunft zu Rom abwarten wollest;
was ich mir denn auch gern gefallen lasse, wenn
es dir so bequemer ist. Wofern du aber, wie dein
Brief besagt, wirklich kommen willst, so wünschte
ich doch, du möchtest vom Theophanes auszu,
fischen suchen, wie Alabarches 54) gegen mich
gesinnt ist. Es versteht sich von selbst, daß du dich,
nach deiner Gewohnheit, eben so behutsam als ge,
nau erkundigen und mir, so zu sagen, Documente
von ihm mitbringen wirst, wie ich mich zu beneh,
men habe. Immer werden wir aus seinen Aeusse,
rungen so viel Licht erhalten, daß sich über das
Ganze etwas muthmaßen lassen wird.

*) In moralischem Sinne nehmlich.

16.
An Ebendenselben *).

II. 18.
Ich habe etliche Briefe von dir erhalten, woraus ich ersehe, mit welcher Unruhe und Aengstlichkeit du zu wissen verlangst, was Neues geschehen sey. Wir sind von allen Seiten gefangen, und weigern uns nicht mehr, Sclaven zu seyn, weil wir uns vor dem Tod und der Verbannung aus Rom als den größern Uebeln fürchten, ob sie schon die kleinern sind. Dies ist dermahlen unser von Allen einhellig beseufzter und von Niemand nur mit einem Wort erleichterter Zustand. Jene, in deren Händen alles ist, haben sich, wie ich vermuthe, zum Ziel vorgesteckt, Keinem ihrer Nachfolger noch etwas zu verschenken übrig zu lassen 55). Der einzige, der noch laut spricht und sich offenbar entgegensetzt, ist der junge Curio. Diesem wird gewaltig zugeklatscht und alles drängt sich hinzu, ihn zu grüßen wenn er sich im Forum sehen läßt; kurz, die Wohlgesinnten überhäufen ihn mit Merkmahlen ihrer Zuneigung, da sie hingegen den Prätor Fufius **) mit Schreien, Schimpfen und Zischen verfolgen.

Aber diese Dinge geben uns keine Hoffnung; sie vergrößern vielmehr unsern Schmerz, da man dar-

---
*) Dieser Brief ist, nach ihrer Zusammenkunft, von Rom aus geschrieben, welches Atticus bald darauf verließ, um nach Griechenland zurückzukehren.
**) Ein Geschöpf Cäsars.

aus sieht, daß es den Bürgern nicht an gutem Willen, sondern an Kraft und Muth zum Handeln fehlt. Verlange nicht daß ich hierüber ins Besondere eingehe; genug es ist mit dem Ganzen so weit gekommen, daß nicht die geringste Hoffnung ist, daß künftig, ich will nicht sagen dem Privatmann, sondern den Staatsbeamten selbst einige Freyheit übrig gelassen werde.

Bey allem dem hört man itzt in Gesellschaften und bey Gastgeboten freyer reden als jemahls. Der Schmerz fängt an die Furcht zu überwältigen, aber nichts desto weniger ist alles voll Verzweiflung. Das neue Campanische Gesetz enthält auch, daß alle, die sich um Staatsämter bewerben, in öffentlicher Bürgerversammlung schwören müssen, daß sie, den Besitz der Campanischen Ländereyen betreffend, niemahls einen Vortrag thun wollen, der demjenigen zuwider liefe, was in den Julischen Gesetzen *) hierüber verordnet worden. Alle schwören; nur Laterensis, glaubt man, sey von seiner Bewerbung um das Tribunat bloß deswegen abgestanden, damit er nicht schwören müsse.

Doch nichts mehr von der Republik! Ich bin unzufrieden mit mir selbst, und kann nicht ohne den größten Schmerz schreiben. Ich benehme mich, in Ansehung der allgemeinen Unterdrückung, zwar

*) d. i. in den von Julius Cäsar während seines Consulats vorgeschlagenen, und vom Volke bestätigten Gesetze.

nicht ganz kleinlaut, aber doch, in Rücksicht auf die großen Dinge die ich gethan, mit zu wenig Muth.

Cäsar bietet mir als künftiger Proconsul in Gallien mit der verbindlichsten Art die Stelle eines seiner Legaten an. Ich kann auch eine freye Legation, (unter dem Vorwande) mich eines Gelübdes zu entledigen, haben, wenn ich will. Aber die letztere gäbe mir gegen einen so unverschämten Menschen wie Pulchellus *) nicht Sicherheit genug, und machte mich die Ankunft meines Bruders versäumen. Jene hingegen schützt mich in jedem Falle besser, und hindert mich nicht in Rom zu seyn sobald ich will. Ich halte mich also an sie, denke aber keinen Gebrauch von ihr zu machen, wiewohl ich mich gegen Niemand darüber herauslasse. Ich mag nicht fliehen und habe große Lust zum Kampf. Es würde nicht an eifrigen Mitkämpfern fehlen. Aber ich bin noch nicht entschlossen, und du wirst dich nichts hievon verlauten lassen.

Daß mein Bruder seinem Statius **) die Freyheit geschenkt hat, und mehr andere Dinge plagen mich zwar, aber ich bin seit einiger Zeit ganz dickhäutig geworden. Ich wollte, oder vielmehr, ich wünschte von ganzem Herzen, du wärest

---

*) Clodius, welcher seit kurzem einer der Tribunen für das nächste Jahr 695 geworden war, und seinen Haß gegen Cicero immer weniger verhehlte.

**) Einem Sclaven, der sein Liebling war und sein unumschränktestes Vertrauen besaß.

hier; dann mangelte mir weder Rath noch Trost. Auf alle Fälle richte dich so ein, daß du herbey fliegen könnest sobald ich dir rufe.

17.
An Atticus.

II. 19.

Diese heftigen Erschütterungen der Republik, und die Gefahren, die mir selbst bevorstehen, lassen mich zu keiner Ruhe kommen; nichts von einer Menge andrer Dinge zu sagen, worunter keines mir mehr Verdruß macht als die Freysprechung des Statius.

 Wie? ich soll so wenig zu gebieten haben? Doch
 Was red' ich von gebieten? daß Er nicht einmahl
 Vor einem Bruch mit mir sich scheut *)?

Ich weiß wirklich nicht was ich thun soll. Im Grunde hat die Sache selbst viel weniger zu bedeuten als das Gerede, wozu sie den Anlaß gegeben hat. Indessen ist's mir unmöglich, auf Jemand zu zürnen der mir lieb ist: aber unglaublich ist's auch, wie mich so was schmerzt. Anfechtungen in Dingen von Wichtigkeit, die Drohungen des Clodius, die Kämpfe wozu ich herausgefodert werde, greifen mich wenig an: ich werde sie, dünkt mich, entweder mit der größten Würde aushalten, oder ihnen ohne Mühe ausweichen können. — Du wirst viel-

*) Parodierte Verse aus Terenzens Phormio, I. Act. 5. Scene.

leicht sagen: o der Würde ist nur mehr als zuviel! Sorge für dein Leben, wenn du mich liebst! — Wie unglücklich, daß du nicht hier bist! Dir würde ganz gewiß nichts entgehen. Ich bin vielleicht ein wenig blind, und kann mich freylich vom Gefühl dessen, was ich meinem Charakter schuldig bin, nicht los machen.

Ich sage dir, nie ist etwas so Schmähliches, allen Menschen von jedem Stande, Geschlecht und Alter so Anstößiges und Verhaßtes gewesen, als unser gegenwärtiger Zustand; nicht nur über alles was ich je für möglich gehalten hätte, sondern, bey Gott, mehr als mir lieb ist. Diese Populaᵣen Herren *) haben sogar unsre bescheidensten Leute zischen gelehrt. Bibulus wird in den Himmel erhoben; warum weiß ich nicht zu sagen; aber man spricht von ihm als dem

 Einzigen, der den Staat uns durch sein Zögern erhalte.

Pompejus, mein großer Liebling, wie viele Schmerzen er mir auch macht, hat sich selbst doch noch mehr zu Leide gethan; er kann sich auf Niemand mehr verlassen; und ich müßte mich sehr irren, oder es ist mehr aus Furcht als aus freyem Willen, daß er sich an Jene anschließt 56). Ich für meine Person ziehe zwar, in Rücksicht unsrer ehmahᵣ

---

*) Die eine so große Popularität heuchelten und sich auf Kosten des Staats beym Volk beliebt zu machen suchten, um es zum blinden Werkzeug ihrer selbstsüchtigen Zwecke zu mißbrauchen.

ligen Freundschaft, nicht öffentlich gegen sie zu Felde: aber ich billige auch ihre Handlungen nicht, weil ich sonst alles, was ich selbst gethan, mißbilligen müßte. Ich drücke mich so mitten durch.

Wie das Volk gesinnt ist, hat sich am deutlichsten im Theater und bey andern Schauspielen gezeigt. Bey den neulichen Gladiatoren wurde der Herr *) sowohl als seine (zum Klatschen bestellten) Begleiter jämmerlich ausgezischt. An den Apollinarischen Spielen stichelte der Schauspieler Diphilus mit augenscheinlicher Absicht auf unsern Pompejus. Die Stelle:

 Durch unser Elend bist du groß —

mußte er unzählige Mahl wiederholen, und das ganze Theater schrie laut auf, als er sagte:

 Die Zeit wird kommen, da du diese deine Größe
 schmerzlich beseufzen wirst. —

Wirklich sind diese Verse wie von einem Feinde des Pompejus ausdrücklich auf die gegenwärtige Zeit geschrieben. Auch die Worte:

 Wenn weder Sitten noch Gesetze länger Kraft
 zu zwingen haben —

und was folgt, wurden mit großem Gemurmel und Geschrey der Zuschauer gesprochen. Als Cäsar ins Theater kam, war alles todtenstill; ihm folgte der junge Curio, und dem wurde nicht anders ge-

*) So nannte man demjenigen, der die Gladiatoren auf seine Kosten gab.

klatscht, als wie man ehmahls, da die Republik noch aufrecht stand, dem Pompejus zu klatschen pflegte. Cäsar nahm dies sehr ungnädig, und man sagt, es seyen sogleich Briefe an den Pompejus nach Capua abgeflogen. Sie *) zeigten große Erbitterung gegen die Ritter, welche sich, als Curio erschien, von ihren Sitzen erhoben und ihn mit Klatschen empfangen hatten; ja sie kündigten dem ganzen Volke den Krieg an, und drohten, daß nicht nur das Roscische Gesetz, sondern sogar die Getreide-Spende abgeschaft werden sollte 57). Es gieng wirklich sehr unruhig zu. Ich meines Orts hätte lieber gesehen, daß man ihre Unternehmungen mit Stillschweigen übergangen hätte; aber ich fürchte, dies sey unmöglich. Die Menschen können nicht ertragen, was doch, wie es scheint, ertragen werden muß. Wirklich hört man dermahlen nur Eine Stimme, die aber durch nichts unterstützt wird als durch den allgemeinen Haß.

Mir droht indessen unser Clodius gewaltig; er beträgt sich als mein erklärter Feind, und das Geschäft, wozu du ohne Zweifel herbeyfliegen wirst, rückt immer näher. — Mich dünkt ich dürfe mich auf unser ehmahliges Consularisches Heer der sämtlichen Wohlgesinnten, sogar der Lauwarmen, fest genug verlassen. Pompejus zeigt mir viele Zuneigung; wenn er aber versichert, Jener werde kein

*) Die Cäsarische Parthey.

Wort gegen mich sprechen, so begehrt er zwar nicht mich zu hintergehen, wird aber selbst gröblich hintergangen.

Seit dem Tode des Cosconius *) ist mir seine Stelle angetragen worden. Ich sollte also die Lücke des Verstorbenen ausfüllen. Tiefer hätte ich mich schwerlich in aller Menschen Augen abwürdigen können, und für meine Sicherheit wäre nichts zweckwidriger gewesen. Denn dieser Auftrag hat bey allen Gutdenkenden etwas Verhaßtes, und ich belüde mich (wenn ich ihn annähme) mit fremdem Hasse, ohne dessen los zu werden, den die Bösen auf mich selbst geworfen haben. Cäsar wünscht mich zu seinem Legaten. Dies wäre eine anständigere Art der Gefahr zu entgehen: aber ich mag itzt nichts damit zu schaffen haben. — Was will ich denn? Lieber will ich mich wehren; gleichwohl kann ich zur Zeit noch nichts Gewisses sagen. — Noch einmahl, wollte Gott du wärest hier! Doch wenn es die Noth erfodern sollte, wollen wir dich rufen.

Hab' ich dir noch etwas zu sagen? Was wäre das? Nichts, denke ich, als, ich bin gewiß daß alles verlohren ist. Denn warum sollten wir uns länger stellen als ob wir noch zweifelten?

Doch ich habe dies in Eile und wirklich nicht ohne Furcht geschrieben. Das nächste Mahl,

*) Er war einer der zwanzig Commissarien zu Vollziehung des Agrarischen Gesetzes.

wenn ich einen ganz zuverläßigen Briefträger finden kann, will ich mich über alles deutlich gegen dich herauslassen, oder, falls dies nicht angeht, es doch so machen daß du mich verstehen sollst. In solchen Briefen sollst du Furius heißen, ich Lälius; das übrige soll in Räthseln seyn.

Deinem Oheim mache ich hier meine Aufwartung so gut ich kann und weiß.

Die Manifeste des Consul Bibulus 58) sind dir zugeschickt worden, wie ich höre; unser Pompejus möchte vor Schmerz und Zorn darüber rasend werden.

18.
An Atticus.

II. 20.

Dem Aulus Nicatus habe ich, weil du es wünschtest, bey jeder Gelegenheit zu dienen gesucht; den Numestius, den du mir in deinem Briefe so angelegentlich empfiehlst, hab' ich mit Vergnügen unter meine Freunde aufgenommen, und (deinem Oheim) Cäcilius bin ich, soviel nur in meinem Vermögen ist, gefällig und gewärtig. Varro ist völlig wie ich ihn wünschen kann. Pompejus liebt mich und hält sehr viel auf mich. — „Und das glaubst du?" hör' ich dich sagen. Ja, ich glaub' es; er läßt mir keinen Zweifel darüber. Aber weil ich sehe, daß die Meister in der Lebens kunst uns durch Lehren und Beyspiele, in Prose und Versen, so ernstlich ermahnen, uns vorzusehen und Niemanden zu glauben: so beobachte ich jenes und sehe mich vor; aber auch nicht zu glauben, das geht über mein Vermögen!

Clodius droht mir noch immer. Pompejus versichert es habe keine Gefahr; er beschwört mir's sogar, und setzt hinzu: eher müßte Clodius ihm selbst das Leben nehmen, ehe mir etwas zu Leide geschehen sollte. Es wird noch unterhandelt. Sobald ich weiß woran ich bin, schreib' ich's dir. Kommt es zu offner Fehde, so werd' ich dich zu Hülfe rufen; läßt man mich in Ruhe, so sollst du deine Amalthea meinetwegen keinen Augenblick verlassen.

Ueber die Republik werde ich mich kurz fassen; denn ich fürchte das Papier selbst möchte uns verrathen. Wenn ich dir also in der Folge etwas Umständlicheres schreiben müßte, werd' ich es in allegorisches Dunkel hüllen.

Die Stadt liegt an einer neuen Art von Krankheit auf dem Tode; Jedermann mißbilligt was geschehen ist, klagt und jammert; da ist nirgends über irgend einen Punct die geringste Verschiedenheit, man spricht und seufzt überlaut: aber zur Heilung des Uebels wird keine Anstalt gemacht. Denn wir bilden uns ein, Widerstand würde unser aller Untergang seyn; und doch sehen wir nicht, wie beständiges Nachgeben sich in etwas anderm als im allgemeinen Verderben enden könnte. Indessen steht Bibulus in aller Mensch Bewunderung und Zuneigung himmelhoch; ☙e Manifeste und Reden werden von Jedermann abgeschrieben und gelesen. Man muß gestehen daß er auf einem ganz neuen Wege zur höchsten Glorie gelangt ist. Jetzt ist nichts so popular als der Haß der popularen Parthey. Was für einen Ausbruch wird das endlich nehmen? Mir ist nicht wohl dabey. Aber sobald ich etwas klarer sehen werde, will ich dir deutlicher schreiben.

Du, wenn du mich so sehr liebst als du gewiß thust, halte dich bereit auf meinen ersten Ruf herbey zu eilen; ich werde mir indessen wie bisher alle Mühe geben, daß es nicht nöthig sey.

Daß du deinen Nahmen änderst, wie ich neulich schrieb, ist überflüssig. Ich werde mich Lälius nennen und dich Atticus; ich will meine Briefe nicht eigenhändig schreiben und auch mein Petschaft nicht darauf drücken, sofern es nehmlich Briefe sind, die ich nicht in fremde Hände gerathen lassen möchte.

Diodotus ist gestorben und hat mir ungefähr hundert tausend Sesterzien *) vermacht.

Die Comitien (zu Erwählung der Consuln für das nächste Jahr) hat Bibulus, durch ein

---

*) 10000 Fl. Dieser ehmahlige Jugendlehrer Cicero's starb im Hause seines erlauchten Zöglings, wo er seit vielen Jahren gelebt hatte.

Manifest im Styl des Archilochus *) auf den 18ten October hinausgeschoben **).

Vom Sibius habe ich die bewußten Bücher erhalten. Der Autor ist ein armseliger Poet, aber er weiß doch etwas mehr — als Nichts, und ist nicht ganz unbrauchbar. Ich lasse das Werk abschreiben und schick' es sogleich zurück.

19.
An Ebendenselben.

II. 21.

Wie es um die Republik steht? das läßt sich ohne viel Umstände sagen: **Es ist völlig aus mit ihr.** Ihr Zustand ist um so viel jammervoller als da du sie verließest, weil sie damahls unter eine Herrschaft gefallen zu seyn schien, die dem großen Haufen angenehm war, den Wohlgesinnten hingegen zwar beschwerlich, aber (wie man hoffte) wenigstens nicht verderblich seyn würde; nun aber hat diese Herrschaft sich plötzlich Allen so entsetzlich verhaßt gemacht, daß mir vor den Folgen schaudert. Wir wissen nun aus Erfahrung, wie reitzbar und

---

*) Des berüchtigten alten Dichters, der die Leute, die ihn beleidigt hatten, durch seine Jamben dahin brachte daß sie sich erhenkten.

**) Diese Comitien konnten also nicht anders als mit Einwilligung beyder Consuln gehalten werden, und Cäsar getraute sich nicht, oder war vielmehr zu klug, in einer öffentlichen Handlung von dieser Wichtigkeit einen gewaltsamen Bruch in die gesetzmäßige alte Ordnung zu wagen.

unmäßig in ihren Leidenschaften diejenigen sind, die, aus Ungeduld über den Widerstand, den ihnen Cato that, sogleich die Republik selbst umgeworfen haben. Anfangs schienen sie uns gelinde Gifte zu geben, daß wir wenigstens ohne große Schmerzen zu sterben hofften: aber nun, fürcht' ich, sind sie durch das Zischen des Pöbels, die bittern Reden der rechtlichen Leute, und das Murren von ganz Italien zur Wuth erhitzt. Ehmahls hoffte ich immer, wie ich dir auch mehrmahls zu sagen pflegte, die Republik wälze sich so sanft unter über sich, daß man kaum das mindeste Knarren hören, kaum eine eingedrückte Spur wahrnehmen könne; und so wär' es auch gewesen, wenn die Menschen nur den Vorübergang des Gewitters hätten erwarten können. Aber nachdem sie lange heimlich geseufzt hatten, fiengen sie nun an laut zu stöhnen, und am Ende gar Alle zugleich zu reden und zu schreyen.

So ist es denn mit diesem unserm großen Freunde*), der in seinem Leben noch keine laute Mißbilligung erfahren hatte, in Lob und Beyfall wie in seinem Elemente lebte und immer eine Art von Glorie um sich her verbreitet sah, so ist es so weit mit ihm gekommen, daß er, alles seines Schimmers beraubt und mit völlig gebrochnem Muth, nicht mehr weiß wohin er sich wenden soll! Er sieht daß ein Schritt vorwärts sein Fall wäre, und weiß doch nicht wie er mit Sicherheit zurück-

*) Pompejus.

treten soll; die Guten hat er sich zu Feinden gemacht, die Bösen, denen er's zu gefallen that, nicht zu Freunden.

Aber siehe was für ein weichherziger Mensch ich bin! Ich konnte mich der Thränen nicht enthalten, da ich ihn am 25sten Sextil (Julii) gegen die Edikte des Bibulus zum Volke *) sprechen sah. Er, der sonst immer mit so stolzem Selbstgefühl an diese ehrenvollste Stelle hervorzuschreiten pflegte, und von welchem jedes Wort mit schwärmerischer Liebe vom Volk und mit dem lautesten Beyfall von Jedermann aufgenommen wurde, — wie armselig, wie demüthig stand er da! Wie deutlich sah man, daß er nicht nur den Anwesenden, sondern sich selbst sogar, mißfiel! Welch ein Anblick! dem einzigen Crassus angenehm, sonst wahrlich keinem andern! Denn da der Mann von einer solchen Höhe herab gefallen war, so däuchte es einem jeden, die Ursache könne unmöglich etwas anders als ein unvorsichtiger Fehltritt, kein absichtlicher Vorschritt gewesen seyn.

Mir an meinem Theil war dabey zu Muthe, wie dem Apelles gewesen wäre, wenn er seine Venus, oder dem Protogenes, wenn er seinen Jalysus 59) über und über besudelt im Koth hätte liegen sehen. Denn wie hätte ich diesen Mann, an den ich einst die schönsten Farben meiner Kunst verschwendet, und alles, was sie vermag, zur Vol-

*) pro rostris.

sendung seines Bildes aufgeboten hatte, wie hätt ich ihn, plötzlich so verunstaltet, ohne den lebhaftesten Schmerz ansehen können? — — obschon Niemand glaubte, daß ich, seines Antheils an dem Clodianischen Handel wegen, noch sein Freund seyn sollte. Aber so groß war meine Liebe zu ihm, daß sie durch keine Kränkung erschöpft werden konnte. Dem Volk hingegen sind die Archilochischen Manifeste, welche Bibulus gegen ihn ergehen läßt, so angenehm, daß der Platz, wo sie angeschlagen sind, von der Menge derer, die sich hinzudrängen sie zu lesen, allen Durchgehenden gesperrt ist. Ihn selbst greifen sie so sehr an, daß er sich vor Schmerz wirklich abzehrt; mir machen sie große Unlust, theils weil ich sehe daß sie ihn, den ich immer geliebt habe, so übermäßig peinigen, theils weil ich besorge, daß ein so heftiger Mann, dem das Schwerdt so lose in der Scheide sitzt und dem Schmähungen so was Ungewohntes sind, sich endlich in einem Anfall von Ungeduld den Eingebungen des Zorns und der Rachgier gänzlich überlassen könnte.

Was es mit Bibulus für ein Ende nehmen wird, weiß ich nicht; wie die Dinge itzt stehen, erscheint er in einer wahren Glorie. Als er die Comitien bis in den October aufschob, — was dem Volk sonst sehr mißfällig zu seyn pflegt, — glaubte Cäsar die versammelten Bürger durch eine heftige Rede dahin bringen zu können, daß sie dem Bibulus vors Haus rückten: aber wie stark er auch zum

Aufruhr blies, konnte er doch nicht ein einziges Wort aus ihnen herauspressen. Was soll ich mehr sagen? Sie sehen offenbar, daß sie den guten Willen aller Partheyen verlohren haben; aber desto mehr haben wir uns vor Gewalt zu fürchten.

Clodius ist und bleibt mein erklärter Feind. Pompejus beharrt darauf daß er nichts gegen mich unternehmen werde. Es wäre zu gefährlich dies länger zu glauben; ich rüste mich also zum Widerstand, und hoffe von allen Ständen kräftigst unterstützt zu werden. Nach dir verlangt mich sehr, und die Sache selbst ruft dich auf jene Zeit *) herbey. Wie viel guten Rath, Muth und Schutz werde ich gewinnen, wenn ich dich zu rechter Zeit sehen werde! Mit Varro **) bin ich sehr wohl zufrieden. Pompejus spricht wie ein Gott. Ich habe die beste Hoffnung, entweder mit größten Ehren, oder doch gewiß unbeschädigt aus diesem Kampfe zu kommen.

Schreibe mir was du machst, wie du dich belustigest, und wie weit du mit den Sicyoniern bist.

---

*) Da Clodius sein Tribunat antreten wird, nehmlich gegen den 1sten December.

**) Der Varro, der hier und in zwey folgenden Briefen genennt wird, ist ohne Zweifel kein anderer als eben der M. Terentius Varro, von dessen zahllosen Schriften noch die drey Bücher von der Landwirthschaft und beträchtliche Bruchstücke seines großen Werks de lingua Latina übrig sind. Er war von Jugend an ein Client des Pompejus, und stand um diese Zeit sehr hoch in seiner Gunst.

20.
An Atticus.

II. 22.

Wie wollte ich du wärest zu Rom geblieben! — und das wärest du gewiß, wenn wir gedacht hätten daß es so kommen werde.

Dann hätten wir unser Pulcherchen leicht in Schranken halten, oder wenigstens gewiß wissen können, was er thun will. Itzt steht die Sache so: Er flattert umher, tobt, weiß selbst nicht was er will, kündigt einer Menge Leuten den Krieg an, und wird vermuthlich thun wozu ihn der Zufall auffodern wird. Sieht er wie verhaßt der gegenwärtige Zustand der Dinge ist, so scheints er habe Lust einen Ausfall gegen die zu thun, die daran Schuld sind. Betrachtet er aber dann wieder, wie mächtig sie sind, und daß sie ein ansehnliches Heer zu ihrem Befehl haben, so dreht er sich wieder zu uns *); mir aber für meine Person droht er zugleich mit Gewalt und mit einer gerichtlichen Anklage.

Pompejus hat eine Unterredung mit ihm gehabt, und, wie er mir selbst erzählte, — denn keinen andern Zeugen hab' ich nicht, — eine sehr nachdrückliche. Er sagte ihm nehmlich: „Er, Pompejus, würde sich den Vorwurf der schändlichsten Treulosigkeit zuziehen, wenn ich Gefahr von einem Manne zu besorgen hätte, dem er selbst die Waffen in die Hände gegeben, da er seinen Uebergang zu den

*) Zur Parthey des Senats.

Plebejern zugelaffen. Er habe aber fein und feines Bruders Appius Wort hierüber, und follte er, Clodius, dies nicht halten, fo würde er es fo aufnehmen, daß die Welt überzeugt werden follte, ihm fey nichts heiliger gewefen als unfre Freundschaft." — Auf diefes und vieles andere was Er noch zu diefem Zweck gefprochen, habe Jener zwar anfangs viele Einwendungen vorgebracht, aber fich am Ende doch erklärt, und ihm die Hände darauf gegeben, daß er nichts gegen feinen Willen thun wolle.

Indeffen hat doch Clodius feitdem nicht aufgehört, in den härteften Ausdrücken von mir zu reden. Wenn er dies aber auch nicht thäte, würd' ich ihm doch nicht trauen, und mich durchaus in die nehmliche Verfaffung fetzen, wie ich itzt thue. Ich betrage mich fo, daß die guten Gefinnungen der Menfchen für mich, und mit ihnen meine Hülfsquellen, täglich zunehmen. Von den Staatsangelegenheiten halte ich mich auf allen Seiten entfernt: dafür aber treibe ich meine gewöhnlichen Gefchäfte im Gerichtshofe *) mit verdoppeltem Fleiß, und erfahre, daß ich mich dadurch nicht nur bey denen, die fich meines Beyftandes bedienen, fondern auch beym Volk überhaupt nicht wenig beliebt mache. Mein Haus ift ungewöhnlich mit Menfchen angefüllt; man geht mir entgegen, man erneuert das

*) Vertheidigungen angeklagter, fchuldiger oder unfchuldiger Perfonen.

Andenken meines Consulats, man zeigt mir Theil‑
nahme und Dienstgeflissenheit. Kurz, ich kann
nicht anders als eine so gute Hoffnung fassen, daß
es mich zuweilen dünkt, ich dürfte dem Kampfe,
der mir bevorsteht, nicht ausweichen, wenn ich es
auch könnte.

Die Zeit ist nun gekommen, wo ich deines Ra‑
thes und deiner treuen Liebe benöthigt bin. Fliege
also herbey. Ich werde aller Sorgen entbunden
seyn, wenn ich dich wieder habe. Vieles kann
durch unsern Varro *) gethan werden, was, wenn
du ihn antreibst, desto gewisser geschehen wird.
Vieles kann vom Clodius herausgelockt, vieles aus‑
gekundschaftet werden, was dir nicht verborgen
bleiben kann. Vieles, — doch bin ich nicht lächer‑
lich, dir im einzelnen vorzuzählen, wozu du mir
gut seyn wirst? Ich werde dich dann zu allem in
Requisition setzen. Nur von Einem bitte ich daß
du dich vollkommen überzeugest, nehmlich: alles
sey gesagt, sobald ich dich sehe. Nur hängt alles
davon ab, daß es geschehe bevor Clodius sein Amt
antritt. Ich denke, wenn Crassus **) den Pom‑
pejus in die Presse nehmen wird, und du wärest
hier und könntest durch die Stieräugige von ihm
herausbringen, was ich mich zu ihnen versehen
kann, ich würde entweder einer Sorge oder eines
Irrthums los. Du siehst was ich wünsche, und

*) S. den 19ten Brief dieses Buches.
**) Der dem Cicero nicht wohl wollte.

was der Augenblick und die Wichtigkeit der Sache fodert.

Ueber die Republik habe ich dir nur zwey Worte zu schreiben: Der Haß gegen diejenigen die Alles in ihren Händen haben, könnte nicht größer und allgemeiner seyn als er ist; und doch nicht die kleinste Hoffnung einer Veränderung! Indessen ist Pompejus selbst, wie du leicht begreifen wirst, seiner Stellung herzlich überdrüßig, und läßt sich mächtig reuen daß er sich so verwickelt hat. Ich sehe nicht klar genug, um mir den Ausgang vorherzusagen; aber gewiß muß es irgendwo zu einem gewaltsamen Ausbruch kommen.

Die Bücher des Alexander von Ephesus*) hab' ich dir zurückgeschickt. Er ist ein nachläßiger Schriftsteller und kein guter Poet, aber doch nicht ganz unbrauchbar.

Den Numerius Numestius habe ich unter meine Freunde aufgenommen; und gefunden daß er ein wackrer verständiger Mann ist, ganz wie er seyn muß um deiner Empfehlung würdig zu seyn.

21.
An Ebendenselben.

II. 23.

Noch nie, glaub' ich, hast du vor diesem einen Brief von mir gelesen, den ich nicht mit eigner

---

*) Dessen zu Ende des 19ten Briefes Erwähnung geschah.

Hand geschrieben hätte. Du kannst daraus schließen, wie überhäuft ich mit Geschäften bin. Da ich nun keinen andern freyen Augenblick hatte, und, um meine erschöpfte Stimme wieder herzustellen mir Bewegung machen mußte, dictierte ich dies unterm Auf- und Abgehen.

Das erste, was ich dir zu wissen thun will, ist, daß unser edler Freund Sampsiceramus mit seiner Lage äusserst unzufrieden ist, und gar zu gern wieder auf dem Platz stehen möchte, von wo er herabgefallen; und daß er sich nicht entbrechen kann mir seinen Schmerz zu klagen und sich zuweilen offenbar nach einem Heilmittel umzusehen. Aber ich mag noch so viel hin und her denken, ich finde keines. Wisse ferner, daß die Häupter und Anhänger jener Parthey insgesammt, wiewohl sich ihnen Niemand entgegensetzt, matt zu werden beginnen, und daß eine größere und allgemeinere Uebereinstimmung in Gesinnungen und Reden noch nie gewesen ist.

Ich aber (denn ich weiß gewiß daß du dies zu hören wünschest) wohne keiner öffentlichen Berathschlagung bey, und habe mich wieder gänzlich und ausschließlich allen gewidmet, die meiner Dienste benöthigt sind. Du kannst dir leicht vorstellen, daß es dabey ohne häufige Erinnerungen an das, was ich einst gethan, und ohne leise Wünsche jene Rolle noch zu spielen, nicht abgehen kann. Der Bruder unsrer Stieräugigen schleudert indeß ziemlich fürchterliche Blitze auf uns herab, und droht mit noch furchtbarern. Gegen Sampsicesramus läugnet er alles; den übrigen gesteht er's laut, und macht sich noch breit damit. Also, wofern ich dir so lieb bin, als ich gewiß bin es zu seyn, so säume dich keinen Augenblick. Schläfst du, so erwache! stehst du, so gehe! gehst du, so laufe! läufst du, so fliege! Es ist unglaublich, wie groß das Vertrauen ist, so ich auf deine Klugheit und Besonnenheit, und, was über alles geht, auf deine Liebe und Treue setze. Die Sache ist so wichtig, daß ich vielleicht mehr Worte darüber machen sollte; aber eine Gemüthsverbindung, wie die unsrige, bedarf dessen nicht. Mir ist äusserst viel daran gelegen, daß du auf die Comitien zu Rom seyest, oder wenn du bis dahin nicht kommen kannst, doch unfehlbar, bevor Jener sein Tribunat wirklich antritt. Lebe wohl.

22.
An Atticus.

II. 24.

In dem Briefe, den ich dem Numestius mitgegeben, habe ich dich durch eine so dringende Formel herbey gerufen, daß schwerlich etwas Dringenders und Treibenderes erdacht werden kann; und doch wollte ich itzt, du thätest, wo möglich, noch etwas zu jenem Ruf hinzu, um desto bälder zu

kommen. Beunruhige dich aber darum nicht; (denn
ich kenne dich und weiß wie eigen es der Liebe ist,
sorglich und ängstlich zu seyn) hoffentlich wird
die Sache keine so schlimmen Folgen haben, als
sie dir beym ersten Anblick unangenehm seyn wird.

Vettius, dessen du dich als meines ehmahligen Spions *) erinnern wirst, hatte (wie wir nicht
zweifeln können) dem Cäsar versprochen, daß er
ein Mittel ausfindig machen wolle, den jungen
Curio in einen schlimmen Handel zu verwickeln.
Zu diesem Ende schleicht er sich in einen vertrauten
Umgang mit dem jungen Mann ein, und nachdem
er (wie sichs in der Folge gezeigt hat) öfters mit
ihm zusammengekommen, macht er sich endlich einen
Anlaß, ihm im Vertrauen zu entdecken, er sey entschlossen, bey einer guten Gelegenheit mit seinen
Knechten über den Pompejus herzufallen und
ihn zu ermorden. Dies hinterbringt Curio seinem
Vater, dieser dem Pompejus. Die Sache kommt
vor den Senat. Vettius wird vorgeführt und läugnet anfangs daß er jemahls mit Curio zusammengekommen sey; doch nicht lange, so bittet er um
den öffentlichen Schutz und verspricht alles zu entdecken. Er wird ihm nicht abgeschlagen. Hierauf
erzählt er: eine Anzahl junger Leute von den angesehensten Familien hätten sich unter Curio's Anführung zusammen gethan; anfangs sey auch der

---

*) Cicero bediente sich der Dienste dieses Menschen zu Ent-
deckung der Catilinarischen Verschwörung.

junge Paulus Aemilius darunter gewesen und Brutus, itzt Quintus Cäpio 60) genannt, und Lentulus der Sohn des Flamens, mit Vorwissen des Vaters 61). In der Folge habe ihm C. Septimius, einer von den Schreibern des Bibulus, im Nahmen dieses Consuls einen Dolch gebracht.

Man fand sehr lustig, daß Vettius um einen Dolch hätte verlegen seyn müssen, wenn ihm der Consul keinen gegeben hätte; und die Aussage wurde um so mehr mit Verachtung angehört, weil bekannt war daß Bibulus den Pompejus schon am 13ten May vor Nachstellungen gewarnt, und Pompejus ihm dafür öffentlich gedankt hatte.

Der junge Curio, der nun ebenfalls abgehört wurde, antwortete auf alles, was Vettius angebracht und beschämte ihn besonders darin: daß dieser versichert hatte, „die jungen Leute seyen einig worden, den Pompejus an dem Tage, da Gabinius dem Volke seine Gladiatoren gab, im Forum anzufallen, und Paulus sey der Urheber dieses Anschlags gewesen," da doch stadtkundig war, daß er sich um dieselbe Zeit als Quästor in Macedonien befunden hatte.

Es wurde hierauf ein Rathsschluß abgefaßt, vermöge dessen Vettius, weil er, seinem eigenen Geständniß nach, eine tödtliche Waffe geführt, in Eisen gelegt, und wer ihn in Freyheit setzen würde, für einen Staatsverbrecher erklärt wurde. Die ge meine Meynung von der Sache war: es sey abgeredet gewesen, daß Vettius mit einem Dolch und seine Knechte mit anderm Gewehr auf dem Markt erscheinen, und dort in Verhaft hätten genommen werden sollen; er hätte dann gesagt, er wolle alles entdecken; und so würde die Sache auch ausgeführt worden seyn, wenn die Curionen durch ihre Anzeige beym Pompejus nicht zuvor gekommen wären.

Der Rathschluß ward hierauf in öffentlicher Volksversammlung abgelesen. Am folgenden Tag aber führte Cäsar 62), — er, der ehmahls als Prätor nicht zugab, daß ein Mann wie Q. Catulus (weil er damahls keine Magistratswürde bekleidete), von der öffentlichen Redekanzel zum Volk sprechen durfte, — führte, sage ich, (dem Rathsschluß zu Trotz) den Vettius aus dem Gefängniß hervor, um ihn an einen Ort zu stellen, den der Consul Bibulus selbst nicht zu besteigen wagen durfte. Hier schwatzte nun der Mensch über Dinge, die den Staat betrafen, was ihm beliebte, und zum Beweis, wie gut er zugestützt und abgerichtet worden war, erwähnte er itzt den Brutus Cäpio (den er, bey seinem Verhör im Senat, als einen der hitzigsten Verschwornen angegeben hatte) mit keinem Worte, so daß es jedem in die Augen fallen mußte, daß indessen eine Nacht und eine nächtliche Fürbitte gewirkt haben müsse 63). Dafür nannte er aber itzt Männer, die er vor dem Senat nicht mit dem leisesten Wörtchen berührt hatte: z. B. den Lucullus, welcher gewöhnlich den C. Fannius, — den, der einer der Ankläger des Clodius gewesen war, — zu ihren Unterhandlungen gebraucht habe, und den Luc. Domitius*), aus dessen Hause die Verschwornen hätten hervorbrechen sollen. Mich nannte er nicht mit Nahmen, sagte aber: ein gewisser beredter Consular, nicht weit vom Consul wohnhaft **), habe ihm gesagt: die Zeiten bedürften wieder eines Servilius Ahala oder Brutus 64). Endlich, da er, nach bereits erfolgter Entlassung des Volks, vom Tribun Vatinius zurück gerufen wurde, setzte er noch hinzu: er habe vom Curio gehört, auch mein Tochtermann Piso, und Marcus Laterensis wüßten um diese Dinge.

Vettius sollte nun, wegen gewaltsamer Störung der öffentlichen Sicherheit, sich vor dem Richterstuhl des Prätors Crassus Dives stellen, und, wenn er verurtheilt würde, um seine Begnadigung zu erhalten neue Mitschuldige anzuzeigen versprechen; da würde es denn (meinten die Herren) gerichtliche Untersuchungen die Menge geben.

Ich für meine Person, wiewohl ich nichts für unbedeutend anzusehen gewohnt bin, fürchte nichts,

---

*) Ahenobarbus, ein warmer Freund der optimatischen Parthey, eben derselbe, der im Jahr 699 mit Appius Claudius Consul wurde.

**) Cäsar bewohnte als Pontifex Maximus den Oberpriesterlichen Palast in der heiligen Straße (via sacra) welche zu dem Palatinischen Hügel führte, wo Cicero's Haus stand.

weil ich mich auf alles gefaßt halte. Die guten Gesinnungen der Menschen gegen mich zeigten sich zwar auch bey dieser Gelegenheit: aber ich gestehe dir, diese aufgehäuften Jämmerlichkeiten, wovon ich alles voll sehe, machen mich des Lebens ganz überdrüßig. Noch nicht lange her befürchteten wir Blut fließen zu sehen, und ein entschloßnes Wort des edlen Greises Q. Considius schien damahls gute Wirkung zu thun; itzt finden wir uns plötzlich von einer Gefahr überrascht, die wir täglich zu befürchten Ursache hatten 65). Was soll ich dir sagen? Niemand ist unglücklicher als ich, Niemand glücklicher als Catulus, der ein langes und glänzendes Leben zu so rechter Zeit endigte! In allem diesem Elend erhalte ich mich gleichwohl immer aufrecht und bey ruhig heiterm Muth, und behaupte meine Würde und meinen Charakter mit der größten Sorgfalt.

Pompejus heißt mich wegen Clodius ohne Sorgen seyn, und spricht noch immer mit dem wärmsten Wohlwollen von mir.

Mich verlangt sehnlich dich zum Rathgeber zu haben, alle meine Kümmernisse mit dir zu theilen und dir meine innersten Gedanken aufzuschließen. Um so dringender und wo möglich noch inständiger, wiederhole ich also die inständige Bitte, die ich dem Numestius an dich aufgegeben habe, daß du ohne Aufschub zu uns geflogen kommest. Ich werde wieder athmen wenn ich dich sehe.

23.
An Ebendenselben.

II. 25.

Wenn ich einen deiner guten Freunde gegen dich lobe, so geschieht es, damit du ihm wiedersagest daß ich es gethan habe. Du wirst dich erinnern, daß ich dir neulich schrieb, wie gute Dienste Varro mir leiste, und daß du mir zurück schriebst, es machte dir große Freude. Ich wollte aber lieber du hättest ihm geschrieben daß ich mit seinen Diensten so wohl zufrieden sey; nicht weil ich es wirklich bin, sondern damit er mir Ursache gebe es zu seyn. Denn der Mann hat mit seiner erstaunlich feinen Nase ausgespürt, daß es um die Freundschaft dessen, bey dem er mir Dienste leisten soll*), im Grunde doch nur ein sehr zweydeutiges und wetterwendisches Ding seyn dürfte. — Ich meines Orts halte mich an den Spruch des Dichters.

> Man muß sich in der Herrscher Unverstand
> Zu schicken wissen. — **).

Aber was sagst du zu der Lobrede, die mir kürzlich dein andrer guter Freund Hortalus gehalten hat 66)? Mit wie vollen Händen, mit wie viel Offenheit und Gemüth, und doch mit welcher Pracht der zierlichsten Beredsamkeit, er mich bis an den Himmell erhob, da er von der Prätur des Flac-

---
*) des Pompejus.

**) Der 396ste Vers in den Phönissen des Euripides. Cicero citiert nur die zwey ersten Worte des griechischen Textes, was für seinen Atticus schon genug war.

cus und von den Allobrogischen Gesandten
sprach! Ich versichre dich, es war unmöglich mit
wärmerer Zuneigung, mit einem vollern Strohm
von Gedanken' und Worten, und auf eine für mich
ehrenvollere Art zu reden.

Ich wünsche sehr daß du ihm schreibest was ich
dir hier gesagt habe. Doch, wie kann ich von dir
verlangen daß du schreibest, ich, der dich bereits unterwegs, bereits in Italien angekommen
glaubt? denn das mußt du seyn, wenn meine letztern Briefe ihre Wirkung gethan haben. Ich erwarte dich mit Ungeduld, ich sehne mich nach dir,
und doch gewiß nicht mehr als Zeit und Umstände
es fodern.

Was kann ich dir von unsern öffentlichen Angelegenheiten sagen, als das ewige Einerley? Nichts
ist verzweifelter als der Zustand der Republik, nichts
verhaßter als Die so daran Schuld sind. Ich bin
indessen von dem allgemeinen Wohlwollen, wie von
einer starken Wagenburg umschlossen; wenigstens
hoffe und glaube ichs, und habe Ursache es zu
glauben. Fliege also herbey. Entweder du hilfst
mir aus aller Noth heraus, oder du theilst sie mit
mir. Ich bin diesmahl so kurz, weil mir hoffentlich sehr bald vergönnt seyn wird, mich nach Her-
zenslust mündlich mit dir zu besprechen.

24.
An seinen Bruder Quintus.
(wahrscheinlich im November 694 geschrieben.)

1. **Statius** ist am 23sten October bey mir angekommen. Daß du mir schreibst, du würdest während seiner Abwesenheit von deinen Leuten tüchtig ausgeplündert werden, konnte mir seine Ankunft nicht sehr angenehm machen: in so fern sie aber die Erwartung, daß du mit ihm kommen würdest, täuschte, und dem Aufsehen zuvor kam, das darüber entstanden wäre, wenn er die Provinz mit dir zugleich verlassen hätte, und nicht einige Zeit vorher zu Rom gesehen worden wäre, scheint es mir wohl gethan, daß er gekommen ist. Denn nun haben sich die Leute ausgeschwatzt, und es freut mich, daß wenigstens solche Glossen, wie z. B. die boshafte Anwendung der Worte des Cyklopen in der Odyssee: „einen großen und schönen Mann erwartet' ich *) u. s. w. (dergleichen ziemlich häufig zu hören waren) nicht in deiner Anwesenheit gemacht worden sind. Daß du ihn aber deswegen abgeschickt hast, damit er sich bey mir rechtfertige, war ganz und gar nicht nöthig: denn mir selbst ist er nie verdächtig gewesen, und was ich dir über ihn schrieb, war nicht meine eigne

---

*) Odyssee, IX. 513. Statius paßirte für einen Liebling (παιδικα) des Quintus, und däuchte den eleganten Herren in Rom, wie es scheint, für einen Ganymed nicht schön genug.

Meynung *). Weil aber unser aller, die wir dem
Staat dienen, Interesse und Erhaltung eben so
viel von unserm Ruf als von unserm wirklichen
Betragen, abhängt, so schrieb ich dir immer, was
andre Leute redeten, nicht was ich selbst urtheilte.
Und wie viel gesprochen wurde, und von welcher
Bedeutung es war, hat Statius seit seiner Hieherkunft selbst anhören können. Denn er kam zufälliger Weise dazu, als von verschiedenen Personen Beschwerden über ihn bey mir geführt wurden,
und konnte sich bey dieser Gelegenheit leicht überzeugen, daß er es war, auf den die Leute, die
dir übel wollen, ihre schärfsten Pfeile abdrückten.
Am unangenehmsten fiel mir immer, wenn ich hören
mußte, er vermöge mehr über dich, als sich für
den Ernst unsers Alters und die Klugheit eines
Regenten schickt. Du glaubst nicht von wie Vielen
ich angegangen wurde, daß ich sie dem Statius empfehlen möchte; und wie viel Unbe-
dachtsames entwischte nicht ihm selbst in seinen
Unterredungen mit mir! Zum Beyspiel: „das ge-
fiel mir nicht, — ich machte Vorstellungen, — ich rieth dies, ich widerrieth jenes." —
In allem diesem kann er (wie ich recht gern glaube,
da du dich davon versichert hältst) mit der größten
Ehrlichkeit und Treue gegen dich zu Werke gehen;
aber die bloße Idee eines so hoch begünstigten Freygelaßnen oder Sclaven hat etwas, das sich mit

*) S. den 17ten Brief in diesem 2ten Buche.

deiner Würde nicht zusammen denken läßt. Du
kannst versichert seyn (denn hier ziemt mirs eben
so wenig zurück zu halten, als etwas ohne genug-
samen Grund zu sagen) daß zu allem, was deine
Tadler zu deiner Verkleinerung ausgesprengt, Statius den Stoff hergegeben hat. Vorher konnte
man allenfalls begreiflich finden, daß deine Strenge
dir einige Feinde gemacht haben könne; aber durch
die Freylassung des Statius hast du dafür gesorgt,
daß diesen Feinden die Materie zum Afterreden so
bald nicht ausgehen wird.

2. Ich komme nun zur Beantwortung der Briefe,
die mir L. Cäsius von dir überbracht hat, der,
weil du es wünschest, bey allen Gelegenheiten auf
mich rechnen kann.

Einer dieser Briefe betrift den Blaudenius
Zeuxis, den ich dir (wie du schreibst) aufs angelegenste empfohlen hätte, da er doch ein notori-
scher Muttermörder sey. Bey dieser Gelegenheit,
und damit du dich nicht etwa wunderst, warum ich
mich so mächtig um die Gunst der Griechen
beeifere *), will ich dich über das ganze Verhältniß
der Sache mit Wenigem ins Klare setzen. Sobald
ich wahrnahm, daß die Klagen der Griechen, die
ein schlauer und von Natur zum Betrügen abge-
richteter Schlag von Menschen sind, hier sehr
vielen Eindruck machten, ließ ich mirs angelegen
seyn, jeden, von dem ich hörte er beschwere sich

*) Quintus scheint ihm dies zum Vorwurf gemacht zu haben.

über dich, so schnell und gut wie es nur immer möglich war, zu besänftigen. Die ersten waren die Dionysopoliten, die ich, obschon sie aufs äusserste gegen dich erbittert waren, dadurch uns schädlich zu machen wußte, daß ich den Hermippus, den ersten Mann ihrer Stadt, theils durch mein Zureden, theils daß ich ihn in den Kreis meiner vertrautern Hausfreunde aufnahm, gänzlich an mich fesselte. So habe ich den Hephästus von Apamea, den windichten Gecken Megaristus von Antandros, den Nicias von Smyrna, kurz Wichte, die mir sonst kaum zum Spaß gut genug gewesen wären, mit meiner ganzen Holdseligkeit überschüttet; sogar einen Nymphon von Colophon! Wahrlich nicht, als ob ich an diesen Leuten, oder an der ganzen Nation, ein besonderes Wohlgefallen hätte; im Gegentheil, ihr unzuverläßiges charakterloses Wesen, ihr ewiges Jasagen und Beyfallzunicken, ihre Gefühllosigkeit für alles was Pflicht heißt, und ihre Geschmeidigkeit, sich, sobald sie ihre Rechnung dabey finden, in alles zu fügen und alle Umstände zu benutzen, ist mir bis zum Eckel widerlich. Aber auf den Zeuxis zurück zu kommen, — wie ich hörte, daß er seine Unterredung mit dem M. Cascellius *) und besonders gerade die Puncte, deren du in deinem Brief erwähnst, überall zu erzählen anfange,

*) Einem Asiatischen Kaufmann, der dem Quintus vermuthlich auch nicht günstig war.

fand ich in der Eile kein besseres Mittel ihm den Mund zu schließen, als daß ich ihn unter meine Hausfreunde aufnahm. Wenn du mir aber schreibst: "weil du zu Smyrna zwey Vatermörder aus Mysien in einen Sack hättest nähen lassen, so seyest du begierig gewesen, nun auch im obern Theil deiner Provinz ein gleiches Beyspiel deiner Strenge ausgehen zu lassen, und hättest deswegen alles mögliche gethan, um der Person dieses Zeuxis habhaft zu werden: so sehe ich nicht, warum eine so seltsame Begierde dich gerade in diesem Fall anwandeln mußte. Es könnte seyn, daß du, falls er vor deinen Richterstuhl gebracht worden wäre, recht daran gethan hättest, ihn nicht loszusprechen: aber ihn aufsuchen zu lassen, ihn sogar (wie du schreibst) durch Liebkosungen in die Falle zu locken, die du ihm gestellt, um Gericht über ihn halten zu können, das war keineswegs nöthig; am wenigsten bey einem Manne, der, wie ich täglich sowohl von seinen Mitbürgern als von vielen andern höre, beynahe noch angesehener und edler seyn soll, als die berühmte Stadt, worin er gebohren ist, selbst.

Aber ich bin wohl nur gegen die Griechen allein so gefällig? Wie? Muß ich dich an den C. Cäcilius erinnern? Hab ich nicht Alles anwenden müssen, um den Menschen wieder gut zu machen? Und was für einen Menschen! Wie schnell Feuer fangend? Wie heftig und unbändig in seinem Zorn? Kurz, nenne mir, auſſer dem Tuscenius, deſſen Sache ſchlechterdings unheilbar iſt, einen einzigen, den ich nicht zur Ruhe gebracht hätte!

Gleich in dieſem Augenblicke hab' ich den Catienus auf dem Halſe. Es iſt freylich ein ſchlechter niederträchtiger Menſch, aber bey allem dem ein Römiſcher Ritter. Auch der ſoll beſänftigt werden! Daß du mit ſeinem Vater ſo hart verfahren biſt, tadle ich nicht; ich weiß du hatteſt gute Urſache dazu. Aber wozu war es nöthig, dem Sohn einen ſolchen Brief zu ſchreiben? Ihm zu ſchreiben, „er „richte ſich den Galgen ſelbſt wieder auf, von wel„chem du ihn bereits herabgenommen,“ — und, — „du habeſt große Luſt, ihn mit grünem Holze ver„brennen zu laſſen, und ſeyeſt verſichert, daß die „ganze Provinz mit allgemeinem Händeklatſchen zu„ſehen werde.“ Und was iſts mit einem andern Briefe, den du an, — ich weiß nicht welchen C. Fabius geſchrieben haben ſollſt, und wovon Catienus ebenfalls eine Abſchrift überall herumbietet? Du ſagſt darin: „du ſeyeſt berichtet worden, der Menſchendieb Licinius mit ſeinem jungen Geierchen von Sohn maße ſich an, öffentliche Abgaben einzutreiben; Fabius ſollte alſo, wenn er könnte, den Vater und den Sohn ohne weiteres verbrennen laſſen, oder ſie, widrigen Falls dir zuſchicken, um ſie mit Urtheil und Recht zum Feuer zu verdammen. „Offenbar ſoll dies, wenn du es

dem Fabius wirklich geschrieben haſt, bloßer Scherz
ſeyn; aber für die Leſer hat die kalte Grauſamkeit
einer ſolchen Art zu ſcherzen, etwas höchſt Anſtößi-
ges. Wenn du dich des Inhalts aller meiner Briefe
an dich erinnern willſt, wirſt du finden, daß ich
nie etwas anders an dir tadelte, als die Härte der
Ausdrücke, worin du deinem Zorn Luft zu machen
pflegſt, und allenfalls noch, (wiewohl ſelten) die
zu wenige Vorſichtigkeit in deinen Geſchäftsbriefen
und Reſcripten. Hätte in dieſen Dingen mein Rath
mehr bey dir vermocht, als entweder dein etwas
zu hitziges Temperament, oder ein gewiſſes Vergnügen, dem Zorn wenigſtens in Worten freyen
Lauf zu laſſen, oder die Neigung zu ſcherzhaften
Wendungen und ſtark geſalzenen Ausdrücken, ſo
wüßte ich wirklich nichts, deſſen wir uns gereuen
zu laſſen hätten.

Glaubſt du etwa, es ſchmerze mich nur wenig,
wenn ich höre, wie gut man von einem Virgilius*) oder von deinem Nachbar C. Octavius**)
ſpricht? Denn wenn du zufrieden biſt, beſſer zu
ſeyn als deine nächſten Nachbarn in Cilicien und
Syrien, ſo biſt du auch gar zu beſcheiden. Am
meiſten ſchmerzt mich, daß jene, die ich genannt
habe, und die dich, nicht an Unſchuld, ſondern
bloß in der Kunſt ſich beliebt zu machen, übertreffen,

*) Die Rede iſt ohne Zweifel von C. Virgilius, der
damahls Prätor in Sicilien war.
**) S. den erſten Brief an Quintus, c. 7.

in ihrem Leben nichts von Xenophons Cyrus und Agesilaus gehört haben*), zwey Königen, aus deren Munde während ihrer ganzen Regierung kein Mensch jemahls ein hartes Wort gehört hat.

3. Alles dies habe ich dir von Anfang an fleissig zu Gemüthe geführt, und was ich damit ausgerichtet, ist mir nicht unbekannt. Aber nun, da du bald abgehen wirst, laß dir doch, ich bitte dich, angelegen seyn, (wie du mir auch wirklich zu thun scheinst) ein so gutes Andenken zu hinterlassen, als nur immer möglich ist. Du bekommst einen äusserst einnehmenden Mann zum Nachfolger**). Aber nach seiner Ankunft wird viel Nachfragens nach dem, was du zurück lässest, seyn. In deinen Rescripten hast du, (wie ich dir oft geschrieben habe) dich oft gar zu erbittlich.67) bewiesen. Vernichte, wenn du kannst, alle widerrechtlichen, alle in ungewöhnlicher Form geschriebenen, alle, die einander widersprechen. Statius sagt mir: gewöhnlich würden dir die Briefe, nachdem sie (von deinen Sekretären) geschrieben worden, vorgelegt; sodann würden sie von ihm gelesen, und wenn er etwas Unrechtes darin finde, mache er dich darauf aufmerksam. Ehe er aber in deine Dienste gekommen, hätte keine solche Sichtung statt gefunden; und daher kämen die große Menge von Briefen und Rescripten, über

---

*) Geschweige sie so gut zu kennen wie du, der Xenophons Schriften von Jugend an gelesen hat.
**) Wer dieser Nachfolger war, ist unbekannt.

welche man sich zu beschweren oder aufzuhalten pflege. Hierüber werde ich dir itzt nichts sagen; es käme zu spät, und du kannst nicht vergessen haben, wie oft und ernstlich ich dir Vorstellungen darüber gemacht habe. Ich wiederhole nur, was ich dem Theopompus *) bey einer mir dazu gegebenen Veranlassung geschrieben habe: sorge dafür, daß alle diese Gattungen von Briefen durch Leute, auf deren Ergebenheit du dich verlassen kannst, vernichtet werden: nehmlich vor allen die widerrechtlichen; sodann die einander widersprechenden, ingleichen die unschicklich und ungewöhnlich geschriebenen; endlich solche, wodurch Jemand an seiner Ehre gekränkt wird. Ich kann mir nicht vorstellen, daß es mit dem allem so sey, wie ich hören muß; haben dir aber ja die vielen Geschäfte bisher nicht Zeit genug gelassen, die gehörige Aufmerksamkeit auf diese Dinge zu verwenden, so entschließe dich wenigstens von nun an, alles was in deinem Nahmen und unter deinem Siegel geschrieben wird, selbst zu durchsehen und zu berichtigen. Ich habe einen Brief, der nicht zu billigen ist, gelesen, den dein Nomenclator **) Sulla eigenhändig (in

*) Vermuthlich einer von den Griechischen Sekretären des Quintus.
**) So nannte man den Sclaven, dessen Obliegenheit war, die Nahmen aller römischen Bürger und überhaupt aller Menschen, mit welchen sein Herr Verkehr hatte, zu kennen, um sie seinem Herrn nennen zu können, wenn er sie grüßen oder anreden wollte. Besonders hatten die

deinem Nahmen) geschrieben haben soll; auch hab'
ich einige gelesen die im Zorn geschrieben seyn
müssen. Sonderbar! In diesem Augenblick, da die
Rede von deinen Briefen ist, kommt der neuer-
wählte Prätor L. Flavius, mein sehr guter Freund,
und meldet mir, du hätteſt an seine Geschäftsträger in Aſien Briefe geschrieben, die ich im höchsten
Grade widerrechtlich finde, indem du ihnen darin
verbieteſt, von der Verlassenschaft des L. Octavius Naſo, deſſen Erbe Flavius iſt, das Min-
deſte zu veräuſſern, bevor sie die Schuldfoderung
des C. Fundanius bezahlt hätten. Zugleich hätteſt
du (sagte mir Flavius) an den Stadtrath zu Apol-
lonis*) geschrieben, daß sie das sämmtliche Vermögen des verstorbenen Octavius so lange mit Arreſt
belegen sollten, bis Fundanius befriedigt sey. Das
alles iſt so unendlich weit von deiner gewöhnlichen
Klugheit entfernt, daß es mir ganz und gar nicht
glaublich vorkommt. Der Erbe soll nichts von der
Verlaſſenschaft veräuſſern dürfen? — Aber wenn
er nun die Schuld läugnete, sagſt du? Aber wenn
er sie nun wirklich nicht schuldig iſt, antworte ich.

Candidaten um die verschiednen Staatsämter des Nomen-
clators nöthig, wenn sie sich den einzelnen Bürgern von
deren Stimme ihre Erwählung abhieng, empfehlen wollten. Ein geschickter Nomenclator war in Rom eine wichtige Person für seinen Herrn, und stand daher auch gewöhnlich höher in seiner Gunſt als seine meiſten übrigen
Sclaven.

*) Eine griechische Municipal-Stadt in Lydien.

Ueberdieß kömmt es denn etwa dem Prätor zu, in Schuldsachen einen Machtspruch zu thun? — „Ich möchte aber dem Fundanius gern einen Gefallen thun, sagst du; ich bin sein Freund, er dauert mich." — So viel du willst! Aber in Sachen dieser Art ist der Weg Rechtens so schmal, daß kein Raum für Gunst und Gnade übrig ist. Flavius sagt mir noch, du hättest in dem Briefe, den er für den deinigen ausgiebt, den Ausdruck gebraucht: du würdest, (je nachdem sie *) sich in dieser Sache benehmen würden) ihnen entweder als Freunden Dank wissen, oder sie, als Feinde, deine schwere Hand fühlen lassen. — Kurz, er war sehr über diesen Vorgang aufgebracht, beklagte sich bitterlich deswegen gegen mich, und ersuchte mich, dir recht nachdrücklich darüber zu schreiben. Dies will ich denn hiemit gethan haben, und bitte dich aufs inständigste und dringendste, den Geschäftsträgern des Flavius das Verbot zu erlassen und den Apolloniden nichts zu seinem Nachtheil anzusinnen; im Gegentheil vielmehr alles zu thun, um dich ihm und folglich auch dem Pompejus**) gefällig zu zeigen. Nicht als ob ich wünschte, daß du jenem ***) Unrecht thuest, um mir hier bey diesen auf deine Kosten ein Verdienst zu machen; bey

---

*) Die Geschäftsträger des Flavius und die Apollonidier.
**) Es mußte also notorisch seyn, daß Pompejus diesen Flavius ganz besonders begünstigte.
***) Dem Fundanius.

meiner Treue das will ich nicht! Ich bitte dich nur, daß du irgend eine Urkunde, irgend etwas Schriftliches, das für officiell gelten kann, hinterlassest, wovon Flavius zu Förderung seiner Sache Gebrauch machen könne. Denn es muß doch billig einem Manne, der mir bey aller Gelegenheit Beweise seiner besondern Achtung giebt, und der scharf über seinem Recht und seiner Würde hält, äusserst empfindlich fallen, weder von Rechts noch Freundschafts wegen etwas bey dir vermocht zu haben. Zudem ist dir, wenn ich mich recht erinnere, seine Sache schon vor geraumer Zeit sowohl von Pompejus als vom Cäsar empfohlen worden; auch er selbst hatte deswegen an dich geschrieben; daß ichs gethan, bin ich gewiß. Ist also irgend etwas, worin du auf mein Bitten Rücksicht nehmen zu müssen glaubst, so sey es dieses. Wenn du mich liebst, so mache dir eine recht ernstliche Angelegenheit daraus, daß Flavius sich dir und mir zum größten Dank verpflichtet halten müsse. Ich bitte dich inständiger darum, als ich dich jemals um etwas gebeten habe 68).

Was du mir wegen des Hermia schreibst, thut mir wahrlich sehr leid. Diodotes (der Freygelassene des Lucullus) hatte mir durch das, was er mir über den bewußten Vertrag sagte, die Galle rege gemacht; ich schrieb dir in der ersten Bewegung hitziger als recht war, und der Brief war kaum aus meinen Händen, so hätte ich ihn zurück haben mögen. Diesem nicht brüderlich geschriebnen Briefe wirst du brüderlich verzeihen *).

Daß Censorinus, Antonius, Cassius, Scävola freundschaftlich für dich gesinnt sind, wie du mir schreibst, macht mir große Freude. Aber desto mehr fiel mir der Rest deines Briefes auf. „Das Schiff gerade führen," und „lieber auf einmahl sterben," ist freylich bald gesagt; in der Ausführung wird beydes schwerer als man sich vorgestellt hat 69). Uebrigens solltest du das, was du meine Ausscheltungen nennst, nicht so hoch empfinden; sie waren immer voller Liebe; ich bekenne mich zu einigen, die so milde sind, daß sie diesen Nahmen kaum verdienen. Nie würde ich dich in irgend einer Sache auch nur des kleinsten Tadels würdig geglaubt haben, da du dich (in der Hauptsache) unsträflich beträgst, wenn wir nicht so viele Feinde hätten. Habe ich dich in meinen Briefen zuweilen vermahnt oder auch wohl ein wenig ausgescholten, so that ichs, weil ich glaube, ich könne nie zu viel auf meiner Huth seyn; eine Maxime, bey der ich immer beharren, und dich, daß du es eben so machest, zu bitten nie aufhören werde.

Attalus Iphemenus hat mich um meine Verwendung bey dir angegangen, daß du die Auszahlung der Gelder, die zu einer Bildsäule des Q. Publicenus decretirt worden, nicht verhindern

---

*) Die Sache, wovon hier die Rede ist, ist unbekannt.

möchtest. Ich bitte und ermahne dich also, dieser
einem so bedeutenden und uns so besonders ergebenen Manne zugedachten Ehre weder selbst etwas
in den Weg zu legen, noch zuzugeben, daß es von
andern geschehe 70).

Noch eine Bitte im Nahmen meines Freundes, des tragischen Schauspielers Aesopus 71)!
Diesem ist Licinius, einer seiner Sclaven, (du
kennst ihn) davon gelaufen, und hat sich einige
Zeit zu Athen bey Patro, einem Gelehrten aus
der Epikureischen Schule, als ein vorgeblicher
Freygelaßner, aufgehalten. Von da ging er
nach Asien. Ein gewisser Plato von Sardes,
ebenfalls ein Professor der Epikureischen Philosophie, der sich öfters zu Athen aufhält und den
Licinius dort kennen gelernt hatte, sobald er aus
einem Briefe des Aesopus erfuhr, daß dieser Mensch
ein entlaufener Sclave sey, ließ ihn zu Ephesus
anhalten und in gefängliche Verwahrung bringen;
ob in ein öffentliches Gefängniß, oder in irgend
eine Stampfmühle, haben wir aus seinem Briefe
nicht deutlich genug ersehen können. Da er nun zu
Ephesus *) ist, so bitte ich dich, Alles anzuwenden,
um den Menschen zu erfragen, dich seiner aufs
sorgfältigste zu versichern, und ihn etwa mit dir
hieher zu bringen. Siehe nicht auf den Werth oder
Unwerth des Menschen; da er jetzt gar nichts ist,

*) Der Hauptstadt der Provinz Asien, wo der Statthalter
gewöhnlich residierte.

kann er freylich nicht viel werth seyn; aber Aesopus nimmt sich, wegen der besondern Umstände die das Verbrechen dieses Sclaven erschweren, die Sache so sehr zu Herzen, daß du ihm keine größere Gefälligkeit erweisen kannst, als wenn du ihm verhülflich bist seiner wieder habhaft zu werden.

Nun auch etwas von dem, was dir das Wichtigste ist. Die Republik ist von Grund aus verlohren. Das kannst du schon allein daraus ersehen, daß C. Cato, freylich ein sehr unbesonnener junger Brausekopf, aber doch ein Römischer Bürger und ein Cato, neulich kaum mit dem Leben davongekommen ist. Er hatte sich vorgenommen, den (zum Consul für das folgende Jahr erwählten) Gabinius des Verbrechens der Volksbestechung anzuklagen, konnte aber mehrere Tage keinen Zutritt zu den Prätoren erhalten, weil sie es ihm geflissentlich unmöglich machten, sie zu sprechen, und da er aus Unwillen über diese Behandlung, sich herausnahm, in einer Volksversammlung als bloßer Privatmann die Rednerbühne zu besteigen und den Pompejus zum Dictator zu ernennen, fehlte nur sehr wenig, daß er ermordet worden wäre. Aus dieser Probe kannst du abnehmen, in welchem Zustande sich die ganze Republik befindet 72). Dem ungeachtet hat es allen Anschein, daß es meiner Sache an Vertheidigern nicht fehlen werde. Es ist wirklich zu bewundern, wie laut man sich erklärt, wie eifrig man mir mit Anerbietungen und

Versprechungen entgegen kommt. Meine Hoffnung ist groß, mein Muth noch größer. Ich hoffe, wir werden unsern Gegnern an der Anzahl überlegen seyn; und ich habe so viel Muth und Vertrauen zu der Güte meiner Sache, daß ich, sogar in diesem gegenwärtign Zustande der Republik nichts Widriges befürchte. Die Sache steht so*): Wenn Clodius mich im Wege Rechtens verfolgen sollte, so wird ganz Italien zusammenlaufen, und ich werde mich mit vervielfältigtem Ruhm aus dem Handel ziehen. Sollt' er sich aber unterstehen Gewalt zu brauchen, so habe ich das Zutrauen zu dem Eifer, womit mir nicht nur meine Freunde, sondern sogar eine Menge wildfremder Menschen zugethan sind, ich werde Gewalt mit Gewalt abtreiben können. Alle versprechen, mir sowohl in eigner Person, als mit ihren Kindern, Freunden, Clienten, Freygelaßnen, Sclaven und mit ihrem ganzen Vermögen beyzustehen. Meine alte Leibgarde, die Wohlgesinnten**), brennen vor Eifer und Liebe zu mir; und manche, die sich vorher theils abgeneigt, theils kalt und unthätig gezeigt haben, schliessen sich jetzt aus Haß gegen diese Könige***)

*) Aus dem ganzen Zusammenhang ist klar, daß die beyden Worte: *sed tamen* keinen Sinn haben, und von irgend einem unverständigen Glossierer eingeschaltet worden seyn müssen.
**) d. i. diejenigen, die ihm in seinem Consulat so treu und eifrig zur Seite gestanden.
***) Pompeius, Cäsar und Crassus.

an die Wohlgesinnten an. Pompejus verspricht Alles, Cäsar ebenfalls 73). Wie ich ihnen traue, kannst du aus meinem so eben gebrauchten Ausdruck schließen. Die neuen Tribunen sind meine Freunde; die neuen Consuln (Piso und Gabinius) lassen sich sehr gut an. Die neuen Prätoren, Domitius, Nigidius, Memmius, Lentulus, sind meine warmen Freunde und treffliche Bürger*). Ich könnte dir noch manche andere wackere Männer nennen; aber diese zeichnen sich vor allen aus. Fasse also guten Muth und hoffe das Beste. Ich werde indessen nicht unterlassen, dir von Allem, was täglich vorgeht, recht oft Nachricht zu geben.

*) „acerrimi cives," d. i. in Cicero's Sprache, Männer, die der Republik und der Senatsparthey mit Leib und Seele zugethan sind.

Erläuterungen
zum
zweyten Buch.

1. Brief.

1) Die Veranlassung zu diesem großen Brief, welcher eher Oratio oder Hortatio ad Quintum fratrem als epistola heissen könnte, war folgende:

Quintus Cicero, welchem (wie aus dem 19ten Briefe des 1sten Buchs erinnerlich seyn wird) in seiner Prätur die Provinz Asien gegen die Mitte des Jahres 692 zugefallen war, wiewohl er die Regierung derselben erst zu Ende des Jahrs von seinem Vorgänger L. Valerius Flaccus übernommen, hätte, seinen Wünschen gemäß, gegen das Ende des folgenden Jahres 693 einen Nachfolger erhalten sollen. Der Senat aber hatte für gut befunden, seine Statthalterschaft um ein Jahr zu verlängern, und sein Bruder Marcus gesteht, daß er selbst, — aus Beweggründen, deren hauptsächlichste er in petto zu behalten, oder doch nur sehr leise anzudeuten scheint, — Schuld an dieser Verlängerung gewesen sey, welche dem Quintus (dessen Absicht vermuthlich war, sich sobald als möglich um das Consulat zu bewerben) sehr ungelegen kam. Desto eifriger hatte sich unser Cicero (wenn anders seine Versicherungen in diesem Briefe aufrichtig sind) zu Anfang des Jahres 694 für die Zurückberufung seines Bruders verwendet, ohne jedoch verhindern zu können, daß der Senat (aus unbekannten, aber allenfalls aus der damahligen Lage der Republik errathbaren Ursachen) die Statthalterschaft desselben um ein drittes Jahr verlängerte. — Uebrigens habe ich dieser Epistel bloß ihres Inhalts und ihrer ungewöhnlichen Größe wegen die erste Stelle in diesem Buch eingeräumt; denn es ist gewiß, daß sie später geschrieben wurde, als der folgende Brief an Atticus.

Quintus hatte das Proconsulat von Asien (nach dem Ausdruck des Suetonius*) parum secunda fama (mit wenig günstigem Ruf) verwaltet. Was ihm zur Last gelegt wurde, waren nicht die gewöhnlichen Missethaten der Römischen Statthalter, Unterdrückung, Raubsucht und Unenthaltsamkeit; im Gegentheil von dieser Seite hatte er sich untadelhaft gezeigt, und überdies auf mancherley Weise um seine Provinz verdient gemacht. Aber das alles wurde durch zwey oder drey Fehler verdunkelt, die an einem Staatsmann und Regenten von so nachtheiligen Folgen sind, daß sie durch die größten Tugenden nicht vergütet werden können. Er war von einer leicht aufbrausenden heftigen Gemüthsart, und fähig, sich von der ersten Hitze des Affects zu ungerechten, sogar grausamen Handlungen hinreissen zu lassen. Dafür fiel er hingegen, wenn er bey guter Laune war, leicht in das entgegengesetzte Uebermaß, war nicht vorsichtig genug in der Wahl seiner Vertrauten und Günstlinge, sah diesen, und seinen Untergebenen überhaupt, zu sehr durch die Finger, überließ ihnen einen zu großen Theil seiner Gewalt, und wurde dadurch verantwortlich für den häufigen Mißbrauch, den sie von

---
*) In Augusto c. 3.

seiner Indolenz, Gutmüthigkeit und allzu großen
Lenksamkeit machten. Die Folgen dieser Fehler und
des übeln Rufs, den er sich dadurch zuzog, waren
nicht ihm allein nachtheilig; auch sein Bruder
Marcus glaubte auf mancherley Art dabey betroffen zu seyn; und dies um so mehr, da ihm in den
dermahligen Zeitumständen unendlich viel daran
gelegen war, daß weder er selbst noch sein einziger
Bruder ihren zahlreichen und gefährlichen Feinden
keinerley Art von Blöße noch Stoff zum Tadel,
geschweige zu gerechten Vorwürfen, geben möchte.

Der gegenwärtige Brief scheint daher eine doppelte Hauptabsicht zu haben. Die erste ist, seinen
Bruder, zu Anfang des ihm aufgedrungenen dritten Jahres seiner Statthalterschaft, eindringender
und ausführlicher als jemahls auf alles, was er
in einer so wichtigen und von so vielen Augen beob-
achteten Amtsführung dem Staat, der Provinz,
sich selbst, seinem Bruder und ihren Kindern schuldig sey, aufmerksam zu machen, und ihn nachdrück-
licher als jemahls zu ermahnen, daß er alle seine
Kräfte aufbieten möchte, in diesem letzten Jahre
nicht nur was in den beyden ersten gefehlt worden,
zu vergüten, sondern sich in allen Stücken so tadel-
los und musterhaft zu betragen, daß er, nach Ver-
fluß desselben, mit allgemeiner Zufriedenheit und
verdientem Ruhm zurückkehren könne. Der große
Verstand und die unübertrefflich gute Art, womit
Cicero die Mittel, die ihm theils seine Welt- und
Menschenkenntniß, theils die genaue Bekanntschaft
mit dem besondern Character seines Bruders in die
Hand giebt, zu ordnen, zu verbinden und geltend
zu machen weiß; die Geschicklichkeit womit er seinen
Lehren und Ermahnungen sowohl als seinem Tadel,

durch die feinsten, zartesten und schmeichelhaftesten Wendungen und Einkleidungen, allen Schein von Strenge und Härte, alles, was den eiteln und empfindlichen Quintus schmerzen oder beleidigen könnte, benimmt, ohne daß sie darum das Mindeste von ihrem Ernst und ihrer Kraft verlieren: von allem diesem, und noch vielem andern was ich absichtlich unberührt lasse, wird aufmerksamen Lesern nichts entgehen, ohne daß es nöthig wäre, ihnen das Vergnügen des eigenen Wahrnehmens und Urtheils durch eine vorläufige Zergliederung zu verkümmern.

Cicero wußte sehr gut, daß die häufigen Beschwerden, die über seinen Bruder aus der Provinz einliefen, nur zu wohl gegründet waren, und mochte sich auch, so wie er ihn kannte, nicht schmeicheln, daß dieser Brief Alles, was er billig hätte wirken sollen, wirken werde. Die Einwohner Asiens, die Griechischen sowohl als die Römischen, und das Publikum überhaupt, sollte also ein Document in die Hände bekommen, wodurch Er selbst in ihren Augen aufs vollständigste gerechtfertigt würde, daß er sein Möglichstes gethan habe, seinen Bruder wohl zu berathen und allen fernern Klagen über seine Amtsführung zuvor zu kommen. Diese Rücksicht auf sich selbst scheint mir aus dem ganzen Briefe eben so klar hervor zu leuchten, als die Absicht, die Asiatischen Griechen, sowohl als die Römischen Ritter, welche die Staatseinkünfte in dieser Provinz gepachtet hatten, von seinen günstigen Gesinnungen gegen sie zu überzeugen, besonders aus dem 9ten, 10ten, 11ten und 12ten Abschnitt deutlich in die Augen fällt. Daß er dem ungeachtet den einen und den andern hie und da einen kleines wegs schmeichelnden Spiegel zur Selbstbeschauung vorhält, kann mit dieser Absicht sehr wohl bestehen. Cicero stand zu hoch über beyden, als daß sie erwarten durften, er, der seinem eigenen Bruder im 13ten Abschnitt so derbe Wahrheiten sagt, werde sich scheuen, auch ihnen bey Gelegenheit die ihrigen zu sagen.

Ich zweifle also nicht, Cicero werde dafür gesorgt haben, daß dieser Brief unter der Hand zu Rom und in Asien so viele Publicität bekomme, als zur besagten Absicht nöthig war; und dies um so mehr, da bey weitem im größten Theil desselben, Lob, Tadel und Entschuldigung des Getadelten so fein in einander verschmolzen sind, daß das Ganze mehr das Ansehen einer Lobrede als einer Ermahnung zum Rechtthun gewinnt, und dem Bruder Quintus nicht anders als rühmlich und vortheilhaft seyn konnte. Was mich in jener Meynung noch mehr bestätigt, ist der Umstand, daß Cicero in diesem Briefe der damahligen innern Lage der Republik mit keinem Wort erwähnt, welches schwerlich geschehen wäre, wenn er ihn allein und ausschließlich für seinen Bruder geschrieben hätte.

Ich habe die Eintheilung desselben in Capitel oder Abschnitte beybehalten, wie ich sie in den gemeinen Ausgaben gefunden, wiewohl sie keinen sehr logischen Kopf zum Urheber zu haben scheinen.

2) Diese zwey Beweggründe, welche Cicero für sein Verfahren hier im Vorbeygehen berührt, sind zu leise angedeutet, als daß dem Leser deutlich würde, was er eigentlich damit sagen will. Sein entscheidender Grund, warum er die Prätur des Quintus noch um ein Jahr verlängert wünschte,

war wohl kein anderer, als ihm Zeit zu geben, seine im ersten Jahre begangenen Fehler wieder zu vergüten; und dies scheint er mir durch den Zusatz: „dum nostram (i. e. meam) gloriam tua vir„tute augeri expeto" merklich genug zu verstehen zu geben.

3) Eine der wesentlichsten Obliegenheiten eines Statthalters in den Römischen Provinzen war, nach einer gewissen Rangordnung der Städte, die zu seiner Provinz gehörten, von einer zur andern zu reisen, um in letzter Instanz öffentlich Gericht zu halten, alle Klagen und Beschwerden, die aus dem ganzen District, wovon jede Stadt der Hauptort war, an ihn gebracht wurden, anzuhören und abzuthun, die nöthigen Polizeyverordnungen zu machen, und überhaupt mit unbeschränkter Gewalt alles zu verfügen, was er für recht, den Umständen angemessen und dem Gemeinen Besten des Orts und Districts sowohl als der ganzen Provinz zuträglich erkannte. Konnte er, irgend einer ehrhaften Abhaltung wegen, diese Pflicht nicht immer in eigner Person erfüllen, so geschah es durch seine Legaten, die in solchen Fällen seine Stellvertreter, und daher Männer von Ansehen und persönlichen Vorzügen waren, auch mehrentheils schon öffentliche Ehrenämter bekleidet hatten.

4) Unter den drey hier, auf eine für Jeden sehr schmeichelhafte Art, genannten Legaten, war L. Aelius Tubero durch mehrere Verhältnisse von früher Jugend an mit den Ciceronen verbunden. Er war, so lange die Republik noch dauerte, der Senatorischen Parthey zugethan, hielt es in dem bürgerlichen Kriege, der im Jahr 704 zwischen Pompejus, als dem damahligen Haupte jener Par-

they, und Julius Cäsar ausbrach, mit dem Erstern, fand aber, nach der Pharsalischen Schlacht, Mittel, sich mit dem Letztern auszusöhnen, und widmete sein übriges Leben, im Privatstande, der Ausarbeitung einer Römischen Geschichte, womit er sich schon damahls, da Cicero diesen Brief schrieb, beschäftigte, von welcher aber nichts bis zu uns gekommen ist; vermuthlich aus eben der Ursache, warum Quintilian, da, wo er von den vorzüglichsten lateinischen Geschichtschreibern spricht, seiner keine Erwähnung thut. Sein Sohn Quintus Tubero, mit welchem, als Anklägern des Q. Ligarius, Cicero es in seiner berühmten Vertheidigungsrede für den letztern zu thun hat, scheint eben derselbe gewesen zu seyn, der im Jahr 743 unter der Alleinherrschaft des Augustus mit Paulus Fabius Maximus Consul war *). Von dem zweyten Legaten des Quintus, der in einigen Handschriften Allienus, in andern Halienus heißt, ist weiter nichts bekannt. Der dritte, M. Gratidius, scheint ein Enkel des M. Gratidius aus Arpinum gewesen zu seyn, dessen Schwester die Großmutter der beyden Ciceronen war.

5) Vermöge der Einrichtung, welche der Dictator Sulla der Republik gegeben hatte, wurden jährlich zwanzig Quästoren oder Schatzmeister erwählt, von welchen zwey *urbani*, die übrigen achtzehn *provinciales* hießen. Jene verwalteten das Aerarium oder die Staats-Schatzkammer; diesen wurden die Provinzen, in welchen sie, unter dem jedesmahligen Proconsul oder Prätor, die öffentlichen Einkünfte und Ausgaben der Republik einzuziehen, zu besorgen und zu verrechnen hatten,

*) Dion. LIV. 32.

durchs Loos zugetheilt. Der Quästor war der nächste Magistrat nach dem Statthalter, und vertrat, wenn dieser abging, seine Stelle bis zur Ankunft des Nachfolgers.

6) Die *Accensi* waren eine Art von Amtsdienern, deren hauptsächliche Verrichtung bey den Statthaltern der Provinzen darin bestand, die Partheyen vor Gericht zu laden, und wenn Kläger oder Beklagter sich etwa einer unziemlichen Hitze überließen, ein Geschrey erhoben, oder sonst auf irgend eine Weise den schuldigen Respect aus den Augen setzten, sie zur Gebühr zu weisen, Stillschweigen zu gebieten, u. dergl.

7) Bekanntlich unterschieden sich die *Lictores* von allen übrigen Amtsdienern der Römischen Magistrate *) durch die Fasces (einen mit einem Riemen zusammengebundenen Bändel Ruthen, aus dessen Mitte ein Richtbeil hervorragte) welche sie auf der Schulter trugen, indem sie vor dem Magistrat in bestimmten Entfernungen, einer hinter dem andern, voran gingen. Die Consuln hatten deren zwölf, die Statthalter in den Provinzen sechs, ein Dictator, als *Magistratus extraordinarius*, vier und zwanzig.

8) Alles, was man von diesen drey Personen weiß, ist, daß sie vermuthlich zu dem Gefolge (der *Cohors*, den Commensalen und *parvis amicis*) des Prätors Cicero gehörten.

---

*) Das Wort Magistrat wird in dieser Uebersetzung nicht in dem Sinne genommen, worin es bey uns gewöhnlich gebraucht wird, und besonders in den ehmahligen Reichsstädten gebraucht wurde, um ein Collegium von obrigkeitlichen Personen zu bezeichnen, sondern in der altrömischen Bedeutung, vermöge deren es nur denjenigen einzelnen Personen zukam, welche mit einer der obersten Staatswürden bekleidet waren.

9) Wie sehr Quintus gegen die hier mit großer Schonung und Zartheit berührten Klugheitsregeln bisher verstoßen hatte, war seinem Bruder nicht unbekannt. Man vergleiche mit dieser Stelle den 16ten und 23sten Brief dieses Buchs.

10) Die hier genannten Erdensöhne, Paconius und Tuscenius, sind eben so unbekannt, als die Verbrechen, wodurch sie sich die strenge Bestrafung zuzogen, über welche sie, wie es scheint, zu Rom ein jämmerliches Klaggeschrey gegen Quintus Cicero erhoben. Die große Freude, welche Marcus über die, vermuthlich unbedeutenden, Feindschaften, die er sich bey dieser Gelegenheit aufgeladen, bezeigt, hat für uns etwas Räthselhaftes, das, wegen gänzlicher Unbekanntschaft mit den Personen und Thatsachen, wovon die Rede ist, sich nicht wohl auflösen läßt.

11) „HS. C C. sibi eripuisse." — Da diese Zahl so viel ist als ducenta millia sestertiorum, so betrug der Verlust, worüber der *homo nobilis* sich beschwerte, in unserm Gelde nicht mehr als zwanzig tausend Gulden Rheinisch. Das scheint beym ersten Anblick kein sehr bedeutender Beytrag, von einer so großen und reichen Provinz wie Asien, zu dem ungeheuren Aufwand, den ein römischer Aedilis in diesen Zeiten auf öffentliche Schauspiele und Spenden an das Volk aus seinem Beutel zu machen hatte; und sollte wohl eine Summe, die mancher Schlemmer zu Rom für eine einzige Mahlzeit, ja wohl für eine einzige Schüssel ausgab *), in den Augen eines römischen Großen er-

---

*) Die Schüssel voll Nachtigallen, womit die Gebrüder Arrii ihre Gäste einst bewirtheten, kostete, nach der Angabe des Valerius Maximus, nicht weniger als 600,000 Sesterzien, (das Stück zu 6000) also 60,000 Fl. Rheinl.

heblich genug gewesen seyn, um sich über den Verlust derselben öffentlich zu beklagen? Beynahe sollte man vermuthen, daß die Zahl unter den Händen der Abschreiber verringert worden sey. Der französische Uebersetzer scheint der Schwierigkeit damit geholfen zu haben, daß er die HS. CC in zweymahl hundert tausend Livres umsetzt, ohne sich jedoch zu erklären, nach welcher Art von Berechnung er aus 200,000 Sesterzien eben so viele Französische Livres habe machen können. Auf diese Weise käme freylich eine Summe von 50,000 Thalern heraus, welche (zumahl wenn auch die andern Römischen Provinzen in eine ähnliche Contribution gesetzt wurden) beträchtlich genug gewesen wäre, um den Edeln Herren, welche Anspruch darauf machten, nicht gleichgültig zu seyn; und Cicero hätte um so mehr Ursache gehabt, eine solche Auflage, wenn an Alle, die dem Volke zu Rom öffentliche Spiele gaben, eben so viel hätte bezahlt werden müssen, für eine enorme Belästigung der Provinzen zu halten. Der Fehler ist bloß, daß der besagte Französische Uebersetzer die Sesterzien mit Denarien oder Drachmen verwechselt, und durch diese Operation eine viermal so große Summe heraus gebracht hat, als Cicero angiebt.

12) Die unter Römischer Oberherrlichkeit stehenden Griechischen Städte, besonders die Asiatischen, hatten es in der Knechtschaft schon so weit gebracht, daß sie, nicht etwa nur der Göttin Roma, sondern sogar den Statthaltern, welche sie ihnen mit Proconsularischer Gewalt zuschickte, Altäre, Tempel, Priester und Festtage widmeten, um sich diese größtentheils sehr übelthätige Halbgötter durch dergleichen ausserordentliche Ehren-

bezeugungen günstiger zu machen. In Asien scheint der Proconsul Q. Mucius Scävola der erste gewesen zu seyn, welchem die Ehre wiederfuhr, daß zum Andenken seiner gerechten und milden Regierung ein eigenes Jahresfest gestiftet, und unter dem Nahmen *Mucia* jährlich in der ganzen Provinz aufs feyerlichste begangen wurde. Ein ähnliches Fest unter der Benennung Lucullela wurde von den Städten eben dieser Provinz dem Lucullus zu Ehren angeordnet, dafür, daß er sie von dem unerträglichen Druck der Römischen Zollpächter und Geldverleiher, unter welchem sie seit den Sullanischen Zeiten seufzten, wenigstens so lange als seine Edicte galten, befreyt hatte. Unvermerkt wurde diese Art von Vergötterung der Römischen Statthalter, sie mochten wohl oder übel regiert haben, in den östlichen Provinzen so gewöhnlich, daß sie aufhörte eine ehrenvolle Unterscheidung zu seyn, oder es wenigstens nur durch immer neue und höher getriebene Erfindungen in dieser schändlichen Gattung von Schmeicheley werden konnten *). Wir wissen nicht bestimmt, worin die hier erwähnten religiösen Ehrenbezeugungen bestanden, womit die Asiatischen Städte dem Quintus Cicero ihre Dankbarkeit für die Wohlthaten seiner Regierung zu Tage legten. Sie müssen zum Theil ausserordentlich gewesen seyn, da sein weiserer Bruder zu zweifeln scheint, ob jemahls einem Andern dergleichen erwiesen worden. Daß er selbst nicht nur wenig Werth darauf legte, sondern auch lieber gesehen hätte, wenn Quintus in diesem Stücke mit

---

*) S. Mongaults Abhandlung sur les honneurs divins rendus aux gouverneurs des provinces etc. im 1 Vol. der Mémoires de l'Académie des Belles-Lettres.

ihm gleicher Gesinnung gewesen wäre, giebt er (wiewohl mit möglichster Schonung der Eigenliebe des letztern) deutlich genug zu verstehen, indem er sie nicht sowohl für eine schmeichelhafte Anerkennung seiner Verdienste, als für eine neue lastende Schuld ansieht, deren er sich bloß durch noch größere Verdienste und Bestrebungen erledigen könne.

13) Diese Zölle waren im letztverflossenen Jahre (693) von dem damahligen Prätor **Metellus Nepos**, unter dem Consulat seines Bruders **Metellus Celer**, als eine dem Publico äusserst lästige, hingegen, in Betracht der ansehnlichen Vermehrung der Staatseinkünfte durch die Eroberungen des Pompejus, dem Aerario entbehrliche Abgabe, durch ein förmliches Gesetz abgeschaft worden.

14) Die aufserordentliche Contribution, welche **Sulla** von den Griechen in Asien, um sie wegen ihrer Anhänglichkeit an **Mithridates** zu züchtigen, mit großer Strenge eingetrieben hatte, belief sich, nach Plutarchs Angabe, auf nicht weniger als zwanzig Tausend Talente oder acht und vierzig Millionen Gulden, und gab, weil ein großer Theil dieser ungeheuren Summe von Römischen Publicanern gegen enorme Zinsen hatten aufgenommen werden müssen, in der Folge zu unzähligen Beschwerden und Streitigkeiten zwischen den Asiaten und ihren Gläubigern Anlaß.

15) Diesen Nahmen führte das Instrument über den von den jeweiligen Censoren im Nahmen der Staats-Schatzkammer mit einer Gesellschaft von Publicanern abgeschloßnen Zollpacht, worin sowohl das Object als die Bedingungen desselben, und die Art und Weise der Erhebung, aufs genaueste bestimmt war.

2. Brief.

16) Seit dem letzten Briefe unsers 1sten Buchs (der in den gewöhnlichen Ausgaben der 3te im zweyten Buche ad Attic. ist) hatten Cicero und sein Freund die ersten zwey bis drey Monate des Jahrs 694 zu Rom beysammen verlebt; und daraus ergiebt sich natürlicher Weise eine kleine Lücke in ihrem Briefwechsel, der nun, da Cicero aus politischen Rücksichten etliche Monate auf dem Lande zuzubringen gesonnen war, Atticus aber noch eine Zeitlang in Rom zurück blieb, — wieder desto lebhafter fortgesetzt wurde, weil die verhältnißmäßig geringe Entfernung der Ciceronischen Landsitze von Rom es möglich machte, die Briefe einander durch ihre Sclaven zuzuschicken.

17) Cicero, der die Römische Litteratur (welche besonders in den wissenschaftlichen Fächern, in Vergleichung mit der Griechischen noch sehr dürftig war) nach Möglichkeit zu bereichern suchte, trug sich um diese Zeit mit dem Gedanken, eine Erdbeschreibung zu unternehmen. Er sammelte zu diesem Ende so viele Materialien als er auftreiben konnte, und suchte sich vor allen Dingen mit den griechischen Geographen in nähere Bekanntschaft zu setzen. Atticus, der ihm zu dieser Arbeit (vielleicht weil er eine Zerstreuung dieser Art seinem Freunde unter den damahligen Umständen für nöthig hielt) allen möglichen Vorschub thun wollte, hatte ihm die Geographica eines gewissen Serapions von Antiochia zugeschickt, der, wie es scheint, damahls einen Nahmen in diesem Fache hatte. Daß Cicero, wie er sagt, kaum den tausendsten Theil davon verstand, mochte vermuthlich daher kommen, weil Serapion sich in seinem Buche bloß mit der

mathematischen Geographie beschäftigte, einer Wissenschaft, welche wahrscheinlich nie einen Theil der Studien des großen Redners ausgemacht hatte.

18) Da das Geschäft, dessen Beendigung Cicero dem Bruder seiner Schwägerin so ernstlich empfiehlt, eben so unbekannt ist als der Titinius, mit welchem Pomponia sich in einen (wie es scheint) übereilten Handel eingelassen hatte, so mag es der Einbildungskraft unserer Leserinnen (wenn anders diese Briefe sich auch auf weibliche Schreibtische verirren sollten) überlassen bleiben, sich die Sache nach eigenem Gefallen auszudenken. Es ist kein Zweifel, daß sie das Wahre davon auf den ersten Blick weghaben werden.

19.) Die besondersten Umstände der Intrigen, hinter welchen Cäsar, Pompejus und Crassus ihr Triumviralisches Bündniß und die wahre Tendenz desselben damahls noch zu verbergen, und besonders Cicero's schärferm Auge so lang als möglich zu entziehen suchten, müßten uns bekannter seyn als sie sind, wenn es möglich seyn sollte, diesem Paragraphen alles Licht zu geben, dessen er bedarf, um durchaus verständlich zu seyn. Man weiß daß Crassus sich der Adoption, mittelst welcher Clodius in den Plebejischen Stand übergehen wollte, um zum Tribunat wahlfähig zu seyn, im vorigen Jahre mit vielem Eifer, wiewohl ohne Erfolg, angenommen hatte. Cäsar und Pompejus, um den Cicero sicher zu machen, stellten sich eine Zeitlang, als ob sie dem Clodius entgegen wären, und vermuthlich hatte die vorgebliche Gesandschaft an den Armenischen König, Tigranes, die ihm aufgetragen werden sollte, keine andre Absicht, als dem Cicero durch das Vorhaben, seinen gefährlichsten

Feind mit guter Art aus Rom zu entfernen, einen
Beweis ihres Wohlmeinens zu geben. Denn daß
sie ihn noch immer auf ihre Parthey zu ziehen
wünschten und hofften, ist gewiß. Aber Cicero,
wiewohl er sich nicht entschließen konnte, mit dem
Consul Bibulus und der Senatorischen Parthey
gemeine Sache zu machen und sich den neuen Triumvirn öffentlich und aus allen seinen Kräften zu
widersetzen, konnte doch eben so wenig über sich
gewinnen, mit den letztern gänzlich zu brechen;
eine schickliche Gelegenheit, sich recht weit von Rom
zu entfernen, würde ihm daher eher willkommen
als ungelegen gewesen seyn. In diesem Sinne antwortet er nun dem Atticus, (der ihm geschrieben
hatte, Clodius werde an den Tigranes abgeschickt
werden *), „diese Gesandschaft wäre etwas für
„ihn selbst gewesen," setzt aber gleich (als ob er
sich eines Bessern besinne) hinzu: er habe nichts
gegen die Absendung des Clodius, und im Grunde
werde ihm eine legatio libera **) auf die Zeit,
wenn sein Bruder wieder aus Asien zurückgekommen, und, was Clodius im Schilde führte, bekannt
seyn würde, angemeßner seyn. Denn es ist aus
dem ganzen Zusammenhang des Vorhergehenden
und Nachfolgenden sonnenklar, daß die Worte,
welche Cicero, anstatt des gänzlich verdorbenen und
sinnlosen „velim syspirae conditione," wirklich

---

*) Vermuthlich um ihm die Ratification des Friedens, wel-
chen Pompejus mit ihm geschlossen hatte, zu überbringen.
**) So nannte man eine Art von Gesandschaften ohne be-
stimmten Auftrag, welche die Römischen Senatoren, wenn
sie irgend eine Privatursache hatten in diese oder jene
Provinz zu reisen, sich vom Senat geben ließen, um mit
desto mehr Ansehen und Bequemlichkeit zu reisen und im
Auslande sich aufzuhalten.

geschrieben hatte, keinen andern als diesen Sinn haben konnten, wenn gleich Popma mit seinem Vorschlage „velim surrpi oder surripi ea conditione" zu lesen, nicht gerade die eignen Worte Cicero's getroffen haben dürfte. — Auch die letzte Periode dieses Absatzes, „neque mihi unquam veniet in mentem *Crasso* invidere etc." klingt etwas räthselhaft, wiewohl Atticus unfehlbar auf den ersten Blick wußte, was sein Freund damit sagen wollte: nehmlich: „es wird mir nie in den Sinn kommen, den Crassus darum zu beneiden, daß Er, statt meiner, der dritte Mann in dem Bündniß des Cäsar und Pompejus geworden ist; oder michs gereuen zu lassen, daß ich meinen Grundsätzen und meinem vergangenen Leben kein solches démenti gegeben habe, mit diesen Männern in Verbindung zu treten.

20) Die griechische Landschaft Epirus war wegen ihrer herrlichen Eichenwälder, und der Hain von Dodona einer Eiche wegen berühmt, welche, nach der Volkssage, in uralten Zeiten Orakel von sich gegeben haben sollte.

21) Philotimus war ein Freygelassener der Gemahlin des Cicero; Vettius ein Freygelassener des Baumeisters Cyrus *) den wir bereits kennen. Die Häuser der beyden Brüder auf dem Palatinischen Hügel hatten eine gemeinschaftliche Mauer, deren Unterhaltung dem Marcus zukam, und die, wie es scheint, baufällig war; daher Atticus im Nahmen seiner Schwester um ihre Ausbesserung gesucht, und vermuthlich als einen Beweggrund

---

*) ep. 14. VII. ad Familiar. Er muß mit dem Vettius, von welchem im 21sten Briefe dieses Buchs die Rede ist, nicht vermengt werden.

angeführt hatte, daß Pomponia und der junge Quintus, die von einem Balcon dieser Mauer den Paläſtriſchen Uebungen auf dem Palatiniſchen Hügel zuzuſehen pflegten, dieſes Vergnügen ohne Angſt vor ihrem Einſturz nicht länger genießen könnten. Etwas dergleichen wenigſtens ſcheint die Antwort Cicero's vorauszuſetzen. Er meint, die Mauer könnte allenfalls wohl noch einen Sommer (ungefähr ſo lang als die Republik) geſtanden haben, und ſo hätte er ſich die Koſten der Reparatur erſparen können, wenn er nicht alles lieber wollte, als daß Pomponia und ſein kleiner Neffe ſich in Gefahr den Hals zu brechen glauben ſollten. Vermuthlich war die Gefahr ſo groß nicht, als die etwas grillenhafte Dame Pomponia ſich einbildete, und Cicero wollte dies durch die ſcherzhafte Wendung, die er der Sache giebt, wiewohl nur ganz leiſe zu verſtehen geben.

3. Brief.

22) Um dieſen Brief ſogleich deutlich zu finden, muß vorausgeſetzt werden, daß Atticus ſeinem Freunde geſchrieben hatte: Cäſar und Pompejus ſchienen geſonnen zu ſeyn, ihm die Geſandſchaft aufzutragen, welche der Senat auf ihren Antrieb an den König in Aegypten Ptolemäus Auletes ſchicken wollte, um ihn förmlich für einen Freund und Verbündeten des Römiſchen Volkes zu erklären, und zugleich die Mißhelligkeiten, die zwiſchen ihm und ſeinen Unterthanen auszubrechen drohten, gütlich beyzulegen. Dieſe Geſandſchaft war nicht nur an ſich ſelbſt eines Conſularen von Cicero's Nahmen und Anſehen vollkommen würdig, ſondern auch das anſtändigſte Mittel, ihn den

Verfolgungen zu entziehen, womit das künftige
Tribunat seines tödtlichen Feindes Clodius ihn
bedrohte; kurz, sie war in jeder Betrachtung so
vortheilhaft für ihn, daß er selbst zu zweifeln scheint,
ob es den Gewalthabern wirklich Ernst sey, sie
ihm aufzutragen. Auf der andern Seite hätte er
blinder als Tiresias seyn müssen, wenn er nicht
gesehen hätte, daß es diesen Männern (welche, seitdem sie auch den reichen Crassus in Ihr Interesse
gezogen hatten, in und aus der Republik alles
machten was sie wollten) bloß darum zu thun sey,
ihn, (wofern es ihnen nicht noch gelänge, ihn zum
vierten Mann in ihrer Coalition zu machen)
aus Rom zu entfernen und dadurch des einzigen
Antagonisten, den sie scheuten, mit guter Art los
zu werden. Wie es scheint, hatte Atticus (der
mit allen Freunden des Pompejus und Cäsar, wie
mit ihnen selbst, auf einem sehr vertrauten Fuß
lebte) dem Cicero zur Annahme dieser Gesandschaft
angerathen; und die Antwort des Letztern auf diesen Punct ist der Hauptinhalt dieses Briefes, der
uns zu Vertrauten seiner geheimsten Gesinnungen
macht.

23) „Was ihn zurück hielt mit Pompejus und
Cäsar gemeine Sache zu machen, — was bey seinem unaufhörlichen Schwanken zwischen der Oli-
garchie und Aristokratie ihn doch immer zur letztern herabzog, war also im Grunde bloß die Scheu
vor dem Urtheil des streng rechtschaffnen Cato und
vor der unpartheyisch richtenden Nachwelt?" —
So ist es! Aber würde wohl dieses Gefühl, wie
lebhaft es auch war, über so mächtige Beweggründe
als ihn auf die andre Seite zogen, ohne die Scheu
vor sich selbst, das Uebergewicht gehabt haben?

24) Dieser **Theophanes**, aus Mitylene, der Hauptstadt von Lesbos, gebürtig, genoß das Vertrauen des Pompejus, durch welchen er das Bürgerrecht von Rom erhalten hatte, in einem so hohen Grade, daß er zu den geheimsten Geschäften von ihm gebraucht wurde. Er schrieb in griechischen Versen eine Art von Heldengedicht über die Thaten des Pompejus, welches mit seinem Helden einerley Schicksal gehabt hat.

25) Q. **Arrius** war ein treuergebener Anhänger des Crassus, der ihm zum Consulat Hoffnung gemacht hatte, sich aber genöthigt sah, ihn den Creaturen Cäsars und Pompejus, dem **Piso** und **Gabinius** aufzuopfern. Er scheint der Vater der oberwähnten beyden Brüder gewesen zu seyn, die, um seine Erbschaft desto bälder los zu werden, Nachtigallen, das Stück zu 600 Gulden schmauseten; und Er, nicht einer seiner Söhne, (wie in meiner 11ten Anmerkung zur 3ten Horazischen Satyre des 2ten Buchs irrig vermuthet wird) war es, der dem Volke (nicht dem Senat) in der Absicht sich dadurch zum Consulat zu empfehlen, den verschwenderischen öffentlichen Schmaus gab, auf welchen Horaz im 86sten Verse der besagten Satyre anspielt.

26) Das **Augurat** war eine Art von Priesterthum, dessen Einsetzung so alt war als die Stadt Rom. Sein Ansehen und Einfluß war in den ältern und blühenden Zeiten der Republik so groß, daß nichts Wichtiges, ohne die Auguren zu Rath zu ziehen, vorgenommen werden durfte; und sein Hauptzweck, seitdem der Senat unaufhörlich mit dem Volke um sein Ansehen und Uebergewicht kämpfen mußte, ging dahin, den tief eingewurzelten

Glauben des römischen Volkes an gewisse Anzeichen, wodurch die Götter ihr Wohlgefallen oder Mißfallen und den glücklichen oder unglücklichen Ausgang einer Maßregel oder Unternehmung, die einer Volksversammlung vorgetragen wurde, zu erkennen geben sollten, zu gewissen politischen Absichten zu benutzen. So war z. B. eine heilig beobachtete Gewohnheit, daß die Comitien sogleich auf einen andern Tag verschoben werden mußten, wenn es während der Versammlung donnerte, oder wenn ein Augur ankündigte (obnuntiabat) daß er den Himmel beobachtet (de coelo servasse) und blitzen gesehen habe. — In den letzten Zeiten der Republik bestand das Collegium der Auguren aus funfzehn Personen, die aus den angesehensten Männern des Staats erwählt wurden, und das Vorrecht hatten, daß sie aus keinerley Ursache ihrer Würde entsetzt werden durften. Dies war vielleicht der Grund, warum Cicero sagt: die erledigte Augurstelle wäre das einzige, womit ihn die Machthaber allenfalls noch ins Garn locken könnten. Uebrigens ist leicht zu errathen, daß der Einfluß der Augurn um diese Zeit sehr viel von dem, was er einst gewesen war, verlohren hatte. Das meiste lief auf Beobachtung des alten Ceremoniels hinaus, und Männer wie Cäsar und Pompejus wußten es entweder so einzurichten, daß sie die Augurien immer auf ihrer Seite hatten, oder sie achteten nicht darauf, und setzten ihren Willen ohne sie durch.

27) Man weiß nicht, weder von welchem der mehrern damahls lebenden Curtiusse, noch von was für einer ihn betreffenden Sache hier die Rede ist.

4. Brief.

28) Cicero nennt hier drey der berühmtesten Geographen der Griechen. Eratosthenes von Cyrene lebte in Aegypten unter den drey Ptolemäen, Evergetes, Philopator und Epiphanes, war Aufseher der von Ptolem. Philadelphus gestifteten Alexandrinischen Bibliothek, und wurde für einen der vielwissendsten Gelehrten seiner Zeit gehalten. Hipparchus aus Nicäa in Bithynien gebürtig, lebte ungefähr hundert Jahre später, und gilt noch jetzt für den besten Astronomen jener Zeit, wo diese Wissenschaft noch in der Wiege lag. Von Serapion ist im 2ten Briefe dieses Buchs bereits die Rede gewesen. Tyrannion endlich war ein Zeitgenosse und gelehrter Hausfreund Cicero's, der seiner in der Folge dieser Briefe noch mehrmahls gedenkt.

29) Welcher damahls, als Tribunus Plebis und Anführer aller tumultuarischen Excesse und Gewaltthätigkeiten, wodurch Cäsars erstes Consulat sich auszeichnete, in Rom eine große und verhaßte Rolle spielte.

30) Es war ein Artikel des Agrarischen Gesetzes, daß, unter Cäsars Vorstand eine Commission von zwanzig der angesehensten Senatoren und Römischen Ritter ernannt werden sollte, um die Campanischen Ländereyen (die bisher ein Eigenthum des Staats gewesen waren) unter 20,000 unbemittelte Römische Bürger, welche drey und mehr Kinder hatten, und unter die Veteranen des Pompejus zu vertheilen. Natürlicher Weise war dieses Gesetz, und folglich auch die zu Ausführung desselben bestimmte Commission, allen rechtlichen und begüterten Leuten in Italien ein Greuel. Daß die

Worte: „auffer mir," ironisch zu nehmen sind,
bedarf kaum erinnert zu werden.

31) Theopompus von Chios (welcher hier
gemeynt ist) ein Schüler des berühmten Isokrates, erwarb sich einen großen Nahmen unter den
Rednern und Geschichtschreibern des Jahrhunderts
Alexanders des Großen. Auffer einer Menge von
Reden aller Gattungen, einer Fortsetzung der Ge-
schichtsbücher des Thucydides und Xenophons, und
einer Geschichte des K. Philippus von Macedonien,
schreibt ihm Dionysius von Halicarnassus
(ein Zeitgenosse Cicero's, wiewohl 25 Jahre jünger)
noch ein anderes Werk zu, welches ohne Zweifel
dasselbe ist, wovon Cicero spricht. Der Begriff, den
uns der eben genannte Schriftsteller von jenem
Werke giebt, verbreitet so viel Licht über diese
Stelle unsers Autors, daß ich wohl zu thun glaube,
seine eignen Worte, nach der Uebersetzung des gelehrten Abbé Gedoyn mitzutheilen. „C'est un
ouvrage, où, non content de rapporter ce qui
s'est passé aux yeux de tout le monde, il entre
dans *l'intérieur* des principaux acteurs, sonde
leurs intentions les plus secrettes, les *demas-
que*, et fait voir leurs *vices cachés* sous les
apparences de la vertu; sorte d'examen, que
je ne puis comparer qu'à celui dont nous
parle la Fable, et qui se fait aux Enfers par
ces juges inexorables, que les Dieux ont com-
mis pour nous faire rendre compte de nos
actions. Aussi quelques uns l'ont traité de
médisant, parce qu'il blâme hardiment ce
qui est blâmable, et qu'il diminue la gloire
de plusieurs grands personnages etc. (S. Mémoires de l'Académie des I. et B. L. Vol. XXI.

p. 427. S. de l'édit. in 8.) Eine Geheimgeschichte der bedeutendsten Männer dieser Zeit, eines Pompejus, Cäsars, Lucullus, Crassus, Hortensius, u. s. w. von einem Manne wie Cicero, im Geist und in der Manier jener Theopompischen und in der sonderbaren Gemüthsstimmung, die ihn damahls beherrschte, geschrieben, welch ein köstliches Geschenk für die Nachwelt würde ein solches Buch gewesen seyn, wenn nachmahlige Zeitumstände und veränderte Verhältnisse ihn nicht vermuthlich selbst vermocht hätten, das, was er bereits davon zu Papier gebracht, wieder zu vernichten!

32) Cistophoren (Kästchenträger) hießen eine Art von Landmünzen in den Griechischen und Asiatischen Provinzen, weil ein Kästchen, wie diejenigen, worin an den Mysterien der Eleusinischen Göttinnen gewisse geheime Dinge in Procession von Athen nach Eleusis getragen wurden, darauf geprägt war. Sie war an Gewicht der Attischen Drachme gleich, und scheint damahls in den Provinzen auch am Zahlwerth, obschon nicht an reinem Silbergehalt, der Drachme gleich gewesen zu seyn, weßwegen sie gegen den Römischen Denarius zwanzig Procent verlohr. Die Geldangelegenheit, worin der Bruder Quintus sich mit den Schatzmeistern zu Rom in Widerspruch befand, bestand darin, daß Jener den jährlichen Gehalt, den die Schatzkammer an alle Statthalter zu bezahlen hatte, zu Rom und in gutem Gelde, also in Denarien, zu erhalten wünschte. Diesen hingegen gelegener war, durch Anweisung an Asiatische Wechsler, in Cistophoren zu bezahlen, deren Pompejus vor seinem Rückzug aus Asien (an der Stelle des Goldes und Silbers, so er allenthalben

zusammengetrieben und großen Theils bey seinem Triumph in die Schatzkammer eingeliefert hatte) eine ungeheure Menge hatte prägen und in Umlauf setzen lassen.

5. Brief.

33) Dies, denke ich, ist der natürlichste Sinn der Worte Cicero's: „quarum *alteram* non libebat scribere quia abscideram, alteram ne laudarem eum quem non amabam." Das letztere gilt vermuthlich dem Pompejus, und das quem non amabam ist nicht von der Zeit zu verstehen, da er diese Rede gehalten, sondern von der, da er sie für den Atticus aufschreiben sollte. Denn in der Zwischenzeit hatten sich Umstände und Verhältnisse, worauf im Lieben und Hassen so viel ankommt, gar sehr verändert.

34) Cicero scheint in einer ausserordentlich jovialischen Laune gewesen zu seyn, als er diesen Brief schrieb. Aber ich gestehe, daß ich nicht begreife warum, und wie ein so kluger und scharfsehender Mann in seiner damahligen Lage die Dinge aus einem so lustigen Gesichtspunkt ansehen konnte. Daß Clodius sein Todfeind ward; daß er bloß deswegen aus dem Patriciat getreten, um zum Tribunat wahlfähig zu werden, und bloß deswegen Tribun werden wollte, um sich und seine Schwester Clodia aufs grausamste an Cicero zu rächen, alles dies waren allgemein bekannte Dinge. Eben so wenig konnt' es ihm zweifelhaft seyn, daß er, anstatt sich auf die Freundschaft des Pompejus und Cäsars verlassen zu können, vielmehr Ursache hatte zu glauben, der letztere werde ihm nie verzeihen, daß er alle seine Einladungen, sich näher mit ihm

zu verbinden, abgewiesen oder ausgewichen; und der erstere, wiewohl er sich sowohl öffentlich als unter vier Augen für seinen Freund und Gönner ausgab, werde dennoch immer bereit seyn, ihn seiner Coalition mit Cäsarn aufzuopfern. Wie konnte Cicero schon vergessen haben, daß eine bloße, etwas freye öffentliche Aeusserung über den Zustand der Republik, die er sich in seiner gerichtlichen Schutzrede für den Proconsul C. Antonius *) erlaubt hatte, hinlänglich gewesen war, Cäsarn zu bewegen, den Clodius noch an demselben Tag in eigner Person dem Volke vorzuführen, und die Bestätigung seiner Adoption von dem Plebejer Herennius, trotz ihrer gesetzwidrigen Unförmlichkeit, mit Genehmigung und Beystand des Pompejus zu bewirken? Wie konnte er nach einem solchen Vorgang glauben, daß es dem Clodius Ernst sey, anstatt um das Tribunat anzuhalten, sich eine Gesandtschaft nach Armenien geben zu lassen? oder den Gewalthabern, einen Mann, den sie in Rom so gut zu gebrauchen wußten, ans Ende der Welt zu schicken, um den König Tigranes grüßen zu lassen, und daß dies, wenn Clodius sich dazu nicht bequemen wollte, zu ernsthaften Mißhelligkeiten unter ihnen Anlaß geben könnte? Die übrigen Umstände, die er anführt, um dieser Hoffnung, von welcher er sich so lustige Scenen verspricht, noch mehr Scheinbares zu geben, sind von keiner größern Erheblichkeit. Wenn Clodius damahls nichts Angelegners hatte, als für das nächste Jahr Volkstribun zu werden, so war ihm mit einer fetten Legation eben so wenig gedient, als mit einer magern; auch mochte eine Stelle unter den zwan-

*) Seinen ehemahligen Collegen im Consulat.

ßig Commissarien zu Vertheilung der Campanischen Ländereyen, wegen der vielfachen und verwickelten Geschäfte, womit sie verbunden war, ihm damahls eben so gleichgültig seyn, als eine Gesandschaft nach Aegypten. Wie dem aber auch sey, so viel scheint aus dem ganzen Zusammenhang klar zu seyn, daß Cicero, als er diesen Brief schrieb, kein Mißtrauen in Cäsars Gesinnungen gegen seine eigne Person setzte, und ein besonderes Vergnügen daran fand, sich selbst mit der Einbildung zu täuschen, Clodius werde wirklich an den Tigranes abgeschickt werden; im welchem Falle sich allerdings hoffen ließ, daß sein Einverständniß mit den Gewalthabern einen starken Riß bekommen würde.

35) Cicero setzt der Gesandschaft an den Tigranes, welche er, weil sie höchstens ein unbedeutendes Präsent eintrug, *jejunam* nennt, eine *Opimam* ad exigendas pecunias entgegen, ohne sie näher zu bezeichnen. Ernesti vermuthet eine Gesandschaft nach Aegypten ad exigendas a Rege pecunias. Ich weiß nicht, ob Ptolomäus Auletes der Republik Zahlungen zu thun hatte, oder ob der Senat sich für den Frieden, den er zwischen diesem Fürsten und seinem mißvergnügten Volke stiften wollte, mit Anständigkeit hätte bezahlen lassen können; aber der Gesandte, der dazu gebraucht würde, hatte (in so fern sein Ehrgefühl nicht zärter war als sich von einem Clodius vermuthen ließ) die schönste Gelegenheit, von beyden Partheyen Geld zu ziehen, und so war diese Legation *opima*, für ihn nehmlich, wie es der Sinn der ganzen Stelle erfodert. Was Cicero mit den Worten: „cujus tribunatus ad *istorum tempora* (auf die Zeit nehmlich, da es dem Pompejus und Cäsar am

gelegensten seyn, wird) reservatur," eigentlich sagen wollte, war vermuthlich dem Atticus deutlicher als uns. Wenn es ihnen (wie er zu glauben scheint) mit der Abschickung des Clodius an Tigranes Ernst war, so wollten sie sein Tribunat auf das Jahr 696 verschoben wissen. Also deßwegen, weil es ihnen zu ihren Absichten bequemer war? Aber warum? Waren sie etwa schon gewiß, das Tribunat für das Jahr 695 mit ihren Creaturen zu besetzen, und wollten den Clodius auf das folgende Jahr aufsparen, weil sie sich auf ihn immer verlassen zu können glaubten? Aber konnten sie das, wenn sie ihn durch die aufgedrungne Gesandschaft an den Armenischen Hof, welche seinen Absichten zuwider war, vor den Kopf stießen? Ich gestehe, daß ich hier nichts zu sagen weiß als non liquet — es wäre denn, daß man annehmen wollte, Cicero habe, in der Laune, worin er diesen Brief schrieb, nicht so klar in diesen Dingen gesehen, als er gewöhnlich zu sehen pflegt.

36) Die Vermuthung des Manutius, daß man anstatt *Quinqueviri* (Fünfmänner) *Vigintiviri* (Zwanzigmänner) lesen müsse, kann, da sie ohnehin keinen haltbaren Grund hat, um so weniger statt finden, weil man dann auch im §. 17. der Rede de provinciis consularibus, wo Cicero ausdrücklich sagt, daß er den ihm von Cäsar angetragenen *Quinqueviratum* ausgeschlagen habe, dieselbe Veränderung vornehmen müßte. Es ist vielmehr aus diesen beyden Stellen klar, daß Cäsar, um seinem Agrarischen Gesetze desto mehr Ansehen und Haltung zu geben, auſſer den oftherwähnten Zwanzigern noch fünf Männer vom erster Rang,

welchen jene vermuthlich untergeordnet waren, zu
Handhabung desselben ernennen wollte. Was aber
Atticus mit den Worten "unter den Fünfmännern
selbst fingen etliche schon an zu reden" habe sagen
wollen, wissen wir eben so wenig als Cicero; und
wozu sollten wir uns mit leeren Vermuthungen
aufhalten?

6. Brief.

37) Ohne Zweifel eben derselbe L. Saufejus
dessen in diesen Briefen öfters gedacht wird, und
von welchem Cornelius Nepos in seinem Leben des
Atticus sagt: er sey ein begüterter Römischer Ritter und ein so trauter Freund des Atticus gewesen,
daß er "studio Philosophiae ductus (um der
Philosophie desto fleißiger obliegen zu können) viele
Jahre bey ihm (vermuthlich auf seinen Gütern im
Epirus) gewohnt habe, ungeachtet er selbst Güter
von großem Werth in Italien besessen. Die Philosophie, die er gemeinschaftlich mit seinem Freunde
cultivierte, war die damahls in Rom vorzüglich
beliebte, aber den eifrigen Republikanern desto verhaßtere, Epikurische, welche die Kunst unabhängig, sorgenfrey, zufrieden und angenehm zu
leben zum Hauptgegenstand ihrer Speculation und
Praxis machte. Wenn Saufejus Fleiß und Geduld genug hatte, die drey hundert Volumina
(κυλίνδρους) welche Epikur (nach des Diogenes von
Laerte Versicherung) ohne von einem einzigen Gedanken eines andern Mannes Gebrauch darin zu
machen, aus seinem eignen Gehirn heraus gezogen
hatte, durchzustudieren, so muß man ihm lassen,
daß sein Nahme zu Bezeichnung eines hartnäckigen
Fleißes gebraucht zu werden verdiente.

7. Brief.

38) „qui regna, qui praedia Tetrarchis — dederunt." Wie man diese Stelle auch drehen und wenden mochte, nie gab sie einen bequemen Sinn. Durch eine kleine Verwandlung des zweyten *qui* in *ceu* (wie) kommt der Sinn heraus, den ich in meine Uebersetzung aufgenommen habe. Nur schade, daß ceu kein Ciceronisches Wort ist!

8. Brief.

39) Wenn Cicero mit diesen zwey Worten „collegam Balbi" nicht mehr sagen wollte, als sie an sich selbst bedeuten, wenn sie nicht einen ironischen Sinn haben, so wollte ich lieber annehmen, daß sie von einem Glossator, als von Cicero selbst eingeschoben worden seyen. Der Balbus, von welchem, meiner Meynung nach, die Rede ist, (denn Balbus war der Zunahme von mehrern alten Römischen Geschlechtern) war ein gebohrner Spanier, von Gades gebürtig, und hatte vom Pompejus das Römische Bürgerrecht auf Empfehlung des L. Cornelius Lentulus erhalten *), welchem, als seinem Patron, zu Ehren er auch die Nahmen Lucius Cornelius annahm. Natürlicher Weise suchte er sich, als ein neu aufgenommener Römischer Bürger, durch seine Anhänglichkeit an die ersten Männer im Staat empor zu helfen. Er

---

*) Dem Pompejus war durch die legem Galliam · Corneliam im Jahr 681 das Vorrecht ertheilt worden, während seiner damahligen Ober-Feldherrn-Stelle das Römische Bürgerrecht einem Jeden zu schenken, den er mit Beystimmung seines Kriegsraths, dieser Ehre, wegen ausgezeichneter militärischer Verdienste, würdig fand. Und durch solche Verdienste hatte dieser Balbus sich erst das Wohlwollen des Cornelius Lentulus und in der Folge auch des Pompejus erworben.

war eine Creatur des Pompejus; aber ob es
schon ihm zu größter Ehre gereichte, in irgend
einem Staatsgeschäfte mit einem so großen Manne
wie Pompejus zu arbeiten, so hatte sich hingegen
dieser wenig darauf einzubilden, ein College des
Balbus zu seyn. Cicero war (wie wir bereits
gesehen haben, und aus den folgenden Briefen immer
deutlicher sehen werden) mit der neuen Verbindung
zwischen Pompejus, Cäsar und Crassus äusserst unzufrieden, und je mehr er über diesen Punct öffentlich an sich halten mußte, desto weniger kann er sich
enthalten, seinem Unwillen in den vertrauten Briefen an Atticus Luft zu machen. Meines Erachtens
sind also die Worte collegam Balbi — so viel,
als ob er in der Bitterkeit seines Herzens ausgerufen hätte: So tief ist der große Pompejus neuerlich unter sich selbst herabgesunken, daß er der
College eines Menschen ist, der ohne ihn nicht einmal Römischer Bürger wäre! — Worin übrigens
das Geschäfte, worauf sich dieser Titel bezieht, bestanden habe, läßt sich mit Gewißheit nicht sagen;
wahrscheinlich betraf es die Vertheilung eines
Theils der Campanischen Ländereyen unter seine
Veteranen, wozu er sich den Balbus zum Gehülfen
genommen haben mochte.

Suetonius, indem er die Voreltern des Augustus aufzählt, sagt im Vorbeygehen, daß M.
Atius (oder Attius) Balbus, sein Großvater
von mütterlicher Seite, einer von den Zwanzigs-
männern zu Austheilung der Campanischen Ländereyen gewesen sey. Mongault, vermuthlich
von Popma verleitet, scheint für etwas Ausgemachtes anzunehmen, daß unter dem von Cicero
hier genannten Balbus kein anderer als dieser

Attius oder Atius Balbus gemeynt seyn könne. Ich sehe aber um so weniger Grund hierzu, da der letztere in allen Schriften Cicero's nur ein einziges mal (im 6ten Capitel der 3ten Philippica) unter seinem ganzen Nahmen M. Attius Balbus vorkommt; Cornelius Balbus hingegen, dessen in seinen Briefen häufig gedacht wird, meistens (wenn nicht immer) bloß durch seinen Zunahmen Balbus bezeichnet wird; so daß man sicher schließen kann, daß, so oft Balbus ohne Geschlechtsnahmen genennt wird, der Gaditanische gemeynt sey.

40) Dieser junge Curio, Sohn des Consularen C. Scribonius Curio, ein Jüngling voller Feuer und mit großen Anlagen zum Redner begabt, aber (wie damahls der größte Theil der edlen römischen Jugend) leichtsinnig, ausschweifend und unzuverläßig, scheint sich dem Cicero seit kurzem theils durch eine besondere Anhänglichkeit an seine Person, theils durch Eifer für die Parthey der Optimaten und Haß gegen Cäsar und das sogenannte Triumvirat, empfohlen zu haben. Wir werden ihn in der Folge eine ganz andere Rolle spielen sehen.

41) Von dem Philosophen Dicäarchus ist im 25sten Briefe des 1sten Buchs bereits die Rede gewesen. Cicero spielt hier mit der Etymologischen Bedeutung des Nahmens Dicäarchus, welcher so viel heißt als ein gerechter, oder auch ein rechtmäßiger Regent. Daß durch Vorsetzung des sogenannten alpha privativum das Gegentheil eines Wortes bezeichnet wird, ist eben so bekannt als leicht zu errathen, wer die Adicäarchen sind, die er im Sinne hat.

12. Brief.

42) Ohne Zweifel ist „ille noster *Sampsiceramus*" kein anderer als Pompejus. Aber wie kommt Pompejus zu diesem Spottnahmen? Strabo erwähnt eines kleinen Fürsten von Emessa in Cölosyrien, der diesen Nahmen geführt, und vielleicht eben der ist, den Josephus in seinen Jüd. Alterthümern Sampsigeramos nennt, und zum Schwiegervater des jüngern Aristobulus macht, der dem Triumphwagen des Pompejus in Ketten folgen mußte. Aber dies erklärt noch nicht, warum Cicero, unter mehrern Uebernahmen, womit er seinen Helden in den Briefen an Atticus belegt, so oft er ihm seinen rechten Nahmen nicht geben will, ihn auch mit diesem seltsamen Nahmen beschenkt. Die Ursache war vielleicht ganz simpel. Pompejus konnte, in dem Bericht, den er dem Senat nach seiner Rückkunft aus Asien mündlich abstattete, unter andern kleinen Syrischen Potentaten, die er bezwungen hatte, auch diesen Sampsigeramus oder Sampsikeramus vielleicht in einem zu emphatischen Ton genennt haben, und dieser barbarische Nahme mochte einigen Anwesenden so possierlich vorgekommen seyn, daß es zu einem Cotterie-Spaß unter ihnen wurde, den großen Pompejus selbst (dessen vornehmes anspruchvolles Wesen ohnehin den meisten Senatoren anstößig war) mit diesem lächerlich prunkenden Nahmen unter sich zu bezeichnen. Irgend etwas dieser Art, denke ich, liegt hierbey zum Grunde. Da sich indessen bey Megabochus und Alabarchus das nehmliche fragen läßt, ohne daß sich ein haltbarer Grund angeben ließe, warum Cicero dem großen Manne, von welchem er öffentlich immer wie von einem Gott sprach, in seinen vertrauten

Briefen so gern dergleichen Spottnahmen aufhängt: so ist wohl das Beste, sich, wie Mongault, in Erklärung solcher Dinge gar nicht einzulassen, und ich habe mich bey Sampsiceramus schon zu lange aufgehalten.

43) **Basilica** ist ein von den Römern in ihre Sprache aufgenommenes griechisches Wort, welches ursprünglich eine Königswohnung bedeutet. Zu Rom gab man diesen Nahmen einer Art von großen, unsern Kirchen ähnlichen, öffentlichen Gebäuden oder Sählen, die auf Säulen ruheten, mit Galerien umgeben, und geräumig genug waren, mehrere Tausend Menschen zu fassen. Es fanden sich dergleichen an allen Marktplätzen, und das große Forum Romanum war fast ganz von solchen Basiliken umgeben, die zu Gerichtssitzungen, Zusammenkünften der Publikaner und Kaufleute, und überhaupt zu Versammlungsorten dienten, welche allen rechtlichen Leuten offen standen.

13. Brief.

44) Cäsar und Pompejus waren fest entschlossen, das von dem erstern als Consul vorgeschlagene **Agrarische** oder **Campanische Gesetz** durchzusetzen, es koste was es wolle. Vorher aber wollten sie in der gesetzmäßigen Form alles Mögliche versuchen, um die Gegner desselben zu gewinnen. Cäsar verwendete die drey ersten Monate seines Consulats darauf, er unterließ nichts, was seiner Rogation die scheinbarste Gestalt nicht nur der Unschädlichkeit, sondern sogar der Gemeinnützlichkeit geben konnte, und erklärte sich zu jeder Modification bereit, die der Senat in seiner Weisheit für nöthig finden möchte, um alle Schwierigkeiten aus

dem Wege zu räumen. Wie er aber alle seine Bemühungen fruchtlos sah, und der Consul Bibulus, von Cato und der großen Mehrheit des Senats unterstützt, sich mit unerschütterlicher Standhaftigkeit erklärt hatte, daß ein an sich selbst und in seinen Folgen so verderblicher Antrag unter seinem Consulat schlechterdings nicht Gesetz werden sollte: so erklärte nun auch Cäsar: daß ihm also nichts übrig bleibe, als sich unmittelbar an die höchste Gewalt im Staat zu wenden, und das Volk selbst über das, was ihm das Zuträglichste sey, entscheiden zu lassen; den Senat werde er mit einer ihm so verhaßten Sache nicht wieder behelligen. Es wurden nun sofort alle erfoderlichen Anstalten getroffen, um das vorgeschlagene und durch öffentlichen Anschlag während einem *Trinundinum* d. i. einem Zeitmaß von 17 Tagen, zu Jedermanns Wissenschaft gebrachte Gesetz einer feierlichen Volksversammlung im Marsfelde zur Entscheidung vorzutragen: der Consul Bibulus aber hatte bisher immer Mittel gefunden, die Abhaltung der Comitien bald aus dieser bald aus jener legalen Ursache aufzuschieben oder zu hintertreiben. In dieser Lage befand sich die Sache noch um die Zeit, da Cicero dem Atticus, auf die von ihm aus Rom erhaltnen Nachrichten, die gegenwärtige Antwort gab. Daß es aber nicht länger so bleiben könne, war eben so leicht voraus zu sehen, als daß die von einigen Friedfertigen gehegte Hoffnung, es werde sich noch ein beyde Partheyen vergleichender Ausweg finden lassen, eitel und vergeblich war.

45) „*Nimirum in Publio* (Clodio) *spes est*" — Wie es scheint ließen sich einige, die es mit der Republik wohl meynten, und unter diesen auch

Atticus, von Cäsarn und seinem Anhang einen
Nebel vor die Augen machen, der aber so durch-
sichtig war, daß er ihnen das Wahre von der
Sache nicht hätte verbergen sollen. Je mehr den
Triumvirn daran gelegen war, daß Clodius zum
Tribun für das folgende Jahr erwählt würde,
desto nöthiger war es, der Senatorischen Parthey
das Gegentheil vorzuspiegeln. Denn diese hatte
Clienten und Anhänger genug unter dem Volke,
um die Erwählung des Clodius zu hintertreiben,
wenn das Einverständniß zwischen ihm und den
Machthabern für etwas Ausgemachtes wäre gehalten worden. Clodius sprach also (einer geheimen
Abrede zwischen ihnen zu Folge) ganz laut davon,
daß es, sobald er das Tribunat erhalten haben
würde, sein erstes Geschäft seyn sollte, der ziemlich
allgemein verhaßten Tyranney der Coalition ein
Ende zu machen; und diese gab hingegen eben
so laut zu erkennen, daß sie ihn für ihren erklärten
Feind halte, und ihr Möglichstes thun werde, seine
Erwählung zum Tribunat zu hindern. Hieraus erklärt sich nun die Hoffnung von selbst, welche die
Wohlgesinnten auf den Clodius zu setzen anfingen.
Aus dem Zusammenhang dieses ganzen Abschnitts,
und dem leichten scherzenden Ton, worin Cicero
von der angeblichen engen Verbindung zwischen
Clodius und seinem Atticus spricht, scheint deutlich genug hervorzugehen, daß er selbst sich keine
so sanguinische Hoffnung von seinem erklärten Feinde
machte, aber doch in diesem Augenblick weit entfernt war, so grausame Folgen von dieser Feindschaft zu besorgen, als er in kurzer Zeit erfahren
sollte. Uebrigens kannte Cicero seinen Atticus zu
gut, um von dem vertrauten Fuß, auf welchem er

mit der ganzen Clodischen Familie stand, etwas
anders als Gutes für sich selbst zu erwarten, wie
die Sachen auch kommen möchten. Atticus lebte,
als bloßer anspruchsloser, aber unabhängiger und
begüterter Privatmann, mit allen bedeutenden Römern seiner Zeit in gutem Vernehmen, ohne sich
jemahls in ihre Händel, Partheyen und geheime
oder öffentliche Fehden verwickeln zu lassen. Da
seine Grundsätze und sein Charakter allgemein bekannt waren, so muthete ihm auch Niemand etwas
anders zu; im Gegentheil gerade diese mehr welt-
bürgerliche als patriotische Art zu denken und zu
leben erwarb ihm Achtung und Zutrauen bey Allen,
und setzte ihn in den Stand, öfters Personen von
den entgegengesetztesten Partheyen, wenn sie in
Noth geriethen, wichtige Dienste zu leisten, ohne
sich dadurch ihren Feinden verdächtig oder verhaßt
zu machen.

46) Mongault hat zu dieser Stelle mit Hülfe
des Comentators Popma eine Anmerkung gemacht,
die alles ins Klare setzt. Alles Land der Städte
und Völkerschaften, welche ehmahls mit den Römern um ihre Freyheit gekämpft hatten und besiegt
worden waren, wurde nach dem Römischen Erobe-
rungsrecht, Eigenthum der Republik. Diese ver-
theilte den beträchtlichsten Theil der eroberten Ländereyen unter die Colonien, welche sie in großer
Anzahl stiftete; das Uebrige blieb Eigenthum des
Staats und wurde verpachtet. Unter diesen letztern
Ländereyen fanden sich einige in so schlechtem Stande,
daß Niemand sie in Pacht nehmen wollte. Der
Senat sah sich daher vermüßiget sie an Privatleute
als Eigenthum gegen eine ziemlich mäßige Abgabe
zu überlassen. Auch diese Abgabe wurde in der

Folge von einem gewissen Tribun durch ein Gesetz abgeschaft, welches zwar keinen langen Bestand hatte, aber doch Anlaß wurde, daß einige Eigenthümer sich unvermerkt im Besitz erhielten, garnichts abzugeben; da hingegen andere (wie z. B. Atticus) lieber die geringe Abgabe bezahlen, als sich mit den Staatspächtern deßwegen überwerfen wollten.

14. Brief.

47) Dies klingt etwas räthselhaft, wird aber klar genug, wenn man annimmt, daß es dem Cicero, nach seiner damahligen Gesinnung gegen Cäsar, sehr leid gewesen wäre, wenn dieser seinem Gesetz eine solche Wendung zu geben gewußt hätte, daß nichts mehr dagegen einzuwenden gewesen wäre. Es gereicht ihm also zur Beruhigung, daß die von Cäsarn vorgeschlagene Modification ihm nicht von dieser Beschaffenheit zu seyn scheint.

48) Aber wie könnte der kluge Cicero sich einbilden, daß ein Mann wie Cäsar bey Ausführung eines Projects, das für seine Absichten von so großer Wichtigkeit war, so ganz kopflos verfahren werde?

49) Dieser Zwanzigste mußte bey jedem Verkauf eines Sclaven von dem Käufer, und bey jeder Freylassung von dem Herrn des freygelaßnen Sclaven an die Schatzkammer bezahlt werden, und betrug in beyden Fällen den zwanzigsten Theil des Preises, um welchen jener verkauft, dieser aber ehmals verhandelt worden war. Diese Abgabe, welche jährlich eine beträchtliche Summe abwarf, wurde in einem abgesonderten Gewölbe der Schatzkammer, Aerarium sanctius genannt, aufbewahrt,

und durfte nur in sehr dringenden Nothfällen angegriffen werden.

50) Cicero wirft, in seinem Unmuth über die unwürdige Rolle, die sein ehmahliger Abgott Pompejus seit seiner Coalition mit Cäsar und Crassus spielte, die Thatsachen, worauf er hier zielte, dermaßen durcheinander, daß eine kurze Darstellung dessen, was sich in der zweyten Hälfte des Aprils in Rom ereignete, nöthig scheint, um sich aus diesem Paragraphen heraus zu finden. Ueberhaupt ist es für uns, wenn wir nach mehr als 1800 Jahren uns in die Begebenheiten dieser wichtigsten Epoke der Römischen Geschichte recht lebendig hinein denken und uns alles möglichst vergegenwärtigen möchten, etwas sehr Unangenehmes, daß die römischen Autoren in Bemerkung der eigentlichen Zeit, worin dies oder jenes geschah, so nachläßig und gleichgültig sind, daß wir uns meistens mit bloßem Rathen behelfen müssen. Dies ist auch in der Geschichte des ersten Cäsarschen Consulats der Fall. Weder Dion, noch Suetonius noch Plutarch geben uns für die wahre Zeitfolge der Ereignisse einen sichern Leitfaden in die Hand, und es bleibt in dieser Rücksicht nichts übrig, als sie so zusammen zu ordnen, wie wir sie unter allen uns bekannten Umständen am begreiflichsten finden.

Wir wissen bereits daß Cäsar, — unstreitig der klügste und besonnenste, so wie der entschlossenste und consequenteste Kopf dieser Zeit, — sich von Anfang seines Consulats an zur Maxime gemacht hatte, in Ausführung seiner Projecte nichts zu übereilen, immer zuerst die legalsten und gelindesten Mittel zu versuchen, und zu den durchgreifenden nicht eher zu schreiten, bis sie die einzigen waren, die ihn grade und sicher zum Ziel führten. Auf diese Weise verfuhr er nun auch, nachdem ihm der hartnäckige Widerstand seines Collegen Bibulus und des Senats keinen andern Weg, sein Agrarisches Gesetz zu Stande zu bringen, übrig gelassen hatte, als es eigenmächtig dem Volke zur Entscheidung vorzulegen. Aber auch dies wollte er wenigstens in gewöhnlicher Form thun, und diesem nach berief er, vermuthlich am nächsten Tage auf das Fest der Pales (am 22sten April) den Senat und das Volk ins Comitium, als den gewöhnlichen Versammlungsplatz des letztern im *Foro Romano*, um vorläufig zu vernehmen, ob es die Meynung der Mehrheit sey, daß sein vorgeschlagenes Gesetz zur endlichen Entscheidung vor das Volk gebracht werde. Nachdem er selbst das Nöthige zur Sache gesprochen, rief er seinen Collegen Bibulus auf, seine Meynung zu sagen; und als dieser sich laut erklärt hatte, daß er eine solche Veräusserung der Domänen der Republik unter seinem Consulat nimmermehr zugeben werde, wandte Cäsar sich sogleich, mit Vorbeygehung des Lucullus, Hortensius, und aller andern, von welchen er dieselbe Erklärung zu erwarten hatte, an den großen Pompejus, und bat ihn öffentlich zu erklären, ob er sein Gesetz billige oder nicht. Alle Anwesenden, für deren größten Theil das gänzliche Einverständniß zwischen ihm und Cäsarn noch ein Geheimniß war, hefteten nun die Augen in gespannter Erwartung auf den ersten Mann der Republik, erstaunten aber nicht wenig, wie sie hörten, daß er ein Gesetz, das seinem Rival eine so große Popularität gab, nicht nur billigte, sondern sogar in einer weitläuftigen Rede Stück vor Stück

rechtfertigte, und für eine eben so nothwendige
als gemeinnützliche Maßregel ausgab. Als er aus
geredet hatte, fragte ihn Cäsar: ob er entschlossen
sey, die Freunde dieses Gesetzes, auch im Fall Ge=
walt gegen sie gebraucht werden wollte, zu unter=
stützen? Wenn Jemand, antwortete Pompejus, sich
unterstünde ein Schwerdt gegen dich zu erheben, so
werd ich dich mit Schild und Schwerdt vertheidi=
gen. Wie nun auch Crassus in eben diesem Sinn
gesprochen hatte, so verstummten die Anhänger der
Senatorischen Parthey, und da sich der vorläufige
Wille des Volks laut genug erklärt hatte, so wurde
die Versammlung aufgehoben und einer der näch=
sten Tage zur förmlichen Abstimmung über das Ge=
setz anberaumt. Um diese nun zu hintertreiben, sah
Bibulus nur noch ein einziges Mittel, dessen Un=
zulänglichkeit gegen das übermächtige und zu allem
fähige Triumvirat er jedoch leicht hätte voraus sehen
können. Er machte öffentlich bekannt: er habe (ver=
möge seiner kurulischen Würde) den Himmel
beobachtet, und die Auspicien so ungünstig
gefunden, daß er sich gezwungen sehe, alle den
Staat betreffenden Geschäfte für den ganzen Rest
dieses Jahrs (also für ganze acht Monate) zu
suspendieren. Man kann sich leicht vorstellen, daß
Cäsar und sein Anhang diese Proclamation nicht der
geringsten Aufmerksamkeit würdigten. Die Volks=
versammlung hatte ihren Fortgang; jeder Wider=
stand, den die Senatorische Parthey etwa noch hätte
leisten können, wurde durch die in der Nacht zuvor
gemachten Gegenanstalten unmöglich gemacht; und
da Bibulus dem ungeachtet mit seinem Anhang in
das Forum eindrang und nicht aufhörte gegen alles
was sein College vornehmen wollte, zu protestiren,

wurde er, nebst den drey Tribunen, welche die
Sanction des Gesetzes durch ihr Veto verhindern
wollten, von dem Pöbel, an dessen Spitze der Tribun Vatinius sich gesetzt hatte, angefallen, auf
die unwürdigste Art persönlich mißhandelt, und sich
mit der Flucht zu retten genöthigt. Indem nun
die vorgebliche Volksparthey solchergestalt Meister vom Kampfplatz blieb, so wurde sowohl das
Agrarische, als mehrere andere von Cäsar vorgetragene Gesetze, und unter diesen auch der den
Asiatischen Publicanern bewilligte Nachlaß des dritten Theils ihres Pachts, welchem Cato und der
Senat sich zeither immer hartnäckig widersetzt hatten, vom Volke bestätiget.

Was die von Cicero berührte Sache des Königs
von Aegypten betrift, so hatte es damit folgende Bewandtniß. Die Römer hatten sich seit den
Zeiten des Ptolemäus Epiphanes, unter mancherley Vorwänden und Veranlassungen, viel in die
Angelegenheiten dieses Reichs gemischt, welches
unter den Nachfolgern des Epiphanes, den Ptole-
mäern Philometor, Physcon, Lathurus
und Alexander dem zweyten und dritten, fast
immer durch innerliche Unruhen, Kriege zwischen
verschiedenen Prinzen aus der Ptolemäischen Familie, die sich um die Aegyptische Krone stritten, und
mehrere tyrannische und hassenswürdige Regierun-
gen, übel mißhandelt und zerrüttet worden war.
Das Volk, das an den häufigen Thronveränderun-
gen immer thätigen Antheil nahm, hatte einen ihrer
heillosen Könige Alexander III vom Throne gestoßen,
und den Ptolemäus Auletes, einen natürlichen
Sohn des Lathurus, eingesetzt. Alexander suchte
den Schutz der Römer, und würde ihn unter dem

Consulat des Aurelius Cotta und Manlius Torquatus (A. V. 655) erhalten haben, wenn sein Tod nicht dazwischen gekommen wäre. Ptolemäus der Flötenspieler, auch der neue Bacchus zubenahmset, war ein äuserst ausschweifender verächtlicher Mensch, der sich in kurzer Zeit den Aegyptern so verhaßt machte, daß sie auch ihn vertrieben haben würden, wenn er nicht Mittel gefunden hätte, den Schutz des großen Pompejus zu erhalten, welcher, nach seiner Zurückkunft aus Asien, sich eine ernstliche Angelegenheit daraus machte, ihm den Titel eines Freundes und Bundesgenossen des Römischen Volkes zu verschaffen, und, um den Consul Cäsar für seinen Schützling zu gewinnen, die 6000 Talente oder 12 Millionen Gulden, welche Auletes für seinen Schutz zu bezahlen sich verbindlich gemacht, mit ihm zu theilen versprochen haben soll. Indessen fanden auch die Beschwerden der mißvergnügten Aegypter im Senat Gehör, und der Consul Bibulus widersetzte sich den Maßregeln, welche Cäsar und Pompejus zu Gunsten des Königs nahmen, eben so standhaft, als dem Agrarischen und andern Gesetzen Cäsars, wiewohl mit eben so wenigem Erfolg. Die beyden Gönner des Auletes setzten (vermuthlich in eben der Volksversammlung, worin jene Gesetze bestätigt wurden) auch diesen Punct durch, daß Ptolemäus, König von Aegypten, zum Freund und Bundesverwandten der Römer erklärt wurde. Da es diesem aber unmöglich war, die versprochne ungeheure Summe aufzubringen, ohne seine Unterthanen mit unerschwinglichen Auflagen zu bedrücken, so empörten sich diese gegen ihn, und es blieb ihm kein anderer Weg sein Leben zu retten übrig, als mit seinen Schätzen heimlich nach Rom zu flüchten und sein Recht an den Schutz der Römer durch Aufopferung derselben geltend zu machen. Mit welchem Erfolg, werden wir, zu seiner Zeit, aus diesen Briefen ersehen.

51) Wie glücklich wär es für ihn gewesen, wenn er diesen Entschluß in ganzem Ernst gefaßt hätte, und ihm immer treu geblieben wäre! — Aber konnte Cicero das, so lang er Cicero war? Konnt' er es auch nur im Ernst wollen? Und wer vermag sich der Herrschaft seines Genius zu entziehen? Wer seinem Schicksal auszuweichen?

52) Atticus, der nicht nur als Römischer Ritter an seinem Stande hing, sondern auch selbst auf diese oder jene Art bey vielen Geschäften der Gesellschaften, welche die Staatseinkünfte in den Provinzen gepachtet hatten, interessiert war, scheint in dergleichen streitigen Fällen sich gewöhnlich auf die Seite der Publicaner geneigt zu haben. Lief also Cicero nicht Gefahr, gegen seine eigene Ueberzeugung zu handeln, da er es auf den Atticus ankommen läßt, welche Parthey er in der Sache nehmen sollte?

53) Die gemeine Lesart dieser Stelle lautet so: *jacet enim ille sic, ut Phocis* *) *Curiana stare videatur.* Die Ausleger haben sich an dieser Phocis die Köpfe jämmerlich zerbrochen, aber die vorgeschlagenen Verbesserungen (welche wer Lust hat in der Gräbischen Ausgabe nachlesen kann) dünken mich so gezwungen, um nichts härteres zu sagen, daß ich schwören wollte Cicero habe keinen Theil daran. Bene (sagt Ernesti) *Turnebus Q. Curium* intelligit, hominem perditum et se-

---

*) Einige Manuscripte haben *plocis* statt *Phocis*; es ist aber eins so schlimm als das andere.

natu motum, *cum allusione* ad *Phocidem Graeciae* a Philippo Rege eversam. Aber eben diese Anspielung wäre so abgeschmackt, daß nur die Vermuthung, Cicero habe auf eine so schülerhafte Art gewitzelt, noch abgeschmackter wäre. Eher könnt ich mir die Vermuthung des Boslus gefallen lassen, daß Cicero πτωσις *) geschrieben habe, und durch unwissende und undenkende Abschreiber nach und nach phocis daraus geworden sey. Das Beste dürfte indessen seyn, dieses letztere Wort, als unheilbar, fahren zu lassen, und sich an das zu halten, was Cicero mit der hyperbolischen Zusammenstellung des großen Pompejus und eines der verächtlichsten Menschen seiner Zeit **) sagen wollte; und dies ist's, was meine Uebersetzung zu leisten versucht.

54) Daß unter dem Alabarches Pompejus gemeynt sey, ist kein Zweifel. Alabarches, sagen die Ausleger, bedeutete in den Griechischen Provinzen des Römischen Reichs einen Zollschreiber, und in noch engerer Bedeutung, einen Triftzollschreiber, und Cicero giebt dem Pompejus spottweise diesen Uebernahmen, weil er sich bey jeder Gelegenheit, und besonders, da er Cäsars Agrarisches Gesetz in seinen Schutz nahm, zu rühmen pflegte, er habe die Zölle der Republik durch seine Eroberungen so sehr vermehrt, daß der Verlust, den die Schatzkammer durch die Veräusserung ihrer Güter in Campanien erleide, eine unbedeutende Kleinigkeit sey.

*) πτωσις Curiana wäre dann so viel als der so tief gefallene Curius.

**) Ohne Zweifel eben desselben Curius, dessen im 10ten Briefe des 1sten Buchs auf ähnliche Weise gedacht wird.

16. Brief.

55) Was Cicero hier sagt, wird von Suetonius (in Jul. Cäf. c. 20) bestätigt. Nachdem er von der Vertheilung der Campanischen Ländereyen und des sogenannten Campi Stellatis *) und vom Nachlaß des dritten Theils der jährlichen Summe, um welche eine Gesellschaft von Römischen Rittern die Zölle der Römer in Asien gepachtet hatte, gesprochen, setzt er hinzu: „Cetera quoque, quae cuique libuissent, dilargitus est, contradicente nullo, ac, si conaretur quis, absterrito;" wo unter cetera vermuthlich die übrigen der Republik noch zugehörigen Grundstücke in Italien und Sicilien, und unter cuique seine Anhänger und Lieblinge zu verstehen sind.

17. Brief.

56) Dies, denke ich, wollte Cicero mit den Worten: „voluntate an metu necesse sit iis uti, vereor," sagen; wiewohl er sich entweder in der Eile nicht deutlich und sprachrichtig genug aussgedrückt, oder auch (wie Ernesti zu vermuthen scheint) die Stelle unter den Pfoten der Abschreiber gelitten hat.

57) Das Roscische Gesetz war von dem Tribun L. Roscius Otho im Jahr 686 gegeben worden, und verordnete, daß bey öffentlichen Schauspielen, in den 14 Stufensitzen unmittelbar über den Senatoren, Niemand Platz nehmen durfte, wer nicht zum Ritterstand gehörte.

*) Vielleicht das Land, das zu einer ehemahligen zerstörten Stadt, Nahmens Stella, in Campanien gehörte, und bisher ebenfalls Eigenthum der Republik gewesen war; doch könnt' es auch eine andere Gegend unweit Capena in Hetrurien, seyn, welche, nach dem Festus, ebenfalls diesen Nahmen führte.

Was die Getreidespende betrift, so waren seit dem berühmten Demagogen C. Tiberius Gracchus mehrere Leges frumentariae vorhanden. Da aber Cicero nur von Einem spricht, so meynt er das neueste, Lex *Cassia Terentia* (im Jahr 680, um das gegen den Senat sehr aufgebrachte Volk zu besänftigen, von den Consuln C. Cassius und M. Terentius Varro gegeben) wodurch verordnet war: daß jeder gemeine Bürger in Rom monatlich aus den Kornhäusern der Republik fünf *Modios* *) d. i. 122 1/2 römische Pfund Weitzen und Gerste, in dem festgesetzten Preise von vier Sestertien für einen Modius Weitzen, und zwey für ein gleiches Maß Gerste, empfangen sollte.

58) Bibulus hatte sich über die ihm, bey Bestätigung der Gesetze seines Neben=Consuls, widerfahrnen unerhörten Beschimpfungen und Mißhandlungen, Tages darauf, im Senat bitterlich beklagt, diesen aber so kalt und muthlos gefunden, daß er von Stund an sich während der übrigen acht Monate seines Consulats in se'n Haus verschloß, und nie wieder öffentlich erschien, aber

---

*) Der Römische Modius war der sechste Theil des Attischen Medimnos, und der dritte der Römischen *Amphora*; er hielt demnach 16 *Sextarios*, und wog (nach Rambachs Berechnung im 3ten Theil der Potterschen Archäologie) 20 1/2 R. Pfund, macht 15 Pfund, 12 Loth unsers Gewichts. Der Römische Bürger aß also Kraft des Frumentarischen Gesetzes sehr wohlfeiles Brod; aber den müßigen arbeitscheuen badauds von Rom war es auch um diesen geringen Preis zu theuer; und eben der Clodius, von welchem in diesen Briefen so viel die Rede ist, gab in seinem Tribunat ein Gesetz, daß die armen Bürger für das Getreide, so sie monatlich aus den Kornhäusern des Staats erhielten, gar nichts bezahlen sollten.

durch eine Art von Edicten, die er überall anschlagen ließ, und worin auch Pompejus nicht geschont wurde, alle Handlungen seines Collegen für widergesetzlich, null und nichtig erklärte. Wiewohl nun diese Edicte oder Manifeste ihn selbst bey dem gutgesinnten Theile des Volks, nach Cicero's Ausdruck, in den Himmel versetzten, dem Triumvirat hingegen, oder der Cäsar'schen Parthey, einen unmächtigen Haß zuzogen: so konnten sie doch nicht verhindern, daß Cäsar alles that und alles erhielt was er wollte. Im Grunde dienten sie kaum zu etwas anderm, als zur Unterhaltung des Publikums, und der heillose Zustand der Republik wurde um nichts dadurch gebessert.

19. Brief.

59) **Protogenes von Rhodus**, ein Zeitgenosse des Apelles und des Aristides von Theben, war einer der größten Griechischen Maler. Sein Jalysus (der zu des ältern Plinius Zeit im Tempel des Friedens zu sehen war) wurde für das vollkommenste seiner Werke gehalten. Es scheint ein idealisches Bild gewesen zu seyn, woran er mit so hoher Liebe arbeitete, daß er, um seinen innern Sinn so rein und ungetrübt als möglich zu erhalten, während der ganzen Zeit, daß er damit beschäftigt war, bloß von angefeuchteten Lupinen gelebt haben soll. Er selbst scheint so gewiß gewesen zu seyn, es werde ihm nie ein schöneres Werk gelingen, daß er auf ein sonderbares Mittel verfallen seyn soll, es so lange als möglich vor zufälliger Verletzung und vor der langsam zerstöhrenden Zeit zu verwahren. Er trug nehmlich, wie Plinius sagt, nachdem das Bild ausgemalt war, dasselbe

Colorit zum andern, dritten und vierten Mahl auf, so daß das Ganze eigentlich aus vierfach aufeinander gesetzten Exemplaren des nehmlichen Jalysus bestand. So verstehe ich wenigstens die Stelle des Plinius *) „huic picturae *quater* colorem induxit, subsidio *injuriae* et *vetustatis*, ut *decedente* superiore *inferior* succederet," und, wofern man nicht die letzten vier Worte ohne allen Beweis für eine in den Text eingeschlichene Randglosse ausgeben und überhaupt (wie Caylus **) gethan hat) den Worten des Plinius einen ganz willkührlichen Sinn unterlegen will, so kann sie gar nicht anders verstanden werden. Die Gründe, womit Caylus die gewöhnliche Auslegung der Ungereimtheit zu überweisen glaubt, sind ziemlich schwach, und wenn Plinius mit dieser Anekdote nichts anders hätte sagen wollen, als Protogenes habe, wie Titian und andere große Coloristen der neuern Zeit, seinen Jalysus öfters übermalt, um dem Colorit desto mehr Wärme und Lebhaftigkeit zu geben, so müßte und würde er sich anders ausgedrückt haben. Doch hier ist der Ort nicht in eine genauere Erörterung der Sache einzugehen, — und in der That, so lange unausgemacht bleiben wird, ob nicht die ganze Anekdote eine von den Lügen ist, woran die alte *Graecia mendax* so reich war, und deren so viele aus dieser unlautern Quelle in die große Plinianische Compilation geflossen sind, so lohnt sich's nicht der Mühe, mehr darüber zu sagen.

*) Und so haben auch Dürand und andere sie verstanden.
**) S. Eclaircissemens sur quelques passages de Pline etc. im 31sten Theil der Mémoires de Littérature etc. p. 50. s.

22. Brief.

60) „Quintus Caepio hic Brutus." Die Rede ist von eben dem M. Brutus, der in der Folge der vornehmste unter Cäsars Mördern war, und in dem unglücklichen Versuch, die bereits in Verwesung gegangene Republik wieder ins Leben zu rufen, zu Philippi das seinige verlohr. Er war ein Sohn des Junius Brutus, welchen Pompejus als einen Anhänger von Lepidus im Jahr 675 tödten ließ, und der Servilia, einer Schwester Cato's von Utica, und wurde, (wie es scheint, um diese Zeit) von seinem mütterlichen Oheim, Q. Servilius Cäpio, adoptirt; daher er einige Zeit lang den Nahmen Q. Cäpio führte, den er aber in der Folge wieder mit seinem eignen Familien-Nahmen M. Brutus, vertauschte.

61) Der Vater dieses jungen Edelmanns, L. Cornelius Lentulus, Priester des Mars (Flamen martialis) bewarb sich zugleich mit den beyden Anhängern und Günstlingen Cäsars Piso und Gabinius um das Consulat; und, um einen Mitbewerber von solchem Ansehen auf die Seite zu schaffen, war dem Vettius von den Erfindern dieser erdichteten Verschwörung in den Mund gelegt worden, auch die beyden Lentulus, Vater und Sohn, als Theilnehmer an derselben zu nennen.

62) Was Jemand durch seine Werkzeuge thut, wird ihm, als hätt' ers selbst gethan, beygemessen. Eigentlich war es nicht Cäsar selbst, sondern der schändliche Tribun Vatinius, der, mit Cäsars Vorwissen und Genehmigung, die Verwegenheit hatte, den Senat durch diese thätliche Verachtung seines Beschlusses fühlen zu lassen, wie tief sein Ansehen unter Cäsars Consulat gesunken, und wie

ohnmächtig er sey, seinen Beschlüssen Kraft zu geben. Auch nennt ihn Cicero, etliche Jahre später, in seiner mehr als Archilochischen Schmährede in Vatinium als die einzige Triebfeder dieses ganzen verläumderischen Handels, und macht es ihm sogar zum Verbrechen, daß er „nomine *C. Caesaris, clementissimi* atque *optimi viri*, zu handeln vorgegeben habe. Freylich hatte er im Jahr 694 in einem vertraulichen Brief an seinen besten Freund nicht dieselbe Ursache Cäsarn zu schonen, wie in einer öffentlichen Rede im Jahr 697.

63) Es war eine stadtkundige Sache, daß die Mutter des jungen Brutus Servilia seit vielen Jahren in einem so engen Verständniß mit Cäsarn lebte, daß wie dieser als Dictator den Brutus mit Beweisen einer besondern Zuneigung überhäufte, sogar die Sage ging, nicht der ehliche Gemahl dieser Dame, (quem nuptiae demonstrabant) sondern ihr Liebhaber Cäsar sey der wahre Vater des Brutus gewesen. Es erklärt sich nun von selbst, wie eine Nacht und eine nächtliche Fürbitte der Mutter für den Sohn die Wirkung, von welcher Cicero spricht, haben konnte.

64) d. i. eines entschlossenen Patrioten, der das Vaterland durch eine kühne That von seinen Tyrannen befreye, wie der erste Brutus, der die Tarquinier aus Rom vertrieb, und seinen Söhnen, weil sie die königliche Parthey begünstigten, die Köpfe abschlagen ließ; oder wie Servilius Ahala, der im Jahr 314 dem Spurius Mätius, weil er im Verdacht war, sich der Alleinherrschaft in Rom bemächtigen zu wollen, auf Befehl des Dictators Cincinnatus öffentlich einen Dolch in die Brust stieß.

65) Diese, im Texte ziemlich dunkle Stelle erhält einiges Licht, wenn wir annehmen, daß Cicero auf die widergesetzliche Art deute, wie Cäsar, mit Hülfe seines zu allen Gewaltthätigkeiten immer fertigen Waffenträgers Vatinius, sich in einer tumultuarischen Volksversammlung auf fünf Jahre zum Proconsul vom Cisalpinischen Gallien und von Illyricum,*) mit drey unter seinen Befehl gegebenen Legionen hatte ernennen lassen, — und wie er die Bestätigung seines Agrarischen und Campanischen Gesetzes erhalten hatte. In beyden hatte ihm die Senatorische Parthey, mit Bibulus und Cato an der Spitze, eine Zeitlang nachdrücklich widerstanden. Da sie aber aus den Anstalten, die er machte, schließen mußte, daß er im Nothfall fähig seyn könnte, den Sulla mit ihnen zu spielen: so verlohren sie auf einmahl den Muth. Viele schlossen sich nach dem Beyspiel des Consul Bibulus in ihre Häuser ein, und Cato selbst, nicht sowohl aus Furcht, als um die Tyranney der herrs

*) *Gallia Cisalpina* begriff damahls alle zwischen den Alpen und den Flüssen Arnus und Rubicon liegenden Länder, folglich alle, welche in neuern Zeiten die Venetianische Terra Firma und die Herzogthümer Bologna, Ferrara, Modena, Mailand und Piemont ausmachten, und jetzt größtentheils unter dem Königreich Italien begriffen sind. Zu Illyricum wurde das heutige Istrien und Dalmatien gerechnet. *Italien* hieß damahls bloß derjenige Theil des heutigen Italiens, der gegen Osten und Süden von der Bay von Tarent und dem Sicilischen Meere, und gegen Nordwesten vom Arno und dem Flüßchen Rubico (h. z. T. Lufo, ohnweit Rimini) eingeschlossen ist. Es war also auf der Landseite vom Cisalpinischen Gallien wie von einer Wagenburg umgeben; und dem Cäsar (dessen letztes Ziel Niemanden mehr verborgen seyn konnte) diese Provinz mit einem Kriegsheer auf 5 Jahre zu überlassen, war wenig besser, als es in seine Willkühr zu stellen, wie bald er sich zum Herrn von Rom und Italien machen wolle.

schenden Parthey desto auffallender und verhaßter zu machen, kam eine Zeitlang nicht mehr in den Senat. Eines Tages beschwerte sich Cäsar, da er letztern zusammen berufen hatte, daß er nur so wenige erscheinen sehe. Die Ursache ist, sagte der alte Senator Considius Gallus, weil sie nicht mit Sicherheit kommen können. Warum bist denn du hier? fragte Cäsar. Weil ich zu alt bin, um den Tod zu fürchten, antwortete Considius. Cicero scheint zu glauben, daß dieses edle Wort einigen Eindruck auf Cäsarn gemacht habe, und in der That brauchte es bey einem Manne von Cäsars Geist und Scharfblick vielleicht nur ein solches Wort, um den Gedanken in ihm zu erwecken, daß er durch Mäßigung und gelinde Mittel von der damahligen Stimmung der Aristokratischen Parthey leichter und sicherer mehr erhalten könne, als durch Fortsetzung der gewaltsamen Maßregeln, zu welchen ihn ihr hartnäckiger Widerstand und seine eigene natürliche Hitze getrieben hatte. Ueber Menschen, die das Aergste fürchteten, war schon viel gewonnen, wenn sie sahen, daß er geneigt sey, sich ihnen wieder zu nähern, und lieber ihrem guten Willen zu danken haben wolle, was er auch wider ihren Willen erhalten konnte. Wofern Cäsar wirklich so dachte, und sich für einige Zeit so benahm, daß die Senatorische Parthey wieder etwas Zutrauen zu ihm fassen konnte, so wird einigermaßen begreiflich, was sonst (meines Bedünkens) unerklärbar wäre: wie der Senat, — welcher vor kurzem aus sehr richtig berechneten Beweggründen alles angewandt hatte, um ihm das Proconsulat vom disseitigen Gallien und Illyricum aus den Händen zu winden, — bald nachdem er diese Provinzen mit drey Legionen durch einen Volksbeschluß erhalten hatte, sich einer so ungeheuern Inconsequenz schuldig machen konnte, ihm dieselbigen nicht nur zu bestätigen, sondern auch noch das Transalpinische Gallien mit einer vierten Legion auf fünf Jahre von freyen Stücken hinzu zu thun. Sonderbar ist es, daß Cicero dieses beynah widersinnisch scheinenden Schritts der Mehrheit des Senats in den Briefen an Atticus mit keinem Wort gedenkt; wiewohl nichts gewisser ist, als daß er in seinem Herzen eben so davon dachte, wie Cato *). Da er aber von der Unmöglichkeit, den drey mächtigsten Männern im Staat, so lange sie einverstanden waren und zusammen hielten, mit Erfolg zu widerstehen, überzeugt war, und die Klugheit ihm unter diesen Umständen gebot, es weder mit Pompejus noch Cäsar (die ihm beyde liebkoseten) zu verderben: so hatte vermuthlich sein Stillschweigen eben dasselbe Motiv wie seine mehrmahls in diesen Briefen bezeigte Entschließung, sich den öffentlichen Angelegenheiten gänzlich zu entziehen. Uebrigens mußte Cäsar, ungeachtet jenes seltsamen Beweises, den ihm die Senatorische Parthey von ihrer Schwäche und Unbeständigkeit gegeben hatte, sich dennoch bewogen finden, sie auch im Rest seines Consulats nie recht zu sich selbst kommen zu lassen, und die angesehensten Glieder derselben in immerwährender Erwartung ungewisser und gleichsam im Dunkeln über ihnen schwebender Uebel zu erhalten. Daher vermuthlich diese vorgebliche Entdeckung einer erdichteten Verschwörung

*) Cato soll bey dieser Gelegenheit gesagt haben: Nun habt Ihr euch selbst einen König gegeben, und ihn mit seiner Leibwache aufs Capitol gesetzt.

gegen das Leben des Pompejus, die (wie man aus der Erzählung Cicero's sieht) nicht darauf berechnet war, irgend einen verständigen Menschen von dem wirklichen Daseyn eines solchen Complots zu überzeugen, aber dem ungeachtet sehr geschickt war, Mißtrauen, Argwohn und Besorgnisse aller Art zu erregen, und vielleicht zum hauptsächlichsten Zweck hatte, eine besorgliche Wiedervereinigung zwischen Pompejus und den Optimaten zu verhindern, oder wenigstens so lange aufzuhalten, bis die Cäsarsche Parthey alle ihre Absichten erreicht hatte. Der Mangel an genauer Angabe der Zeiten, in welchen die Begebenheiten erfolgten und sich aus einander entwickelten, worüber wir oben schon geklagt haben, ist auch hier Ursache, warum es nicht wohl möglich ist, das, was Cicero mit dieser räthselhaften Stelle eigentlich sagen wollte, bestimmter und zu völliger Befriedigung des Lesers anzugeben.

23. Brief.

66) L. Valerius Flaccus, der in Cicero's Consulat Prätor Urbanus, und hiernächst unmittelbar vor dessen Bruder Quintus, Statthalter der Provinz Asien gewesen war, wurde gegen Ende dieses Jahres von D. Lälius de Repetundis angeklagt, und sowohl von Cicero selbst (dessen Rede pro Flacco größtentheils noch vorhanden ist) als von dem Consularen Hortensius vor Gericht vertheidigt. Bey dieser Gelegenheit war es, daß Hortensius seinem Nebenbuhler die prächtige Lobrede hielt, welche dieser hier seinem Atticus bloß deßwegen anrühmt, damit Atticus dem Hortensius wieder sagen sollte, was Cicero ihm darüber geschrieben.

24. Brief.

67) „Nimium te exorabilem praebuisti" – kann wohl nichts anders sagen, als Quintus habe, ohne nähere Untersuchung, gar zu leicht bewilliget was von ihm begehrt wurde, und auf Empfehlungen und Fürbitten zuviel Rücksicht genommen.

68) Man kann aus der ganzen Art, wie Cicero seinem Bruder die Sache des Flavius empfiehlt, nicht wohl etwas anders schließen, als daß es damit nicht ganz richtig gewesen seyn müsse, und Flavius wirklich keine Lust gehabt habe, die Foderung des Fundanius an seinen verstorbenen Erblasser zu bezahlen. Denn warum sollte Cicero sonst nöthig gehabt haben, so inständig und dringend um etwas zu bitten, wozu Quintus schon durch sein Amt verbunden war? Oder wie läßt sich denken, daß dieser in einer Sache, wo das Recht ohnehin für Flavius sprach, die Empfehlung so wichtiger Männer wie Pompejus und Cäsar, keiner Aufmerksamkeit gewürdigt haben sollte?

69) Diese Stelle, in welcher Ernesti selbst nicht klar zu sehen gesteht, lautet im Original folgendermaßen: „Cetera fuerunt in eadem epi„stola graviora, quam vellem, ὀρθῶν τῶν ναῦν et „ἅπαξ ταυτί: majora ista erunt." Was will Cicero mit diesen räthselhaften Anspielungen? — Videntur res *valde tristes* fuisse, quia de re laeta (*valde gaudeo*) praecessit — sagt Ernesti, giebt uns aber dadurch nicht das mindeste Licht. Da man sich bey Stellen dieser Art nicht wohl enthalten kann, wenigstens eine wahrscheinliche Auflösung des Räthsels zu suchen, so sey mir erlaubt, diesen Versuch zu machen. Die ganze Periode zwischen den Worten vehementer gaudeo

und meae objurgationis scheint beym ersten An?
blick auffer allem Zusammenhang mit diesen Wor?
ten und überhaupt mit dem Vorgehenden und Nach?
folgenden zu stehen. Dieser Mangel an Zusammen?
hang ist entweder nur anscheinend, oder die
Stelle ist von fremder Hand aus einem unerklär?
baren Muthwillen eingeschoben, oder durch einen
eben so unbegreiflichen Zufall, durch eine von vorn
und von hinten entstandne Lücke, so isolirt wor?
den, daß es verlohrne Mühe wäre, ihren Sinn
errathen zu wollen. Da die beyden letztern Fälle
nicht den geringsten Grund für sich haben, so bleibt
nur noch zu erwägen übrig, ob sich nicht in dem
Texte selbst, so wie er vor uns liegt, leise Spuren
zeigen, die uns zu dem versteckten Sinn der räth?
selhaften Worte und zu ihrer Beziehung auf das
Vorhergehende und Folgende leiten könnten. Die
erste Frage, welche meines Erachtens vorher erör?
tert werden muß, ist: auf welchen der beyden Brü?
der, ob auf Marcus oder Quintus Cicero, die
graviora und die beyden Griechischen Anspielun?
gen zu beziehen wären? Die zweyte: ob das *quam
vellem* zu graviora oder zu ἐϑω u. s. w. gehöre,
und also graviora quam vellem, oder graviora;
quam vellem ἐϑων των ναῦν! u. s. w. interpunctirt
werden müsse. Thun wir mit Ernesti das letztere,
so weiß ich die ganze Stelle nicht anders auszu?
legen als indem ich übersetze: „Ich verstehe deine
„Anspielungen auf die Verse der alten Griechischen
„Dichter. Wie gern möchte ich das Schiff in
„geradem Lauf erhalten können! und besser ists
„freylich, auf einmahl sterben, als sein gan?
„zes Leben durch das Aergste erdulden." — Das
letztere ist eine wörtliche Uebersetzung der Worte

der unglücklichen Jo im gefesselten Prometheus des Aeschylus,

— — κρεισσον εις απαξ θανειν
Ἡ τας απασας ημερας πασχειν κακως
(v. 756 — 57.)

wovon Cicero nur die Worte απαξ θανειν anführt.

Im erstern würde Cicero einen Spruch aus einem andern alten Dichter, Nahmens Teles parodieren, welcher beym Stobäus also lautet: Ευ ισθι, ποσειδον, οτι ορθαν ταν ναυν καταδυσω. „Du weißt, Neptunus, daß ich dieses Schiff gerade führen werde." Diese Auslegung setzt voraus, daß ihm Quintus, mit Anführung dieser griechischen Sentenzen, etwas auf den damahligen gefahrvollen und hoffnungslosen Zustand der Republik Bezug habendes geschrieben, welches seinen Bruder zu dieser Antwort veranlaßte, die nur für uns, aber nicht für Quintus räthselhaft klingen konnte. Man könnte diese Auslegung immerhin gelten lassen, wenn der Wunsch *quam vellem* auf die Sentenz aus dem Aeschylus eben so gut paßte, als auf die aus dem Teles, und wenn die Frage, wie alles das hieher komme und mit dem Vorhergehenden und Nachfolgenden zusammenhange, nicht noch immer ein Stein des Anstoßes bliebe. Dieser kann, wie mich dünkt, nicht anders gehoben werden, als wenn man annimmt, daß die ganze lichtbedürftige Stelle sich auf den Bruder Quintus beziehe, und folgendermaßen construiret werden müsse: Cetera — — fuerunt graviora quam vellem, ορθαν ταν ναυν et ταξ θανειν; majora ista erunt. Ich bilde mir nehmlich ein, Quintus sey über die häufigen Erinnerungen die er von seinem Bruder erhielt, und die ihm, wie zart und schonend dieser sie auch vorbrachte, doch immer die Miene von Vorwürfen und Tadel zu haben schienen, endlich empfindlich worden, und habe seinen Unmuth darüber, „daß er seinem strengen Bruder nichts recht machen könne,“ nach seiner auffahrenden und zu Uebertretbungen geneigten Art, in etwas zu starken Ausdrücken zu erkennen gegeben. „Männer wie Censorinus, Cassius u. s. w.“ wären doch seine warmen Freunde, und mit seiner Aufführung zufrieden. Seinen Bruder machten die unaufhörlichen Rücksichten auf die gefahrvolle Lage der Republik, und die Furcht, daß er selbst oder Quintus etwas diesem oder jenem Großen Mißfälliges thun möchte, gar zu ängstlich und streng in seinen Foderungen. Er für seine Person glaube, ein Steuermann könne dem Neptun nicht mehr geloben, als daß er sein Schiff so gerad als möglich führen wolle, für Wind und Wetter könn' er nicht stehen. Bey zunehmender Gefahr müsse, wenn Rettung noch möglich sey, das Aeusserste gewagt werden, und im schlimmsten Falle sey es besser (wie die Jo des Aeschylus sage) auf einmahl zu sterben, als alle Tage seines Lebens das Aergste dulden zu müssen. — Wenn die Stelle des Briefes, worauf Cicero antwortet, ungefähr dieses Tons und Inhalts war, und Quintus (wie es scheint) die Verse, von deren jedem Marcus nur zwey Worte berührt, ganz citierte: so, dünkt mich, werde mir die Antwort des letztern verständlicher. Er wollte sich nehmlich (aus welchem Grunde es auch geschäh) in keine nähere Erörterung dieser Stelle des Briefes vom Quintus einlassen, und konnte sie doch auch nicht ganz unberührt lassen; er schlüpft also schnell darüber hin. „Daß“ (sagt er, oder scheint er mir

vielmehr sagen zu wollen) „daß die wackern Män=
„ner, die du mir nennest, so sehr deine Freunde
„sind," höre ich mit großem Vergnügen; aber desto
mehr ist mir der sonderbar ernste Ton aufgefallen,
in welchen du im Rest deines Briefes gerathen
bist, — das Schiff gerade führen, und auf
einmahl sterben — ist freylich bald gesagt —
aber zu beydem wird in der Folge mehr gehören,
als du dir jetzt vielleicht vorstellst. Uebrigens hättest
du, was du meine Ausscheltungen nennst,
nicht auf diesen Fuß nehmen sollen; sie waren im=
mer voll Liebe, u. s. w. — So, dünkt mich, kommt
etwas Licht in diese stockdunkle Stelle, und der
Gedankengang und der Zusammenhang werden
sichtbarer. Dem Leser bleibt nun freygestellt, ob
er sie lieber lassen will wie sie ist, oder welche von
den beyden Auslegungen ihm am wenigsten miß=
fällt; wir wollen durch Aufnahme der letztern in
diese Uebersetzung seinem Urtheil nicht vorgegriffen
haben, und fühlen nur zu gut, daß auch sie eine
blinde Seite hat; aber auch, daß es hohe Zeit ist,
dieser Erläuterung ein Ende zu machen.

70) Ein Mann, dem eine Bildsäule von der
Provinz, oder von der Stadt Ephesus zuerkannt
worden, und welchen Cicero derselben würdig hielt,
muß ein bedeutender und verdienter Mann gewe=
sen seyn. Aber Publicenus ist nicht nur ein
ganz unbekannter, sondern auch weder ein Römi=
scher noch Griechischer Nahme. Cicero kann ihn
also nicht geschrieben haben; dies ist alles, was
man davon weiß.

71) Ein Schauspieler der Freund eines Ci=
cero! Welch einen hohen Begriff giebt uns das

von diesem Künstler, wenn wir auch sonst nichts von ihm wüßten!

72) Diese Begebenheit (welcher, so viel ich weiß, sonst nirgends erwähnt wird) scheint sich kurze Zeit vorher, ehe dieser Brief geschrieben wurde, zugetragen zu haben. Sie ist so sonderbar, daß man wünschen möchte, die nähern Umstände davon zu wissen. Cicero, indem er den jungen Cajus Cato adolescentem nullius consilii nennt, gesteht, daß die Handlung, die er von ihm erzählt, höchst unbesonnen und unzuläßig gewesen sey; aber daß er deswegen beynahe ums Leben gekommen wäre, mache, meint er, jeden andern Beweis, daß die Republik zu Boden liege, überflüßig; so hätte, wie sie noch aufrecht stand, kein Römischer Bürger, geschweige ein Cato, behandelt werden dürfen! — Aber war es denn nicht ein höchst frevelhaftes Beginnen an einem Bürger, der ein bloßer Privatmann war, in einer Volksversammlung die Rednerbühne zu besteigen, und, den bestehenden höchsten Magistraten, mit denen er unzufrieden war, gleichsam zum Trotz, einen Dictator zu ernennen? Ganz gewiß! Daß er aber in dem Tumult, der darüber entstand, beynahe umgebracht worden wäre, war nicht weniger frevelhaft. Der ganze Hergang bewies, daß der Staat um diese Zeit zwischen willkührlicher Herrschaft etlicher Gewalthaber, und anarchischer Frechheit eines ungezügelten Pöbels hin und her schwankte; daß Verfassung, Ordnung und Gesetz nicht mehr geachtet wurden, und daß, wenn vollends noch solche exaltierte Köpfe, wie dieser junge Cato, mit Sturmböcken gegen das morsche Gebäude anrennten, das Ganze in Gefahr war, alle Augenblicke zusammen

zu stürzen. Cicero hatte also alle Ursache, den Quintus von diesem einzelnen neuerlichen Ereigniß auf den Zustand der Republik schließen zu lassen.

73) Wahrscheinlich wurde dieser Brief im Lauf des Novembers 694, bald nach den Consularischen und Prätorischen Wahlen für das nächstkünftige Jahr, aber bevor Clodius von seinem Tribunat Besitz genommen, geschrieben. Cicero war, wie wir sehen, damahls noch voll Vertrauen auf sich selbst, auf seine Freunde und auf die allgemeine Achtung, worin er in ganz Italien stand, und scheint weit entfernt gewesen zu seyn, zu ahnen, in wie kurzer Zeit eben dieser Clodius, den er für einen so verächtlichen Feind ansah, es in seiner Macht haben würde, ihn von dem Gipfel des Glücks, worauf seine Verdienste ihn erhoben hatten, auf einmahl herab zu stürzen, ihn aus Italien zu verbannen, sein prächtiges Haus auf dem Palatinischen Berge nieder zu reißen, seine schönsten Landsitze zu zerstöhren, und ihn selbst aus dem glänzendsten Wohlstand in den muth- und trostlosen Jammer zu versenken, worin wir ihn, nicht ohne mit ihm zu leiden, in den Briefen des folgenden Buchs erblicken werden.

Ende des ersten Theils.

Druckfehler.

S. 21. Z. 3 von unten, lefet videretur.
— 29. — 12 v. unten, l. es statt er.
— 61. — 14. l. 16 statt 15.
— 71. — 2 in der Note —, statt ; welches letztere am Ende der Griechischen Stelle stehen muß.
— 216. — 4. l. hinterlassen.
— 244. — 5 v. unten, l. anfiengen.
— 245. über die Note 18 setzet 7. Brief.
— — Z. 11 v. unten, l. 8 statt 7.
— 258. — 5. l. Judices statt Indices.
— 262. — 11. l. Jeden.
— 273. — 18 v. unten, l. profectum.
— 294. über die Note 72 setzet 20. Brief.
— 318. Z. 9 v. unten, l. Gellius.
— 321. über die Note 110 setzet 25. Brief.
— 375. Z. 11 v. unten, l. Ehrenvolles statt Ehenvolles.
— 405. — 4. l. betrift.
— 463. — 5. l. 24sten statt 23sten.
— 478. — 11 v. unten, l. war statt ward.
— 494. — 18. l. fähige.
— 496. — 2. l. 688, statt 655.